Politik und Gesellschaft des Nahen Ostens

Herausgegeben von
Martin Beck, Odense, Dänemark
Cilja Harders, Berlin, Deutschland
Annette Jünemann, Hamburg, Deutschland
Richard Ouaissa, Marburg, Deutschland
Stephan Stetter, München, Deutschland

Die Reihe „Politik und Gesellschaft des Nahen Ostens" beschäftigt sich mit aktuellen Entwicklungen und Umbrüchen im Nahen Osten – einer Region, die von hoher globaler Bedeutung ist und deren Dynamiken insbesondere auch auf Europa ausstrahlen. Konflikt und Kooperation etwa im Rahmen der euro-mediterranen Partnerschaft, der Nahostkonflikt, energiepolitische Fragen, Umweltprobleme, Migration, Islam und Islamismus sowie Autoritarismus und Transformation sind wichtige Stichworte. Der Schwerpunkt liegt auf politikwissenschaftlichen Werken, die die gesamte theoretische Breite des Faches abdecken, berücksichtigt werden aber auch Beiträge aus anderen sozialwissenschaftlichen Disziplinen, die relevante politische Zusammenhänge behandeln.

Herausgegeben von
Dr. Martin Beck ist Professor für gegenwartsbezogene Nahost-Studien an der University of Southern Denmark in Odense, Dänemark.

Dr. Cilja Harders ist Professorin für Politikwissenschaft und Leiterin der „Arbeitsstelle Politik des Vorderen Orients" am Otto-Suhr-Institut für Politikwissenschaft der Freien Universität Berlin, Deutschland.

Dr. Annette Jünemann ist Professorin für Politikwissenschaft am Institut für Internationale Politik der Helmut-Schmidt-Universität Hamburg, Deutschland.

Richard Ouaissa ist Professor für Politik des Nahen und Mittleren Ostens am Centrum für Nah- und Mittelost-Studien der Philipps-Universität Marburg, Deutschland.

Dr. Stephan Stetter ist Professor für Internationale Politik und Konfliktforschung an der Universität der Bundeswehr München, Deutschland.

Jakob Farah

Handelsliberalisierung im Rentierstaat

Autoritäre Herrschaft in Algerien und das EU-Assoziierungsabkommen

 Springer VS

Jakob Farah (geb. Horst)
Hamburg, Deutschland

Dissertation an der Helmut Schmidt Universität Hamburg, August 2013

ISBN 978-3-658-07714-3   ISBN 978-3-658-07715-0 (eBook)
DOI 10.1007/978-3-658-07715-0

Die Deutsche Nationalbibliothek verzeichnet diese Publikation in der Deutschen Nationalbibliografie; detaillierte bibliografische Daten sind im Internet über http://dnb.d-nb.de abrufbar.

Springer VS

Gedruckt auf säurefreiem und chlorfrei gebleichtem Papier

Springer Fachmedien Wiesbaden ist Teil der Fachverlagsgruppe Springer Science+Business Media
(www.springer.com)

Vorwort

Die Europäische Union nimmt für sich in Anspruch eine Wertegemeinschaft zu sein, nicht nur nach innen, sondern auch nach außen. Diesem proklamierten Selbstverständnis entsprechend hat sie sich die Förderung von Demokratie und Menschenrechten auf ihre Fahnen geschrieben. Die Euro-Mediterranen Assoziierungsabkommen, die die EU mit fast allen arabischen Mittelmeeranrainern sukzessive abgeschlossen hat, lassen sich in diesem Kontext als Instrumentenkasten für die Durchsetzung ihrer normativen Zielsetzung im südlichen Mittelmeerraum interpretieren, einer Region die für die besondere Resilienz autoritärer Herrschaft bekannt ist. Jakob Farah, in der *community* auch noch unter seinem Geburtsnamen Jakob Horst bekannt, stellt vor diesem Hintergrund das Assoziierungsabkommen der EU mit Algerien auf den Prüfstand. Im Gegensatz zur *mainstream*-Literatur der Demokratisierungsforschung vollzieht er dabei jedoch einen radikalen Perspektivwechsel: Er fragt weder nach den Intentionen der EU, noch interessiert es ihn ob die EU gegenüber Algerien eher norm- oder interessengeleitet agiert. Im Fokus stehen alleine die Wirkungen, die das Assoziierungsabkommen mit der EU in Algerien generiert – egal ob intendiert oder nicht. Um diesen Perspektivwechsel theoretisch zu unterfüttern, greift er auf das *structural power*-Konzept von Susan Strange zurück, das ebenfalls nicht nach den Intentionen des Akteurs fragt, sondern auf die Strukturen fokussiert, die ein internationaler Akteur, hier die EU, durch sein nach außen gerichtetes Handeln global durchsetzen kann.

Geleitet wird die Untersuchung von der Annahme, dass *nicht intendierte Effekte* des Assoziierungsabkommens eine Stabilisierung der Mechanismen autoritärer Herrschaft in Algerien fördern. Mit dieser geradezu paradox anmutenden These hat Jakob Farah eine Forschungslücke entdeckt, die noch nicht in vergleichbarer Intensität bearbeitet wurde. Während sich nämlich die umfangreiche Literatur zur externen Demokratisierung, die nach dem Ende des Kalten Krieges und im Kontext der EU Beitritts- und Nachbarschaftspolitik geradezu boomte, vorwiegend auf politische und sicherheitspolitische Faktoren konzentrierte, nimmt Farah die weit weniger beachteten wirtschaftlichen Dynamiken der Partnerschaftspolitiken in den Blick. Aufgrund der reichhaltigen Erdgas- und Ölvorkommen, spielt im Kontext Algeriens dessen Rentierstaatscharakter eine besondere Rolle, der bekanntermaßen autoritäre Herrschaftsstrukturen strukturell stabilisiert. Den genauen Nexus zwischen Rentierstaatlichkeit und Autoritarismus zeichnet Farah en Detail nach, wobei er anschaulich zwischen strukturellen und situativen politischen Effekten der Rente differenziert. In Algerien haben die handelspolitischen Maßnahmen der EU, so das Ergebnis seiner empirischen Untersuchung, die strukturellen Grundlagen der politischen Ökonomie Algeriens noch weiter verfestigt. Anstatt der gewünschten Diversifizierung des produktiven Sektors, hat die handelspolitische Kooperation mit der EU zu einer noch stärkeren Abhängigkeit vom Hydrocarbonsektor geführt und damit Algeriens Rentierstaatscharakter weiter ausgebaut. In Folge dessen wurde das privat produzierende Unternehmertum, auf das die EU so große Hoffnungen setzt, weiter geschwächt. Algeriens ökonomische Eliten bleiben *rentseeker* und können gar nicht zu den demokratischen *change agents* werden, auf die die EU eigentlich gehofft hat. Damit hat die EU zumindest indirekt zu einer Festigung des Systems der Rentendistribution beigetragen, mit den üblichen stabilisierenden Effekten für das System autoritärer Herrschaft. Farah bringt diesen Zusammenhang anschaulich auf den Punkt, wenn er von einer Perpetuierung der politökonomischen Grundlagen autoritärer Herrschaftsmechanismen spricht. Eine für die EU desaströse Bilanz!

Mit seiner Arbeit liefert Farah einen weit über diese Fallstudie hinausgehenden Erklärungsansatz für die ebenso heftig wie kontrovers diskutierte Frage nach den zum Teil kontraproduktiven Auswirkungen europäischer Außenhandelspolitik. Ein wesentlicher und hier noch unerwähnter Erklärungsfaktor scheint mir dabei der geradezu ideologische Glaube an die Modernisierungstheorie innerhalb der EU zu sein, ein Glaube, der allen *rational choice*-Ansätzen zur Erklärung außenpolitischen Verhaltens Hohn spricht. Gemeint ist die Vorstellung, dass Modernisierung und wirtschaftliche Liberalisierung geradezu zwangsläufig politische Demokratisierung nach sich zögen. Die Unfähigkeit der EU, insbesondere der Europäischen Kommission, auf die Fehlentwicklungen in Algerien (und nicht nur dort) zu reagieren, belegt Farah anschaulich in seiner kritischen Bilanz der Mittelmeerpartnerschaft seit Mitte der 1990er Jahre. Allen negativen Begleiterscheinungen der Freihandelsabkommen in den Rezipientenländern zum Trotz hält man in der Europäischen Kommission ausgerechnet diesen Bereich der Mittelmeerpartnerschaft für ein Erfolgsmodell und feiert es geradezu euphorisch. Die vermeintlichen Erfolge sind jedoch allenfalls auf der Makroebene nachweisbar und halten einer näheren Prüfung, die die defizitären Auswirkungen auf die polit-ökonomischen Strukturen mit in den Blick nimmt, nicht stand. Farahs kritische Ausführungen zur Modernisierungstheorie sind eingebettet in einen historischen Überblick über die Handelstheorien womit zugleich verdeutlicht wird, dass Handelstheorien einen historisch-politischen Kontext haben und wandelbar sind. Diese Erkenntnis könnte ein Ausgangspunkt für politische Lernprozesse innerhalb der EU sein - Voraussetzung für den dringend nötigen Wandel ihrer fehlgeleiteten Außenhandelspolitik.

Ich hatte große Freude, die dieser Publikation zugrunde liegende Dissertation zu betreuen, die Jakob Farah im Frühjahr 2014 an der Helmut-Schmidt Universität in Hamburg erfolgreich verteidigte. Und so möchte ich mich abschließend Rachid Ouaissa anschließen, der als Zweitgutachter die vorliegende Publikation als unterhaltsames und zugleich intellektuell hoch anspruchsvolles Lesevergnügen lobte. Dieses Lesevergnügen, das ich voll und ganz teile, verdankt sich nicht zuletzt der Tatsache, dass Jakob Farah klar Stellung bezieht, mitunter auch scharf formuliert und damit Wissenschaft und politische Leidenschaft aufs Beste vereint.

Annette Jünemann

Hamburg im Juli 2014

Danksagung

Viele Menschen haben mich bei der Anfertigung der dieser Publikation zugrunde liegenden Dissertation unterstützt. Ohne ihre Hilfe wäre diese Arbeit nicht möglich gewesen.

Zuallererst möchte ich meiner Betreuerin Annette Jünemann danken, die mich in allen Phasen tatkräftig durch ihre konstruktive Kritik unterstützt und bisweilen auch mit sanftem Druck für die Einhaltung von Fristen gesorgt hat. Ihr stetiger positiver Zuspruch hat mehr als einmal dafür gesorgt, dass ich wieder neue Motivation für das Projekt entwickeln konnte. Auch meinem Zweitbetreuer Rachid Ouaissa möchte ich herzlich danken, insbesondere für seine wertvolle Unterstützung bei der Vorbereitung der Feldforschung in Algerien. Herzlich bedanken möchte ich mich auch bei Claudia Fantapié-Altobelli und Florian Grotz für ihre Mitwirkung in der Prüfungskommission.

Dank gebührt ebenfalls dem gesamten Team am Lehrstuhl für Internationale Politik von Annette Jünemann an der Helmut Schmidt Universität, insbesondere Delf Rothe, Florian Kühn und Susanne Kirst. Für inhaltliche Anregungen im Verlauf der Konzeption und Niederschrift der Dissertation danke ich Berit Bliesemann de Guevara, Martin Beck, Kerstin Fritzsche, Ivesa Lübben, Eva Maggi, Peter Seeberg, Simon Wolf und Tina Zintl.

Bedanken möchte ich mich zudem beim Deutschen Akademischen Austauschdienst DAAD für die Finanzierung eines Forschungsaufenthaltes in Algerien im Frühjahr 2011, ohne den diese Arbeit nicht hätte angefertigt werden können. Während meines Aufenthaltes in Algerien habe ich von der Hilfe vieler Personen profitiert, die an dieser Stelle nicht alle genannt werden können. Insbesondere möchte ich aber Ahcène Amarouche, Florence Beaugé, Youcef Benabdallah, Mohamed Benguerna, Zoubida Benmansouir, Fanny Gilet und Nordine Grim danken. Isabelle Werenfels danke ich für die Unterstützung bei der Vorbereitung der Feldforschung.

Von ganzem Herzen möchte ich außerdem meinen Eltern und meinen Brüdern danken, die mich ebenfalls während des gesamten Arbeitsprozesses unterstützt haben. Hindeja Farah danke ich für ihren aufmunternden Zuspruch, ihre Unterstützung und die wertvollen Anregungen in der Endphase der Anfertigung dieser Arbeit.

Jakob Farah

Inhalt

13

Abkürzungen

AA – Assoziierungsabkommen
AIS – Armée Islamique du Salut
Algex – Agence Algérienne de Promotion du Commerce Extérieur
ALN – Armée de la Libération Nationale
ANDPME – Agence Nationale de Développement de la Petite et Moyenne Entreprise
CAP – Confédération Algérienne du Patronat
CGE – Computable General Equilibrium
CGEA – Confédération Générale des Operateurs Économiques Algeriens
CNI – Conseil National de l'Investissement
BIP – Bruttoinlandsprodukt
EG – Europäische Gemeinschaft
EMAA – Euro-Mediterranes Assoziierungsabkommen
EMFHZ – Euro-Mediterrane Freihandelszone
EMP – Euro-Mediterrane Partnerschaft
ENP – Europäische Nachbarschaftspolitik
ENPI – European Neighborhood and Partnership Instrument
EPE – Entreprise Publique Economique
ESVP – Europäische Sicherheits- und Verteidigungspolitik
EU – Europäische Union
FCE – Forum des Chefs d'Entreprises
FDI – Foreign Direct Investment
Femise – Forum Euroméditerranéen des Instituts des Sciences Économiques
FIS – Front Islamique du Salut
FLN – Front de Libération Nationale
GASP – Gemeinsame Außen- und Sicherheitspolitik
GATT – General Agreement on Tarrifs and Trade
GATS – General Agreement on Trade in Services
GIA – Groupe Islamique Armé
GPRA – Gouvernement Provisoire de la République Algérienne
HC – Hydrocarbon
HCE – Haut Comité d'Etat
IMF – International Monetary Fund
IPÖ – Internationale politische Ökonomie
KMU – Kleine und mittlere Unternehmen
KSZE – Konferenz über Sicherheit und Zusammenarbeit in Europa
LFC – Loi de Finance Complémentaire
MaN – Mise-à-Niveau
MDL – Mittelmeerdrittland
MEDA – Mésures d'Accompagnements

MENA – Middle East and North Africa
MIR – Ministère de l'Industrie et de la Réstructuration
MOES – Mittel- und Osteuropäische Staaten
NATO – North Atlantic Treaty Organization
ONS – Office National des Statistiques
OPEC – Organization of the Petroleum Exporting Countries
PLO – Palestine Liberation Organization
PME – Petites et Moyennes Entreprises
SAP – Strukturelles Anpassungsprogramm
TACIS - Technical Assistance to the Commonwealth of Independent States
TAIEX – Technical Assistance and Information Exchange Instrument
UGTA – Union Générale des Travailleurs Algériens
WTO – World Trade Organisation

Tabellen

Abbildungen

1 Einleitung

Seit dem Jahreswechsel 2010/2011 stellt der so genannte Arabische Frühling die politikwissenschaftliche Regionalforschung – und insbesondere die Autoritarismusforschung – vor neue Herausforderungen. Gewissermaßen über Nacht erschienen lang gehegte Annahmen wie die These vom „arab exceptionalism" oder der „autoritären Resilienz" in der arabischen Welt, welche Dynamiken politischer Liberalisierung in dieser Region per se für unwahrscheinlich erklärten (vgl. Stepan/Robertson 2004; Schlumberger 2007), als obsolet. In diesem Zusammenhang ist auch die Rolle der EU als selbsternannter Demokratieförderer in der Region neu diskutiert und hinterfragt worden. Insbesondere die Jahrzehnte während Zurückhaltung Europas gegenüber den autokratischen Regime auf der südlichen und süd-östlichen Seite des Mittelmeers – bzw. deren aktive Unterstützung durch die EU – ist seit Beginn des Arabischen Frühlings verstärkt in den Fokus der Kritik geraten (vgl. z.B. Joffé 2011). Der selbst formulierte Anspruch der EU, in der südlichen Mittelmeerregion als externer Demokratieförderer aufzutreten, war zwar bereits vor den Ereignissen des Arabischen Frühlings kritisch hinterfragt worden (vgl. z.B. Youngs 2002), doch die Umbrüche in Tunesien, Ägypten und anderen Ländern der Region sorgten dafür, dass die enge Kooperation der EU mit den gestürzten Autokraten in den Fokus einer breiteren öffentlichen Aufmerksamkeit geriet.

Die meisten wissenschaftlichen Arbeiten, die sich mit der Demokratie fördernden Rolle der EU in dieser Region beschäftigen – egal ob vor oder nach den Umbrüchen des Arabischen Frühlings –, konzentrierten sich allerdings auf die politischen und sicherheitspolitischen Aspekte der EU-Politik. Demokratieförderung wurde und wird dabei primär entweder als genuin politischer top-down Prozess gesehen, bei dem vor allem die Anreizstrukturen der betreffenden politischen Regime im Fokus stehen, die durch (negative oder positive) Konditionalität beeinflusst werden sollen, oder als grass-root-Engagement, das sich durch die Unterstützung pro-demokratischer Akteure vor allem innerhalb der Zivilgesellschaft auszeichnet. Die vorliegende Untersuchung argumentiert hingegen, dass die ökonomischen Aspekte der Beziehungen zwischen der EU und den Staaten des südlichen Mittelmeers – auch in Bezug auf die Frage der politischen Liberalisierung – sehr viel relevanter sind, da, wie zu zeigen sein wird, die auf diesem Gebiet implementierten Maßnahmen innerhalb der Euro-Mediterranen Partnerschaft (EMP) weit substantieller sind. Das zentrale Merkmal der europäischen Demokratieförderung in den südlichen Nachbarstaaten des Mittelmeers war und ist die Annahme, dass durch die Förderung wirtschaftlicher Reformen und die Restrukturierung staatszentrierter Ökonomien „spill-over Effekte" in Bezug auf politische Liberalisierung – und damit eine „twin liberalization" – erreicht werden können (Dillman 2002; Schmid 2003; Youngs 2001).[1] Der holistische Ansatz der Euro-Mediterranen Partnerschaft, dessen zentrales Ziel als die Schaffung einer „Zone des Friedens, der Stabilität, der Sicherheit und des gemeinsamen Wohlstands" formuliert wurde (vgl. Deklaration von Barcelona), spiegelt die Vorstellung einer ganzheitlichen Entwicklung wider, in der wirtschaftliche, politische und kulturell-soziale Komponenten ineinander greifen.

Diesem europäischen Politikansatz liegen theoretische Annahmen der Demokratie- und Transitionsforschung über den Zusammenhang zwischen marktwirtschaftlicher Entwicklung und den Chancen demokratischer Entwicklung bzw. politischer Liberalisierung zugrunde. Modernisierungstheoretische Arbeiten der 1950er und 1960er Jahre, die sich um den Nachweis einer Korrelation zwischen kapitalistischer Entwicklung und Demokratie bemühten (vgl. Schmid 2003), bilden den theoretischen Grundstock, der auch heute noch als wichtiger Einflussfaktor für die Ausgestaltung europäischer Demokratisierungspolitik gesehen werden muss. Auch die außenpolitische Selbstbeschreibung, wie bspw. die Konzeption der EU als Zivilmacht (Duchêne 1972) oder „normative power" (Manners 2002), welche die europäische Form außenpolitischer Einflussnahme gegen eine klassische Konzeption realistischer Machtpolitik (bspw. US-amerikanischer Provenienz) abgrenzte, entspricht dieser Vorstellung.

Dieser Logik folgend implementierte die Europäische Union bei der Gestaltung ihrer Beziehungen zu den südlichen Nachbarländern im Rahmen der Euro-Mediterranen Partnerschaft (EMP) eine Reihe wirtschaftspolitischer Unterstützungsmaßnahmen, deren Resultat nicht einzig die Stabilisierung makroökonomischer Daten zur Folge haben sollte, sondern ebenso eine allgemeine Verbesserung der Lebenssituation der Menschen in den südlichen Anrainerstaaten. Hiervon versprach man sich wiederum positive Effekte für genuine europäische Sicherheitsinteressen, insbesondere die Verringerung von Migration nach Europa und die Eindämmung von Formen politischem Fundamentalismus. Politische Liberalisierung bzw. die Demokratisierung der bis vor kurzem ausnahmslos autoritär regierten südlichen Partnerländer[2] wurde dabei als inhärenter Bestandteil der europäischen Bemühungen um ganzheitliche Entwicklung der Region gesehen (vgl. Council 2006).

Bisher liegen keine Arbeiten vor, die sich explizit mit den Auswirkungen der modernistisch-ökonomistischen Ausrichtung der EMP auf die Chancen und

---

[1] Der Begriff des „spill-over" wurde ursprünglich durch die neo-funktionalistischen Arbeiten von Ernst B. Haas in Bezug auf den europäischen Integrationsprozess geprägt.

[2] Mit Ausnahme Israels, der Türkei und auch des Libanons.

Möglichkeiten demokratischer Entwicklung in Bezug auf einen einzelnen südlichen Partnerstaat beschäftigen. Die vorliegende Untersuchung zielt darauf ab, durch eine Einzelfallstudie zum südlichen Nachbarstaat Algerien einen Beitrag zur Schließung dieser Forschungslücke zu leisten.

1.1 Fragestellung und These

Zunächst muss an dieser Stelle festgehalten werden, dass die vorliegende Untersuchung nicht darauf abzielt, die zentrale Aussage modernisierungstheoretischer Annahmen – der positive Einfluss wirtschaftlicher Entwicklung auf politische Liberalisierung – grundsätzlich in Frage zu stellen. Die zentrale *Fragestellung* der Arbeit lautet vielmehr: *Welches sind die Auswirkungen der im Rahmen der EMP eingesetzten Instrumente auf die Mechanismen und die Stabilität autoritärer Herrschaft in Algerien?* Das Instrument, welches den größten Effekt und den unmittelbarsten Einfluss auf die Gesellschaften der südlichen Mittelmeerländer hat, ist die seit der Gründung der EMP 1995 beschlossene Euro-Mediterrane Freihandelszone (EMFHZ). Diese wird durch die in den bilateralen Assoziierungsabkommen festgelegten Zollsenkungen sukzessive verwirklicht. Das zentrale Anliegen der vorliegenden Untersuchung ist es deshalb, die bereits erfolgten und absehbaren Auswirkungen des EU-algerischen Assoziierungsabkommens zu untersuchen. Dabei geht es insbesondere um eine Analyse der Effekte der in diesem Abkommen festgelegten Maßnahmen zur Liberalisierung des algerischen Außenhandels auf den Rentierstaatscharakter Algeriens und die damit verbundenen Mechanismen autoritärer Herrschaft in diesem Land.

Eine Fokussierung auf die bestehenden Mechanismen autoritärer Herrschaft beinhaltet, dass diese Arbeit keine Antwort auf die Frage geben soll, warum sich der südliche EMP-Partnerstaat Algerien (bisher) nicht demokratisiert hat. Es geht nicht um die Frage warum nicht ist, was sein sollte, sondern ob und wie sich verändert, was ist. Denn eine Fragestellung, die nach den Ursachen der nicht stattgefundenen Demokratisierung in Algerien fragt, würde automatisch die Annahme implizieren, dass die Entwicklung hin zu einem liberal-demokratischen System westlicher Prägung gewissermaßen den „Normalfall" darstellt. Mit dem Fokus auf bestehende Mechanismen autoritärer Herrschaft vermeidet die vorliegende Untersuchung die Gefahr einer solchen universalistisch-teleologischen Entwicklungsvorstellung anheim zu fallen.

Die *These*, die durch diese Arbeit überprüft werden soll, lautet, dass *das Instrumentarium der EU-Mittelmeerpolitik, insbesondere die EMFHZ, nicht-intendierte Effekte produziert, die der offiziellen Zielsetzung, nämlich der Förderung von Demokratie, abträglich sind und vielmehr im Gegenteil dazu beitragen, spezifische Mechanismen autoritärer Herrschaft zu perpetuieren.* Mit Blick auf die Konzeption der EMP lässt sich festhalten: Diese ist nach wie vor von simplifizierenden modernisierungstheoretischen Ansätzen und der Annahme geprägt, demokratischer Wandel lasse sich vor allem durch die Liberalisierung des ökonomischen Systems und den daraus erfolgenden spill-over Effekten auf das politische System erzeugen. In einem solchen Ansatz werden die sozioökonomischen Rahmenbedingungen politischen Wandels mithin zu wenig berücksichtigt.

1.2 Methodischer Ansatz

Während der konzeptionellen Vorarbeiten für diese Arbeit stellte sich für den Autor die Frage der Wahl zwischen einem synchron angelegten cross-case-Vergleich zwischen verschiedenen EMP-Partnerländern in Bezug auf die Auswirkungen der EU-Politik und einer diachron angelegten Einzelfallstudie. Die Entscheidung, den Fokus auf einen einzigen südlichen EMP-Partnerstaat zu legen, ist vor allem der Überlegung geschuldet, dass die Beschäftigung mit einem einzelnen Partnerland eine sehr viel tiefer gehende Analyse der Komplexität politischer Binnendynamiken, aber auch der Entwicklung der bilateralen Beziehungen zur EU erlaubt. Darüber hinaus sind die Spezifika des algerischen Falles derart ausgeprägt, dass eine Vergleichbarkeit mit anderen Ländern der Region nur sehr eingeschränkt möglich wäre. Unter den Staaten, die durch ein Assoziierungsabkommen innerhalb der EMP enge bilaterale Beziehungen mit der EU eingegangen sind, ist Algerien das einzige Land, das durch seine Einnahmen aus dem Export von Öl, Gas und den auf diesen Ressourcen basierenden Produkten als gewissermaßen lupenreiner Rentierstaat bezeichnet werden kann.[3] Diese spezifische polit-ökonomische Konstellation macht den Fall Algerien jedoch umso interessanter, da der Rentierstaatscharakter des Landes – wie zu zeigen sein wird – die Instrumente und die Zielsetzung der EMP vor besondere Herausforderungen stellen.

Die vorliegende Arbeit stellt mithin einen qualitativen, diachron angelegten within-case-Vergleich dar und orientiert sich dabei – in Anlehnung an die methodischen Überlegungen von Schumacher (2005: 19) – am Verfahren des „process tracing". David Collier beschreibt diesen qualitativen, methodischen Zugang wie folgt: „[Process tracing] is defined as the systematic examination of diagnostic evidence selected and analysed in light of research questions and hypotheses posed by the investigator" (Collier 2011: 823). Das methodologische Konzept des „process tracing" zielt insbesondere darauf ab, kausale Mechanismen innerhalb von Einzelfallstudien nachzuvollziehen und das Resultat bzw. die

---

[3]   Libyen, dessen Einnahmestruktur mit der algerischen vergleichbar ist, ist kein EMP-Mitglied.

Effekte eines bestimmten empirischen Prozesses zu erklären: „[T]he aim is not to build or test more general theories but to craft a (minimally) sufficient explanation of the outcome of the case where the ambitions are more case-centric than theory-oriented" (Beach/Pederson 2013: 3).

Die Fokussierung auf eine Einzelfallstudie bringt in Hinblick auf die Generalisierbarkeit der Ergebnisse sicherlich Einschränkungen mit sich. Die in dieser Untersuchung erarbeiteten Aussagen über die Effekte der EMP-Instrumente auf die autoritären Herrschaftsmechanismen in Algerien lassen sich nicht ohne weiteres auf andere Staaten übertragen. Eine Einschränkung der Generalisierbarkeit bedeutet jedoch nicht, dass bestimmte Ergebnisse dieser Untersuchung unter Umständen nicht auch für andere Länder und andere Wirkungsfelder des EU-Außenhandels relevant sein können. Insbesondere durch die in dieser Arbeit angewendete Konzeption der EU als „structural power" und der damit zusammenhängenden Konsequenzen für die Kontrollierbarkeit der Effekte des außenpolitischen Handelns der EU liefert die Untersuchung Erkenntnisse, die auch in anderen regionalen oder politisch-thematischen Kontexten relevant sein können.

Darüber hinaus ist es die Auffassung des Autors, dass ein komparatives Untersuchungsdesign, das sich auf den synchronen Vergleich verschiedener Fälle konzentriert, in Bezug auf die Zielsetzung der vorliegenden Untersuchung schwerwiegende konzeptionelle Schwächen hätte. Insbesondere in Bezug auf die Grundlagen autoritärer Herrschaft macht ein komparativer cross-case-Vergleich nach Meinung des Autors wenig Sinn, da die konkreten Wirkungsmechanismen im Einzelfall stark voneinander abweichen. So existiert beispielsweise im algerischen Nachbarstaat Marokko durch die monarchistische Form des Regimes eine traditionelle Legitimationsressource, welche in dieser Form in Algerien nicht zu finden ist. Im Gegensatz dazu übernimmt in Algerien der Rentenreichtum bzw. dessen Distribution durch das Regime eine legitimationssubstituierende Funktion, die in Marokko nicht in vergleichbarem Maße festzustellen ist.

Innerhalb eines within-case-Vergleichs besteht hingegen die Möglichkeit kontextuelle Verschiebungen, die sich auf das Handeln der relevanten Akteure auswirken, mit der entsprechenden analytischen Tiefe zu berücksichtigen. Durch die Integration einer historisch-kontextuellen Analyse macht ein solches Untersuchungsdesign außerdem Aussagen über Zielkonflikte innerhalb der EU-Mittelmeerpolitik möglich und erlaubt es, die Ursachen für Diskrepanzen zwischen der offiziellen Zielsetzung und tatsächlich erzeugten Effekten zu erklären.

Für die historisch-politische Kontextualisierung und die Darstellung der Genese der EMP im dritten Kapitel greift die Arbeit auf existierende Fachliteratur zurück, aber auch auf offizielle EU-Dokumente, deren Inhalte die spezifische Ausrichtung der EU-Mittelmeerpolitik deutlich machen. Für die auf den EMP-Partnerstaat Algerien fokussierten Kapitel 4 und 5 stützt sich die Arbeit einerseits auf die existierenden politikwissenschaftlichen Arbeiten, die sich insbesondere mit Fragen des postkolonialen Entwicklungsmodells in Algerien und dem autoritären Herrschaftscharakter dieses Landes beschäftigt haben. Zudem werden zahlreiche Quellen aus dem Kontext internationaler Organisationen wie dem Internationalen Währungsfonds (IWF), der Weltbank, der Welthandelsorganisation (WTO) verwendet ebenso wie Dokumente und Berichte algerischer Institutionen, wie bspw. dem algerischen Handelsministerium, aber auch Studien unabhängiger auf den Mittelmeerraum spezialisierter Forschungseinrichtungen. Ergänzt werden diese Quellen durch offizielle Dokumente der EU-Institutionen oder von diesen in Auftrag gegebenen Studien sowie durch akademische Arbeiten aus dem algerischen Kontext.[4]

In Bezug auf die Position Algeriens innerhalb der EMP und die Auswirkungen der Implementierung des EU-algerischen Assoziierungsabkommens, womit sich schließlich die Kapitel 6 und 7 auseinandersetzen, existieren aufgrund der oben identifizierten Forschungslücke bislang keine ausführlichen wissenschaftlichen Monographien oder Aufsätze. In diesen Teilen greift die Arbeit deshalb auch auf Leitfaden-gestützte Experteninterviews zurück, die der Autor während eines Forschungsaufenthaltes in Algerien im Frühjahr 2011 geführt hat. Das Ziel dieser nicht-standardisierten Interviews war es, einerseits Erkenntnisse über den historisch-politischen Kontext der Unterzeichnung des EU-algerischen Assoziierungsabkommens zu sammeln, und andererseits eine Einschätzung zu den Auswirkungen des Abkommens von algerischen Experten zu erhalten, deren Herangehens- und Sichtweise sich bisweilen stark von der europäischen unterscheidet. Vor allem mit Blick auf die dynamischen Effekte der Freihandelsimplementierung – also der Effekte, die über die reine Messung der potentiellen Entwicklung der Handelsströme hinausgehen – konnten die Gesprächspartner in Algerien wertvolle Hinweise für diese Arbeit leisten.

Die orientierte sich an dem Ziel, eine möglichst breit gefächerte Expertise zu den oben genannten Themenkomplexen abzurufen. Vor diesem Hintergrund entschloss sich der Autor für eine Auswahl von Gesprächspartnern aus unterschiedlichen institutionellen Bereichen: den akademisch-universitären Bereich, in dem vor allem Interviews mit algerischen Ökonomen und Politikwissenschaftlern geführt wurden; dem politisch-administrativen Bereich, in dem algerische Ministerialbeamte und (ehemalige oder aktive) politische Amtsträger, aber auch Mitarbeiter der Delegation der EU-Kommission in Algier befragt

---

[4] Während eines Forschungsaufenthaltes in Algerien im Frühjahr 2011 hat sich der Autor bemüht, Zugang zu allen relevanten Veröffentlichungen zum Thema zu erhalten. Bestimmte Monographien – vor allem älteren Datums - sind bei algerischen Verlagen allerdings nicht immer vorrätig.

wurden.[5] Und schließlich den journalistischen Bereich, in dem die Befragung von algerischen Wirtschaftsjournalisten als kompetente und relativ unabhängige Beobachter der algerischen Binnendynamik im Vordergrund stand.

1.3 Vorgehensweise und Aufbau der Arbeit

Die Arbeit gliedert sich in sieben Kapitel. Kapitel 2 stellt zunächst den theoretischen Ansatz der Untersuchung vor. Hier geht es zuerst um die Frage der Konzeptionalisierung der EU als außenpolitischer Akteur. Dabei liefert dieses theoretische Kapitel zunächst einen Überblick über die unterschiedlichen Ansätze mit Blick auf den internationalen Akteursstatus der EU. Darauf folgend wird das in dieser Arbeit verwendete Akteurs-Konzept der EU als strukturelle Macht vorgestellt. Dieses auf den Arbeiten von Susan Strange basierende Konzept wird dabei von den zwei dominierenden theoretischen Ansätzen abgegrenzt. Einerseits von einem Verständnis der EU als „normativer Macht", das der Interessenbasiertheit der EU-Politik zu wenig Bedeutung beimisst. Und andererseits von einem durch die „realistische" Theorieschule geprägten Ansatz, bei dem die normative Dimension des EU-Außenhandels – insbesondere innerhalb der EMP – zu wenig berücksichtigt wird. Darüber hinaus erläutert das zweite Kapitel den in Strange's Konzept so wichtigen Begriff der Unkontrollierbakeit/Nicht-Intendiertheit struktureller Macht und erklärt, wie dieser für die empirische Analyse des EU-Außenhandels fruchtbar gemacht werden kann.

Daran anschließend beschäftigt sich das zweite Kapitel mit dem zweiten für die vorliegende Untersuchung relevanten Theoriekomplex, der bei der Betrachtung der Mechanismen autoritärer Herrschaft in Algerien zur Anwendung kommt. Um die Effekte der im Rahmen der EMP durchgesetzten Maßnahmen auf die Mechanismen autoritärer Herrschaft in Algerien beschreiben zu können, wird ein analytischer Zugang erarbeitet, mit dem sich die polit-ökonomischen Zusammenhänge der autoritären Herrschaftsmechanismen in Algerien beschreiben lassen. Dafür greift die Arbeit auf den Rentierstaatsansatz zurück, dessen Ursprünge vor allem in der einflussreichen Arbeit von Beblawi und Luciani (1987) zu sehen sind. Neben dem Rentierstaatsansatz stellt der zweite Teil des zweiten Kapitels zudem den in der Autoritarismusforschung wichtigen Ansatz der Elitentheorie vor. Die Arbeiten der Elitenforschung sind insofern relevant, als sie durch ihre akteursfokussierte Ausrichtung eine kritische Betrachtung der in der Konzeption der EMP prominenten Vorstellung ermöglichen, dass liberale

---

[5] Die Kontaktaufnahme zur algerischen Ministerialbürokratie gestaltete sich allerdings als sehr schwierig, weswegen in diesem Bereich für die algerische Seite vor allem Personen befragt wurden, die *ehemals* wichtige Positionen innerhalb der Regierung oder in der Ministerialbürokratie bekleideten.

Wirtschaftsreformen gewissermaßen automatisch neue Elitensegmente schafften, die als genuin demokratische „change agents" betrachtet werden können.

Im Anschluss an die Ausarbeitung des theoretischen Zugangs fokussiert das Kapitel 3 der Arbeit auf die EU als internationaler Akteur im Mittelmeerraum. Dabei konzentriert sich die Untersuchung auf die Entstehungsbedingungen und die Implementierung der Euro-Mediterranen Partnerschaft seit Beginn der 1990er Jahre. Ziel dieses Kapitels ist es, die historisch-politischen Entstehungsbedingungen zu beleuchten, die dazu geführt haben, dass sich die liberale Vorstellung eines Zusammenhangs zwischen wirtschaftlicher Modernisierung, Handelsliberalisierung und politischer Liberalisierung innerhalb der Konzeption der EMP durchgesetzt hat. Dabei wird insbesondere deutlich, dass die geostrategische Konstellation zu Beginn der 1990er Jahre einen Wandel der sicherheitspolitischen Konstanten in Europa zur Folge hatte, der die EU vor neue Herausforderungen stellte, denen sie unter anderem mit dem Regionalansatz der EMP begegnen wollte. Darüber hinaus wird durch die Auseinandersetzung mit den politisch-historischen Entstehungsbedingungen der EMP gezeigt, dass auch innereuropäische Dynamiken und unterschiedliche Interessen der EU-Mitgliedsstaaten im Ursprungskontext der EMP eine wichtige Rolle gespielt haben.

Das vierte Kapitel wendet sich schließlich dem südlichen EU-Nachbarstaat Algerien zu und skizziert die polit-ökonomische Entwicklung des Landes. Ziel dieses Kapitels ist es, die Genese der spezifischen Struktur der algerischen Volkswirtschaft nachzuzeichnen und die heutigen Strukturprobleme – insbesondere die strukturelle Abhängigkeit vom Hydrocarbonsektor und dem damit zusammenhängenden Rentierstaatscharakter Algeriens – zu verdeutlichen. Eine detaillierte Analyse der Genese der politischen Ökonomie Algeriens ist für die Zielsetzung der Arbeit von großer Bedeutung, da sie den spezifischen Charakter der algerischen Volkswirtschaft verständlich macht und damit den Kontext umreißt, in dem die Maßnahmen des EU-algerischen Assoziierungsabkommens wirken. Das Kapitel fokussiert dabei auf die verschiedenen Reformbemühungen ökonomischer und politischer Art, welche im Laufe der gut fünf Jahrzehnte seit der Unabhängigkeit des Landes wichtig waren. In diesem Abschnitt der Untersuchung wird mit Hilfe der Überlegungen von Heydemann (2004) herausgearbeitet, dass wirtschaftliche Reformbemühungen nie als die reine Durchsetzung einer ökonomischem Logik gegenüber einer politischen Logik betrachtet werden können, sondern immer im Kontext politischer Machtkämpfe verortet werden müssen. Wirtschaftspolitische Reformbemühungen in Algerien erscheinen so immer auch als eine Funktion politischer Machtkalküle.

Das fünfte Kapitel kommt auf die im Theoriekapitel erarbeiteten Konzepte der Mechanismen autoritärer Herrschaft zurück und wendet diese auf den algerischen Kontext an. Es werden die polit-ökonomischen Grundlagen dieser Mechanismen in Algerien herausgearbeitet, welche eng mit dem Rentierstaatscharakter des Landes verknüpft sind. Dabei geht die Arbeit über die bloße Feststellung eines legitimationssubstituierenden Effekts der Rente hinaus und analysiert die Distributionsstrategien des algerischen Regimes anhand von zwei konkreten Beispielen. In diesem Zusammenhang unterscheidet die Untersuchung zwischen zwei relevanten Effekten der Rente: Einem strukturellen Effekt und einem situativen Effekt, welche sich durch die Art und Weise der Verteilung der Rente durch das Regime unterscheiden. Mit Blick auf die zweite im Theoriekapitel erläuterte Analyseebene autoritärer Herrschaftsmechanismen beschäftigt sich das Kapitel mit der Elitenstruktur Algeriens und analysiert die Rolle der algerischen Privatunternehmerschaft, welcher innerhalb der Konzeption der EMP eine besondere Rolle als demokratische „change agents" zugeschrieben wurde.

Nachdem sich die Kapitel 4 und 5 ausführlich mit den polit-ökonomischen Binnendynamiken in Algerien auseinandergesetzt haben, widmet sich das sechste Kapitel der Position Algeriens innerhalb der Euro-Mediterranen Partnerschaft. Hier wird wiederum zunächst der historisch-politische Kontext der Aushandlung und Unterzeichnung des EU-algerischen Assoziierungsabkommens analysiert, wobei insbesondere die Frage beantwortet werden soll, welche Ursachen dazu geführt haben, dass Algerien ein für sich nachteiliges Abkommen – wie in den nachfolgenden Kapiteln herausgearbeitet wird – unterzeichnet hat. Im zweiten Teil dieses Kapitels werden dann die konkreten Inhalte des EU-algerischen Assoziierungsabkommens mit einem besonderen Fokus auf der Handelsliberalisierung betrachtet, bevor die Reaktionen Algeriens im Verlauf der Implementierung des Abkommens untersucht und bewertet werden.

Im Kapitel 7 geht es schließlich um die Beantwortung der zentralen Fragestellung dieser Arbeit, also die schon absehbaren und potentiellen Effekte des EU-algerischen Assoziierungsabkommens auf die im Kapitel 5 beschriebenen Mechanismen autoritärer Herrschaft. Hier wird die These der Arbeit überprüft, dass die im Abkommen festgelegten Maßnahmen die polit-ökonomischen Grundlagen bestehender Mechanismen autoritärer Herrschaft in Algerien eher festigen als unterminieren. Der besondere Fokus liegt dabei wiederum auf dem Kernbestandteil des EU-algerischen Assoziierungsabkommens – der Handelsliberalisierung – und deren Auswirkungen auf den algerischen Rentierstaatscharakter.

Im achten und letzten Kapitel kommt die Arbeit auf das im zweiten Kapitel erarbeitete Konzept der EU als „struktureller Macht" zurück. Es wird erläutert, warum sich ein solches Verständnis der EU besonders gut eignet, um die Auswirkungen des EU-algerischen Assoziierungsabkommens in Algerien zu erklären und zu bewerten. Bei der Klärung der Frage, warum sich die konkreten Effekte des Assoziierungsabkommens von der offiziellen Zielsetzung der EMP unterscheiden, diagnostiziert die Arbeit allerdings weniger einen Zielkonflikt innerhalb der EU, bei dem sicherheitspolitische, wirtschaftspolitische und normative Vorstellungen konkurrieren. Vielmehr wird deutlich, dass durch die Konzeption der EU als strukturelle Macht nicht intendierte Effekte erklärbar werden, die auf eine strukturelle Machtasymmetrie zurückgeführt werden können, deren Auswirkungen der vollständigen Kontrolle durch konkrete Akteure, also auch der EU, mithin entzogen ist.

2 Theoretischer Ansatz

In diesem Kapitel wird der theoretische Ansatz der vorliegenden Untersuchung vorgestellt. In einem ersten Teil werden das institutionelle Gefüge der Außenbeziehungen der Europäischen Union und daraus resultierende Probleme erläutert. Daran anschließend beschäftigt sich das Kapitel mit der Theoriedebatte zum internationalen Akteursstatus der EU, stellt das für diese Untersuchung gewählte Konzept der EU als struktureller Macht vor und erläutert, warum sich dieser auf Susan Strange (1988) zurückgehende Ansatz für den empirischen Gegenstand der vorliegenden Untersuchung besonders eignet.

In einem zweiten Abschnitt dieses Kapitels wird sodann das Problem der theoretischen Auseinandersetzung mit politischen Wandlungsprozessen in der MENA-Regionalforschung (Middle East and North Africa) behandelt. Dabei wird die Entwicklung innerhalb der Regionalforschung seit den 1990er Jahren nachgezeichnet, in deren Verlauf die Annahmen der Transitions- und Demokratisierungsforschung angesichts der autoritären Persistenz und Adaptationsfähigkeit der politischen Regime der Region immer stärker unter Druck gerieten und Konzepte der Autoritarismusforschung in der Auseinandersetzung mit der Frage politischer Wandlungsprozesse in der MENA-Region an Bedeutung gewannen. Sodann wird argumentiert, dass – trotz der politischen Umbruchprozesse in der Region seit Januar 2011, die unter dem Oberbegriff „Arabischer Frühling" zusammengefasst wurden – bestimmte Annahmen der Autoritarismusforschung für die Betrachtung des empirischen Gegenstandes der vorliegenden Untersuchung weiterhin von Nutzen sind. Zwar haben die Ereignisse des „Arabischen Frühlings" in vielen Ländern zu bedeutenden Veränderungen der Machtverhältnisse und teilweise auch zu einer Neuordnung staatlicher politischer Institutionen und Prozesse geführt. Doch speziell an Algerien ist dieser oft als „regionales Phänomen" bezeichnete Prozess relativ spurlos vorüber gegangen. Vor diesem Hintergrund werden zwei Analyseebenen der Persistenz autoritärer Herrschaft – namentlich die Rentierstaatstheorie und Theorien zur Elitenreproduktion – vorgestellt, die in dieser Untersuchung zur Anwendung kommen.

2.1 Die EU als internationaler Akteur

In diesem Abschnitt steht die Theorie-Diskussion um den Akteursstatus der EU im Mittelpunkt. Obgleich die wissenschaftliche Auseinandersetzung um die „Akteursheit" (actorness) (Bretherton/Vogler 1999) oder die „actor capability" (Schumacher 2005) der EU im politikwissenschaftlichen Kontext noch nicht als abgeschlossen bezeichnet werden kann, wird hier davon ausgegangen, dass man von der EU als einem Akteur auf internationaler Ebene sprechen kann. Die EU wird international als Akteur wahrgenommen (Allen/Smith 1990). Dieser Feststellung wird heute kaum noch jemand widersprechen. Auch wenn sich der Akteursstatus der EU häufig eher in einer Art Erwartungshaltung Dritter ausdrückt, die gerade die mangelnde Kohärenz des Außenhandels der verschiedenen Mitgliedsstaaten kritisieren.[6] Somit erscheint die EU oft als ein internationaler Akteur, an den bestimmte Erwartungen in Bezug auf sein Handeln im internationalen Kontext gestellt werden, welche dieser häufig nur in sehr begrenztem Maße erfüllt oder erfüllen kann. Bei näherer Betrachtung wird allerdings deutlich, dass dieser „capability expectation gap" (Hill 1993: 23) vor allem im engeren Bereich der EU-„Außenpolitik" auftritt. Dies betrifft insbesondere die weiterhin intergouvernemental organisierten Bereiche des auswärtigen Handelns der EU. Hier kommt es immer wieder dazu, dass einzelne Mitgliedstaaten im internationalen Kontext unterschiedliche Interessen verfolgen und darüber der Eindruck eines kohärenten Handelns der EU in Mitleidenschaft gezogen wird. Zudem gab es immer wieder auch Stimmen, die die Unabhängigkeit des Akteurs EU als eine Voraussetzung der Akteurscharakteristik in Frage gestellt haben. So wurde bspw. danach gefragt, inwieweit man von einem unabhängigen, eigenständig handelnden Akteur EU sprechen kann, wenn einzelne Mitgliedsstaaten in ihrem außenpolitischen Handeln in hohem Maße von Drittstaaten beeinflusst werden (wie bspw. Großbritannien unter Blair von den USA) (vgl. Holden 2009: 8).

2.1.1 Die institutionelle Ausgestaltung des EU-Außenhandelns

Die oben angesprochene und von vielen als zentral dargestellte Kohärenzproblematik bezüglich des EU-Außenhandelns wurde oft auf die Trennung der Kompetenzbereiche auf institutioneller Ebene zurückgeführt (vgl. Howorth 2011: 220). In Bezug auf das Außenhandeln der EU muss zwischen den Außenbeziehungen im weiteren Sinne – der Vertrag von Lissabon spricht vom „aus-

---

[6] Der Krieg gegen den Irak 2003 und die Intervention in Libyen zu Beginn des Jahres 2011 können hier als Beispiele angeführt werden. Als Beispiel aus der jüngeren Vergangenheit lässt sich auch die Uneinigkeit über die Verlängerung des EU-Waffenembargos gegen Syrien anführen, die im Mai 2013 nicht die notwendige Mehrheit fand (vgl. FAZ 28.5.2013).

wärtigen Handeln der EU" – einerseits und der EU-Außenpolitik im engeren Sinne unterschieden werden. Zum auswärtigen Handeln der EU zählen alle Bereiche, die ganz oder teilweise eine außenpolitische Komponente aufweisen, also neben der Gemeinsamen Außen- und Sicherheitspolitik (GASP) – und der in diese integrierte Gemeinsame Sicherheits- und Verteidigungspolitik (GSVP) – auch der Bereich der Gemeinsamen Handelspolitik, Entwicklungspolitik, Humanitären Hilfe und diverse weitere Bereiche, die außenpolitische Aspekte beinhalten.

Im Gegensatz zu diesem umfassenden Bereich des auswärtigen Handelns der EU wird die EU-Außenpolitik im engeren Sinne innerhalb der GASP geregelt und durchgeführt. Diese Trennung zwischen der intergouvernemental geregelten GASP, die sich mit politischen und sicherheitspolitischen Fragen befasst, und den bereits ganz oder großteils supranational organisierten Politikfeldern mit außenpolitischer Relevanz, spiegelt sich auch innerhalb des EU-Vertragswerks. So ist die GASP Teil des Vertrags über die Europäische Union (EUV), während sich die Bestimmungen für die supranationalisierten Politikfelder, wie Gemeinsame Handelspolitik oder die Entwicklungspolitik, im Vertrag über die Arbeitsweise der Europäischen Union (AEUV) finden (vgl. Diedrichs 2012: 42).[7]

Die Gemeinsame Handelspolitik ist der älteste und am weitesten integrierte supranationale Politikbereich der Union. Hier hat die EU-Kommission in Bezug auf die Verhandlungen über internationale Handelsabkommen ein alleiniges Initiativrecht und verhandelt im Auftrag (Mandat) des Rates mit den betreffenden ausländischen Regierungen. Seit dem Vertrag von Lissabon hat auch das Europäische Parlament in diesem Bereich mehr Rechte erhalten und muss regelmäßig von der Kommission über den Fortgang von Verhandlungen informiert werden. Nachdem Verhandlungen über ein internationales Handelsabkommen abgeschlossen sind, muss der Rat diesem mit qualifizierter Mehrheit[8] zustimmen. Innerhalb der Entwicklungspolitik haben die Mitgliedsstaaten auch nach dem Vertrag von Lissabon noch weitergehende souveräne Rechte behalten und können unabhängig von der gemeinsamen Politik eigene Anstrengungen unternehmen (vgl. Vanhoonacker 2011: 76).

Im Gegensatz zu den weitgehend oder ganz supranational organisierten Politikbereichen ist die GASP grundsätzlich intergouvernemental organisiert. Für Beschlüsse in diesem Bereich müssen sich die einzelnen Mitgliedsstaaten der Union nach wie vor auf eine gemeinsame Position einigen; die Einstimmigkeit ist hier also die Regel und kann nur in ganz bestimmten Fällen durch ein quali-

---

[7] Diese seit dem Vertrag von Lissabon 2009 gültige Struktur schließt an das im Maastricht-Vertrag erarbeitete „Drei-Säulen-Modell" der EU an.

[8] Bei einigen Abkommen, z.B. den auch politische Bereiche tangierenden Assoziierungsabkommen, gilt die Einstimmigkeitsregel (vgl. Vanhoonacker 2011: 81).

fiziertes Mehrheitsvotum ersetzt werden.[9] Die Beschlüsse innerhalb der GASP werden vom Rat für auswärtige Angelegenheiten vorgenommen, dem die Hohe Vertreterin der EU für Außen- und Sicherheitspolitik vorsitzt. Die Frage der Kohärenz bzw. Inkohärenz der EU-Außenpolitik war stets eng verbunden mit der beschriebenen institutionellen Ausgestaltung des auswärtigen Handels der Union. Auch in Bezug auf die Frage, als welche Art Akteur die EU im internationalen Kontext bezeichnet werden kann und sollte, hat die Frage der institutionell bedingten Kohärenzproblematik[10] stets eine Rolle gespielt. Die vorliegende Untersuchung folgt in ihrem Verständnis des internationalen Akteursstatus der EU dem Argument von Michael Smith, der darauf hingewiesen hat, dass „[t]he ‚true world' of EU foreign policy is to be found more plausibly in the world of political economy and its European expressions than in the development of ‚high politics'" (Smith 1998: 83). Die Wirkmächtigkeit der EU als internationaler Akteur zeigt sich im Verständnis der vorliegenden Untersuchung also vor allem innerhalb der oben beschriebenen auswärtigen Beziehungen im weiteren Sinne. Der internationale Akteursstatus der EU, so das Argument, wird weniger innerhalb des engeren außenpolitischen Rahmens der GASP deutlich, sondern vielmehr innerhalb dessen, was häufig als „soft power"[11] der EU bezeichnet wurde (vgl. z.B. Smith 2009), d.h. in Bereichen (wie z.B. der Handelspolitik), die nicht zum Kern außenpolitischer Machtausübung im traditionellen Verständnis gehören.[12]

Um das in der vorliegenden Untersuchung zur Anwendung kommende Konzept der strukturellen Macht in die bestehende Theorie-Diskussion um den Akteursstatus der EU einordnen zu können, werden im Folgenden zunächst die zentralen Konzepte nachgezeichnet, die bisher zur Frage des internationalen Akteurstatus der EU vorgeschlagen wurden. Im Anschluss an diese Darstellung wird (in Abgrenzung) das Konzept der EU als „strukturelle Macht" erläutert, das in der vorliegenden Studie als internationales Akteurskonzept der EU Verwendung findet.

---

[9] Beispielsweise bei der Ernennung einer/s Sondergesandten

[10] Für weitere Einzelheiten in Bezug auf die Kohärenzproblematik und ihre verschiedenen Ausformungen (horizontale und vertikale Kohärenz) vgl. Smith (2004).

[11] Der Begriff „soft power" wurde von Joseph Nye geprägt (Nye 2004).

[12] Dieses Argument wird im folgenden Kapitel 5 in Bezug auf die Bedeutung der Handelspolitik im Kontext der europäischen Mittelmeerpolitik weiter ausgeführt.

2.1.2 Die Debatte um die EU als internationaler Akteur

2.1.2.1 Die EU als „superpower in the making"

Mit dem von Johan Galtung bereits 1973 geprägten Begriff der EU als „werdende Supermacht" kommt zunächst zum Ausdruck, dass es sich bei der EU eben noch nicht um eine Entität handelt, die mit dem klassischen Staatskonzept vergleichbar wäre (Galtung 1973). Galtung konzeptionalisierte die EU also als Akteur, der seine Akteursqualität noch nicht vollständig entwickelt hat. Die Wahrscheinlichkeit, dass er schließlich eine den Nationalstaaten vergleichbare Kohärenz und Unabhängigkeit erreiche, hielt Galtung allerdings für hoch. Galtung sah in der EU einen zukünftigen dritten Pol (neben den USA und der Sowjetunion) mit neo-imperialen Zügen. Die Bezeichnung der EU als werdende „Supermacht" war sicherlich dem Entstehungskontext des Kalten Krieges geschuldet. Im heutigen, von vielen Beobachtern als „multipolar" beschriebenen Zustand des internationalen Systems (vgl. z.B. Murray 2009), scheint dieser Begriff nicht mehr auf der Höhe der aktuellen Diskussion. Dennoch konnte er sich auch bis in die jüngste Zeit innerhalb der theoretisch-wissenschaftlichen Auseinandersetzung halten und wurde von verschiedenen Autoren als zentrale Kategorie bei der Betrachtung der Außenbeziehungen der EU verwendet. So sprechen bspw. Weidenfeld und Algieri (1999: 889) von der EU als einer „Weltmacht im Wartestand" und verweisen auf sechs Kriterien, die ein zukünftiges Weltmacht-Europa erfüllen müsse, um sich zu einer „wirklichen" Weltmacht zu entwickeln[13]. Buchan (1993) seinerseits spricht in Bezug auf die EU von einer „strange superpower", deren Eigentümlichkeit darin bestehe, dass sie zwar keinerlei eigene militärische Kapazitäten besäße, aber dennoch einen weltweiten Einfluss auszuüben in der Lage sei (vgl. Kernic 2007: 16).

2.1.2.2 Die Diskussion um die EU als Militär- oder Zivilmacht

Ebenfalls im Kontext des Kalten Krieges, allerdings mit völlig anderen Annahmen, entwickelte François Duchêne sein Konzept der EU als Zivilmacht (Duchêne 1972). Zu einer Zeit, in der internationale Politik fast in Gänze durch die Konfrontation zwischen den beiden militärischen Machtblöcken geprägt war,

---

[13] Weidenfeld und Algieri benennen dabei die folgenden Kriterien: eine herausragende Wirtschaftskraft, eine große Bevölkerungszahl, eine herausragende militärische Leistungsfähigkeit, ein attraktives Gesellschafts- und Wertesystem, ein handlungsfähiges politisches System und das Bestehen eines politischen Konsenses über eine Weltordnungsidee. Bei den ersten vier Kriterien, so Weidenfeld und Algieri, komme Europa sehr nah an die USA (als einzige bestehende Supermacht). Die Schwäche Europas liege allerdings in der Diskrepanz zwischen seinem Potential und der politischen Infrastruktur (vgl. Weidenfeld/Aglieri 1999: 890).

sah Duchêne die einzige Möglichkeit international an Einfluss zu gewinnen auf der Ebene der wirtschaftlichen Kapazitäten (vgl. Duchêne 1973: 19). Das Zivilmachtkonzept sieht in der EU folglich einen Akteur, dessen Kapazitäten im militärischen Bereich weitgehend beschränkt sind und der sich aufgrund dessen auf zivile Instrumente der Einflussausübung im internationalen System beschränken muss. Duchênes Definition einer Zivilmacht, die er mit explizitem Bezug auf die Europäische Union (damals EG) entwickelte, zählte neben zivilen Mitteln auch zivile Ziele zu den notwendigen Charakteristika einer Zivilmacht. Unter zivilen Zielen verstand Duchêne insbesondere internationale Kooperation, Solidarität, die Stärkung der Rechtstaatlichkeit und die Verbreitung von Gerechtigkeit, Gleichheit und Toleranz (vgl. Duchêne 1973: 20).

Dabei implizierte das Konzept von Duchêne durchaus auch eine normative Komponente, die der Verwendung ziviler außenpolitischer Instrumente eine insgesamt friedensfördernde Komponente zuschrieb. Durch die Stärkung internationaler Kooperation sollte das klassische Verständnis internationaler Politik als ein (materielles) Nullsummenspiel durch einen kompromiss- und verhandlungsorientierten Politikstil ersetzt werden, der sich in der Summe für alle beteiligten Akteure positiv auswirken sollte (vgl. Schumacher 2005: 25). Die zunächst rein analytische Kategorie der „Zivilmacht" entwickelte sich so im Laufe der Jahre zu einem politisch-normativen Projekt, das die traditionelle Wahrnehmung internationaler Politik als Spielfeld von Akteuren, deren Chancen ausschließlich durch ihre militärischen Kapazitäten bestimmt waren, ablehnte und die Hoffnung auf eine „Zivilisierung" der Weltpolitik insgesamt hegte.

Auffällig an der Diskussion um den militärischen oder zivilen Charakter des Außenhandels der EU ist, dass die Debatte im Laufe der Jahre mehr und mehr zu einer Auseinandersetzung um die Ziele des internationalen Akteurs EU geworden ist und eine zunehmend normative Prägung bekam. Dabei entfernte sich die Debatte immer weiter von der analytischen Frage nach dem „was ist" hin zur normativ geleiteten Frage dessen „was sein sollte". Damit entwickelte sich die ursprünglich theoretisch-analytische Diskussion „immer mehr in Richtung einer Leitbilddebatte um die zukünftige Politik der Europäischen Union" (Kernic 2007: 20).

Ob es sich bei der EU wirklich um eine „Zivilmacht" handelt, ist bis heute Gegenstand intensiver Diskussionen (vgl. Jünemann/Schörnig 2002). Jedoch steht außer Frage, dass auch die EU darum bemüht ist, militärische Kapazitäten zu erlangen, um in Krisensituationen intervenieren zu können, und diese auch bereits entwickelt hat. Mit der Europäischen Sicherheits- und Verteidigungspolitik (ESVP) im Rahmen der Gemeinsamen Außen- und Sicherheitspolitik

(GASP) wurde 1999 ein institutioneller Rahmen geschaffen, der der EU den Einsatz militärischer Kapazitäten unter europäischem Banner ermöglicht.[14]

Folglich ist das Zivilmachtkonzept in seiner Anwendung auf die EU in den letzten Jahren zunehmend in Frage gestellt worden.[15] Bereits 1990 kritisierte Christopher Hill den Ansatz für sein starkes Element des „wish-fulfilment" (Hill 1990: 54). Zudem, so Hill, habe sich der Ansatz mit seiner Annahme, dass zivile Instrumente bei der Durchsetzung internationalen Einflusses mehr und mehr an Bedeutung gewännen, nicht bewahrheitet. Karen E. Smith (2005) hat darauf hingewiesen, dass zum Charakter einer Zivilmacht neben dem ausschließlichen Gebrauch ziviler Instrumente ebenso eine bestimmte Art der Anwendung dieser Instrumente gehöre. In Anlehnung an Joseph Nye's Konzept der „soft power" (vgl. Nye 2004) unterscheidet Smith zwischen „persuasion" als einer „weichen" Form der Einflussnahme und „coercion" (oder hard power) und stellt fest: „Foreign policy instruments can be used in these different ways: the 'stick' is not just military, nor is 'the carrot' solely economic" (Smith 2005: 67). So könnten zivile Instrumente wie Finanzhilfen durchaus Zwangscharakter besitzen, wenn sie bspw. einem Land vorenthalten würden (das dringend auf solche Zahlungen angewiesen ist), um damit z.B. ein bestimmtes politisches Verhalten zu erzwingen.[16]

Andere Autoren haben argumentiert, dass die EU auch weiterhin als Zivilmacht zu bezeichnen sei. Whitman (1998) sieht die Entwicklung militärischer Kapazitäten nicht als ausreichend an, um der EU den Zivilmachtstatus abzusprechen. Bei der Kategorisierung als Zivilmacht komme es vor allem auf die Zielsetzung des außenpolitischen Handels an und auch eine Zivilmacht komme dabei nicht umhin, zur Durchsetzung ihrer „civilian ends" auf militärische Kapazitäten zurückzugreifen. In der Abschwächung der Zivilmachtdefinition durch ihre Beschränkung auf die „civilian ends" des außenpolitischen Handelns sieht Smith wiederum die Gefahr, dass eine klare Abgrenzung nicht mehr möglich ist und die Charakterisierung als Zivilmacht beliebig wird: „What we are instead left with are fuzzy interpretations where the break [between military and civil power, JH] lies" (Smith 2005: 72).

---

[14] Wovon sie bei mehreren Gelegenheiten auch Gebrauch machte: z.B. die EU-Operationen in Bosnien-Herzegowina (Althea) und der Demokratischen Republik Kongo (Artemis).

[15] Schon Ende der 1970er und Anfang der 1980er Jahre musste sich Duchêne gegen eine scharfe Kritik des „realistischen" Lagers zur Wehr setzen. Der prägnanteste Vertreter dieser Kritik war Hedley Bull, der die Ansicht vertrat, da die EU keine „wirkliche", d.h. militärische Macht besitze, könne sie auch nicht als ein Akteur im internationalen System betrachtet werden (vgl. Bull 1982).

[16] Die Diskussion um die Frage der Wirksamkeit politischer oder wirtschaftlicher Konditionalität, die auch im Kontext der EU-Mittelmeerpolitik immer wieder virulent wurde, klammerte diesen Aspekt der Vereinbarkeit mit dem Zivilmachtkonzept weitgehend aus.

2.1.2.3 Ian Manners' Konzept der „normative power"

In seinem 2002 veröffentlichten Aufsatz „Normative Power Europe: A contradiction in Terms?" (Manners 2002) unternimmt Ian Manners den Versuch, die besondere Charakteristik des Außenhandelns der EU in ihrer Fähigkeit „to shape conceptions of the normal" zu identifizieren (Manners 2002: 240). Damit grenzt er sich sowohl vom Zivilmachtkonzept ab als auch von Konzepten, die eine Akteursqualität mit militärischen Kapazitäten in Verbindung bringen: Nicht mehr bestimmte Kapazitäten – ob militärische oder zivile – oder die Art ihres Gebrauchs stehen im Vordergrund, sondern Manners sieht den spezifischen Charakter der EU als internationalem Akteur in ihrer Fähigkeit des „norm spreading". Manners argumentiert, die EU habe durch die Erfahrung ihrer eigenen Geschichte einen genuinen Charakter erhalten, der sich auch in ihrem Umgang mit anderen Staaten ausdrücke: „I argue that by refocusing away from debate over either civilian or military power, it is possible to think of the ideational impact of the EU's international identity/role as representing normative power" (Manners 2002: 238). Dabei unterstreicht Manners, dass es sich bei der normativen Macht der EU nicht um eine simple Form der Werteverbreitung handle, wie sie in der Geschichte bei allen einflussreichen Imperien oder Staaten zu beobachten gewesen sei. Seine historischen Entstehungsbedingungen – die Erfahrung des unermesslichen Leids im zweiten Weltkrieg – hätten dazu geführt, dass die EU die Verpflichtung zu gewissen „universellen Werten" ins Zentrum ihrer Beziehungen zu den einzelnen Mitgliedsstaaten, aber auch nach außen gestellt habe.[17] Zu diesen universellen Werten zählt er insbesondere Frieden, Freiheit, Demokratie, Rechtsstaatlichkeit und die Wahrung der Menschenrechte (vgl. Manners 2002: 242f). Einerseits, so Manners, verbreite die EU diese universellen Werte im internationalen System aufgrund ihrer bloßen Existenz durch „Ansteckung" (contagion), d.h. durch eine unintendierte Wirkung, andererseits durch bewusste Transferprozesse (transference) im Rahmen von institutionalisierten Kooperationsabkommen und Konditionalitäten.[18]

---

[17] Robert Kagan (2003) hat dieser Einschätzung widersprochen, indem er behauptete, die „kantianische" Ausrichtung des EU Außenhandelns entspringe der Tatsache, dass sie nicht über angemessene militärische Kapazitäten verfüge. Im Umkehrschluss meint Kagan, dass die EU, verfügte sie über solche Kapazitäten, angesichts der anarchischen internationalen Situation, ebenso „hobbesianisch" handeln würde wie bspw. die Vereinigten Staaten von Amerika. Bicchi (2006: 292) zitiert wiederum Sjursen: „[T]he EU, in its external action, refer[s] to reasons that can be expected to gain approval in a free and open debate in which all those affected are heard" (Sjursen 2006: 243).

[18] Damit übernimmt Manners explizit ein Konzept von Whitehead (1996), der bei der Analyse internationaler Aspekte von Demokratisierung zwischen Ansteckung, Kontrolle und Zustimmung unterschied. Vgl. dazu auch Kneuer (2009: 16).

Mit seiner Fokussierung auf Werte, Normen und „ideational power" kann der Ansatz von Manners durchaus als ein Beitrag zur konstruktivistischen Wende in der IB-Theorie insgesamt und insbesondere zur theoretischen Auseinandersetzung über den Charakter der internationalen Rolle der EU bezeichnet werden. Mit der Abkehr von der schon fast traditionalen Diskussion zwischen militärischer und ziviler Macht bemüht sich Manners um die Etablierung der Vorstellung, dass Einflussnahme im internationalen Kontext nicht mehr allein als Beeinflussung der rationalen Kalküle anderer Akteure (Staaten) gedacht werden sollte, sondern als Veränderung der grundlegenden Normen- und Wertestrukturen selbst, auf deren Grundlage diese Akteure handeln.

2.1.2.4 (Neo)-realistische Kritik am normative power-Konzept

Ebenso wie das Konzept der Zivilmacht stieß auch Manners' normative power-Ansatz in den letzten Jahren immer wieder auf Kritik. Richard Youngs (2004) bspw. hat gezeigt, dass die EU-Menschenrechtspolitik auf rational kalkulierter Interessendurchsetzung basiert. Auch die Frage, inwiefern der Verweis auf die Selbstbeschreibung der EU als normativ orientierter internationaler Akteur für die Charakterisierung als „normative power" genügt, stieß wiederholt auf Skepsis. So argumentiert Sjursen (2006: 240), dass unter diesen Voraussetzungen ebenso die USA oder auch die ehemalige Sowjetunion problemlos als normative Mächte bezeichnet werden könnten, und Seeberg (2009) macht am Beispiel des Libanon auf die Widersprüche der EU in ihrer Rolle als selbst erklärter Demokratieförderer aufmerksam.

Thomas Diez (2005) kritisierte am normative-power-Konzept von Manners eine fehlende Reflexivität innerhalb der wissenschaftlichen Auseinandersetzung mit dem Konzept. Für Diez besteht die normative Macht der EU nicht allein darin, dass sie ihr Außenhandeln nach bestimmten, als universell verstandenen Werten ausrichtet, sondern normative-power bedeutet für Diez vor allem die Wirkmächtigkeit einer diskursiven Praxis zur Identitätsstiftung. Die Kritik am normative-power-Konzept laut Diez einen blinden Fleck, weil sie „neglects an important aspect of the discourse of ‚normative power Europe': its contribution to the construction of a European identity." (ebd: 635) Aus dieser Perspektive geht es dann weniger um die Frage, ob die EU empirisch als normative Macht bezeichnet werden kann. Vielmehr spricht sich Diez dafür aus, bei der Diskussion um das normative-power-Konzept auch die Frage zu berücksichtigen, welche Identität stiftende Rolle die Selbstbeschreibung der EU und die damit zusammenhängende Abgrenzung gegenüber Anderen spielt.

Auch aus der Richtung der neo-realistischen Theorieschule der IB wurde das Konzept der EU als normativer Macht kritisiert. Adrian Hyde-Price (2006) hat argumentiert, dass das „liberal-idealistische" Konzept der EU-normative power insbesondere drei Probleme aufweise: Der erste Fehler, so Hyde-Price in Anlehnung an den Vater der neorealistischen Schule Kenneth Waltz, liege darin, dass der Ansatz versuche, internationale Politik durch den Verweis auf nationale und subnationale Einheiten und die Kombination dieser Einheiten zu erklären und nicht wie im neorealistischen Ansatz durch die Beschaffenheit und Struktur der internationalen Systems selbst. Zweitens leide der Ansatz unter der klassischen Krankheit der Idealisten, nämlich der totalen Vernachlässigung von Macht als wichtigstem Faktor internationaler Politik. Und drittens, so der Vorwurf, handele es sich um einen explizit normativen Ansatz, der normative Macht als etwas von sich aus „Gutes" betrachte (vgl. Hyde-Price 2006: 218).

Als Gegenmodell zum normative power-Ansatz schlägt Hyde-Price vor, den internationalen Akteur EU unter den Prämissen des strukturellen (neo-) Realismus zu betrachten. Dazu gehört vor allem die Annahme, dass Staaten nicht die einzigen, aber doch die wichtigsten Akteure im anarchischen internationalen System sind. Aus einer neo-realistischen Perspektive erscheint die EU also vor allem als ein Instrument für die Durchsetzung der nationalen Interessen ihrer Mitgliedsstaaten nach außen. Die Etablierung der EU als internationaler Akteur, und überhaupt die Möglichkeit des europäischen Integrationsprozesses, interpretiert Hyde-Price als eine Folge der bipolaren Konstellation des internationalen Systems nach dem zweiten Weltkrieg und der Sicherheitsgarantien durch die USA und NATO, die den west- und mitteleuropäischen Staaten ermöglichten, mehr Ressourcen in die wirtschaftliche Entwicklung zu investieren als in Sicherheitskapazitäten. „The EEC was not a new actor wielding a new form of civilian power, but rather a vehicle for co-operation on a limited range of second-order issues driven by its largest powers, a development facilitated by the bipolar structure of power." (Hyde-Price 2006: 225). Daraus folgt für Hyde-Price, dass es keine spezifische normative Charakteristik des Außenhandelns der EU gibt, die auf die historischen Erfahrungen ihres Entstehungsprozesses zurückgeführt werden kann. Vielmehr diene die EU ihren Mitgliedsstaaten als ein Instrument der „collective hegemony", das durch verschiedene Formen der „weichen" Machtanwendung (politische Partnerschaften, wirtschaftliche Anreize und Konditionalitäten etc.) ihr internationales Umfeld beeinflusst.

Neben der intensiv geführten Diskussion um die Frage, ob es sich bei der EU um eine „normative power" handelt, haben sich andere Autoren darum bemüht, alternative Konzepte für die adäquate Beschreibung des internationalen Akteursstatus der EU zu finden. Als eine der in diesem Zusammenhang einflussreichsten Arbeiten kann der Beitrag von Wessels (1992) gesehen werden, in dem er „EG-Europa" als einen Akteur „sui generis" bezeichnet. Für Wessels entzieht sich die Union allen existierenden Kategorisierungsmöglichkeiten und stellt einen völlig neuartigen Akteur dar, dessen internationaler Status nur sehr schwierig zu fassen sei. Problematisch an Wessels Ansatz bleibt, dass die Iden-tifizierung der EU als Akteur „sui-generis" eigentlich nicht viel mehr ist, als die Verdeckung eines blinden Flecks, mit der von der Abwesenheit einer positiven Benennung der Akteursqualität abgelenkt wird. Kernic (2007: 22) bezeichnet die Begrifflichkeit daher als „Notlösung". Bereits zwei Jahre früher haben Da-vid Allen und Michael Smith versucht, die internationale Rolle Europas genauer zu fassen. Sie verstehen „Western Europe" als „a variable and multidimensional presence, which plays an active role in some areas of international interaction and a less active in others." (Allen/Smith 1990: 20). Das Konzept der „Präsenz" lässt sich dabei, so Allen und Smith, nicht allein auf Akteure im herkömmlichen Sinne anwenden. Vielmehr handele es sich um eine Qualität von Arenen, Poli-tikfeldern und Netzwerken selbst und könne sich auch durch immaterielle Fak-toren wie Ideen, Normen etc. ausdrücken, die nicht weniger wirkmächtig sind. Folglich könnten unterschiedliche Akteure in unterschiedlichen Bereichen und Politikfeldern eine ganz unterschiedlich aktive „Präsenz" aufweisen. Diese Prä-senz weist nach Allen und Smith dabei auch ein reflexives Moment auf und hängt immer davon ab, wie der entsprechende Akteur von seinem Umfeld (also von anderen Akteuren im internationalen Kontext) gesehen wird.

2.1.2.5 Back to realism?

Das zentrale Problem derjenigen Ansätze, die sich in die Tradition des Zivil-machtkonzeptes und dessen Weiterführung – wenn auch mit einer anderen Fo-kussierung – als normative power einreihen, besteht insbesondere darin, dass sie dazu tendieren, der Machtdimension internationaler Politik zu wenig Berück-sichtigung zu schenken. Dies erklärt sich nicht zuletzt aus der Tatsache, dass konstruktivistische Ansätze bezüglich der internationalen Rolle der EU – zu denen auch Manners' normative power-Konzept gerechnet werden kann – sich um eine Abgrenzung gegenüber exzessiv interessen- und machtbasierten Theo-rieansätzen der realistischen Schule bemüht haben. Arbeiten zu den EU-Außenbeziehungen sind so oftmals zu dem Schluss gekommen, dass das traditi-onelle Bild rationaler Aushandlungsprozesse zwischen ungleichen nationalen Interessen nicht als Analyserahmen für die normativ begründete internationale Rolle der EU zu gebrauchen sei. "It is argued that concepts such as democracy, civil society and rights-based political culture, born in Europe and assimilated elsewhere, are [...] constitutive of the values that define the EU's most funda-mental essence, with external human rights policies reflecting the EU's histori-cally derived 'normative difference'" (Youngs 2004: 416).
    Es stellt sich aber gleichzeitig die Frage, ob ein Rückgriff auf Machtkon-zepte der (neo-)realistischen Denktradition bei der Analyse der Rolle der EU als

internationaler Akteur hilfreich ist. Diese Frage wird hier in Anlehnung an Stefano Guzzini (2000) verneint. Guzzini argumentiert, dass das grundsätzliche Problem „realistischer" Machtkonzeptionen in der Annahme eines Zusammenhangs zwischen materiellen „capacities/resources" und „outcomes" besteht – also der Kontrolle über das Resultat internationaler politischer Prozesse (vgl. Guzzini 2000: 54). Mit dem Konzept der strukturellen Macht, so Guzzini, hat die Theorie der Internationalen Politischen Ökonomie (IPÖ) einen Ansatz bereitgestellt, der in der Lage ist, die Lücke zu füllen, die durch die empirische Widerlegung der Annahme eines engen Zusammenhangs zwischen materiellen Kapazitäten und der Kontrolle über outcomes entstanden ist.[19] „In fact, concepts of structural power redefine the context within which strategic interaction takes place, the resources considered important for assessing capabilities in the first place, and the outcomes that should be included in power analysis." (Guzzini 2000: 60). Auch wenn die Analyse der EU als außenpolitischer Akteur durch eine stärkere Betonung interessenbasierter Machtdurchsetzung angereichert werden muss, sind die traditionellen Macht-Konzepte des Realismus in diesem Zusammenhang also wenig hilfreich.

Um diesem Problem zu begegnen, wird in dieser Untersuchung auf das Konzept des außenpolitischen Akteurs EU als „structural power" zurückgegriffen (vgl. Holden 2009: 7ff). Um diese Herangehensweise zu verdeutlichen, wird im Folgenden zunächst das Konzept der strukturellen Macht, wie es Susan Strange in die Debatte der IPÖ und der Internationalen Beziehungen eingeführt hat, vorgestellt.

2.1.3 Susan Strange's Konzept struktureller Macht

Strange entwickelte ihr Konzept der strukturellen Macht explizit in Abgrenzung zu der in den 1980er und 1990er Jahren dominanten US-amerikanischen IPÖ-Schule, insbesondere der Regime-Theorie und Arbeiten zur hegemonialen Stabilität.[20] Eine zentrale Kritik, die Strange gegen die dominanten Arbeiten der IPÖ (vor allem der Regime-Theorie Krasners') vorbrachte, war der Vorwurf, dass diese in ihren Analysen keine Machtstrukturen einbezögen, auf denen die bestehenden Regime fußen. Nach Strange ist es „impossible to study political economy and especially international political economy without giving close

---

[19] Als ein Beispiel für die Unstimmigkeit dieser Annahme beschreibt Guzzini den Ausgang des Vietnamkriegs zwischen 1965-1975. Die USA waren trotz ihrer überlegenen militärischen Kapazitäten nicht in der Lage, den Ausgang des Krieges (outcome) nach ihren Wünschen zu gestalten. Im Nachhinein wurde diese Tatsache unter anderem mit dem Verweis auf „conversion failures" – die mangelhafte Umwandlung von Kapazitäten in konkreten Einfluss – erklärt, was wiederum durch mangelnden politischen Willen zu erklären sei.

[20] Vgl. z.B. Gilpin (1987), Keohane (1984) und Krasner (1982).

attention to the role of power in economic life" (Strange 1988: 23). Die klassische IPÖ begnüge sich aber mit einer deskriptiven Analyse der Normen und Institutionen etc., nach denen die internationalen Wirtschaftsbeziehungen ausgestaltet sind. Doch wie diese Normen und Institutionen entstehen und wessen Interessen sie dienen, werde nicht thematisiert (vgl. Strange 1988: 21ff). Infolgedessen begreife die klassische IPÖ-Theorie Macht immer noch „primarily as capabilities, as a property of persons, or of nation-states as organized societies, not as a feature of relationships, nor as a social process affecting outcomes – the way the system operates to the advantage of some and the disadvantage of others, and to give greater priority to some social values over others" (Strange 1996: 23).

Vor diesem Hintergrund bemühte sich Strange, einen alternativen Denkansatz innerhalb der IPÖ-Theorie zu entwickeln, der insbesondere eine Analyse bestehender Machtstrukturen einbeziehen sollte, um existierende Normen und Institutionen besser in ihrer politischen Bedeutung verstehen zu können.

Ein erster wichtiger Punkt in der Strangeschen Neuausrichtung des Machtbegriffs als einer zentralen Kategorie der sozialwissenschaftlichen Forschung besteht in der Abgrenzung der strukturellen Macht von „relationaler Macht". In ihrem 1988 erschienen Buch „States and Markets" beschreibt Strange relationale Macht als diejenige Form von Macht, die seit Jahrzehnten von Adepten der realistischen Theorieschule der IB und der IPÖ beschrieben werde und dessen Ausübung sich dadurch auszeichne, dass ein Akteur A einen anderen Akteur B dazu bringt, etwas zu tun, was er ohne die Intervention von A nicht getan hätte. Von diesem „traditionellen" Machtbegriff grenzt Strange strukturelle Macht ab, die sie wie folgt definiert: „Structural power is the power to shape and determine the structures of the global political economy within which other states, their political institutions, their economic enterprises and (not least) their scientists and other professional people have to operate" (Strange 1988: 25). Dabei betont Strange, dass es sich bei struktureller Macht um mehr handelt als um die bloße Fähigkeit, den institutionellen Kontext eines politischen Aushandlungsprozesses zu beeinflussen – etwa in Form eines internationalen Regimes, das die Normen und Regeln für internationalen Warenaustausch festlegt. Eine solche Fähigkeit, das institutionelle „setting" zu beeinflussen, sei zwar auch Teil der strukturellen Macht, aber bei weitem nicht alles. „Metapower" im Verständnis Krasners[21] ist also auch Teil struktureller Macht, doch das Konzept von Strange geht noch darüber hinaus. Strukturelle Macht im Strangeschen Verständnis kann sich z.B. in der Wirkmächtigkeit privaten Kapitals äußern: Staaten, aber auch andere Akteure sind heute oft den Dynamiken des internationalen Finanzmarktes und

---

[21]   Krasner beschreibt „Meta-power" als die Fähigkeit eines Akteurs, die Spielregeln des Spiels zu ändern, damit sie besser zu seinen eigenen Kapazitäten passen und sich damit seine relationale Macht erhöht (vgl. Krasner 1985: 15).

den damit zusammenhängenden Regeln ausgesetzt. Man kann also davon sprechen, dass mobiles Kapital strukturelle Macht besitzt.

Aus diesem Verständnis struktureller Macht folgt zudem die schon oben erwähnte Kritik am klassischen Machtbegriff, der bei der Machtausübung immer von einem Macht besitzenden Akteur ausgeht. Stattdessen schlägt Strange vor, den Fokus auf die Effekte oder „outcomes" von politischen Prozessen zu legen: „I think capabilities and resources are a poor way of judging power; it is more ‚power over' than ‚power from' that matters" (Strange 1996: 25). Gleichzeitig folgt der Ansatz von Strange keinem blinden Strukturdeterminismus. Auch strukturelle Macht kann von einem Akteur „besessen" und von diesem bewusst eingesetzt werden. Damit versucht Strange denjenigen Kritiken entgegenzuwirken, die in strukturellen Machtkonzepten einen Widerspruch in sich sehen, weil sie entweder einem strukturellen Zwang gleichkämen oder einem amorphen und auf alles anwendbaren Begriff, wie bspw. „soziale Kontrolle" (Guzzini 1993: 469).

Ein weiterer wichtiger Punkt im Strangeschen Konzept struktureller Macht ist ihre potentielle Unintendiertheit. Strukturelle Macht kann nach Strange Effekte erzeugen, die nicht von einem handelnden Akteur oder Staat beabsichtigt sind und die er unter Umständen nicht einmal registriert. In diesem Zusammenhang können die EU-Agrarsubventionen als Beispiel dienen: Durch die verbilligte Herstellung landwirtschaftlicher Produkte wird der Export dieser Waren rentabel, mit den entsprechenden negativen Auswirkungen auf lokale oder regionale Märkte in anderen Regionen der Erde. Dieser Effekt muss nicht von der EU intendiert sein, doch aufgrund ihrer strukturellen Macht hat die (hauptsächlich aus innenpolitischen Gründen getroffene) Entscheidung, die Produktion landwirtschaftlicher Güter zu subventionieren, Auswirkungen auf den Handlungsspielraum Dritter.

Strange differenziert ihren Machtbegriff in vier Unterstrukturen, die im empirischen Teil dieser Untersuchung nicht angewendet werden, an dieser Stelle aber dennoch Erwähnung finden sollen, da die Feststellung, dass strukturelle Macht in verschiedenen Unterstrukturen aufgeteilt werden kann, die sich gegenseitig beeinflussen, wichtig ist (vgl. auch May 1996: 9ff). Diese vier Teilbereiche sind:

Die Kontrolle über Sicherheit: verstanden im klassischen (realistischen) Sinne als technologische Kapazitäten eines Akteurs und dessen strategische Lage. Die Kontrolle über Produktion: produktive Wirtschaftsaktivitäten. Kontrolle über Kredit: die Verteilung von Kredit. Kontrolle über Wissen, Überzeugungen und Ideen: Diese Ebene kann einerseits als Kontrolle über technologisches Wissen verstanden werden, aber auch als Kontrolle über Überzeugungen und Normen, was diese Ebene näher an konstruktivistische Ansätze rückt (vgl. Strange 1988: 26f).[22] An dieser Stelle ist es wichtig Stranges strukturellen Machtbegriff von anderen nicht-relationalen Machtkonzeptionen abzugrenzen, die vor allem im Kontext so genannter post-moderner und post-strukturalistischer Arbeiten auftauchen. Als wohl einflussreichstes Beispiel kann hier der Begriff der „produktiven" Macht genannt werden, wie ihn vor allem Michel Foucault geprägt hat (vgl. Foucault 1994). Foucault konzeptionalisierte seinen Machtbegriff in Abgrenzung zum negativen repressiven Machtbegriff. Dabei erscheint Macht als ein Netzwerk sich ständig reproduzierender sozialer Verhältnisse, die sich in spezifischen Institutionen manifestieren. Macht ist bei Foucault nicht als eine Ressource gedacht, die von einem bestimmten Akteur besessen wird, um andere zu einem bestimmten Handeln zu zwingen, sondern konstituiert die Akteure (Individuen) gewissermaßen erst, produziert sie. Im Unterschied zu einem solchen produktiven Machtverständnis, das Macht als etwas alles Durchdringendes, das Individuum erst konstituierende Realität konzipiert, impliziert der strukturelle Machtbegriff bei Strange noch eine bestimmte „Richtung" der Machtausübung, deren Effekte bestimmte Gewinner und Verlierer hervorbringen.

Um den strukturellen Machtbegriff Stranges in Relation zu anderen Machtbegriffen abzugrenzen, ist es sinnvoll, auf das Machtformen-Schema von Michael Barnett Raymond Duvall zurückzugreifen:

Tabelle 1: **Formen der Macht**

	Direkt	Diffus
„agent based"	Compulsory Power Stranges „Relationale Macht"	Institutional Power Krasners „Metapower" Stranges „Strukturelle Macht"
„a property of social relations"	Structural Power Stranges „Strukturelle Macht"	Productive Power Foucaults „Produktive Macht"

Quelle: Barnett/Duvall (2005: 88), eigene Ergänzung.

Aus diesem Schema geht hervor, dass das Konzept der strukturellen Macht zwei Ebenen der Einflussnahme einschließt (vgl. Guzzini 1993: 456). Einerseits kann strukturelle Macht im Sinne von Krasners Metapower verstanden werden, d.h. als Kapazität eines Akteurs den institutionellen Kontext und die „rules of the

---

[22]   Mit diesem 4-Strukturen-Schema unterscheidet sich Stranges Konzept auch von (neo-)marxistischen Ansätzen, wie bspw. Cox (1987), die die Struktur des Produktionssystems in den Mittelpunkt ihrer Analysen gestellt haben.

game" eines politischen Aushandlungsprozesses zu bestimmen, andererseits aber auch im Sinne einer den gesellschaftlichen (oder zwischenstaatlichen) Verhältnissen inhärenten Machtstruktur. Die oben erwähnte potentielle Nicht-Intendiertheit struktureller Machteffekte findet sich vor allem bei dieser zweiten Art der Ausformung struktureller Macht.

Der Ansatz von Susan Strange ist aus verschiedenen Gründen für den empirischen Gegenstand dieser Studie besonders geeignet. Zunächst ist ein aus der IPÖ-Theorie kommender Ansatz besonders geeignet, da ein großer Teil (und das hier insbesondere behandelte Feld der EU-algerischen Handelsbeziehungen) wirtschaftlichen Charakter besitzt. Zudem ist das Strangesche Konzept nicht auf eine akteursfokussierte Betrachtung beschränkt, sondern kann strukturellen Faktoren (wie der asymmetrischen Handelsbeziehungen innerhalb der EMP) Rechnung tragen. Darüber hinaus ist es innerhalb dieses Konzeptes möglich, weder einer neorealistischen Perspektive rein interessenbasierter Machtpolitik zu folgen, für die normative Aspekte der EU-Mittelmeerpolitik von vorn herein auszuschließen sind, noch den Fehler einiger konstruktivistischer Ansätze zu wiederholen und den normativen Gehalt der EU-Außenbeziehungen mit dem südlichen Mittelmeerraum hoffnungslos zu überschätzen. Überdies erlaubt der Strangesche Ansatz eine analytische Integration unintendierter Effekte der EU-Außenbeziehungen, die – wie zu zeigen sein wird – in den Handelsbeziehungen der EU mit Algerien eine wichtige Rolle spielen. Ein letzter Grund für die Entscheidung des Strangeschen Konzeptes liegt darin begründet, dass es hier vor allem um die Analyse der Effekte (oder outcomes) geht und in der konkreten Analyse die Frage „was die EU ist", zugunsten der Frage „was die EU tut", in den Hintergrund treten kann (vgl. Smith 2005: 63).

2.1.4 Die EU-Außenbeziehungen aus einer „structural power"-Perspektive

Patrick Holden weist in seiner Konzeption der EU als „structural power" – der gleichzeitig das Attribut zukommt, strukturelle Macht zu besitzen und zu verwenden – darauf hin, dass die letzten vier Jahrzehnte der Globalisierungsdynamik als sich verändernde Formen struktureller Macht analysiert werden können (Holden 2009: 14). Versuche nationalstaatliche Wirtschaftssysteme isoliert von der Weltwirtschaft aufzubauen, sind gescheitert und auch Modelle, in denen dem Staat eine gewichtige Rolle innerhalb des Wirtschaftssystems zukommen sollte („developmental state"), sind immer stärker unter Druck geraten (vgl. Rapley 2007: 155ff). Diese Entwicklung, so Holden, sei einerseits auf den strukturellen Druck der veränderten globalen politischen Ökonomie zurückzuführen und andererseits auf die Bemühungen vieler Staaten und anderer Akteure – ins-

46

besondere internationaler Organisationen – „neoliberale" Reformen durchzusetzen (vgl. Holden 2009: 15).

Der Begriff des Neoliberalismus ist in zahlreichen Debatten zweifellos üb-
erstrapaziert worden. Für ein Verständnis der EU-Außenbeziehungen spielt er
aber dennoch eine wichtige Rolle. „Neoliberalismus" soll hier verstanden werden als der Glaube und die mit ihm zusammenhängenden Maßnahmen an die
wirtschaftliche Effizienz freier Märkte, freien Handels und individuellen Unter-
nehmertums. Dieses ökonomische Modell bewirkt nach neoliberaler Vorstellung
zudem eine politische Liberalisierung, die sich in individueller Freiheit und demokratischer Regierungsführung ausdrückt.[23] Unabhängig von der Frage, ob
diese Herangehensweise als Entwicklungsstrategie in unterschiedlichen Kontexten sinnvoll ist, impliziert dieses Konzept notwendig eine politische Dimension,
die eine Modifizierung der sozio-ökonomischen und politischen Machtverhältnisse im betroffenen Land beinhaltet. Die Art der externen Einflussnahme der
EU im Rahmen ihrer Außenbeziehungen geht dabei über die Errichtung und
Aufrechterhaltung einer bloßen ökonomischen Abhängigkeit hinaus. So enthalten die mit den südlichen Mittelmeerstaaten im Rahmen der EMP abgeschlossenen Assoziierungsabkommen bspw. auch Bestimmungen zum internen Wettbewerbsrecht und zur Vergabe öffentlicher Aufträge. Das ist ein Beispiel dafür,
„how structural power goes beyond creating dependency in developing countries to include shaping legal and institutional frameworks" (Holden 2009: 18).
Meunier und Nicolaidis (2006) sprechen in diesem Zusammenhang – mit Blick
auf die EU-Handelspolitik – von „power through trade" und grenzen diesen ab
von „power in trade". Dabei entspricht letzterem dem Phänomen, dass die EU den
Zugang zum europäischen Binnenmarkt gegen erhöhte Exporte von Waren und
Dienstleistungen ins Drittland eintauscht. Mit „power through trade" wird dagegen der Vorgang bezeichnet, in dem der Zugang zum europäischen Binnenmarkt an die Übernahme europäischer Normen und Standards geknüpft ist.

Die externe Einflussnahme der EU im Rahmen der am stärksten „vergemeinschafteten" Bereiche der Handelspolitik und der Entwicklungszusammen-
arbeit kann aus verschiedenen Blickwinkeln betrachtet werden: Als Funktion
der Sicherheitsbestrebungen der EU, als normativ/idealistisches Handeln, als
ökonomische Vorteilsuche im Rahmen asymmetrischer Handelsbeziehungen
oder als strategische Allianzbildung. Die Konzeption der EU als „structural power" erlaubt es jedoch, all diese Dimensionen analytisch zusammen zu fassen.
So kann die EU-Handelspolitik im Mittelmeerraum nicht von einer spezifischen

---

[23] Dieser modernisierungstheoretische Zusammenhang zwischen wirtschaftlicher und politischer
      Freiheit geht insbesondere auf die Arbeiten von Friedrich Hayek (1944) zurück und wurde
      später unter anderem von Milton Friedman (1962) und in der Politikwissenschaft von Seymor
      Martin Lipset (1959) aufgenommen. Eine detaillierte Auseinandersetzung mit den moderni-
      sierungstheoretischen Vorstellungen liefert der nächste Abschnitt dieses Kapitels.

normativ geprägten Vorstellung – die vor allem im Kontext der Initialisierung der EMP als „region-building"-Projekt vorherrschte – getrennt werden. Wie zu zeigen sein wird, haben hier handfeste wirtschaftliche Interessen und ein normativer Anspruch zur Schaffung einer gemeinsamen „Region des Wohlstands" – der gleichzeitig auch immer eine sicherheitspolitische Kalkulation beinhaltete – ineinander gegriffen.

In dieser Arbeit wird die These vertreten, dass die strukturelle Macht, die die Europäische Union „besitzt" – im Gegensatz zu der Tatsache, dass sie auch eine weitere Akkumulation dieser anstrebt – vor allem in ihrer enormen Wirkmächtigkeit als Handelsblock besteht (vgl. Meunier/Nicolaidis 2006). Die schiere Größe des gemeinsamen europäischen Marktes und die mehr als 40-jährige Erfahrung in der Aushandlung von Handelsabkommen haben die EU zum mächtigsten Handelsblock der Welt gemacht. Nach der Erweiterung von 2007 auf 27 Mitgliedsstaaten[24] hielt die EU 2012 einen Anteil von 14,7% der weltweiten Waren-Exporte. Der Anteil an den weltweiten Waren-Importen belief sich auf 15,4%. Für Dienstleistungen lagen diese Werte im gleichen Zeitraum bei 24,6% bzw. 20% (vgl. WTO 2013).[25] Diese Position ermöglicht es der EU, einerseits den Zugang zu ihrem enormen Binnenmarkt als Verhandlungsmasse einzusetzen, und andererseits haben außenpolitische Initiativen der EU Auswirkungen auf die internationalen Handelspartner, die nicht als beabsichtigte Effekte politischer Entscheidungen angesehen werden können, sondern als nicht-intendierte Effekte, die auf die globale Bedeutung des EU Binnenmarktes zurückzuführen sind. Die Bedeutung der nicht-intendierten Effekte der strukturellen Macht im Kontext der EU-algerischen Beziehungen wird im achten Kapitel dieser Untersuchung verhandelt.

Nach der theoretischen Einordnung des internationalen Akteursstatus der EU geht es im folgenden Abschnitt dieses Kapitels um den zweiten für diese Untersuchung wichtigen theoretischen Kontext: die Autoritarimusforschung mit Fokus auf die arabische Welt. Um die in Algerien wirksamen Mechanismen autoritärer Herrschaft zu untersuchen und die Effekte des EU-algerischen Assoziierungsabkommens auf diese Mechanismen zu analysieren, wird ein theoretisches Instrumentarium benötigt, das den algerischen Realitäten Rechnung trägt. Wie zu Beginn dieses Kapitels erläutert, argumentiert diese Untersuchung, dass nicht alle in Bezug auf die Persistenz autoritärer Herrschaft in der MENA-Region erarbeiteten Thesen im Kontext des „Arabischen Frühlings" obsolet geworden sind. Insbesondere die Rentierstaatstheorie sowie die Überlegungen zur Reproduktion politisch relevanter Eliten spielen nach Auffassung des Autors weiterhin eine besondere Rolle.

---

[24]   Im Juli 2013 trat mit Kroatien der 28. Staat der EU bei.
[25]   Zum Vergleich: Der Anteil der USA an den weltweiten Exporten betrug im Jahr 2012 gut 10,7%, der Chinas 13,9% (vgl. WTO 2013).

Dennoch ist es wichtig, den Kontext der jüngeren Theoriedebatte in der Autoritarismusforschung zu erläutern. Insbesondere der Wechsel vom lange Zeit dominanten Demokratisierungsparadigma innerhalb der Transitionsforschung hin zu einer Analyse der bestehenden Mechanismen autoritärer Herrschaft ist auch für die vorliegende Untersuchung relevant. Im folgenden Abschnitt wird zunächst auf die jüngere Entwicklung innerhalb der MENA-bezogenen Transitionsforschung eingegangen, um dann die für diese Untersuchung zentralen theoretischen Annahmen zur Stabilität autoritärer Herrschaft herauszuarbeiten.

2.2 Demokratisierung vs. Mechanismen und Stabilität autoritärer Herrschaft in der MENA-Regionalforschung

In den zwei Jahrzehnten vor den Ereignissen des „Arabischen Frühlings", die zur Jahreswende 2010/2011 ihren Ausgang nahmen, war die Transformationsforschung insgesamt vom Kontext des Niedergangs der Sowjetunion und der Auflösung der bipolaren Konstellation des internationalen Systems geprägt. Der analytische Zugang zu Prozessen politischen Wandels in der MENA-Region blieb von dieser Tendenz nicht ausgeschlossen. Insbesondere in den 1990er Jahren, aber auch danach, wurde der akademische Diskurs zu Wandlungsprozessen der nahöstlichen und nordafrikanischen politischen Regime stark vom allgemeinen Enthusiasmus bezüglich der Demokratisierungspotentiale und der so genannten „dritten Welle" der Demokratisierung (vgl. Huntington 1991) bestimmt. Huntington sah die Gründe für diese Demokratisierungswelle vor allem in der Ausbreitung der Mittelklasse infolge wirtschaftlicher Entwicklung, den zunehmenden Legitimationsproblemen der autoritären Regime und einer veränderten Agenda internationaler Politik (vgl. Huntington 1991; Demmelhuber 2009: 55f). Zugleich erschien mit Fukuyamas „The End of History and the Last Man" ein einflussreiches Werk, das die Umbrüche zu Anfang der 1990er Jahre als den Anfang vom Ende eines Entwicklungsprozesses begriff, der nach und nach alle Staaten der Welt zu markwirtschaftlich konstituierten liberalen Demokratien umformen sollte (vgl. Fukuyama 1992).

In diesem historischen Kontext, der einen großen Einfluss auf die politikwissenschaftliche Transformationsforschung ausübte, wurde dann der Mangel an politischem Wandel in der Arabischen Welt zumeist unter dem Stichwort des „arab exceptionalism" analysiert (vgl. Bellin 2004; Stepan/Robertson 2004). Die klassische Annahme der Modernisierungstheorie – der Zusammenhang zwischen ökonomischer Entwicklung, Herausbildung einer breiten Mittelklasse und politischer Liberalisierung – schien in dieser Region keine Gültigkeit zu haben. Hatte man zu Anfang der 1990er Jahre die MENA-Region teilweise noch gleichfalls unter den Prämissen der populären Demokratisierungsannahme betrachtet, trat später die Frage nach den Ursachen für diese „arabische Ausnahme" in den Vordergrund (vgl. Schlumberger 2008: 87ff). Das relativ enge Verständnis politischen Wandels in der Region, das jeglichen Wandlungsprozess innerhalb der politischen Regime als Beginn eines Entwicklungsprozesses interpretierte, als dessen Endprodukt allgemein die Herausbildung liberaler demokratischer Systeme westlichen Zuschnitts erwartet wurden, änderte sich, als klar wurde, dass sich mitnichten alle vormals als „transition states" kategorisierten Länder zu beispielhaften liberalen Demokratien entwickelten (vgl. Carothers 2002).

Als Resultat dieser Erkenntnis entstanden innerhalb der komparativen Forschung zu Transitions- und Demokratisierungsprozessen neue analytische Kategorien, die als „Demokratien mit Adjektiven" bezeichnet wurden (vgl. Collier/Levitsky 1997). Prozesse politischen Wandels wurden nun gewissermaßen als halbfertige, auf halber Strecke stehen gebliebene Transformationen interpretiert. Begriffe wie „illiberal democracy", „authoritarian democracy", „defekte Demokratien" und „semi-Demokratien" gehören zu dieser Art neuer analytischer Kategorien (vgl. Burnell 2005; Mackow 2000; Merkel 2003). Mit Bezug auf die arabische Welt entwickelte sich zudem ein Forschungsstrang, der auf der Suche nach den Ursprüngen des „arab exceptionalism" spezifische kulturelle und historisch-traditionelle Faktoren ausfindig zu machen glaubte, die die Weigerung der arabischen Welt, sich an der „dritten Welle" zu beteiligen, erklären könnten. Einer der prominentesten Vertreter dieser Forschungsrichtung war Bernard Lewis, der eine unvereinbare Diskrepanz zwischen den Grundsätzen demokratischer Regierungsführung – der Trennung zwischen Religion und Staat, der Gleichberechtigung aller Bürger und Repräsentation – und der arabisch-muslimischen Kultur postulierte (vgl. Lewis 1994).[26]

Noch bis kurz vor dem Beginn der politischen Umbrüche in Tunesien und Ägypten mehrten sich im Bereich der MENA-Regionalforschung solche Stimmen, die sich für eine gänzliche Abkehr von den Annahmen der Transitions-Demokratisierungsliteratur aussprachen. So kritisierte z.B. Oliver Schlumberger: „Obwohl der Schlüssel zur Erklärung und zum Verständnis der nahöstlichen politischen Dynamiken unter autoritären Vorzeichen nicht darin liegt, sie mit Hilfe des Demokratisierungsparadigmas zu erfassen, wurde genau dies länger als ein Jahrzehnt lang versucht" (Schlumberger 2008: 87). Als Konsequenz rückte der analytische Fokus der mit politischen Wandlungsprozessen beschäf-

---

[26] Problematisch an diesen Arbeiten war und ist insbesondere ihr kulturalistischer Essentialismus, der ein unveränderbares ursprüngliches „Wesen der islamischen Religion" oder „der arabisch-islamischen Kultur" postulierte. Für eine grundlegende Kritik am kulturalistischen Essentialismus in Form des Orientalismus siehe das viel beachtete Hauptwerk von Edward Said (1978).

tigten Regionalforschung weg von der normativ geprägten Frage nach Demokratisierungsprozessen und hin zu einer Analyse der Funktionsweisen und Stabilitätsbedingungen autoritärer Regime. So beschrieb bspw. Steven Heydemann politische Wandlungsprozesse in der arabischen Welt als „authoritarian upgrading [that] involves reconfiguring authoritarian governance to accommodate and manage changing political, economic and social conditions" (Heydemann 2007: 1).[27] Politischer Wandel und partielle Reformen erschienen hier also als Anpassungsleistungen der Regime, mit denen auf interne, soziale und ökonomische oder auch externe Herausforderungen (wie bspw. konditionalisierte Finanzhilfen, Reformforderungen) im Interesse der Regimestabilität reagiert wurde, ohne dass es zu einer wirklichen Transformation im Sinne einer systematischen Veränderung der bestehenden Herrschaftskonfigurationen kam.

Zu welchen Ergebnissen die politischen Umbruch- und Wandlungsprozesse, die gemeinhin als „Arabischer Frühling" bezeichnet wurden, letztlich führen werden – und damit auch ihr Einfluss auf die Transformations- und Regionalforschung –, war zum Zeitpunkt der Niederschrift dieser Untersuchung noch schwer zu sagen[28]. Zumindest scheint klar, dass die Annahme, die „arab exceptionalism" sei auf Spezifika der muslimisch-arabischen Kultur bzw. den Islam an sich zurück zu führen, der generell für Autoritätshörigkeit sorge und so ein politisches Aufbegehren verhindere, nun deutlich widerlegt.[29] In diesem Sinne haben die Umbrüche in Tunesien, Ägypten und auch in anderen Staaten der Region deutlich die Schwachstellen eines essentialistisch argumentierenden Kulturalismus ans Licht gebracht.

In dieser Untersuchung wird jedoch argumentiert, dass andere Annahmen der Regionalforschung über Stabilitätsmechanismen autoritärer Regime weiterhin nützlich sein können. Das trifft insbesondere auf den hier behandelten algerischen Kontext zu. Algerien hat sich seit dem Beginn der politischen Umbrüche in der Region zum Jahresende 2010 als weitgehend resistent und immun gegen ein Überschwappen der revolutionären Proteste aus den Nachbarländern Tune-

---

[27]   Ähnlich argumentierte bereits 2002 Daniel Brumberg (2002) und dann Pripstein (2004), Hinnebusch (2006), Haklai (2009), Storm (2009) und Albrecht/Frankenberger (2010).

[28]   Nach einer ersten Phase der Euphorie sind insbesondere in Bezug auf Ägypten – nach der Wahl Mohammed Mursis zum Präsidenten im Juni 2012 und seiner Absetzung nur ein Jahr später – die kritischen Stimmen lauter geworden und viele Hoffnungen auf eine schnelle Etablierung stabiler demokratischer Verhältnisse verflogen (vgl. Dunne/Radwan 2013).

[29]   Zwar gibt es zahllose Analysen zu den Ursachen des „Arabischen Frühlings" (vgl. z.B. Asseburg 2011; Pelletreau 2011; Wheatcroft 2011). Insgesamt hat sich die Regionalforschung bisher – aus guten Gründen – mit Prognosen zum Ausgang dieser Prozesse allerdings weitgehend zurückgehalten. Ein Hauptvorwurf an die Transformationsforschung im Kontext politischer Umbrüche lautete, man habe zu einseitig Repression und Grausamkeit mit Stabilität gleichgesetzt (vgl. Teti/Gervasio 2011).

sien und Libyen erwiesen.[30] Zwar gab es auch – vor allem in der Hauptstadt Algier – vereinzelte Demonstrationen, doch diese haben zu keinem Zeitpunkt ein vergleichbares Ausmaß wie in anderen Ländern der Region angenommen. Algerien muss nach wie vor als ein autoritäres politisches Regime eingestuft werden, und auch die Maßnahmen, die das Regime unter dem Eindruck des „Arabischen Frühlings" ergriffen hat[31], lassen keinen systematischen „Transitionsprozess" erkennen. Vor diesem Hintergrund steht bei der Analyse des Einflusses der Politik der Europäischen Union im Rahmen der Europäischen Nachbarschaftspolitik (EMP) nicht die Frage im Mittelpunkt, ob und in welchem Ausmaß diese externe Einflussnahme einen Demokratisierungsprozess unterstützt.[32] Vielmehr wird untersucht, ob und in welcher Weise die Politik der EU (vor allem in Form der Euro-Mediterranen Freihandelszone, EMFHZ) die Mechanismen und damit die Stabilität autoritärer Herrschaft in Algerien beeinflussen.

Im nächsten Abschnitt dieses Kapitels werden die beiden Analyseebenen der Autoritarismusforschung vorgestellt, die für die vorliegende Arbeit in Bezug auf die Untersuchung der Mechanismen autoritärer Herrschaft in Algerien relevant sind. Zudem werden die beiden ausgewählten Analyseabsätze gegen andere Ansätze abgegrenzt, die sich aus verschiedenen Gründen für die Zielsetzung dieser Untersuchung nicht eignen.

2.2.1 Analyseebenen in der Autoritarismusforschung

Diese Untersuchung folgt Juan Linz' klassischer Definition autoritärer Regime. Linz bezeichnete autoritäre politische Systeme als:

> "political systems with limited, not responsible, political pluralism, without elaborate and guiding ideology, but with distinctive mentalities, without intensive or extensive political mobilization, except some points in their development, and in which a leader or occasionally a small group exercises power within formally ill-defined limits but actually quite predictable ones"
> (Linz 2000: 159).

---

[30] Die genaueren Gründe für die weitgehende Resistenz Algeriens gegen den Einfluss der politischen Entwicklungen in anderen arabischen Staaten werden weiter unten ausführlicher behandelt (vgl. Abschnitt 7.2.2.).

[31] In einer Rede am 15. April 2011 kündigte Präsident Bouteflika „umfassende politische Reformen" an und beauftragte wenig später eine Kommission mit der Erarbeitung von Vorschlägen, deren Mitglieder allerdings durch ihre Nähe zum Regime diskreditiert sind.

[32] Zweifel am prioritären Charakter der EU-Demokratisierungspolitik gegenüber der Region wurde im Verlauf des „Arabischen Frühlings" – vor allem durch die Reaktionen der supranationalen EU-Institutionen und vieler Mitgliedsstaaten (insbesondere Frankreich) – immer deutlicher (vgl. z.B. Jünemann 2010).

Linz grenzt die von ihm kategorisierten autoritären politischen Systeme einerseits von totalitären Systemen ab und andererseits von Demokratien. Autoritarimus wird von Linz gewissermaßen als Zwischenform konzeptionalisiert und bildet zusammen mit Demokratie und Totalitarismus ein dreigliedriges Kategoriensystem politischer Herrschaftstypen. Linz unterscheidet Totalitarismus von autoritärer Herrschaft dadurch, dass sich politische Herrschaft im ersten Fall auf eine dominante politische Ideologie und eine starke (institutionalisierte) Mobilisierung der Bevölkerung stütze und oftmals durch einen charismatischen Herrscher verkörpert werde, in dessen Person sich weitgehend unbeschränkte Machtbefugnisse vereinen. Autoritäre Systeme wiesen dagegen ein gewisses Maß an politischer Pluralität auf, das zwar eine de jure-Grundlage besitzen könne, faktisch – im Gegensatz zu Demokratien – aber stark begrenzt und kontrolliert bleibe: „it cannot be strongly enough emphazised, that in contrast to democracies, with their almost unlimited pluralism, their institutionalized pluralism, we are dealing here with limited pluralism" (Linz 2000: 161, Hervorhebungen im Original).

Innerhalb der neueren Autoritarismus-Forschung lassen sich verschiedene analytische Ansätze unterscheiden, die sich mit den Mechanismen autoritärer Herrschaft beschäftigen (vgl. Bank 2009; Köllner 2008). Im Folgenden werden die beiden für diese Untersuchung relevanten Analyseebenen der Autoritarismusforschung vorgestellt.

2.2.1.1 Rente und Rentierstaat

Ein wichtiger Strang innerhalb der Autoritarismusforschung beschäftigt sich mit der Analyse polit-ökonomischer Bedingungsfaktoren autoritärer Herrschaft. Innerhalb der Regionalforschung zur MENA-Region war und ist dieser Analyseansatz stark von den Arbeiten zum Rentierstaat geprägt. Ursprünglich war es Hossein Mahdavy (1970), der diesen Begriff als erster (in Bezug auf den Iran) verwendete (vgl. Schlumberger 2004: 64). Als grundlegender Beitrag muss hier allerdings das Buch von Hazem Beblawi und Giacomo Luciani (Beblawi/Luciani 1987) gelten. Die beiden Autoren arbeiteten die entscheidende Bedeutung der Einnahmequellen des Staates für dessen politischen Charakter heraus. Im Gegensatz zum „productive state", der seine Einnahmen über die Besteuerung der wirtschaftlichen Tätigkeiten seiner Einwohner erzielt, kann ein „allocative state", der sein Einkommen aus Renten erzielt, auf die Besteuerung seiner Bürger verzichten (vgl. Luciani 1990). Dabei werden Renten definiert durch ihr „super-normal level of profit" (Dunning 2008: 39), d.h. Renten sind derjenige Teil eines Einkommens, der systematisch über den Grenzkosten einer

Investition liegt und dem damit nur ein marginaler Aufwand an Investitions- und Arbeitsleistungen gegenüber steht (vgl. Aissaoui 2001; Richter 2010: 158).

Der Rentierstaatsansatz interpretiert die Mechanismen und die Stabilität autoritärer Regime vor allem als Resultat spezifischer Einkommensstrukturen von Staaten, dessen Einnahmen zu einem gewichtigen Teil aus Renten bestehen (Ulfelder 2007).[33] Weil der Rentierstaat sich finanziell mehrheitlich auf Renten stützt – zumeist (aber nicht ausschließlich) generiert aus dem Verkauf von Rohstoffen[34] –, ist er nicht auf die klassischen Einkommensquellen des Staates (Steuern, Abgaben) angewiesen und gewinnt dadurch eine relative Unabhängigkeit gegenüber der Bevölkerung. Weil die Rentenempfänger und -verteiler meist die politisch herrschenden Regime sind, stützt die Rentierstaatsstruktur die Perpetuierung autoritärer Herrschaft. Dabei werden in der Literatur zwei grundsätzliche Mechanismen der Stabilisierung[35] politischer Regime durch Renten identifiziert. Neben dem bereits beschriebenen Effekt der weitgehenden Unabhängigkeit der betreffenden Regime von ihren Bevölkerungen durch die Möglichkeit des Verzichts auf Besteuerung, ermöglichen Renten ebenso die Erkaufung politischer Legitimation. So kann die Rente über entsprechende Distributionsnetzwerke dazu genutzt werden, die Unterstützung relevanter gesellschaftlicher Gruppen zu erkaufen. Man spricht in diesem Zusammenhang von Kooptation (vgl. Bank 2010: 24f).

Die politikwissenschaftliche Literatur zum Rentierstaatskonzept ist umfangreich und mittlerweile liegen zahlreiche Arbeiten vor, die versucht haben, das Grundkonzept von Beblawi und Luciani weiterzuentwickeln. Neben dem beschriebenen Charakteristikum der mangelnden politischen Repräsentation in Rentier-Staaten – gewissermaßen als Umkehrschluss des Leitsatzes „no representation without taxation" der US-amerikanischen Unabhängigkeitsbewegung – hat der grundsätzliche Gedankenzusammenhang des Ansatzes auch in der Entwicklungsökonomie eine bedeutende Rolle gespielt. Richard Auty bspw. hat gezeigt, dass Länder mit einem hohen Rentenanteil am Staatseinkommen sich wirtschaftlich weniger schnell entwickeln (vgl. Auty 2001) und Collier und Hoeffler haben festgestellt, dass es einen Zusammenhang zwischen Ressourcenreichtum, Unterentwicklung und der Wahrscheinlichkeit gewaltsamer Konflikte

---

[33] Welcher Wert in diesem Zusammenhang festgelegt wird, scheint etwas willkürlich. Beblawi/Luciani geben an, man könne von einem „allocative state" sprechen, wenn dieser mehr als 40% seiner Einnahmen aus Renten bezieht (Beblawi/Luciani 1987: 40).

[34] Renten entstehen allerdings nicht allein bei der Veräußerung von Rohstoffen. Verschiedene Arbeiten haben auf die unterschiedlichen Formen der Rente hingewiesen (politische Rente, Migrationsrente, Lagerrente) (vgl. Beck 2009; Richter 2010).

[35] Grundsätzlich muss man an dieser Stelle festhalten, dass sich dieser Stabilisierungseffekt nicht nur in autoritären Herrschaftszusammenhängen beobachten lässt, sondern ebenso bei anders gearteten Regimetypen.

gibt (Collier/Hoeffler 1998).[36] Beblawi ging in seiner Beschreibung der Auswirkungen des Rentierstaates sogar noch einen Schritt weiter und schrieb ihm einen Einfluss auf die mikroökonomischen Prozesse, bzw. die rationalen Kalküle jedes einzelnen Wirtschaftsakteurs zu: „ [The rent] creates a specific mentality: a rentier mentality. The basic assumption about the rentier mentality and that which distinguishes it from conventional economic behavior is that it embodies a break in the work-reward causation. [...] For a rentier, reward becomes a windfall gain, an isolated fact, situational or accidental as against the conventional outlook where reward is integrated in a process as the end result of a long, systematic and organised production circuit. The contradiction between production and rentier ethics is, thus, glaring'" (Beblawi 1987: 52).

Rolf Schwarz stellt das Rentierstaatskonzept dem klassischen Konzept der Staatenbildung von Charles Tilly gegenüber und argumentiert, dass in Rentierstaaten der von Tilly für die europäischen Staaten postulierte Zusammenhang zwischen Kriegen, Steuererhebung und der Herausbildung einer effizienten staatlichen Administration ausgesetzt werde (vgl. Schwarz 2008). Stattdessen könne man – zumindest für den arabischen Nahen Osten – von einem genuinen rentenbasierten Staatsentstehungsprozess ausgehen: „[...] only the massive influx of external revenues (in the form of oil rents and later political rents) allowed for a centralization of the state" (Schwarz 2008: 612f). Thomas Richter wiederum hat argumentiert, man müsse bei der Analyse des Rentenstaates und seinen Effekten vor allem auf die Ausgabenseite blicken und nicht wie in den meisten Arbeiten zum Rentierstaat auf die Einnahmeseite (vgl. Richter 2010).

Die vorliegende Untersuchung konzentriert sich auf den grundsätzlichen vom Rentierstaats-Ansatz herausgearbeiteten Zusammenhang zwischen Ressourcenreichtum und der daraus ableitbaren Stabilisierungswirkung für die betroffenen politischen Regime. Innerhalb des Abschnitts zu den Mechanismen autoritärer Herrschaft in Algerien (vgl. Kapitel 5) beschäftigt sich diese Arbeit mit dem Rentierstaats-Charakter Algeriens und beleuchtet die beiden oben beschriebenen Zusammenhänge zwischen Rentenverfügbarkeit und Stabilität: Einerseits wird der strukturelle politische Effekt der Rente in Algerien herausgearbeitet, der sich insbesondere in einer allgemeinen Legitimationswirkung des Staates durch umfangreiche Distributionsmechanismen zeigt. Andererseits wird der „situative" Effekt der Rente analysiert, der sich in der Kooptation politischer oder sozialer Oppositionsbewegungen äußert.

Darüber hinaus erarbeitet die vorliegende Untersuchung eine theoretische Weiterentwicklung des Rentierstaatskonzepts, indem sie die Wirkungen des externen Faktors der Handelsliberalisierung im Rahmen des EU-algerischen

---

[36] Der Zusammenhang von Ressourcenreichtum, Unterentwicklung, schwacher Staatlichkeit und gewaltsamen Konflikten wurde insbesondere unter dem Stichwort des „resource curse" diskutiert (vgl. Ross 1999).

Assoziierungsabkommens auf die bestehenden durch den Rentierstaatscharakter Algeriens bedingten Mechanismen autoritärer Herrschaft analysiert (Kapitel 7).

2.2.1.2 Elitentheorien

Ein zweiter wichtiger theoretischer Ansatz innerhalb der Autoritarismusforschung rückt gesellschaftliche und politische Eliten in den Mittelpunkt der Analyse (vgl. z.B. Perthes 2004). Dieser Ansatz nimmt eine akteurszentrierte Sichtweise ein, denn hier erscheint Stabilität oder Wandel autoritärer politischer Regime als Funktion der Veränderungsprozesse innerhalb der „political relevant elite".[37] Eine wichtige Frage innerhalb dieses Ansatzes ist, ob und inwieweit aufstrebende oder neue Elitenfraktionen einen Einfluss auf politische Entscheidungsprozesse haben oder ob solche Gruppen von der bestehenden Kernelite kooptiert werden und so der status quo beibehalten werden kann. Wandlungsprozesse innerhalb der politischen Regime in der MENA Region werden innerhalb dieses Ansatzes auf die Restrukturierungsprozesse und Spannungen innerhalb der politisch relevanten Eliten zurückgeführt (vgl. Werenfels 2007). Ein weiterer elitentheoretischer Ansatz, der insbesondere auch in Bezug auf Algerien Anwendung gefunden hat, ist das von Hartmut Elsenhans entwickelte Konzept der „Staatsklasse" (vgl. Elsenhans 1984). Nach Elsenhans ist die Staatsklasse ein Phänomen der Länder der Dritten Welt. Sie umfasst „alle im öffentlichen Sektor (Verwaltung uns Staatsbetriebe) Beschäftigten, die gegenüber dem Durchschnitt der Arbeitskräfte über höhere Einkommen, höhere Partizipationsmöglichkeiten und höheres Prestige verfügen" (Elsenhans 1984: 121). Die Staatsklasse wird als ein Ensemble von verschiedenen „Segmenten" konzeptionalisiert, die wiederum in einzelne Clans und tribale Loyalitäten gegliedert sind. Rachid Ouaissa hat in seiner Untersuchung der Staatsklasse in Algerien den Elsenhans'schen Ansatz mit dem Rentierstaatsansatz verknüpft und herausgearbeitet, wie sich diese einzelnen Segmente der Staatsklasse in Abhängigkeit der zur Verfügung stehenden Rente entweder konsolidiert und festigt oder sich vorhandene Spaltungen vertiefen (vgl. Ouaissa 2005, 2009).

Die modernisierungstheoretisch beeinflusste Transitionsforschung hat sich gemäß ihrer akteursfokussierten Ausrichtung lange Zeit auf die Identifizierung von „Reformakteuren" oder „change agents" konzentriert, deren Existenz man als entscheidende Bedingung dafür ansah, die herrschende Elitenkonstellation in autoritären Systemen zu verändern und so einen politischen Liberalisierungs-

---

[37] Zur PRE zählen nicht allein Mitglieder der Exekutive, sondern all diejenigen, „who wield political influence and power in that they make strategic decisions or participate in decision-making on a national level, contribute to defining political norms and values" (Perthes 2004: 5).

prozess einzuleiten (vgl. z.b. Byman 2005). Auch in den Überlegungen zur externen Demokratieförderung spielte die Suche nach den geeigneten „Partnern" vor Ort eine wichtige Rolle. Dabei kam der liberalen Vorstellung des Zusammenhangs zwischen wirtschaftlicher und politischer Liberalisierung ebenfalls eine wichtige Rolle zu. So ging man davon aus, dass eine Erhöhung der Freiheitsgrade innerhalb des ökonomischen Kontextes neue Akteure hervorbringen würde, die in ihrem Streben nach ökonomischer Verwirklichung gewissermaßen notwendig auch zu Vorkämpfern für die Erweiterung politischer Freiheiten werden müssten. Neue aufstrebende privatwirtschaftliche Akteure, so die Annahme, würden die staatlichen Institutionen automatisch unter größeren Rechtfertigungsdruck setzen, auf mehr Rechtssicherheit drängen und so einer Herrschaft des Rechts Vorschub leisten. Remy Leveau argumentiert bspw., dass „[l]e nouvel entrepreneur […] ne peut se contenter d'être cantonné dans le champ économique. Pour assurer la survie de son entreprise et le réinvestissement de ses profits, il a besoin d'un jeu politique établi selon des règles prévisible. […]. L'entrepreneur apparaît donc à terme comme un acteur inevitable d'ouverture démocratique" (Leveau 1995: 240, zitiert in Catusse 2008: 24). Zudem wurden diese neuen Elitensegmente oft als „moderne" gesellschaftliche Gruppe definiert, deren Aufgabe es sei, sich gegen die überlieferten „traditionellen" Herrschaftsstrukturen und Entscheidungsmechanismen durchzusetzen (vgl. z.B. Zartman 1982). Letztendlich sollte diese Entwicklung zur Entstehung einer neuen Business-Elite führen, die auch die Struktur der politisch relevanten Elite entscheidend beeinflussen und so die Entscheidungsprozesse innerhalb der staatlichen Institutionen und der Verwaltung positiv verändern würde.

Dieser akteursfokussierte Blickwinkel in Bezug auf die Analyse von Mechanismen autoritärer Herrschaft ist neben dem auf die strukturelle Ebene abzielenden Rentierstaatsansatz die zweite Analyseebene, die in der vorliegenden Untersuchung angewendet wird. Unter diesem Blickwinkel geht es dann um die Frage, ob man innerhalb von Algerien von einer aufgrund von wirtschaftlichen Liberalisierungsprozessen entstandenen neuen genuin-demokratischen Unternehmerschicht sprechen kann, die die bestehende Struktur der politisch relevanten Elite unterminiert (vgl. Kapitel 5). Und schließlich fragt die Arbeit nach dem Einfluss der durch das EU-algerische Assoziierungsabkommen induzierten Reformen auf die Formierung eines solchen neuen Elitensegmentes (vgl. Kapitel 7).

Wie aus dem vorherigen Abschnitt dieses Kapitels hervorgeht, knüpft die vorliegende Untersuchung nicht an die klassischen Konzepte der Transitions- und Demokratieforschung an, sondern geht von den bestehenden Herrschaftsmechanismen in Algerien aus und fragt nach den Auswirkungen der EU-Politik (in Form des EU-algerischen Assoziierungsabkommens) auf die Mechanismen und die Stabilität autoritärer Herrschaft. Die Wahl der beiden oben beschriebenen Analyseansätze aus der Autoritarismusforschung hat folgende Gründe: Wie weiter unten ausführlich dargestellt wird, hat sich die EU-Mittelmeerpolitik im Rahmen der EMP und deren Assoziierungsabkommen vor allem auf den wirtschaftlichen Bereich beschränkt (vgl. Abschnitt 3.2). Zwar gab es innerhalb der Assoziierungsabkommen ebenfalls eine „politische" Dimension (die so genannte „erste Säule"), doch aus unterschiedlichen Gründen, die noch zu erläutern sein werden, hat dieser Bereich nie seine potentielle Wirkungskraft entfaltet. Im Gegensatz dazu sind die im wirtschaftlichen Bereich („zweite Säule") festgelegten Maßnahmen weitgehend umgesetzt worden, bzw. befinden sich noch in der Phase der Implementierung. Vor diesem Hintergrund und mit Blick auf das Erkenntnisinteresse dieser Untersuchung, so das Postulat, ist es sinnvoller auf die polit-ökonomischen Implikationen der Durchsetzung des Assoziierungsabkommens in Algerien einerseits und deren Folgen für die Zusammensetzung politisch relevanter Eliten andererseits zu fokussieren. Auf der einen Seite stellt sich die Frage, in welcher Weise die Durchsetzung der EMFHZ auf die strukturellen Grundlagen der Rentenökonomie einwirkt. Und auf der anderen (akteursfokussierten) Seite steht die Frage im Vordergrund, wie die partielle wirtschaftliche Liberalisierung (und hier nicht allein im Außenhandelsbereich) die algerische Elitenstruktur verändert. Insbesondere wird hier die Frage nach der Rolle eines neuen Eliten-Segments gestellt, namentlich privatwirtschaftliche Unternehmer und deren Rolle innerhalb der politisch relevanten Eliten.

3 Die EU als Akteur im Mittelmeerraum: Die Euro-Mediterrane Partnerschaft

Gegenstand dieses Kapitels ist die Genese, Entwicklung und Implementierung der Euro-Mediterranen Partnerschaft (EMP). Zwar hat sich die EU-Mittelmeerpolitik seit der Inauguration der EMP im November 1995 in Barcelona weiterentwickelt – vor allem zwei weitere Initiativen, die Europäische Nachbarschaftspolitik (ENP) und die Union für das Mittelmeer (UfM) haben die EMP sowohl in Bezug auf ihre geographische Ausbreitung als auch in Bezug auf die angewendeten Instrumente und Strategien ergänzt. Dennoch soll in diesem Kapitel allein die EMP im Vordergrund stehen. Diese Beschränkung legitimiert sich aus den zwei folgenden Gründen: Erstens hat sich das in dieser Untersuchung im Mittelpunkt stehende Mittelmeerdrittland (MDL) Algerien der 2004 von der EU initiierten Nachbarschaftspolitik von Anfang an „verweigert"[38]. Und zweitens kann die EMP aufgrund ihres Umfanges und der ihr zugrunde liegenden Euro-Mediterranen Assoziierungsabkommen (EMAA) nach wie vor als „central structure of the system of governance in the Mediterranean" bezeichnet werden (Cardwell 2011: 231).[39] Das Ziel der Analyse der Euro-Mediterranen Partnerschaft besteht zunächst darin, den historischen, politischen und ideologischen Kontext deutlich zu machen, der diese politischen Initiativen auf europäischer Seite gelenkt hat, und darauf folgend eine kritische Rückschau auf die letzten 15 Jahre der Umsetzung der EMP, mit einem besonderen Fokus auf die zweite Säule der EMP (die wirtschaftliche und finanzielle Kooperation), zu leisten.

3.1 Der historisch-politische Entstehungskontext der EMP

Um den Entstehungszusammenhang der EMP verstehen zu können, ist es notwendig, verschiedene Aspekte des historisch-politischen Kontextes der ausgehenden 1980er und beginnenden 1990er Jahre zu berücksichtigen. Besonderes

---

[38]　Bis heute hat Algerien keinen „Aktionsplan" im Rahmen der ENP verhandelt.

[39]　Vorherige Initiativen innerhalb der Europäischen Mittelmeerpolitik wie die Globale Mittelmeer-Politik (GMP) oder der Euro-Arabische Dialog (EAD) werden in diesem Kapitel ebenfalls nicht berücksichtigt, da sie für den Gegenstand dieser Untersuchung vernachlässigt werden können. Für eine gute Darstellung dieser Europäischen Initiativen in den 1970er und 1980er Jahren (vgl. Bicchi 2007: 63ff).

Augenmerk verdient dabei die veränderte internationale Sicherheitsstruktur nach dem Ende der Ost-West-Konfrontation, die einerseits die europäischen Sicherheitskalküle veränderte, gleichzeitig die Realitäten und Machtkonstellationen im südlichen Mittelmeerraum umgestaltete und auch den Bemühungen um eine Lösung des israelisch-palästinensischen Konfliktes neu belebte. Zudem löste der Zusammenbruch der Sowjetunion eine Öffnungsdynamik der EU in Richtung Osten aus, was wiederum zu großer Skepsis bei den südlichen Mitgliedsstaaten führte und eine Diskussion auslöste, die ebenso bei einer Betrachtung der Entstehungsbedingungen der EMP berücksichtigt werden muss. Diese verschiedenen aber dennoch miteinander verflochtenen politisch-historischen Bedingungsfaktoren werden im Folgenden beleuchtet.

3.1.1 Neue Bedrohungsperzeptionen im veränderten internationalen Kontext

Das zentrale weltpolitische Ereignis der ausgehenden 1980er Jahre war ohne Frage der ökonomische und schließlich politische Zusammenbruch der Sowjetunion und damit das Ende einer bipolaren Konstellation, die das internationale System seit dem Ende des zweiten Weltkriegs und damit auch die Fragen der internationalen Sicherheit geprägt hatte. Diese einschneidende Veränderung des globalen Machtgefüges hatte notwendigerweise auch Auswirkungen auf die Sicherheitsperzeptionen in den Mitgliedsstaaten der Europäischen Union. Während des Kalten Kriegs und der Blockkonfrontation zwischen NATO und Warschauer-Pakt bildete Europa jahrzehntelang die Grenze zwischen den beiden ideologisch, politisch und militärisch entgegengesetzten Systemen. Entsprechend waren die Sicherheitsbestrebungen der europäischen Staaten in erster Linie auf die Möglichkeit eines militärischen Konfliktes mit der Sowjetunion und den weiteren Staaten des Warschauer Paktes ausgerichtet. Nachdem dieses Bedrohungsszenario verschwunden war und das westliche demokratisch-kapitalistische Gesellschaftsmodell scheinbar endgültig über den großen ideologischen Konkurrenten gesiegt hatte[40], änderten sich auch die Bedrohungsperzeptionen in Europa. Weil die militärische Bedrohung durch einen anderen Machtblock mit gleichwertigen militärischen Kapazitäten nun nicht mehr bestand, rückten andere „weichere" Bedrohungen in den Mittelpunkt.

Entsprechend eines „erweiterten Sicherheitsbegriffes" (Algieri 2008: 88f) gelangten in Bezug auf den südlichen Mittelmeerraum vor allem die Themen Migration, islamistischer Fundamentalismus und Terrorismus in den Fokus der Aufmerksamkeit (vgl. Bicchi 2007). Aus der Perspektive der politischen Ent-

---

40   Vgl. dazu Fukuyama (1992), der nach dem Zusammenbruch des Ostblocks etwas frühzeitig das „Ende der Geschichte" und einen globalen Siegeszug der demokratisch-kapitalistischen Ordnung prognostizierte.

scheidungsträger in Europa war offensichtlich, dass eine „Bedrohung aus dem Süden" nicht aufgrund der militärischen Kapazitäten der Staaten in der südlichen Nachbarschaft zu erwarten war (Jacobs 2000: 178). Vielmehr erschienen nun ökonomisch-soziale Problemlagen und ihre Konsequenzen in den betroffenen Staaten, aber eben auch über sie hinaus als virulenteste Bedrohung Europas. Das Thema der Migration und seine „Versicherheitlichung" (Buzan/Wæver/Wilde 1998) durch den europäischen Diskurs spielten bei der Perzeption des südlichen Mittelmeerraums als Quelle neuer Bedrohungen eine zentrale Rolle. Federica Bicchi hat herausgearbeitet, wie sich die Migrationspolitiken vor allem der südlichen EU-Mitgliedsstaaten Anfang der 1990er Jahre veränderten und dabei insbesondere auf die Restriktion der Einwanderung von der anderen Seite des Mittelmeers abzielten: „Migration made it to the front pages of newspapers, and warnings of a ‚flood' of immigrants appeared to a collective sens of insecurity. [...] It [the increasing unease about migration, JH] formed part of the puzzles that brought European policy makers to the EU table to discuss initiatives for the Mediterranean" (Bicchi 2007: 134).

Zu dieser Zeit bezogen sich auch zahlreiche mit Sicherheitsfragen befasste EU-Dokumente explizit auf eine potentielle Bedrohung durch steigende Immigration aus den Ländern südlich des Mittelmeers. So verwies der damalige Kommissionspräsident Jacques Delors in einer Rede zum Programm der Kommission für 1992 darauf, dass sich viele Länder der Region Problemen der politischen Instabilität, rapidem demographischem Wachstum und „large population movements" gegenüber sähen. Aufgrund der Wirkung dieser Probleme für die „security and migratory pressure" stellten sie auch für Europa eine Herausforderung dar und erforderten unbedingt ein Handeln der Europäischen Gemeinschaft (EG) (European Commission 1992: 10). Auch in der Kommissions-Mitteilung an den Rat und an das Europäische Parlament (EP), die die Institutionalisierung der neuen EMP einleitete, wurde die europäische Sichtweise eines unmittelbaren Zusammenhangs zwischen Immigrationsbeschränkung, Sicherheit und einer erforderlichen Zusammenarbeit mit den entsprechenden Herkunfts- (oder Transit-) Ländern deutlich: „If migration pressures are not adequately managed through a careful cooperation with the countries concerned, it is easy to predict the risk of friction to the detriment of international relations and the immigrant population itself." (European Commission 1994: 6)

Dass Immigration bei den europäischen Entscheidungsträgern als Teil eines neuen Bedrohungsszenarios angesehen wurde, lag vor allem daran, dass man Einwanderung mit anderen Themen in Verbindung brachte, die zu Beginn der 1990er Jahre auf die sicherheitspolitische Agenda traten. Dazu gehörte insbesondere der islamistische Fundamentalismus: „European debates depicted Islamic fundamentalists as posing a threat not only in the form of Islamic fundamentalists in Arab countries challenging the West and Western-friendly regimes, but also by creating a dangerous ‚fifth column' of radical Muslims at Europe's core" (Bicchi 2007: 141). Dabei spielten nicht zuletzt die Ereignisse in Algerien am Anfang der 1990er Jahre eine wichtige Rolle, wo sich bei der ersten Runde der Parlamentswahlen im Dezember 1991 ein Sieg der *Front Islamique du Salut* (FIS) abgezeichnet hatte. Aus europäischer Sicht schien dieses Ereignis alle Befürchtungen über einen „neuen Iran" und die Etablierung eines islamistisch-theokratischen Staates an der „Südflanke" Europas zu bestätigen.[41] Durch die Anschläge der algerischen *Groupe Islamique Armée* (GIA) in Paris seit Dezember 1994 erhielten diese Ängste zusätzliche Nahrung.[42] Die unmittelbaren Reaktionen der südlichen EU-Mitgliedsstaaten bestanden vor allem in einer Abschirmung und dem Versuch, durch eine starke Einschränkung der Visa-Vergabe an Algerier ein Übergreifen der Radikalisierung auf die eigene Bevölkerung mit nordafrikanischem Hintergrund zu verhindern (vgl. Bicchi 2007: 142).

Die europäischen Ängste vor einem radikal-islamischen Fundamentalismus an seiner „Südflanke" und deren mögliches „Einsickern" in die in Europa lebenden muslimischen Gemeinschaften wurde zudem durch die auch außerhalb des akademischen Bereichs immer stärker geführte Debatte über einen „Kampf der Kulturen" verschärft. Der US-amerikanische Politikwissenschaftler Samuel Huntington postulierte in seinem 1996 erschienenen Buch, dass die zentralen zukünftigen globalen Konfliktlinien nach dem Ende der Blockkonfrontation nicht mehr entlang ideologischer Grenzen verlaufen würden, sondern „[t]he great divisions among humankind and the dominating source of conflict will be cultural." (Huntington 1996: 1) Dabei sah Huntington „den Islam" als eine von mehreren „Haupt-Zivilisationen", an deren Grenzzonen zukünftige Konflikte ausgetragen würden.[43]

Jacobs fasst die politisch-strategischen Konsequenzen der sich zum Beginn der 1990er Jahre etablierenden neuen europäischen Bedrohungsperzeptionen treffend zusammen, wenn er schreibt: „Indem die Kommissionsmitteilung [von 1989; JH] verstärkt das vitale Interesse der Gemeinschaft an einer Stabilisierung des Mittelmeerraumes unterstrich und eine konzeptionell überdachte Gesamtstrategie eingefordert wurde, war der Mittelmeerraum ausdrücklich von der

---

[41]   Aus dieser Befürchtung heraus erklärt sich auch die weitgehend passive bzw. stillschweigend positive Haltung der EU und vor allem ihrer südlichen Mitgliedsstaaten im Zeitraum 1992-96 gegenüber der algerischen Armeeführung und der Aussetzung des Wahlprozesses, der in der Folge einen überaus blutigen Bürgerkrieg auslöste.

[42]   Im Dezember 1994 entführten Mitglieder der GIA eine Air-France Maschine auf dem Flug von Algier nach Paris. Im Verlauf der Jahre 1995 und 1996 kam es in Frankreich zu mehreren Bombenanschlägen mit Beteiligung der GIA. Vgl. dazu Botha (2008: 38).

[43]   In der Folge erhielt Huntington's These aufgrund ihres diffusen Begriffs einer „civilizational identity" und dem ihr innewohnenden kulturellen Essentialismus umfangreichen Widerspruch. Vgl. z.B. The Nation (4.10.2001)

entwicklungs- und energiepolitischen auf die sicherheitspolitische Agenda gerückt." (Jacobs 2003: 72)

3.1.2 Innereuropäischer Interessenausgleich

Ein weiterer Aspekt, der bei der Betrachtung des historisch-politischen Entstehungszusammenhangs der EMP beachtet werden muss, ist die innereuropäische Diskussion um die Prioritätensetzung des außenpolitischen Handelns der Union. Nach dem Zusammenbruch der Sowjetunion hatte die EG/EU zahlreiche Maßnahmen ergriffen, um die ehemaligen sowjetischen Satellitenstaaten zu stabilisieren. Bereits 1991 richtete die Kommission das so genannte TACIS-Finanzinstrument[44] ein, mit dem vor allem die neuen unabhängigen Staaten in Osteuropa unterstützt werden sollten. Nur kurze Zeit später gab die EU mit der Erarbeitung der Kopenhagener Kriterien[45] von 1993 ein klares Signal für die Osterweiterung (vgl. Marchetti 2007).

Die Dynamik der sich abzeichnenden Osterweiterung erzeugte bei den südlichen Mitgliedsstaaten der EU notwendigerweise die Besorgnis, dass bei einer Prioritätenverschiebung der EU-Politik nach Osten ihre eigenen Interessen vernachlässigt werden könnten. Für sie waren die schnell abgeschlossenen EU-Assoziierungsabkommen[46] mit den neuen Nachbarn im Osten ein Indiz dafür, dass sich die Schieflage des innereuropäischen Kräftegleichgewichts – das sich bereits durch die deutsche Wiedervereinigung verschoben hatte – weiter verstärken würde.

Die südlichen EU-Mitgliedsstaaten, insbesondere Spanien und Frankreich, bemühten sich darum um einen Ausgleich, der dafür sorgen sollte, dass die Außenbeziehungen zu den Nachbarländern südlich des Mittelmeers nicht zu Gunsten der Ostöffnung vernachlässigt wurden. Bereits 1992 sprachen sich die beiden Staaten für die Etablierung einer Freihandelszone mit Marokko und Tunesien bis zum Jahr 2000 aus. Diese Anregungen wurden allerdings von der Kommission nicht weiter verfolgt, ebenso wenig wie die Idee einer Entwicklungsbank für den südlichen Mittelmeerraum nach dem Vorbild der Europäischen Bank für Wiederaufbau und Entwicklung (vgl. Tovias 1996). Auch als

---

[44] Diese „Technical Assistance to the Commonwealth of Independent States" war für den Zeitraum bis 1999 mit Mitteln in Höhe von 4,2 Mrd. Euro ausgestattet. Bis 2006 – und der Einführung des Europäischen Nachbarschaftsinstrumentes (ENPI) – wurden noch einmal gut 3,1 Mrd. zur Verfügung gestellt (vgl. European Commission 2006).

[45] Diese legten die genauen Bedingungen fest, die ein Staat erfüllen muss, um Mitglied der Europäischen Union werden zu können.

[46] Mit Polen und Ungarn unterzeichnete die EG im Dezember 1991 die so genannten „Europa-Abkommen". Bis Mitte 1995 folgten die Tschechische und Slowakische Republik und die baltischen Staaten (vgl. Neisser/Verschraegen 2001: 32).

über die allgemeine strategische Ausrichtung der EU längst entschieden war – d.h. gegenüber den Nachbarn im Osten die Integration voranzutreiben und sich im Süden auf eine Politik der Kooperation zu beschränken –, sprachen sich die südlichen Mitgliedsstaaten nach wie vor für eine Gleichbehandlung der Mittel- und Osteuropäischen Staaten (MOES) und der Nachbarstaaten südlich des Mittelmeers aus (vgl. Jacobs 2003: 276). Der spanische EU-Kommissar Manuel Marin, der von 1992 bis 1994 für Entwicklung, Kooperation und Wirtschaftsbeziehungen mit den MDL zuständig war, forderte deswegen Ende 1994 eine „Wiederherstellung der Balance" innerhalb der EU-Außenbeziehungen.

Spanien, das – zusammen mit Frankreich – im Folgenden eine zentrale Rolle bei der Ausgestaltung der EMP spielte, hatte auch entscheidenden Anteil bei der Überzeugung der nördlichen EU-Mitglieder (insbesondere Deutschland), dass eine umfassende neue Initiative in Bezug auf die südlichen MDL notwendig war. Zwar unterstützte Spanien aus politischen Gründen grundsätzlich die Öffnung der Union nach Osten. Nichtsdestotrotz drohte der spanische Ministerpräsident Gonzalez im September 1994 die Osterweiterung zu blockieren, falls Deutschland nicht einer Neuorganisation der EU-Finanzhilfen und damit einer Aufstockung für die südlichen MDL zustimmen würde (vgl. Gillespie 1997: 39).

Dass die deutsche Skepsis gegenüber der Euro-Mediterranen Partnerschaft schließlich überwunden wurde und sich die Regierung Kohl zu einer Unterstützung der Initiative entschloss, lag nicht zuletzt daran, dass die deutsche Regierung darin ein Mittel sah, dem Misstrauen anderer EU-Mitgliedsstaaten gegenüber dem gerade wiedervereinigten Deutschland zu begegnen. Aus deutscher Sicht bot die Europäisierung der Mittelmeerpolitik durch die EMP also auch eine Möglichkeit den europäischen Integrationsprozess voranzubringen und so die innereuropäischen Ängste vor einem „wiedererstarkten" Deutschland abzubauen (vgl. Jünemann 1999a).

Parallel zu den Ängsten der südlichen Mitgliedsstaaten der EU hegten auch die südlichen MDL Marginalisierungsängste (vgl. Jünemann 1999b: 31). Bereits die Süderweiterung von 1986, bei der Spanien und Portugal der EG beigetreten waren, hatte sich negativ auf die Handelsinteressen der MDL ausgewirkt[47] und die Mittelaufwendung für die Mittel- und Osteuropäischen Staaten hatten notwendigerweise eine gewisse Umverteilung der Hilfsgelder zur Folge. Zudem war zu befürchten, dass der Zugang der MOEL zum europäischen Binnenmarkt

---

[47] Dies betraf vor allem die direkte Konkurrenz zwischen den neuen EG Mitgliedern und den südlichen MDL im Bereich der landwirtschaftlichen Produktion (Früchte und Gemüse).

die Handelsvolumina der EG/EU mit den MDL verringern und eine Handelsumleitung zugunsten Mittel- und Osteuropas stattfinden würde.[48]

Zusammenfassend muss also festgehalten werden, dass die Entscheidung zur Etablierung der EMP[49] nicht zuletzt auch dem Ringen um einen innereuropäischen Interessenausgleich geschuldet war, der auf die Interventionen der südlichen Mitgliedsstaaten, insbesondere Spaniens, zurückging. In diesem Sinne kann die Etablierung der EMP also gewissermaßen auch als integrationspolitisches Instrument für den innereuropäischen Kontext betrachtet werden. Sie ermöglichte einerseits einen innereuropäischen Interessenausgleich zwischen den südlichen und den mittel- und nordeuropäischen Mitgliedsstaaten. Andererseits erschien die Europäisierung der Mittelmeerpolitik auch als geeignetes „Testfeld" für die im Rahmen des Maastrichter Vertrags von 1993 etablierte Gemeinsame Außen- und Sicherheitspolitik (GASP).[50]

3.1.3 Neue Lösungsansätze im israelisch-palästinensischen Konflikt

Ein dritter wichtiger Faktor bei der Analyse des historisch-politischen Entstehungszusammenhangs der EMP betrifft die in der ersten Hälfte der 1990er Jahre auftretende Dynamik bei den Bemühungen zur Lösung des Nahostkonfliktes und der Beginn des so genannten Friedensprozesses.[51] Auf der durch US-Präsident George Bush initiierten Madrider Friedenskonferenz[52] im Oktober 1991 saßen zum ersten Mal alle Konfliktparteien an einem Tisch, und auch die

---

[48] Tovias (1996: 18) nennt hier das Beispiel des intra-Industriehandels zwischen Deutschland und Tunesien, der half, die tunesische Textilindustrie zu entwickeln und der sich nun nach Osten verlagern würde.

[49] Die endgültige Einigung über die EMP und ihr Budget fiel auf dem Ratsgipfel in Cannes im Juni 1995, bei dem Gonzalez den Vorschlag des deutschen Kanzlers Kohl akzeptierte, die Mittel für die südlichen MDL auf 70 Prozent der Mittel für die MOEL zu begrenzen (vgl. Gillespie 1997: 40).

[50] Dies wurde insbesondere im Rahmen der in den 1990er Jahren initiierten Europäischen Sicherheits- und Verteidigungspolitik (ESVP) deutlich. Die Einrichtung von zwei schnellen Eingreiftruppen durch die europäische Seite, deren potentielle Einsatzgebiete die EU auch in den südlichen MDL sah, führte 1996 zum Eklat mit den südlichen MDL (vgl. Jünemann 2005b: 368)

[51] Diese Dynamik kann wiederum auf bestimmte veränderte Kontextfaktoren zurückgeführt werden. Dazu zählen insbesondere das Ende des Ost-West-Konfliktes, der bis dahin Lösungsversuche vor vornherein zum Scheitern verurteilt hatte, und der alles dominierende Einfluss der USA in der Region nach dem Golfkrieg 1990/91, die nun auf eine Lösung des Konfliktes drängten (vgl. Johannsen 2009: 40ff). Für eine umfassende Analyse des Nahost-Friedensprozesses vgl. Beck (2002) und Quandt (2001).

[52] Teilnehmer dieser Konferenz waren neben den Delegationen aus Libanon, Syrien, Israel und Jordanien/Palästina auch Vertreter des UN-Generalsekretariats, der EG und der saudische Botschafter in Washington Prinz Bandar Ibn Sultan.

Palästinenser (in Form der Palästinensischen Befreiungsorganisation, PLO) konnten mit eigenen Abgesandten (die allerdings offiziell Teil der jordanischen Delegation waren) zum ersten Mal direkt für sich selbst sprechen (vgl. Quandt 2001: 308). Nach weiteren Gesprächsrunden und der Wahl Jitzchak Rabins zum israelischen Ministerpräsidenten im Juni 1992 – die zu einer deutlichen Öffnung der israelischen Position und weiteren Zugeständnissen führte – erkannte Israel 1993 die PLO schließlich als offizielle Vertretung der Palästinenser und damit als Verhandlungspartner an. Die PLO akzeptierte ihrerseits das Recht des Staates Israels auf eine Existenz in Frieden und Sicherheit. In der „Prinzipienerklärung über die vorübergehende Selbstverwaltung" (das so genannte Oslo-I Abkommen) einigten sich die beiden Parteien im September 1993 auf eine sukzessive Ausdehnung der palästinensischen Selbstverwaltung. Diesem auf fünf Jahre angelegten Prozess sollten dann Endstatusverhandlungen über die nach wie vor strittigen zentralen Fragen des Konfliktes folgen.

Bei all diesen Ereignissen, die Anfang der 1990er Jahre manche Beobachter zu der Annahme führten, dass Frieden im Nahen Osten nun unumgänglich sei, spielte die EU/EG keine Rolle. Zwar waren bei der Madrider Friedenskonferenz mit Kommissionspräsident Matutes und Ratspräsident Van den Broek auch Vertreter der EG anwesend, doch bei den auf die Konferenz folgenden bilateralen Gesprächen zwischen den Konfliktparteien blieb die EG außen vor und man gestand ihr lediglich eine Teilnahme an den multilateralen Arbeitsgruppen zu (vgl. Schumacher 2005: 150).[53] Auch bei den (zunächst geheimen) Verhandlungen des ersten Oslo-Abkommens, etwa 18 Monate später, war es bezeichnenderweise der europäische Nicht-EU-Mitgliedsstaat Norwegen, der eine zentrale Rolle spielte.[54]

Die Kommission veröffentlichte im September 1993 noch zwei Mitteilungen[55] an das EP und den Rat, in denen man die „EG-Unterstützung des Nahost-Friedensprozesses" betonte. Zudem kündigte der Europäische Rat im Oktober 1993 eine „Gemeinsame Aktion" im Rahmen der GASP – die mit dem Maastrichter Vertrag zum 1. November in Kraft treten sollte – zur Unterstützung des

---

[53] Die Aussage Richard N. Haass', der damals beim Nationalen Sicherheitsrat der USA für Nahostfragen zuständig war, zur Rolle der Europäer bei der Madrider Konferenz, sagt alles über die Bedeutung der EG: „The European Community was invited to the conference but had no role other than cheerleader for what was essentially a U.S.-created *fait accompli*." (zitiert bei Schumacher 2005: 150). Allerdings wurde der EU – gewissermaßen als Ausgleich für den Ausschluss aus den bilateralen Verhandlungen – der Vorsitz in der „Regional Economic Development Working Group" im Rahmen des multilateralen Teils des Friedensprozesses zugesprochen (vgl. Tovias 1996: 14).

[54] Der norwegische Außenminister Johann Holst trug bei den geheimen Treffen in Oslo entscheidend dazu bei, dass Israelis und Palästinenser ihre Differenzen überwanden und der Erklärung über die gegenseitige Anerkennung zustimmten (vgl. Eisenberg/Caplan 2010: 176).

[55] Vgl. European Commission (1993a; 1993b).

Nahost-Friedensprozesses an.[56] Doch die Rolle der EG/EU blieb nicht zuletzt aufgrund der ablehnenden Haltung Israels und der USA marginal. Insgesamt handelte es sich beim beginnenden Friedensprozess um eine auf US-amerikanischer Initiative gründenden und von verschiedenen regionalen und globalen Faktoren begünstigten Prozess, bei dem der EG/EU lediglich die Rolle eines Beisitzers zukam.

Vor dem Hintergrund dieser offensichtlich unbedeutenden Rolle der EG/EU bei den unmittelbaren Ereignissen und Verhandlungen in der ersten Phase des Nahost-Friedensprozesses schien sich durch eine revitalisierte Mittelmeerpolitik doch noch die Möglichkeit zu ergeben, einen europäischen Beitrag zu leisten. „[EC-]member states redirected their desire to ,do something for the Middle East' toward a Mediterranean initiative, which thus acquired the meaning of a ,Middle East policy in disguise'" (Bicchi 2007: 164). Ein Mittel für die Verknüpfung der Mittelmeerinitiativen und den gewünschten Beitrag beim Friedensprozess bestand für die EU darin, ihren Ansatz auf die gesamte Region auszuweiten. Der Beitrag der EU zum Friedensprozess sollte in einem umfassenden „region building approach" bestehen, bei dem die Konfliktparteien sich regelmäßig zusammen an einen Tisch setzen würden: „The Euro-Med Partership should be seen as a catalytic factor helping to, *inter alia,* allow Israelis and Arabs to work together in a wider context." (Gomez 2003: 133)

Neben dieser von der EU beabsichtigten unterstützenden Funktion einer erweiterten und revitalisierten EU-Mittelmeerpolitik für den beginnenden Friedensprozess wurde außerdem oft argumentiert, dass die Initiative zur EMP ohne die beschriebene Annäherung der nahöstlichen Konfliktparteien gar nicht möglich gewesen wäre. So schreibt z.B. Volker Perthes: „In der europäischen Diskussion über [...] die Euro-Mediterrane Partnerschaft wird gelegentlich vergessen, dass diese Initiative im Rahmen der mit der Madrid-Konferenz 1991 eingeleiteten Epoche des arabisch-israelischen Friedensprozesses steht und ohne Madrid und den Beginn bilateraler Verhandlungen zwischen Israel und allen seinen Nachbarn nicht denkbar gewesen wäre." (Perthes 1994: 174)

Gleichzeitig, so zeigt Federica Bicchi, hatte die Verknüpfung der EU-Mittelmeerpolitik mit dem Nahost-Friedensprozess eine wichtige Funktion innerhalb der EU-internen Auseinandersetzung über die Notwendigkeit einer Aufwertung der Mittelmeerpolitik: Durch die Wahrnehmung und Interpretation der gestärkten EU-Mittelmeerpolitik als ein unterstützendes Instrumentarium für die Ziele des Friedensprozesses konnten auch solche EU-Mitgliedsstaaten, die zuvor eher skeptisch gewesen waren, dem EU-Engagement im Mittelmeerraum insgesamt eine Sinnhaftigkeit abgewinnen (vgl. Bicchi 2007: 164).

---

[56] Diese wurde dann auch am 19. April 1994 vom Ministerrat für allgemeine Angelegenheiten verabschiedet (vgl. CSFP 1994).

Die vorherigen Erläuterungen machen deutlich, dass die Entstehung der Euro-Mediterranen Partnerschaft nicht im luftleeren Raum stattfand, sondern dass sie das Produkt eines spezifischen historischen und politischen Bedingungsgefüges war. Dieser setzte einerseits die Stärkung der europäischen Mittelmeerpolitik und damit die Etablierung der EMP überhaupt erst auf die Agenda. Andererseits bestimmte dieser Entstehungskontext aber auch die inhaltliche Ausrichtung der EMP. Welche internationalen, regionalen und EU-internen Faktoren bei der Entscheidung für die EMP eine Rolle gespielt haben, wurde oben erläutert. Im nun folgenden Abschnitt geht es um die Frage, wie sich diese Entstehungsbedingungen in der inhaltlichen Konzeption und der Zielsetzungen der EMP niedergeschlagen haben.

3.2 Zielsetzungen von 1995: Die EMP als regionales Modernisierungsprojekt

Die am 27./28. November auf der Konferenz von Barcelona ins Leben gerufene EMP muss als Antwort auf die im vorherigen Abschnitt beschriebenen veränderten internationalen und regionalen Herausforderungen und Konstellationen verstanden werden. Sie ist ein aus verschiedenen multilateralen, bilateralen und sub-regionalen Kooperationsebenen bestehendes Beziehungsgeflecht, das offiziell einer holistischen Ausrichtung folgt. D.h. im Gegensatz zu den davor bestehenden Kooperations-Mechanismen der EU-Mittelmeerpolitik[57] umfasst die Konzeption der EMP neben dem Bereich der Wirtschafts- und Finanzkooperation auch eine Zusammenarbeit im politischen/sicherheitspolitischen und im sozialen/kulturellen Bereich.

An dieser Stelle sollen diese einzelnen „Körbe" und die formale Struktur nur knapp vorgestellt werden, da ausführliche Darstellungen bereits vorliegen (vgl. Adouse 2008: 84ff; Philippart 2003; Schumacher 2005: 198ff) und eine umfangreiche Beschreibung für die Zielsetzung der vorliegenden Untersuchung nicht notwendig ist. Vielmehr soll in diesem Abschnitt herausgearbeitet werden, dass sich die allgemeine Ausrichtung der EMP, trotz ihrer formell „holistischen" Konzeption, vor allem auf den wirtschaftlichen Bereich konzentrierte und diesem insofern eine zentrale Rolle zuwies, als es sich dabei von Beginn an nicht allein um eine rein technokratische „wirtschaftliche und finanzielle Partnerschaft" handelte, sondern die EU mit diesem Kooperationsbereich auch ein umfassenderes Modernisierungsvorhaben verknüpfte, mit dem man gesamtgesellschaftliche und insbesondere auch politische Veränderungen herbeizuführen beabsichtigte. Insofern spiegelten sich in der originären Konzeption der EMP

---

[57]   Wie bei der Globalen Mittelmeerpolitik (GMP) zwischen 1972 und 1989 und der so genannten „Neuen Mittelmeerpolitik" (NMP) zwischen 1990 und 1994.

Vorstellungen über (kausale) Strukturzusammenhänge, die ihren Ursprung in der klassischen Modernisierungstheorie der 1950er Jahre haben (vgl. Lipset 1959). Gleichzeitig finden sich in den zentralen Dokumenten wie der Barcelona-Deklaration – dem Gründungsdokument des „Barcelona-Prozesses"[58] – Formulierungen und Bezüge, die den „region building"-Charakter des Ansatzes deutlich machen. Diese Bezüge sind vor allem in der jüngeren Vergangenheit und im Kontext der wissenschaftlichen Auseinandersetzung mit dem „new regionalism"[59] im Rahmen konstruktivistisch ausgerichteter Arbeiten analysiert worden (vgl. z.B. Pace 2007).

Im Folgenden wird nach einer kurzen Darstellung der formalen Struktur der EMP zunächst auf die genuin ökonomistisch-modernistische Ausrichtung der EMP-Konzeption eingegangen, bevor sich eine kritische Rückschau auf 16 Jahre EMP mit besonderer Berücksichtigung der Freihandelsimplementierung anschließt.

3.2.1 Die Struktur der EMP nach der Barcelona-Konferenz 1995

Die EMP, wie sie durch das Abschlussdokument der „Barcelona-Deklaration" im November 1995 etabliert wurde, kann als „multi-dimensional, multi-layered process" beschrieben werden (Edwards/Philippart 1997: 488), der die Beziehungen zwischen der EU, ihren Mitgliedsstaaten und den 10 so genannten Mittelmeer-Drittländern[60] organisiert und institutionalisiert. Die Deklaration von Barcelona sah die Schaffung eines nach drei inhaltlichen „Körben"[61] gegliederten umfangreichen Kooperationsinstrumentariums vor. Mit der Strukturierung in drei unterschiedliche thematische Körbe besteht eine klare Analogie zum Helsinki-Prozess und dessen institutionellem Rahmen der Konferenz über Sicherheit und Zusammenarbeit in Europa (KSZE) (vgl. Jünemann 2005a: 7).

---

[58] Üblicherweise wird als „Barcelona-Prozess" die mit der Mittelmeerkonferenz beginnende Serie multilateraler Konferenzen auf Ministerebene bezeichnet, während die EMP das gesamte bi- und multilaterale Institutionennetzwerk der Mittelmeerpolitik ab 1995 bezeichnet.

[59] Eine gute Übersicht der verschiedenen Formen der Auseinandersetzung um den Regionenbegriff („regionalism", „regionaliszation") in der IB-Forschung gibt Kelly (2007).

[60] Zu den Gründungsmitgliedern der EMP zählten: Marokko, Algerien, Tunesien, Ägypten, Jordanien, die besetzten Palästinensischen Gebiete, Israel, Syrien, der Libanon, Zypern, Malta und die Türkei. Mit letzterer hat die EU 2005 Beitrittsverhandlungen aufgenommen. Zypern und Malta sind bereits seit 2004 Mitglieder der EU.

[61] Die verbreitete Bezeichnung der drei inhaltlichen Schwerpunkte der EMP als „Körbe" wurde teilweise zu Recht als irreführend bezeichnet, da sie den komplementären Charakter und die Verflechtung der einzelnen Kapitel vernachlässigt. So spricht sich bspw. Perthes (1999: 84) dafür aus, stattdessen von den „drei Säulen" der EMP zu sprechen (vgl. auch Schumacher 2005: 215).

Im ersten Korb, der die Einrichtung einer politischen und sicherheitspoliti-schen Partnerschaft mit dem Ziel der Errichtung einer „common area of peace and stabilty" vorsieht, betonen die Mitgliedsländer der EMP den gemeinsamen Wert von Sicherheit, Frieden und Stabilität und verpflichten sich, diese Güter mit all ihnen zur Verfügung stehenden Mitteln zu fördern und zu stärken (Bar-celona Declaration 2005: 125). Um diese Ziele zu verwirklichen, benennt die Deklaration innerhalb des ersten Korbes neben einer Reihe allgemeiner Prinzi-pien, wie die Achtung demokratischer Prinzipien, des Rechtsstaats, der Men-schenrechte, die gegenseitige Anerkennung und den Schutz territorialer und politischer Souveränität auch konkretere Ziele, wie bspw. die Bekämpfung des Terrorismus und das Bemühen um eine massenvernichtungswaffenfreie Zone im Mittelmeerraum (vgl. Barcelona Declaration 2005: 126).

Das zweite (und gleichzeitig ausführlichste) Kapitel der Barcelona-Deklaration trägt den Titel „Economic & Financial Partnership: Creating an Area of Shared Prosperity" und betont die Bedeutung einer nachhaltigen und ausgeglichenen sozialen und ökonomischen Entwicklung. Als Ziele der wirt-schaftlichen und finanziellen Partnerschaft dieses zweiten Kapitels werden fol-gende drei Punkte genannt:

- acceleration of the pace of sustainable socio-economic development;
- improvement of the living conditions of their populations, increase in the employment level and reduction in the development gap in the EuroMedi-terranean region;
- encouragement of regional cooperation and integration.
(Barcelona Declaration 1995: 127)

Die wirtschaftliche und finanzielle Partnerschaft soll sich zur Erreichung dieser Ziele auf drei Hauptsäulen stützen: Die sukzessive Einrichtung einer Euro-Mediterranen Freihandelszone (EMFHZ)[62]; die Implementierung geeigneter Maßnahmen der Wirtschaftskooperation und eine substantielle Anhebung der EU-Finanzhilfen für die MDL. Diesen drei Kooperationsfeldern innerhalb des Korbes II wird in der Barcelona-Deklaration wiederum ein ganzes Bündel an konkreteren Maßnahmen zugeordnet, welche die Kommission bereits größten-teils in einer Mitteilung im März 1995 formuliert hatte (vgl. European Commis-sion 1995), in welcher sie das Grundkonzept der EMP darstellte und vorschlug,

---

[62] Die Implementierung der EMFHZ wurde über die bilateralen Assoziierungsabkommen voran-getrieben und sollte eigentlich bis zum Jahr 2010 vervollständigt sein. Aufgrund der erst spät abgeschlossenen Verhandlungen mit einigen MDL (insbesondere Algerien und Syrien) und den langwierigen Ratifikationsprozessen durch die Parlamente der EU-Mitgliedsstaaten (bei den EMP-Assoziierungsabkommen handelt es sich um so genannte „gemischte Abkommen") war dieser Prozess aber bis zum Zeitpunkt dieser Untersuchung noch nicht vollständig abge-schlossen.

für den ersten Zeitraum zwischen 1995 und 1999 dafür 5,5 Mrd. ECU zurückzustellen. Für die Implementierung und Unterstützung der EMFHZ benennt die Barcelona-Deklaration folgende Maßnahmen:

- the adoption of suitable measures as regard rules of origin, certification, protection of intellectual and industrial property rights and competition;
- the pursuit and the development of policies based on the principles of market economy and the integration of their economies taking into account their respective needs and levels of development;
- the adjustment and modernization of economic and social structures, giving priority to the promotion and development of the private sector, to the upgrading of the productive sector and to the establishment of an appropriate institutional and regulatory framework for a market economy. They will likewise endeavour to mitigate the negative social consequences which may result from this adjustment, by promoting programmes for the benefit of the neediest populations;
- the promotion of mechanisms to foster transfers of technology (Barcelona-Deklaration 1995: 128)

Im Bereich der Wirtschaftskooperation sollten zudem Maßnahmen zur Dynamisierung des Privatsektors – inklusive der Unterstützung für kleine und mittlere Unternehmen (KMU) – in den MDL und der Verbesserung des Investitionsklimas (insbesondere für ausländische Investoren) ergriffen sowie der Restrukturierung und Modernisierung der Volkswirtschaften in den MDL durchgeführt werden. Bezüglich der Finanzkooperation beruft sich die Barcelona-Deklaration auf die Beschlüsse des EU-Gipfels im Juni 1995 in Cannes, wo man sich auf ein Budget in Höhe von rund 4,7 Mrd. ECU für die erste Phase (1995-2000) der EMP geeinigt hatte.[63]

Im dritten Korb wurde mit der Barcelona-Deklaration schließlich eine „Partnerschaft im sozialen, kulturellen und menschlichen Bereich" etabliert. Hier ging es insbesondere um einen verstärkten Austausch auf zivilgesellschaftlicher Ebene und Maßnahmen zur Stärkung und Erleichterung von „human exchanges". Damit zielte man nicht zuletzt auf eine soziale und menschliche „Flankierung", die auf dezentrale Weise die in den Kapiteln I und II vorgesehene Zusammenarbeit unterstützen sollte.

---

[63] Diese Mittel wurden in der Folge durch die so genannten MEDA-Finanzinstrumente ausgegeben und waren an konkrete Projekte gebunden. Es handelte sich also nicht um reine Budgethilfen.

Mit der Gründung der EMP wurde darüber hinaus ein neuer umfassender institutioneller Rahmen geschaffen, der die alten Strukturen ersetzen sollte.[64] Auf der multilateralen Ebene wurden regelmäßige Treffen auf Ministerebene institutionalisiert, an denen alle EMP-Mitgliedsstaaten teilnehmen.[65] Diese den Regionalcharakter unterstreichende multilaterale Ebene unterscheidet die EMP von ihren Vorgängerinitiativen, die sich auf die bilaterale Ebene beschränkten. Diese Außenministerkonferenzen waren als Leitlinien gebende Institution für die gesamte EMP gedacht und wurden zusätzlich durch multilaterale Treffen auf Fachministerebene ergänzt, die entweder Beschlüsse der Außenministerkonferenzen umsetzen sollten oder auf Anweisung auch eigenständige Maßnahmen innerhalb ihres Fachbereichs beschließen können.[66]

Auf der bilateralen Ebene, die sich in den mit allen MDL abgeschlossenen Euro-Mediterranen Assoziierungsabkommen[67] manifestiert, wurden jeweils zwei Gremien aufgebaut. Erstens der so genannte Assoziierungsrat, der sich aus Vertretern der EU-Kommission, des Rates und den Regierungen der betreffenden MDL zusammensetzt und normalerweise einmal jährlich tagen soll. Dieser Assoziierungsrat soll alle wichtigen Probleme bezüglich der Assoziierungsabkommen, aber auch alle anderen bilateralen Fragen bearbeiten (vgl. z.B. das Assoziierungsabkommen zwischen der EU und Algerien, Art. 92 und 93). Als zweites Gremium wurden die bilateralen Assoziierungsausschüsse etabliert, die sich auf Botschafterebene treffen und für die Umsetzung der Assoziierungsabkommen zuständig sind.[68]

---

[64] Für eine ausführliche Darstellung der EMP-Institutionenstruktur und Entscheidungskompetenzen vgl. Schumacher (2005: 217ff).

[65] Bis zur Inauguration der Union für das Mittelmeer (UfM) im Juli 2008, die die EMP offiziell ablöste, fanden 9 Jahrestreffen der Außenminister statt: Barcelona, (November 1995), La Valetta (April 1997), Stuttgart (April 1999), Marseille (November 2000), Valencia, (April 2002), Neapel (Dezember 2003), Luxembourg (Mai 2005), Tampere (November 2006), Lissabon (November 2007). Zusätzlich fand zum 10-jährigen Bestehen der EMP 2005 ein Treffen der EMP-Staats- und Regierungschefs in Barcelona statt.

[66] Beispiele für diese Fachminster-Konferenzen sind die Treffen der Euro-Med Handelsminister, die im Dezember 2009 ihre 9. Konferenz abhielten, oder das Treffen der Euro-Med Industrieminister, die im November 2008 zum 7. Mal zusammen kamen.

[67] Die Ausnahme bildet hier Syrien, mit dem ein Assoziierungsabkommen ausgehandelt und bereits 2004 auch paraphiert wurde. Im Zuge der zunehmenden internationalen Isolation Syriens nach der Ermordung des libanesischen Ministerpräsidenten Hariri im Februar 2005 wurde die Ratifizierung ausgesetzt.

[68] Die institutionelle Struktur der EMP wurde verschiedentlich kritisiert. Vor allem die Tatsache, dass die meisten Treffen (sowohl auf bilateraler als auch auf multilateraler Ebene) von der EU-Kommission vor- und nachbereitet wurden (mit den entsprechenden Auswirkungen bspw. auf das agenda-setting) wurde als ein Umstand wahrgenommen, der den offiziell „partnerschaftlichen" Charakter der EMP unterminiert. Zudem stand das auch innerhalb des EMP-Institutionengefüges reproduzierte „duale System" der EU-Außenbeziehungen in der Kritik (vgl. z.B. Monar 1998)

Zusätzlich zu diesen beiden Ebenen (bilateral und multilateral) etablierte die EMP eine neue „unilaterale" Organisationsebene (vgl. Philippart 2003: 34), die mit der Verteilung der Mittel im Rahmen der finanziellen Partnerschaft befasst ist. Dabei blieben die Entscheidung über die Mittelverteilung im Rahmen der MEDA-Programme I und II[69] (bis 2006) allein in den Händen der EU-Institutionen. Für die Vergabe der MEDA-Hilfen erarbeitete die EU-Kommission alle drei Jahre für jedes MDL so genannte nationale Richt- oder Indikativprogramme, in denen der konkrete projektbezogene Einsatz der Mittel festgelegt wurde. Diese Programme orientierten sich an ebenfalls von der Kommission erarbeiteten Länderstrategiepapieren[70] für jedes MDL, die eine Periode von sechs bis sieben Jahren abdecken. Während die Strategiepapiere den allgemeinen analytischen Rahmen für die EG-Politik gegenüber dem Zielland darstellen und nicht auf das Einverständnis der jeweiligen Regierungen angewiesen sind, betreffen die nationalen Richtprogramme die konkrete projektbezogene Umsetzung und müssen von den Ziellandregierungen angenommen werden. Diese Struktur wurde auch nach der Einführung des Europäischen Nachbarschafts- und Partnerschaftsinstrumentes beibehalten.

3.2.1.1 Zentrales Instrument der EMP: die Assoziierungsabkommen

Wie bereits oben erläutert wurde, verfolgte die EMP grundsätzlich einen „holistischen" Ansatz und war von Anfang an als ein multilateraler Kooperationsrahmen konzipiert, durch den die EU ihr Ziel des „region-building" zu verfolgen suchte. Wie noch zu zeigen sein wird, verlor die multilaterale Ebene der EMP aber zunehmend an Bedeutung, so dass die einzelnen mit den MDL im Rahmen der EMP abgeschlossenen bilateralen Euro-Mediterranen Assoziierungsabkommen (EMAA) das eigentliche Kerngerüst der EMP darstellen.[71]

---

[69] Die Abkürzung „MEDA" steht für „mesures d'accompagnement" und bezieht sich auf die durch die EU finanzierten Unterstützungmaßnahmen bei der vorgesehenen Strukturanpassung der MDL-Volkswirtschaften und der Durchführung von assistierenden Projekten (vgl. MEDA-Verordnung 1996). Zum 1. Januar 2007 gingen die MEDA-Programme im so genannten Europäischen Nachbarschafts- und Partnerschaftsinstrument (ENPI) auf, das die Gemeinschaftshilfen für den gesamten Nachbarschaftsraum in einer Budgetlinie bündelt (vgl. ENPI-Verordnung 2006).

[70] Die Einführung dieser „Country Strategy Paper" (CSP) war Teil einer umfassenderen Reform des EG-Entwicklungshilfesystems, deren Ziel insbesondere darin bestand, durch die Einführung des zentralen EuropeAid-Büros die Hilfe insgesamt kohärenter zu gestalten. Vgl. dazu auch Holden (2008).

[71] Schumacher (2005: 229) verweist darauf, dass der Wirtschafts- und Sozialausschuss der Europäischen Union auf ein multilaterales Abkommen mit allem MDL drängte, sich mit dieser Forderung aber nicht durchsetzen konnte.

Diese EMAAs bilden die eigentliche völkerrechtliche Grundlage der EMP[72], da die Barcelona-Deklaration keinerlei bindende Wirkung hat. Bei den im Laufe der 1990 und 2000er Jahre mit allen MDL[73] abgeschlossenen EMAA handelt es sich um „gemischte" Abkommen der so genannten dritten Generation.[74] Diese Art von internationalen Abkommen benötigen für ihr Inkrafttreten neben der Zustimmung des Rates ebenso die Zustimmung aller einzelnen EU-Mitgliedsstaaten, da ihr Inhalt über die Kompetenzbereiche der Kommission hinausgeht.[75] Dies trifft für die EMAAs vor allem deshalb zu, weil sie neben den ausführlichen Kooperationsmaßnahmen im wirtschaftlichen und finanziellen Bereich (die sich weitgehend auf den Kommissions-Kompetenzbereich der Handels- und Entwicklungspolitik beschränken) ebenfalls einen politischen Dialog institutionalisieren, der dem ersten Korb (Politische und Sicherheitspolitische Partnerschaft) der EMP Rechnung tragen soll. Ein solcher politischer Dialog berührt allerdings klar den Kompetenzbereich der intergouvernemental gestalteten GASP (vgl. Monar 1998: 45f). Dies bedeutet zum einen, dass die einzelnen Mitgliedsstaaten prinzipiell ein Recht darauf haben, bei der Aushandlung solcher Abkommen einen Platz am Verhandlungstisch zu bekommen, und zum anderen, dass diese Abkommen neben der Zustimmung des Europäischen Parlamentes auch den Ratifizierungsverfahren in den einzelnen Mitgliedsstaaten unterliegen. Dies führte im Falle der EMAAs nicht nur in Einzelfällen dazu, dass zwischen der Unterzeichnung der Abkommen und dem eigentlichen Inkrafttreten oft Jahre verstrichen.[76]

---

[72]   Vgl. für eine ausführliche Darstellung des hier vor allem interessierenden Assoziierungsabkommen mit Algerien Kapitel 7.

[73]   Die Ausnahme bildet nach wie vor Syrien, mit dem ein Abkommen 2004 lediglich paraphiert wurde, und die Palästinensischen Gebiete, mit denen die EU 1997 ein Interimsabkommen schloss.

[74]   Seit 1991 beinhalten alle Abkommen der „dritten Generation", die die Europäische Union mit Drittstaaten abschließt, Klauseln zu Demokratie und Menschenrechten sowie Artikel zur Anwendung von politischer Konditionalität. Dies geht zurück auf eine Erklärung des Europäischen Rates von Luxemburg im Juni 1991, in der die Wahrung und der Schutz der Menschenrechte und demokratischer Prinzipien zum zentralen Bestandteil der EG-Außenbeziehungen erhoben wurden (vgl. EG 1991).

[75]   Nach dem erfolgreichen Abschluss der Verhandlungen durch die Kommission beschließt der Rat, den Inhalt des Vertrags anzuerkennen. Sein Inkrafttreten im Sinne eines völkerrechtlichen Vertrages setzt allerdings die Ratifikation in den einzelnen EU-Mitgliedsstaaten gemäß der in ihnen vorgesehenen Verfahren voraus (vgl. Kaiser 2009: 80ff).

[76]   So vergingen nach der Unterzeichnung des EMAA mit Tunesien (dem ersten der EMAAs) bis zum Abschluss des Ratifizierungsprozesses in den nationalen Parlamenten ganze 31 Monate (vgl. Monar 1999: 80). Das EMAA mit Algerien wurde im April 2002 in Brüssel unterzeichnet, trat aber erst dreieinhalb Jahre später, im September 2005, in Kraft.

Die allgemeine Struktur der EMAA, die in allen neun bisher abgeschlossenen Abkommen mehr oder weniger gleich ist, folgt der nachstehenden Struktur[77]:

Titel I	Politischer Dialog
Titel II	Freier Warenverkehr
Titel III	Dienstleistungsverkehr (und Niederlassungsfreiheit)
Titel IV	Zahlungen, Kapitalverkehr, Wettbewerb und sonstige Wirtschaftliche Bestimmungen
Titel V	Wirtschaftliche Zusammenarbeit
Titel VI	Zusammenarbeit im sozialen und kulturellen Bereich
Titel VII	Finanzielle Zusammenarbeit
Titel VIII	Bestimmungen über die Organe, Allgemeine- und Schlussbestimmungen

In den EMAAs mit Algerien und Ägypten wurde zusätzlich ein Titel über die „Cooperation in the field of Justice and Home Affairs" eingefügt.[78] Dies lässt sich vor allem aus dem späteren Zeitpunkt der Unterzeichnung der EMAAs mit diesen beiden Staaten erklären (respektive 2001 und 2002). Für die in diesem Titel zur Zusammenarbeit bei der Justiz- und Innenpolitik festgelegten Punkte (Visafragen, Bekämpfung irregulärer Migration, Kooperation bei der Bekämpfung von organisiertem Verbrechen und Terrorismus etc.) besaß die Kommission bei der Aushandlung der früheren EMAA noch kein Verhandlungsmandat.[79]

Unter dem Titel VIII etablieren die EMAAs verschiedene Organe, die für die Implementierung der in den Abkommen festgelegten Bestimmungen und die Lösung etwaiger Konflikte bei dieser Umsetzung zuständig sind. Neben dem so genannten Assoziationsrat, der auf Ministerebene einmal jährlich (und bei gegebenem Anlass häufiger) zusammentreffen soll, wird ein ständig arbeitender Assoziationsausschuss eingesetzt, der „vorbehaltlich der Befugnisse des Assoziationsrates" für die Verwaltung des Abkommens zuständig ist und auf Beamtenebene tagt (vgl. EMAA mit Tunesien, Art 81, Abs. 1). Der Assoziationsrat

---

[77] Siehe z.B. das „Europa-Mittelmeerabkommen zur Gründung einer Assoziation zwischen der Europäischen Gemeinschaft und ihren Mitgliedstaaten einerseits und der Tunesischen Republik andererseits".

[78] Auch das Interimsabkommen mit der PLO hat einen abweichenden Aufbau. In ihm fehlt das erste Kapitel des politischen Dialogs, was auf den Umstand zurückzuführen ist, dass die PLO laut Artikel IX, Absatz 5b des Oslo II-Abkommens von 1995 internationale Verträge nur in ganz bestimmten Bereichen abzuschließen befugt ist (im wirtschaftlichen Bereich und bei der Entwicklungs-, kulturellen und Bildungszusammenarbeit).

[79] Im September 2000 – also zur gleichen Zeit als die Kommission mit Ägypten und Algerien die EMAA verhandelte – mandatierte der Ministerrat für Justiz und Inneres die Kommission unter anderem auch mit Marokko ein Rücknahmeabkommen auszuhandeln (vgl. Peers 2011: 587).

besteht aus Vertretern des Rates der Europäischen Union, der EU-Kommission und Mitgliedern der Regierung des jeweiligen MDL. Dabei kann der Assoziationsrat seine Aufgaben an den Assoziationsausschuss abgeben und auch seine Entscheidungsbefugnisse auf diesen übertragen. Die EMAAs legen fest, dass die in den Assoziationsräten oder in den Assoziationsausschüssen ausgearbeiteten Beschlüsse einvernehmlich getroffen werden müssen.

In den hier besonders interessierenden Titel II der Assoziierungsabkommen (Freier Warenverkehr) wird die schrittweise Implementierung einer Freihandelszone zwischen der EU und den jeweiligen MDL innerhalb einer Zeitspanne von maximal 12 Jahren ab Inkrafttreten der Abkommen festgelegt. Zudem legen die EMAAs fest, dass keinerlei neue Zölle oder Maßnahmen mit ähnlichen Auswirkungen beim Handel zwischen der EU und den betreffenden MDL eingesetzt werden dürfen. Der Industriegüterhandel, auf den sich der Zollrückbau größtenteils bezieht, wird dabei in drei Stufen in Bezug auf drei unterschiedliche Produktgruppen, die in eigenen Annexen den Abkommen angefügt sind, liberalisiert.

In Bezug auf die Freihandelsmaßnahmen der EMAAs müssen zudem zwei Eigenheiten besonders hervorgehoben werden: Erstens handelt es sich bei den in den abgeschlossenen Abkommen vorgesehenen Maßnahmen um eine *asymmetrische* Handelsliberalisierung und zweitens ist die oft verwendete Bezeichnung einer „Freihandelszone" in Bezug auf die Maßnahmen der EMAAs irreführend, da es sich um bilaterale Abkommen handelt, die zunächst einmal keinerlei direkte Effekte auf den Handel zwischen den einzelnen MDL haben. Als asymmetrisch können die im Rahmen der EMAAs mit den einzelnen MDL vereinbarten Maßnahmen bezeichnet werden, weil der stufenweise Abbau der tarifären Handelshemmnisse sich allein auf die Zölle in den MDL beziehen, also solche, die Importe aus der EU in die MDL betreffen. Diese Asymmetrie hängt vor allem damit zusammen, dass den MDL bereits im Rahmen der in den 1970er Jahren abgeschlossenen Kooperationsabkommen mit der EG die Aufhebung der tarifären Handelshemmnisse für Industriegüter zugestanden wurde. Neben diesem freien Zugang für Industriegüter wurden auch alle quantitativen Beschränkungen für Exporte in die EG aufgelöst, ausgenommen landwirtschaftliche Produkte und bestimmte Textilprodukte (vgl. Mold 2002).[80]

Aus der Tatsache, dass es sich bei den EMAAs um bilaterale Abkommen – und deswegen auch lediglich um eine bilaterale Freihandelsimplementierung –

---

[80] Laut Mold könnte man sogar behaupten, dass die Kooperationsabkommen aus den 1970er Jahren für die MDL weit vorteilhafter waren als die seit 1995 abgeschlossenen EMAAs. Im Rahmen der Kooperationsabkommen hatten die MDL sogar das Recht neue Zölle und Maßnahmen mit vergleichbaren Auswirkungen einzuführen. „In other words, the cooperation agreements were both more flexible in content and more generous in spirit that the subsequent EMAs" (Mold 2002: 6).

handelt, ergibt sich ein Freihandelsregime, dass in der Literatur häufig als „hub-and-spoke"-System bezeichnet wird. Ein solches kommt zustande, „wenn sich kleinere Staaten bzw. Randgebiete (die *spokes*) bilateral in ein großes Land bzw. Kerngebiet (dem *hub*) integrieren, anstatt gemeinsam mit dem Kerngebiet und damit auch untereinander eine Freihandelszone zu etablieren" (Zorob 2006: 142). Verschiedentlich wurde darauf hingewiesen, dass der *hub* innerhalb einer solchen Struktur mehr von der Handelsliberalisierung profitiert als die einzelnen *spokes*. So weist bspw. Wonnacott (1996: 240f) darauf hin, dass einerseits der Markt des *hubs* durch seinen präferentiellen Zugang zu allen anderen beteiligten Ländern gegenüber den einzelnen *spokes* im Vorteil ist und andererseits Unternehmen, die im *hub* angesiedelt sind gegenüber Unternehmen in den *spokes* Vorteile haben, da sie vom zollfreien Input aus allen *spokes* profitieren können.[81]

Ein weiterer Punkt, der im Zuge der Aushandlungsprozesse der EMAAs und auch danach immer wieder Ausgangspunkt von Diskussionen und kritischer Analysen des EU-Mediterranen Handelsregimes war, betrifft den – zumindest bis 2005 aufrechterhaltenen – weitgehenden Ausschluss landwirtschaftlicher Produkte von den Maßnahmen der Handelsliberalisierung. In allen abgeschlossenen EMAAs wird in Bezug auf landwirtschaftliche und Fischereiprodukte lediglich darauf verwiesen, dass die Gemeinschaft und das jeweilige MDL zukünftig eine größere Liberalisierung des Handels mit landwirtschaftlichen und Fischereiprodukten anstreben sollten, die im gegenseitigen Interesse der Abkommenspartner liegen. Der weitgehende Ausschluss dieser Produktgruppe traf deswegen nicht nur bei den MDL, sondern auch bei verschiedenen Beobachtern auf europäischer Seite auf Skepsis, weil man in genau diesem Bereich einen – wenn nicht den einzigen – komparativen Vorteil der MDL gegenüber dem europäischen Markt sah (vgl. Tovias 2010; White 2007). Mittlerweile sind die tarifären und nicht-tarifären Handelsrestriktionen im Agrarbereich teilweise gelockert worden, allerdings bei den unterschiedlichen MDL in ganz unterschiedlicher Art und Weise. Ganz aufgehoben sind sie jedoch in keinem Fall.[82]

---

[81] Jovanovic (2005: 250) stellt fest, dass „[i]n spite of various good intentions, talks, meetings, declarations, hopes and promises EU private investors are not much interested in Southern Mediterranean countries". Vgl. allgemein zu dieser Problematik Puga/Venables (1997).

[82] So wurden in Bezug auf Algerien, den Libanon und Tunesien Positivlisten erarbeitet, die diejenigen Agrarprodukte aufführen, für die ein verbesserter, aber nach wie vor durch Zollquoten begrenzter Zugang zum EU-Binnenmarkt benennen, während für Ägypten, Marokko, Jordanien, Israel und die Palästinensischen Gebiete Negativlisten mit Produkten gelten, für die noch eine Zugangsbeschränkung besteht (vgl. Rudloff 2011).

3.2.2 Wirtschaftliche Liberalisierung, Modernisierung, Demokratisierung

3.2.2.1 Modernisierung durch wirtschaftliche Liberalisierung

Wie bereits aus der inhaltlichen Beschreibung der drei „Körbe" der Barcelona-Deklaration hervorging, stellt der Bereich II, die wirtschaftliche und finanzielle Partnerschaft, den „eigentlichen Kern" (Jünemann 1999b: 54) des Gründungsdokumentes und ebenfalls (wie noch zu zeigen sein wird) der gesamten EMP dar.[83] Dieser „incremental economistic focus" (Holden 2011: 58) der EMP lässt sich auf eine in der Konzeption der neuen Mittelmeerpolitik von 1995 präsente Vorstellung einer notwendigen umfassenden „Modernisierung" der Volkswirtschaften, aber auch der Gesellschaften insgesamt im südlichen Mittelmeerraum zurückführen. Dabei erschien die Unterstützung einer wirtschaftlichen, sozialen, politischen und gesellschaftlichen Modernisierung in den Ländern an der „Südflanke" Europas als geeignete Antwort auf die im Abschnitt 3.1.1. beschriebenen neuen Bedrohungsszenarien und damit auch im sicherheitspolitischen Interesse der EU und ihrer Mitgliedsstaaten. Eberhard Rhein, ein langjähriger führender Mitarbeiter der Generaldirektion Mittelmeer/Naher und Mittlerer Osten der EU-Kommission[84], beschrieb diesen Zusammenhang im Jahr 1996 wie folgt:

> „The security threats in the MED, as perceived by the EU, are not military ones, neither today nor in the next 10-20 years, notwithstanding speculations about the possible threat of missiles being fired at Europe by ‚fanatic regimes' in Northern Africa. The real threats derive from increasing population, inability to employ the growing numbers of young people, illegal immigration, persistent poverty, environmental hazards, water scarcity, food shortages, urban chaos etc. Therefore, *the response to the risks has to be primarily of a socio-economic nature.* Europe has to ‚shake up' the MED societies in such a way that they are better able to face the challenges of the next century. They need, each in its own particular way, to undergo profound system changes."
> (zitiert in Weiss 2002: 12, Hervorhebungen durch JF)

Die EMP sollte in der Vorstellung ihrer geistigen Väter diese tief greifenden systemischen Veränderungen in den Gesellschaften der MDL initiieren und ges-

---

[83] Monar führt den Umstand der Dominanz des ökonomischen Bereichs innerhalb der EMP zurück auf eine „inhärente Tendenz [des EU-Systems], mehr wirtschaftliche als politische Entscheidungen hervorzubringen", und erklärt dies aus der Dominanz der vergemeinschafteten Bereiche wie Außenhandel und Entwicklung (Monar 1999: 79). Vgl. zur zentralen Rolle des zweiten Korbes auch Brach (2006).

[84] Rhein war zwischen 1984-1996 in der Kommission zuständig für die Beziehungen zum Nahen Osten/Mittelmeerraum und damit ein wichtiger Akteur bei der konzeptionellen Ausgestaltung der EMP.

talten. Der Implementierung der EMFHZ kam dabei eine zentrale Rolle zu. Wiederum Rhein schrieb 1998, drei Jahre nach dem Inkrafttreten der EMP:

> „The changed socio-political context of the early 1990s must be borne in mind if one wants to understand the rationale behind the European Union's Mediterranean Initiative. It has little to do with trade advantages, even *if trade provisions make up three quarters of the texts of the Euro-Med Association Agreements. But trade, free trade to be precise, is no more than an essential instrument to provoke necessary changes on the side of Europe's Mediterranean partners.*"
> (Rhein 1998: 166, Hervorhebungen durch JF)

Die EMFHZ und ihre Begleitmaßnahmen innerhalb des zweiten Korbes der EMP wurden also explizit als Instrument zur Umsetzung eines umfassenden Modernisierungsprozesses in den MDL verstanden.

Auf der ökonomischen Ebene ging die EU davon aus, dass durch den Wegfall von Zöllen der Handelsaustausch von Waren insgesamt intensiviert wird und alle teilnehmenden Länder aufgrund der Realisierung komparativer Vorteile von einem solchen Austausch profitierten, also das Wirtschaftswachstum aller Handelspartner positiv beeinflusst würde. Durch die Konkurrenz mit Produkten aus den EU-Mitgliedsländern versprach man sich außerdem positive Effekte für die Effizienz der wirtschaftlichen Produktion in den MDL und eine Konzentration der Produktion in international konkurrenzfähigen Branchen mit komparativem Vorteil (vgl. Hunt 2005: 205). Durch eine solche effizientere Allokation der Produktionsfaktoren wurde außerdem (mittelfristig) mit steigenden Beschäftigungszahlen innerhalb neu entstehender Exportsektoren gerechnet. Darüber hinaus sollten die Preise für importierte Konsumgüter durch den Wegfall der Zölle sinken und damit zu einem steigenden Lebensstandard der Konsumenten beitragen. Mit dieser Logik folgte die EU eindeutig den Annahmen der neoklassischen Handelstheorie.

An dieser Stelle kann nicht auf die gesamte Entwicklung und Komplexität der klassischen liberalen Handelstheorie seit ihren Anfängen bei Adam Smith, Robert Torrens und David Ricardo eingegangen werden. Dennoch soll im Folgenden ein kurzer Überblick über die zentralen Annahmen dieser Theorieschule gegeben werden.

3.2.2.2 Klassische und Neoklassische Handelstheorie als Grundlage der EMFHZ

Die klassische Außenhandelstheorie[85] geht davon aus, dass Handelsliberalisierung zu einem Anstieg der Handelsaktivität, größerem ökonomischem Wachstum, schnellerer technologischer Entwicklung und einer Restrukturierung der in einem Land eingesetzten Ressourcen im Sinne einer größeren Effizienz führen (Shaikh 2007: 51). Letzterer Effekt, so die Annahme, besteht darin, dass Produktionsfaktoren immer weniger in denjenigen Bereichen der Wirtschaft eingesetzt werden, die auf eine import-substituierende Produktion zielen, sondern stärker in den Exportbereich der Wirtschaft fließen. Dahinter steckt die Annahme, dass sich in einem liberalisierten Handelsregime alle beteiligten Volkswirtschaften auf die Produktion derjenigen Güter fokussieren, bei denen sie über einen komparativen Vorteil im Vergleich zu anderen Staaten verfügen. Die so genannten komparativen Vorteile – das Kernkonzept der klassischen Handelstheorie – grenzen sich dabei von den absoluten Kostenvorteilen ab. Letztere hatte zuerst Adam Smith in seinem bahnbrechenden Werk über die Ursprünge des Wohlstands der Nationen beschrieben.[86] Der Grundgedanke dabei war einfach: Alle Nationen, die freiwillig in einen Handelsaustausch miteinander treten, werden von diesem Austausch profitieren, denn ansonsten würde dieser Handel gar nicht stattfinden (vgl. Perdikis/Kerr 1998). Der Handel gestaltet sich für die beteiligten Länder dann als vorteilhaft, wenn sich jedes Land auf die Produktion und den Export desjenigen Gutes spezialisiert, bei dessen Produktion es einen absoluten Kostenvorteil im Vergleich zu den anderen Ländern innehat – gewissermaßen eine Ausweitung des Prinzips der Arbeitsteilung auf die internationale Ebene. Wenn alle Länder in dieser Weise vorgehen und gleichzeitig miteinander Handel treiben (also diejenigen Güter importieren, bei denen die anderen Länder einen absoluten Kostenvorteil in der Produktion aufweisen), profitieren, so die Überlegung, alle beteiligten Nationen und der gemeinsame Wohlstand steigt. Dieses einfache Modell erhielt Anfang des 19. Jahrhunderts durch die Entwicklung des Konzeptes komparativen Kostenvorteilen eine entscheidende Wendung.[87] Danach profitieren zwei Nationen vom Handel untereinander auch

---

[85] Die Ursprünge der klassischen Außenhandelstheorie werden normalerweise bei Adam Smith und David Ricardo, also in der zweiten Hälfte des 18. Jahrhunderts, verortet. Sie löste als dominante Handelstheorie den Merkantilismus ab, der eine protektionistische Handelspolitik propagierte um einen größtmöglichen Handelsüberschuss zu erreichen. Im Gegensatz dazu sieht die klassische Handelstheorie das Ideal in ausgeglichenen Handelsbilanzen. Vgl. dazu Gerken (2004: 15)

[86] Vgl. Smith (2009) vor allem Buch IV Kapitel 3

[87] Die „Entdeckung" des Konzeptes der komparativen Vorteile wird gemeinhin David Ricardo zugeschrieben, obgleich Robert Torrens das Prinzip bereits zwei Jahre vor Ricardo formuliert hatte (1815) (vgl. Maneschi 1998: 52).

dann, wenn eines der beiden Länder alle in Frage kommenden Güter zu absolut niedrigeren Kosten produzieren kann als das zweite Land. Diesem Prinzip liegt die Überlegung zu Grunde, dass die Produktion in der Weise organisiert sein sollte, dass insgesamt gesehen die größtmögliche Menge an Gütern produziert werden kann und in Verbindung mit Handel alle beteiligten Länder Wohlfahrtsgewinne erzielen.[88]

Dieses klassische Modell der internationalen Handelstheorie wurde im Laufe der Zeit weiterentwickelt. Der Übergang zum neoklassischen Ansatz wird normalerweise mit der Entwicklung des nach zwei schwedischen Wirtschaftswissenschaftlern benannten Heckscher-Ohlin-Theorems verbunden, das das klassische Konzept der komparativen Vorteile durch Überlegungen zu Produktionsfaktoren ergänzte und oft als „,the' modern theory of trade" beschrieben wurde (Ethier 1982: 389, zitiert bei Maneschi 1998: 182). Heckscher und Ohlin bemühten sich insbesondere darum, die Entstehung komparativer Vorteile durch die Berücksichtigung von Unterschieden in Bezug auf die zur Verfügung stehenden Produktionsfaktoren besser verständlich zu machen.[89]

In der neueren Handels- und Integrationstheorie wird zudem zwischen statischen und dynamischen Effekten der Handelsliberalisierung unterschieden. Statische Effekte bilden den zentralen Gegenstand der Zollunionstheorie, wie sie Jacob Viner Anfang der 1950er Jahre erarbeitet hat (vgl. Viner 1950). Dabei bezeichnen statische Effekte die Auswirkungen, die eine Handelsliberalisierung auf die Ressourcenallokation bzw. die Wohlfahrt eines Staates innerhalb einer Zollunion hat. Infolge eines Zollabbaus und der damit einhergehenden sinkenden Preise für Importprodukte aus den anderen Ländern der Zollunion wird die Inlandsproduktion durch relativ kostengünstigere Produkte aus den Partnerländern ersetzt. Dadurch werden im Inland Produktionsfaktoren freigesetzt, die effizienter in anderen Sektoren eingesetzt werden können. Außerdem fragen die Konsumenten, die ihren Bedarf bislang durch teure Inlandsprodukte gedeckt haben, verstärkt die billigeren Produkte des Partnerlandes nach (vgl. Lang/Stange 1994: 142f). Statische Effekte bezeichnen also die direkten Konse-

---

[88] Ricardos berühmtes Beispiel bezog sich auf die beiden Länder England und Portugal und die beiden Güter Wein und Textil. Auch wenn Portugal in der Produktion beider Güter absolute Kostenvorteile besitzen würde, so die Rechnung, sollte es sich auf die Produktion desjenigen Produktes konzentrieren, dass es effizienter produzieren kann (Wein), da dieses anschließend gegen englisches Textil getauscht (exportiert) werden kann und Portugal somit Textil günstiger durch Importe erhält, als wenn es dieses selbst produzieren würde. (vgl. Ricardo 1821: 140f).

[89] Danach wird deutlich, dass sich ein Land mit viel zur Verfügung stehendem Kapital auf die Produktion kapitalintensiver Güter und eines mit billiger Arbeit auf die Produktion arbeitsintensiver Güter spezialisieren sollte (vgl. Perdikis/Kerr 1998: 218f).

quenzen, die eine Außenhandelsöffnung auf die Ressourcenallokation und den Konsum hat.[90]

Unter dynamischen Effekten der Handelsliberalisierung versteht man dagegen die gewissermaßen sekundären Wirkungen eines verstärkten internationalen Warenaustauschs. Dazu gehören bspw. die so genannten Skaleneffekte, die bei einer Veränderung des Faktoreinsatzes bei der Produktion auftreten[91], die Verbesserung der Unternehmenseffizienz aufgrund größerer Konkurrenz (aus dem Ausland), eine Zunahme der Investitionstätigkeit (insbesondere auch der ausländischen Direktinvestitionen) und eine Beschleunigung des technischen Fortschritts (vgl. Zorob 2006: 136).

Wie aus den vorherigen Erläuterungen ersichtlich wird, legt die klassische, sowie die neoklassische Handelstheorie, wie sie sich seit dem Merkantilismus als dominante orthodoxe Theorie der internationalen Handelsbeziehungen heraus kristallisiert haben, dem Staat eine möglichst weitgehende Öffnung seiner Volkswirtschaft nahe, da als notwendiges Resultat eine Wohlfahrtssteigerung angenommen wird. Bei der Konzeption der EMP ging man davon aus, dass die EMFHZ – als ein regionales Projekt der wirtschaftlichen Integration – sowohl positive statische, aber insbesondere auch positive dynamische Effekte in den Volkswirtschaften der MDL hervorbringen würde. Bei letzteren rechnete man insbesondere mit gesteigerten ausländischen Direktinvestitionen (aus den EU-Mitgliedsstaaten) und einem damit einhergehenden Technologie- und Wissenstransfer in die MDL (vgl. Omet/Saif 2006).

3.2.2.3 Modernisierung und Demokratisierung: Die EMP und die „optimistische Konvergenzhypothese"

Die EMP ging allerdings in ihren Zielerwartungen über die angenommenen ökonomischen Wohlfahrtseffekte einer Handelsliberalisierung hinaus. Der durch die wirtschaftliche Liberalisierung und Restrukturierung angestoßene umfassende Modernisierungsprozess innerhalb der Gesellschaften der MDL sollte explizit auch zu einem Liberalisierungsprozess auf politischer Ebene führen:

---

[90] Viner war gleichzeitig der erste, der auf die wohlfahrtsmindernden Effekte einer Zollunion hinwies. Durch so genannte handelsumlenkende Effekte („trade diversion"), die dadurch entstehen, dass eine Zollunion nach Außen (für die nicht beteiligten Staaten) eine protektionistische Maßnahme bedeutet, kann der Fall eintreten, dass die Wohlfahrtsverluste insgesamt (weltweit) überwiegen.

[91] Gemeint ist damit das Phänomen, dass sich die Produktionsmenge in Abhängigkeit der Menge der eingesetzten Produktionsfaktoren verändert. Von positiven Skaleneffekten spricht man, wenn mit einer zusätzlich eingesetzten Einheit eines Produktionsfaktors die Produktionsmenge stärker steigt als um eine Einheit.

„In designing the Barcelona process, the EU's philosophy was that economic and political objectives were symbiotic: economic reform would bring in its wake political reform, which would give a further boost to economic performance, the latter helping to stem any potential for unsustainable levels of migration and thereby enhancing security objectives."
(Youngs 1999: 17).

Dorothée Schmid (2003: 7) spricht in diesem Zusammenhang von einem „twin-liberalization scheme" der EMP – innerhalb der Logik der EU-Kommission sei ein klarer systematischer Zusammenhang zwischen ökonomischer und politischer Liberalisierung zu konstatieren. Dieser „developmental approach" (Carothers 2009: 5) der europäischen Demokratieförderungsbemühungen im Rahmen der EMP ist in vielen Arbeiten zur EU-Demokratieförderung im Mittelmeerraum vernachlässigt worden.[92] Unabhängig davon, inwieweit die EU in den mit ihr über die EMP assoziierten MDL überhaupt in der Lage war und ist, politische Liberalisierung oder Demokratisierung zu initiieren oder zu unterstützen, lässt sich diese von der europäischen Seite gewählte strategische Ausrichtung nicht zuletzt durch die Beobachtungen und Erfahrungen der europäischen Entscheidungsträger in der ersten Hälfte der 1990er Jahre erklären. Insbesondere der Wahlerfolg der islamistischen FIS in Algerien Ende 1991 wurde in Europa als Hinweis darauf interpretiert, wie gefährlich eine plötzliche und zu schnelle Öffnung eines autoritären politischen Systems sein konnte.[93]

„Thus, the EU [...] has adopted an incrementalist-developmentalist approach to democracy building. It presumes that economic incentives and moderate pressure on governments to enact economic reforms based on the ‚Washington consensus' will slowly but inexorably reduce government power [...]"
(Dillman 2002: 66).

Bei der ursprünglich vor allem aus sicherheitspolitischen Erwägungen initiierten EMP verwundert es nicht, dass man sich eher auf die Unterstützung eines „sanften Übergangs" konzentrierte und von zu starkem direkten Druck auf die autoritären Regime im südlichen Mittelmeerraum Abstand nahm.[94]

Mit der Ausrichtung der Förderung politischer Liberalisierung und Demokratisierung sozusagen über den Umweg der sozio-ökonomischen Basis in den

---

[92] Siehe z.B. die Arbeiten von Asseburg (2005), Bicchi (2009), Celenk (2009), Gillespie (2004a), Jünemann/Knodt (2006).

[93] Siehe dazu ausführlich Jünemann (2000) und Roberts (2003: 322ff).

[94] Jünemann (2005b) hat das allgemeine Dilemma des EU-Politikansatzes aufgrund der oft widersprüchlich erscheinenden Ziele von Stabilisierung und Demokratisierung ausführlich beschrieben.

MDL folgte die EMP-Konzeption grundsätzlich den Annahmen der modernisierungstheoretischen Denktradition, wie sie insbesondere seit den 1950er Jahren ausgearbeitet wurde. Die gewissermaßen strukturalistische Ausrichtung dieses Ansatzes provozierte bei manchen Beobachtern sogar die Bemerkung, die EU lasse sich in ihrem Ansatz von vermeintlich überkommenen ideologisch geprägten Denkansätzen leiten. So betont Lia:

> „Curiously, there seems to be a certain degree of Marxist historicism, underlying European thinking on Mediterranean security challenges in the sense that one presupposes political liberalization to take place only when the economic 'basis' has been put in order. This strand of thinking underpinned much of the development theories of the 1950s and 1960s [...]."
> (Lia 1999: 47f).

Die zentrale Annahme des modernisierungstheoretischen Ansatzes, auf den hier angespielt wird, bezog sich auf den Zusammenhang zwischen wirtschaftlich-kapitalistischer Entwicklung und politischer Demokratie. Dieser von Wolfgang Muno als „optimistische Konvergenzhypothese" (vgl. Muno 2001: 3ff) bezeichnete Zusammenhang blickt auf eine lange Tradition zurück.[95] Als *der* klassische Vertreter der Modernisierungsthese gilt Seymor Martin Lipset, der als erster durch vergleichende Analysen eine statistische Korrelation zwischen (markt-) wirtschaftlicher Entwicklung und demokratischer Herrschaft nachwies. Lipsets zentrale These, die Merkel und Puhle (Merkel/Puhle 1999: 21) als *locus classicus* der Modernisierungstheorie bezeichnen, besagte: „The more well-to-do a nation, the greater the chances that it will sustain democracy" (Lipset 1959).[96] Lipsets Argument fußte auf der Annahme, dass sich durch den Prozess der Industrialisierung gesellschaftlicher Wohlstand generiert, der im Zusammenhang mit einem höheren Urbanisierungsgrad und der Expansion von Bildung und Alphabetisierung zur Stärkung der Mittelschicht und zur Schrumpfung der O-

---

[95] Muno kontrastiert diese „optimistische Konvergenzhypothese" der Modernisierungstheoretiker mit der „pessimistischen Divergenzhypothese" von Autoren wie Richard Löwenthal und Samuel P. Huntington, die in ihren in den 1960er Jahren verfassten Arbeiten in der Demokratisierung vor allem eine Gefahr für die Entwicklung „unterentwickelter" Länder sahen und Militärdiktaturen für das geeignetste Mittel zur Durchsetzung und Koordination von Entwicklung hielten. Als eine Variante der „pessimistischen Position" kann die aus dem lateinamerikanischen Kontext kommende Dependenztheorie angesehen werden, die allerdings die Entwicklungshemmnisse nicht in endogenen Faktoren sieht, sondern in der strukturell abhängigen Einbindung der Länder der dritten Welt in den kapitalistischen Weltmarkt (vgl. Muno 2001: 11).

[96] Modernisierungstheoretische Ansätze gewannen in den 1960er Jahren nicht nur innerhalb der Demokratisierungsforschung an Einfluss. Innerhalb der ökonomischen Entwicklungsforschung war bspw. die Arbeit von Rostow (1960) sehr einflussreich, die die Abfolge 5 spezifischer Entwicklungsschritte („stages of growth") als universellen und ahistorisch gültigen Entwicklungspfad aller Nationen beschrieb. Vgl. dazu McKay (2008).

ber- und Unterschichten führe. Diese gesellschaftsstrukturellen Veränderungen würden schließlich zu einer Situation beitragen, die eine demokratische Ausrichtung des politischen Systems erleichtere.

Andere Arbeiten verwiesen zur Erklärung des statistischen Zusammenhangs auf weitere Faktoren. Milton Friedman erklärte die statistische Korrelation durch den Einfluss einer dritten Variable: Die freiheitlich-marktwirtschaftliche Ordnung sei einerseits das effizientere Wirtschaftssystem und generiere damit mehr Wohlstand als andere Wirtschaftssysteme. Andererseits sorge eine marktförmig organisierte Wirtschaft gleichzeitig für eine Machtbeschränkung des Staatsapparates, der nicht in die wirtschaftliche Sphäre eingreifen könne (vgl. Beetham 1999). Phillips Cutright dagegen sah den Zusammenhang zwischen Wohlstand und Demokratie in den Effekten der gesellschaftlichen Arbeitsteilung begründet. Die durch die kapitalistisch-industrielle Entwicklung hervorgerufene zunehmende Arbeitsteilung führe zu einer Pluralisierung der Gesellschaft, welche sich dann in der Bildung pluralistischer politischer Vertretungsorgane niederschlage (vgl. Moore 1996).

Kritisiert wurden die methodischen Ansätze der klassischen quantitativ-vergleichenden Modernisierungsforschung wie Lipset durch Arbeiten mit qualitativem methodischem Fokus, die ihre Analyse nicht auf den Vergleich großer Fallzahlen stützten, sondern eingehende historisch informierte Analysen einiger weniger Fälle durchführten (vgl. Rueschemeyer et al. 1992). Zentraler Kritikpunkt war hier, dass durch die statistische Korrelation von vielen Fällen die besonderen historischen Umstände, die im Einzelfall die Entstehung spezifischer politischer Ordnungsmuster erklären könnten, außer Acht gelassen würden. Darüber hinaus kamen die qualitativ-historisch orientierten Arbeiten auch zu anderen Ergebnissen bezüglich der Chancen zukünftiger demokratischer Entwicklung in nicht-industrialisierten Ländern (Rueschemeyer et al. 1992: 31ff). Demokratische politische Regime wurden hier als das Resultat einer spezifischen historischen Konstellation gesehen, welche sich nicht notwendig wiederholen müsse. Damit widersprechen diese Autoren einer zentralen Annahme der klassischen Modernisierungstheorie, welche die stetige Entwicklung hin zu einer modernen industrialisierten und demokratisch-freiheitlichen Gesellschaftsform gewissermaßen als einen universell und ahistorisch gültigen teleologischen Prozess beschrieb.

Im historischen Kontext der politischen und ökonomischen Umbrüche Ende der 1980er und Anfang der 1990er Jahre in Osteuropa erlebte die Idee eines genuinen Zusammenhangs zwischen freiheitlich kapitalistischen Markwirtschaften und politischer Demokratie einen neuen Schub. Für viele Beobachter war der Zusammenbruch der Sowjetunion und seiner Satellitenstaaten der endgültige Beweis, dass die marxistisch-zentralistisch organisierten Systeme nicht in der

Lage waren, ökonomisches Wachstum und Wohlfahrt auf lange Sicht sicher zu stellen.[97]

Innerhalb dieser neuen liberalisierungsfreundlichen Analyse ging es nicht zuletzt um die Frage liberaler Wirtschaftsreformen und deren Auswirkungen auf die Potentiale einer Liberalisierung des politischen Systems. Von der Durchsetzung liberaler Wirtschaftsreformen und dem daraus erwarteten Wachstum des privatwirtschaftlichen Sektors erhoffte man sich ein gesteigertes Wirtschaftswachstum, steigenden Wohlstand, ein Anwachsen der als genuiner Träger demokratischer Prinzipien angesehenen Mittelschichten, die Entstehung „politischer Märkte" als Resultat des Anwachsens ökonomischer Märkte und insgesamt einen Rückgang des staatlichen Einflusses auf wirtschaftliche, gesellschaftliche und damit auch politische Austauschprozesse (vgl. Kienle 2005: 25).

Nicht zuletzt der aus dem Kontext der osteuropäischen Wandlungsprozesse entstandene Diskurs über „transitional economies" und liberale Wirtschaftsreformen (vgl. z.B Fischer/Sahay/Vegh 1996) griff auf die Vorstellungen der EU-Politik im Mittelmeerraum über. Liberale Wirtschaftsreformen wurden dabei allgemein als Maßnahmen interpretiert, welche nicht nur ökonomische Entwicklung und Wachstum fördern, sondern ebenso auf den Charakter politischer Entscheidungsmechanismen einwirken sollten. Dabei ging man davon aus, dass die in autoritären Herrschaftszusammenhängen dominierenden „politischen Logiken" im Zuge liberaler Wirtschaftsreformen durch eine „ökonomische Logik" ersetzt würden. „[Liberal economic reforms] were seen as causing a shift from cronyism, patronage and rent-seeking, to transparency, accountability and well defined property rights" (Heydemann 2004: 7).

Zusammenfassend kann an dieser Stelle festgehalten werden, dass die Gesamtkonzeption und Ausrichtung der EMP, wie sie Anfang und Mitte der 1990 Jahre konzipiert und initiiert wurde, hauptsächlich auf sicherheitspolitische Erwägungen zurückzuführen ist und darauf abzielte, sich für die neuen sicherheitspolitischen Herausforderungen an der „Südflanke" Europas in adäquater Weise zu wappnen. Das „Rezept" um der perzipierten diffusen Bedrohungslage zu begegnen war hingegen das oben beschriebene „regionale Modernisierungsprojekt" zur Schaffung eines „Raums des Friedens, der Stabilität und des gemeinsamen Wohlstands" und die ihm zugrunde liegenden modernisierungstheoretischen Annahmen über den Zusammenhang zwischen wirtschaftlicher und politischer Liberalisierung. Das zentrale Instrument, um diesen ganzheitlichen Modernisierungsprozess anzuschieben, war die im zweiten Korb der EMP initiierte Euro-Mediterrane Freihandelszone mit ihren zahlreichen Begleitmaßnahmen.

---

[97] Vgl. z.B. Fukuyama (1989), der den „end point of mankind's ideological evolution and the universalization of Western liberal democracy" konstatierte. Für eine kritische Replik auf Fukuyama siehe Deudney/Ikenberry (1993) oder Held (1993).

3.3 Kritische Rückschau auf 18 Jahre EMP

Insbesondere aus Anlass des zehnjährigen Bestehens der EMP 2005 unternahm eine Fülle von Publikationen den Versuch, die bisherigen Ergebnisse der neuen, umfassenden und ambitionierten Mittelmeerpolitik der Europäischen Union zu bewerten.[98] Gemessen an den Zielsetzungen der Barcelona-Deklaration von 1995 fiel diese Bestandsaufnahme weitgehend negativ aus. Bereits fünf Jahre nach der Gründungskonferenz in Barcelona zeichnete sich ab, dass sich die Erreichung der hochgesteckten Ziele schwierig gestalten würde. Und trotz der Versuche von Seiten der EU, den Barcelona-Prozess „wiederzubeleben"[99], hat sich an der allgemein pessimistischen Einschätzung der bisher durch die EMP erreichten Resultate auch in den vergangenen Jahren nichts grundsätzlich geändert.[100] Aufgrund der komplexen Struktur des EMP-Gefüges (multi-, bi- und unilaterale Ebene sowie die drei unterschiedlichen inhaltlichen Körbe der Zusammenarbeit) entzieht sich eine Analyse der Gründe für ihr relatives Scheitern jeder pauschalen Bewertung. Vielmehr gibt es verschiedene Bereiche, deren „performance" positiver bewertet wurde als andere. Dabei ist zum einen festzuhalten, dass der bilaterale Bereich der EMP (also vor allem die mit den MDL geschlossenen Assoziierungsabkommen) nach Meinung vieler Beobachter meist besser abschneidet als der multilaterale Bereich. So schreiben bspw. Barbé und Herranz Surrallés:

„[.] it is also apparent that everyday relations between the EU and the Mediterranean Partner Countries (MPC) have not been firmly ingrained in a far-reaching multilateral partnership. In fact, quite the reverse has occurred; taking the original EMP design and purpose as points of reference, Euro-Mediterranean relations have evolved along various differentiation dynamics. The region-wide multilateralism

---

[98] Vgl. u.a. Asseburg (2005), Calleya/Rhein (2004), Emerson/Noutcheva (2005), Jünemann (2005a), Martin (2004), Schumacher (2005: 229ff), Tovias (2006), Youngs/Fernandéz (2005), und Zorob (2006: 36ff).

[99] Als Reaktion auf die sich abzeichnenden Schwierigkeiten legte die EU-Kommission dem Rat und dem Europäischen Parlament bereits im Juni 2000 eine Kommunikation vor, in der sie Vorschläge für eine Erneuerung der EMP machte (vgl. European Commission 2000b). Und noch im gleichen Monat einigten sich die EU-Mitgliedsstaaten auf eine „gemeinsame Strategie" im Rahmen der GASP gegenüber den MDL, in denen sie sich zum Ziel setzten, substantielle Fortschritte bei der Erreichung der Ziele der Barcelona-Deklaration zu realisieren (vgl. CSFP (2000)). Siehe dazu auch Gillespie (2002).

[100] Besonders deutlich wurde das Scheitern der multilateralen politischen Dimension der EMP beim von Aliboni/Ammor (2009: 13) als „Fiasko" bezeichneten Jubiläumsgipfel in Barcelona 2005, dem die meisten Staatschefs der MDL fern blieben.

envisaged by the EMP has been difficult to sustain and various sub-regional and bilateral dynamics have increasingly taken over" (Barbé/Herranz Surrallés 2010: 129f).

Zum anderen gilt die Implementierung des zweiten Korbes (also der Wirtschafts- und Finanzpartnerschaft) häufig als relativ erfolgreicher als der Bereich der politischen und sicherheitspolitischen Zusammenarbeit (Korb I). Bei der Ursachenforschung für die insgesamt weitgehend skeptisch beurteilten Resultate des ersten Korbes auf multilateraler Ebene der EMP wird meist auf den zentralen Einfluss des seit dem Jahr 2000 – durch den Ausbruch der zweiten Intifada – endgültig gescheiterten Friedensprozesses im israelisch-palästinensischen Konflikt verwiesen.[101] Calleya weist in diesem Zusammenhang darauf hin, dass „the Euro-Mediterranean process that have attempted to spur intra-regional co-operation are *being held hostage as* a result of the lack of progress in peace talks" (Calleya 2000: 21, Hervorhebung durch JH). Konkret wurde der „Störfaktor" des Nahostkonfliktes insbesondere darin deutlich, dass sich die Mitgliedsstaaten der EMP nie auf die bereits seit 1998 angestrebte Verabschiedung einer gemeinsamen „Charta für Frieden und Stabilität" einigen konnten (vgl. Jünemann 2002).[102] Neben dem zentralen Hemmfaktor des Nahostkonflikts wurden allerdings auch noch weitere Ursachen für die mangelnden Ergebnisse der multilateralen politischen und sicherheitspolitischen Zusammenarbeit festgestellt. So erkennt etwa Monar in der dualen Struktur der EU-Außenbeziehungen ein zentrales Funktionshemmnis der gesamten EMP (Monar 1999: 79). Dies führt Monar auf die Tatsache zurück, dass in der intergouvernemental organisierten GASP substanzielle Entscheidungen oftmals an nationalen Sonderinteressen scheiterten, während der EG-Bereich mit seinen wirtschaftlichen Kompetenzen vom einheitlichen „Motor" der Kommission profitiere. Zudem zögen es viele EU-Mitgliedsstaaten vor, im Bereich der als „low-politics" betrachteten Wirtschaftskooperation tätig zu werden als unter Umständen sensible „high politics"-Entscheidungen im Bereich des Korbes I zu fällen.

---

[101] Dabei muss Perthes (2002: 33) widersprochen werden, der auf Europäische Hoffnungen verweist, der Nahostkonflikt könne vom Barcelona-Prozess abgekoppelt werden. Man ging vielmehr umgekehrt davon aus, dass der „multilateral track" der EMP einen zentralen Beitrag zu den Friedensbemühungen leisten könne. Die zunehmenden Schwierigkeiten innerhalb der multilateralen Ebene der EMP im Zusammenhang mit dem Nahostkonflikt haben zudem dazu geführt, dass Überlegungen zu einer „variablen Geometrie" im Sinne einer flexibleren Kooperationsstruktur zugenommen haben (vgl. Bremberg Heijl u. a. 2009).

[102] Ein solches Dokument sollte ursprünglich auf der Außenministerkonferenz von Marseille 2000 verabschiedet werden, die aber von Syrien und dem Libanon aus Protest gegen den kurz vorher stattgefundenen Besuch des israelischen Ministerpräsidenten Ariel Sharon auf dem Jerusalemer Tempelberg boykottiert wurde. Zudem gab es schon im Vorfeld der Konferenz unüberbrückbar erscheinende Differenzen bei einzelnen Themen, wie z.B. der Terrorismus-Definition.

3.3.1 Der vermeintliche Erfolg des zweiten Korbes

Im nun folgenden Abschnitt sollen die Ergebnisse der vermeintlich erfolgreicheren Implementierung des Korbes II der EMP in Hinblick auf das oben beschriebene „regionale Modernisierungsprojekt" der EMP etwas genauer betrachtet werden, da sie für die dieser Studie zugrunde liegende Fragestellung besonders relevant sind.[103]

Zunächst muss festgehalten werden, dass die Rezeption des Korbes II der EMP als vergleichsweiser „Erfolg" oft allein damit begründet wird, dass es überhaupt zum Abschluss der EMAAs mit den einzelnen MDL und damit zum Abschluss einer vertraglichen Grundlage für die EMFHZ gekommen ist (vgl. z.B. Cameron/Rhein 2005: 5). Eine solche Einschätzung versäumt es allerdings, die implementierten Maßnahmen den ursprünglich angestrebten Zielsetzungen der Barcelona-Deklaration gegenüberzustellen. Wie in Abschnitt 3.2.2. dargestellt, sollte die durch den Korb II implementierte Wirtschafts- und Finanzpartnerschaft insbesondere der Verwirklichung von drei Zielen dienen: 1. Der Beschleunigung der Geschwindigkeit nachhaltiger sozio-ökonomischer Entwicklung in den MDL, 2. der Steigerung des Beschäftigungsniveaus und die Reduzierung der Entwicklungsunterschiede im Euro-Mediterranen Raum, 3. der Unterstützung der regionalen Kooperation (zwischen den MDL) und Integration. Dabei sollte die Implementierung der EMFHZ (im Zuge der bilateralen Handelsliberalisierung durch die EMAAs) einen entscheidenden Beitrag liefern.

In Bezug auf die Frage der ökonomischen Auswirkungen der Handelsliberalisierung mit den MDL im Rahmen der EMP existiert eine ganze Reihe von wirtschaftswissenschaftlichen Studien, von denen sich der Großteil auf so genannte Computable General Equilibrium Modelle (CGE) stützt.[104] Meist war das Ziel dieser Studien, mit Hilfe der CGE-Modelle die Auswirkungen der EMFHZ auf das volkswirtschaftliche Wachstum und damit auf die Wohlfahrt der MDL zu errechnen. Die Ergebnisse dieser Studien legen in vielen Fällen einen positiven Einfluss der Freihandelsimplementierung für die MDL nahe. So errechneten bspw. Augier/Gasiorek (2003) einen durchschnittlichen durch die EMFHZ induzierten „total welfare change" in den MDL in Höhe von bis zu

---

[103] Für eine umfassende Analyse der (weitgehend gescheiterten) Umsetzung des Korbes I der EMP siehe Schumacher (2005: 240ff).

[104] Diese ökonomischen Modelle gehen von einem bestehenden volkswirtschaftlichen Gleichgewicht zu einem bestimmten Zeitpunkt aus (der so genannten „social accounting matrix (SAM)") und interpretieren die Freihandelsimplementierung im Rahmen der EMP und die mit ihr verbundenen Veränderungen der Zollquoten als einen sich wandelnden Parameter innerhalb dieses ökonomischen Gleichgewichts (vgl. dazu Lucke/Nathanson 2007).

21%.[105] Solche CGE-Modelle sind allerdings aus verschiedenen Gründen problematisch und wurden in den letzten Jahren zunehmend kritisiert (vgl. z.b. Taylor/von Arnim 2006). Verschiedene Postulate und Grundannahmen dieser Berechnungen wurden dabei in Zweifel gezogen. So kritisiert Mold, dass viele der CGE-Modelle zur Berechnung der Wohlfahrtseffekte der EMFHZ in den MDL ihre Kalkulationen auf der Annahme aufbauen, dass die sinkenden Zölle ohne Verlust zu sinkenden Import- und Konsumpreisen in den betroffenen MDL führen würden und resümiert: „[I]t is probably fair to say that the results of CGE modelling hardly provide a resounding endorsement of the EMA [Euro-Mediterranean Agreements] process" (Mold 2007: 124).

Neben den auf prognostizierenden Methoden basierenden CGE-Modellen haben in jüngerer Zeit vereinzelte wirtschaftswissenschaftliche Studien für die Beantwortung der Frage nach den Auswirkungen der EMFHZ auf empirische Daten zurückgegriffen.[106] Dabei stützen sich diese Studien nicht auf ein gegebenes ökonomisches Gleichgewicht zu einem Zeitpunkt X, um dann zu errechnen, wie sich veränderte Parameter auf dieses Gleichgeweicht auswirken (wie bei den CGE-Modellen). Vielmehr wird hier eine „ex-post"-Evaluation der Entwicklung des Handelsvolumens vorgenommen. Die auf diese Weise vorgenommene Studie von Hagemejer und Cieslik (2009) kommt dabei zu einem sehr viel kritischeren Ergebnis als die oben erwähnten CGE-Modelle. In ihrer Untersuchung zum Einfluss der EMAAs auf die Handelsströme zwischen den MDL und der EU kommen sie zu dem Ergebnis, dass diese zwar die Importe aus der EU in die einzelnen MDL signifikant erhöht haben, die Exporte aus den MDL in die EU aber keineswegs positiv beeinflusst wurden. Zusammenfassend stellen die Hagemejer/Cieslik fest: „This suggests that the EU member states are the main beneficiaries of the new EU Association Agreements, due to the opening of the MENA markets to industrial products from the EU while keeping the EU markets closed to imports of agricultural goods from the MENA countries" (Hagemejer/Cieslik 2009: 364).

Auch Schumacher kommt zu einer skeptischen Einschätzung der Auswirkungen der Maßnahmen des zweiten Korbes der EMP:

„[D]as Jahrzehnte alte Muster des Euro-Mediterranen Warenverkehrs, das eindeutig die EU bzw. EU-europäische Exportbetriebe bevorteilt, hat sich auch nach 1996

---

[105] Bei ihren Berechnungen berücksichtigten die Autoren allerdings nicht alle MDL, sondern nur Jordanien, Syrien, Ägypten, Marokko und Tunesien. Allein Tunesien sollte durch die EMFHZ-Implementierung eine knapp 33-prozentige Wohlfahrtssteigerung erfahren (vgl. Augier/Gasiorek 2003: 1187).

[106] Dass eine empirische Herangehensweise sich erst in den letzten Jahren entwickelt hat, ist auch durch den Umstand zu erklären, dass die EMFHZ – aufgrund ihrer stufenweisen Implementierung – in vielen MDL noch nicht vollständig wirksam ist und somit keine empirischen Daten vorliegen.

fortgesetzt und den Status der DML als ‚sichere' Abnehmer sowohl subventionierter Agrarüberschüsse als auch qualitativ konkurrenzloser Industriegüter aus der Gemeinschaft weiter untermauert."

Schumacher (2005: 294f)

In Bezug auf die wohlfahrtssteigernden Effekte der im Korb II vorgesehenen Maßnahmen – insbesondere der Implementierung der EMFHZ –, die als eines der zentralen Ziele der EMP formuliert wurden, fallen die bisherigen Ergebnisse ebenso bescheiden aus. Andrew Mold (2007) hat darauf hingewiesen, dass die zu erwartenden Wohlfahrtseffekte, gemessen am pro-Kopf-Einkommen, in den südlichen MDL fast durchweg negativ ausfallen werden (vgl. Mold 2007: 127).[107]

Folgerichtig haben sich die erwarteten Wachstums-Effekte für die Exportsektoren in den südlichen MDL – dies gilt zumindest für die ärmeren MDL – nicht eingestellt[108]. Wie in Abschnitt 3.2.2.1. erläutert wurde, rechnete man auf europäischer Seite im Zuge der EMFHZ-Implementierung vor allem mit einer verbesserten Kapital-Allokation und, damit zusammenhängend, einem Wachstum der Exportsektoren. Entgegen diesen Erwartungen kommt die neueste Studie des Forum Euroméditerranéen des Instituts de Sciences Économiques (Femise)[109] zu dem Ergebnis, dass die Öffnung der MDL-Volkswirtschaften im Zuge der EMFHZ-Implementierung nicht zu einer Steigerung der Exporte aus den MDL in die EU beigetragen hat (vgl. Femise 2012: 63).

Zusammenfassend lässt sich an dieser Stelle festhalten, dass die „performance" des zweiten Korbes der EMP bisher weit hinter der 1995 formulierten Zielsetzung zurückgeblieben ist. Dies gilt insbesondere für die Erwartungen in Bezug auf die wirtschaftliche Entwicklung der MDL, zu der die Implementierung der EMAAs bisher keinen signifikanten Beitrag leisten konnte.

---

[107] Einschränkend muss hier hinzugefügt werden, dass sich die Analyse von Mold nur auf die drei Staaten Ägypten, Marokko und Tunesien bezieht.

[108] Dies trifft nicht für die beiden EMP-Mitglieder Israel und die Türkei zu. Diese beiden Länder vereinen zusammen allein 53% der gesamten Exporte aus allen MDL in die EU .

[109] Femise ist ein durch das ENPI finanziertes Netzwerk wirtschaftswissenschaftlicher Forschungsinstitutionen im Mittelmeerraum, das sich insbesondere mit der Umsetzung und den Effekten der Implementierung der EMP beschäftigt. Siehe www.femise.org

4 Politische Ökonomie Algeriens

Dieses Kapitel zeichnet die Genese der politischen Ökonomie Algeriens seit der Unabhängigkeit des Landes nach. Eine solche Analyse des Entstehungsprozesses der algerischen politischen Ökonomie ist notwendig, um die heutige wirtschaftliche Situation und deren strukturelle Problematiken zu verstehen, deren Zustand in Bezug auf die Fragestellung nach den potentiellen Auswirkungen der im Rahmen der Euro-Mediterranen Partnerschaft von der Europäischen Union implementierten Freihandelspolitik gegenüber Algerien von großer Bedeutung ist.

Dabei liegt der Schwerpunkt des Kapitels auf der Frage nach der gegenseitigen Beeinflussung wirtschaftlicher und politischer Rahmenbedingungen in Bezug auf die Entwicklung der algerischen Wirtschafts- und Entwicklungspolitik. Denn die Genese der entwicklungs- und wirtschaftspolitischen Strategien in Algerien waren stets geprägt von der spezifischen ideologischen Ausrichtung der maßgeblichen Akteure und politischen Grabenkämpfen innerhalb der Machtelite einerseits und den äußeren (internationalen) Rahmenbedingungen (vor allem die Höhe der Öl-Rente) und strukturellen Zwängen innerhalb der Binnenökonomie andererseits. Die wirtschafts- und entwicklungspolitischen Strategien Algeriens seit der Unabhängigkeit waren zudem nie losgelöst von den entsprechenden wirtschaftswissenschaftlichen und normativen Diskursen der Zeit. So waren bspw. die – genuin politisch-normativen – Konzepte der auf einen „état développeur" ausgerichteten Konzepte von französischen Ökonomen wie François Perroux und dessen Schüler Gérard Destanne de Bernis[110] prägend für die algerische Entwicklungsstrategie in den 1960er und 1970er Jahren. In Anbetracht des starken Einflusses politisch-ideologischer Faktoren auf die Wirtschafts- und Entwicklungsstrategien der aufeinander folgenden Regime seit 1962 ist hier eine polit-ökonomische Betrachtungsweise von besonderem Nutzen.

Bei der Analyse der einzelnen Phasen der Entwicklung der algerischen politischen Ökonomie greift dieses Kapitel auf die Thesen von Steven Heydemann zurück, der darauf hingewiesen hat, dass es sich bei wirtschaftlichen Reform-

---

[110] Perroux (1903-1987), Verfechter einer normativ ausgerichteten politischen Ökonomie, gründete 1944 das „Institut des Sciences Mathématiques et Économiques Appliquées" in Paris und war Herausgeber der einflussreichen Zeitschrift „économie appliquée". Vgl. dazu auch (Adamson 2004)

prozessen in der arabischen Welt immer um einen „bargaining process of reregulation" handelt, in dem unterschiedliche politische und ökonomische Interessen aufeinander treffen (vgl. Heydemann 2004). Zudem argumentiert dieses Kapitel, dass es in den 1980er Jahren innerhalb der Entwicklung der algerischen politischen Ökonomie – im Zusammenhang mit dem Verfall der weltweiten Ölpreise – zu einem Bruch gekommen ist, der einerseits externe Zwangsfaktoren für wirtschaftliche Reformen generierte und andererseits die internen Machtkämpfe innerhalb der algerischen politischen Elite verschärfte.

Zunächst stellt das Kapitel die Überlegungen Heydemanns zur politischen Dimension wirtschaftlicher Reformprozesse knapp vor (4.1). Sodann folgt eine Analyse der Genese der spezifischen Entwicklungsstrategie Algeriens, die sich insbesondere in den 1970er Jahren unter dem Präsidenten Houari Boumédiène entfaltete (4.2). Dabei stand die staatszentrierte Industrialisierungsstrategie und eine Fokussierung auf die Hydrocarbon-Rente als Motor der wirtschaftlichen Entwicklung im Vordergrund, die das algerische Wirtschaftssystem über Jahrzehnte prägten bzw. strukturelle Probleme schaffen sollte, die auch heute noch nicht beseitigt sind. Die Amtszeit Chadli Benjedids, der nach dem Tod Boumédiènes 1979 das Präsidentenamt übernahm, wurde durch die Folgen des globalen Ölpreisverfalls im Jahr 1986 geprägt, der innerhalb weniger Jahre die Vulnerabilität der rentenbasierten Entwicklungsstrategie Algeriens deutlich machte, die revolutionäre Legitimationsressource von Einheitspartei und Regime in Frage stellte und die externen Zwangsfaktoren innerhalb der wirtschaftspolitischen Aushandlungsprozesse massiv verstärkte (4.3). Die politische Öffnung am Ende der 1980er Jahre mündete schließlich in einen bewaffneten Konflikt, der eine „politische Ökonomie der Gewalt" hervorbrachte und die von den internationalen Finanzinstitutionen oktroyierte Wirtschaftsliberalisierung pervertierte (4.4). Nach einer Analyse der vermeintlichen Wiedererstarkung der algerischen Wirtschaft seit dem Ende des bewaffneten Konfliktes und der „Befriedung" durch Präsident Bouteflika (4.5), bildet eine Untersuchung der heutigen strukturellen Probleme der algerischen Ökonomie (4.6) den Abschluss des Kapitels.

4.1 Die politische Ökonomie von Wirtschaftsreformen

Im Zuge der Durchsetzung neoliberaler Reformansätze in den 1980er Jahren hatte sich weitgehend die Vorstellung etabliert, dass es bei wirtschaftlichen Reformprozessen – insbesondere, aber nicht nur, in den Entwicklungsländern – vor allem darum gehe, eine „politische" Logik durch eine „ökonomische" Logik zu ersetzen. Der neo-klassische Ansatz ging davon aus, dass wirtschaftliche Entwicklung vor allem dadurch erreicht werden könne, dass sich der Staat weitestgehend zurückziehe und den Marktkräften möglichst viel Spielraum biete. Die zentralen Begriffe waren fiskalische Austerität, Privatisierung und Handelsliberalisierung (vgl. Rapley 2007: 93). Steven Heydemann hat darauf hingewiesen, dass die vorherrschende Problematik innerhalb dieser Vorstellung der 1980er und 1990er Jahre darin gesehen wurde, potentielle Verlierer (also Profiteure der bis dahin bestehenden Wirtschaftsstruktur) aus den Reformprozessen auszuschließen und „coalitions of winners" zu bilden:

> „[T]his literature tended to assume that economic policy reform would (appropriately) disrupt and destabilize existing political coalitions and displace the priviledged economic actors that circulated within them. Economic reform, it was argued, depoliticised access to resources, causing those who benefited from priviledged economic positions to become losers in the more competitive environments created by economic reform."
> (Heydemann 2004: 7)

Diese simplifizierenden Annahmen, so Heydemann, seien durch die Erfahrung weitgehend widerlegt worden. Und dies gelte nicht nur für die MENA-Region, sondern bspw. auch für Russland und andere „Reformstaaten". Vielmehr könne festgestellt werden, dass die vormals bestehenden „networks of privilege" weiterhin bestanden und auch im Kontext von wirtschaftlicher Liberalisierung und Privatisierung eine starke Stabilität aufwiesen.

Im Gegensatz zu den kritisierten Ansätzen zur Analyse wirtschaftspolitischer Reformprozesse schlägt Heydemann vor, den genuin politischen Charakter von Märkten und wirtschaftlichen Austauschbeziehungen insgesamt zu berücksichtigen. Die Idee, dass Märkte eine Domäne darstellten, die von der politischen Sphäre isoliert existieren könne, sei nicht länger aufrecht zu erhalten. Daraus folgt für Heydemann die Erkenntnis, dass auch wirtschaftspolitische Reformprozesse „inherently political processes" seien (Heyemann 2004: 18), die die Interessen unterschiedlicher politischer Akteure widerspiegelten und nicht als Durchsetzung rein ökonomischer, apolitischer Handlungsmuster verstanden werden könnten.

Vor diesem Hintergrund argumentiert Heydemann, dass eine politökonomische Analyse wirtschaftspolitischer Reformprozesse diese Reformprozesse als Re-Regulierung von politisch vermittelten Formen ökonomischer Privilegien konzeptualisieren müsse. Wirtschaftspolitische Reformen erscheinen in diesem Sinne „as a negotiated process of reregulation that [are] shaped by the interaction of political and economic interests, including, notably the interest of incumbents in remaining in power" (ebd.: 18).[111]

---

[111] Einer ähnlichen Argumentation folgt Hector Schamis, wenn er darauf hinweist, dass rentseeking-Koalitionen nicht allein in interventionistischen staatlichen Kontexten auftauchen (vgl. Schamis 2005: 13ff).

Diese Feststellungen Heydemanns sind auch für das Verständnis der wirtschaftlichen Reformprozesse in Algerien seit den 1980er Jahren zentral: Wie zu zeigen sein wird, waren wirtschaftspolitische Reformen auch hier immer geprägt von politischen Aushandlungsprozessen und Machtkämpfen, die weniger die Durchsetzung rein marktwirtschaftlicher Logiken als vielmehr eine Re-Regulierung bestehender Verteilungsstrukturen bedeuteten. Dabei ging es immer auch um die Rivalität unterschiedlicher Einfluss- und Interessengruppen innerhalb der politischen Elite Algeriens und den privilegierten Zugang zur durch den Export von Öl und Gas generierten Rente. In diesem Sinne waren die vor allem seit Mitte der 1980er Jahre vermehrt durch externe Faktoren erzwungenen Reformmaßnahmen auch immer ein Instrument zur Stabilisierung bzw. Restrukturierung der bestehenden Verteilungsmechanismen.

Bevor diese Reformprozesse seit Mitte der 1980er Jahre und die mit ihnen zusammenhängenden politischen Rivalitäten genauer analysiert werden, muss jedoch der historische Entwicklungszusammenhang der algerischen politischen Ökonomie in den ersten Jahrzehnten nach der Unabhängigkeit betrachtet werden.

4.2 Die Konstituierung des algerischen Entwicklungsmodells

Die Erfahrung der über 130 Jahre dauernden Kolonialherrschaft – und insbesondere der blutige Befreiungskrieg gegen Frankreich zwischen 1954 und 1962 – hat sowohl den Prozess der Entstehung der politischen Institutionen Algeriens als auch die Ideen und Vorstellungen über das post-koloniale Entwicklungsmodell beeinflusst. Dabei erklärt sich die starke französische Prägung Algeriens und der Einfluss der ehemaligen Kolonialmacht nicht allein durch die bloße zeitliche Länge des französischen Kolonisierungsprojektes, sondern ebenso aus dem besonderen Status, den Algerien innerhalb der französischen und europäischen Kolonialgeschichte einnahm. Im Gegensatz zu seinen Nachbarn Marokko und Tunesien wurde Algerien als integraler Bestandteil des französischen Staates angesehen (vgl. Horne 2006: 44ff). Unter den 8 Millionen Algeriern lebten am Ende der Kolonialperiode etwa 1 Millionen französische Siedler (vgl. Le Sueur 2010: 14). Die Vorstellung vieler Franzosen, dass Algerien Frankreich sei, und nicht bloß französisch, zeigte sich auch in den heftigen – und teils gewalttätigen – Auseinandersetzungen zwischen Teilen der französischen Armee und Präsident de Gaulle ab dem Ende der 1950er Jahre.[112] Das Resultat der über

---

[112] Im April 1961 versuchten vier Generäle der französischen Armee, de Gaulle abzusetzen und die Kontrolle über die gesamten französischen Streitkräfte in Algerien zu erlangen. Auslöser waren die von Georges Pompidou aufgenommenen Gespräche mit der FLN (vgl. Connelly 2002: 236). Insbesondere der Terror der Organisation de l'Armée Secrète (OAS), einer mili-

130 Jahre andauernden französischen Präsenz in Algerien war eine gänzlich auf die französische „métropole" zugeschnittene Wirtschaftsstruktur.

Die algerische Ökonomie zu Beginn der 1960er Jahre zeigte die typischen Merkmale einer Kolonialwirtschaft. Ihre hauptsächliche Funktion bestand darin, die Wirtschaft der französischen Kolonialmacht mit Agrarerzeugnissen, mineralischen Rohstoffen und billiger Arbeitskraft zu versorgen. Mitte der 1950er Jahre exportierte Algerien 40% seiner Weizenproduktion, 90% seiner Weinproduktion und 70% seiner Frucht- und Gemüseproduktion nach Frankreich. Der Aufbau einer exportorientierten Landwirtschaft durch die Kolonialmacht Frankreich hatte die völlige Zerstörung der prä-kolonialen landwirtschaftlichen Produktionsmethoden und damit die Auflösung der ländlichen Sozialstrukturen zur Folge (vgl. Raffinot/Jacquemot 1977: 27ff). Gleichzeitig wurden alle Industrie-, Konsumgüter und Maschinen (wie bspw. Traktoren) importiert, ebenfalls zumeist aus Frankreich. So baute Algerien 1958 zum Beispiel 101 000 Tonnen Phosphat ab, doch jede einzelne in der Landwirtschaft verwendete Tonne Dünger - im Jahr 1958 waren dies 178 000 Tonnen - musste aus Europa importiert werden (vgl. Bennoune 1988: 71).

Die weitgehende Konzentration auf den landwirtschaftlichen Bereich, vor allem den Weizen- und Weinanbau für den Export, führte auch dazu, dass eine ernstzunehmende Industrialisierung des kolonialen Algeriens niemals stattfand oder auch nur in Erwägung gezogen wurde.[113] Ein entscheidender Grund dafür war, neben der Dominanz des Rohstoff- und Agrarsektors, der Einfluss der Industrieunternehmer im französischen Mutterland. Diese sahen im algerischen „département" vor allem einen Absatzmarkt für die eigenen Produkte und setzten alles daran, die Entstehung einer industriellen Konkurrenz auf der Südseite des Mittelmeers zu verhindern. Zwar stieg der Anteil der Industrie-Investitionen am Gesamtinvestitionsaufkommen in Algerien von 5% Mitte des 19. Jahrhunderts auf rund 17% in der Mitte der 1950er Jahre. Doch dieser Anstieg war vor allem auf die Entdeckung und die beginnende Ausbeutung der Ölvorkommen des Landes zurückzuführen. In dieser letzten Phase des kolonialen Algerien betrug der industrielle Anteil am gesamten BIP gerade einmapl 10%. 60-70% der Beschäftigten arbeiteten im Agrarsektor, hingegen nur knapp 8% im industriellen Sektor.

Diese Asymmetrie der kolonialen algerischen Wirtschaftsstruktur führte auch dazu, dass der massive Zuzug in die Städte, der vor allem durch die teil-

---

tanten Untergrundorganisation, die ab 1961 für ein „Algérie francaise" kämpfte, wurde zum Symbol des militanten Widerstandes eines Teils der Algerien-Franzosen.

[113] Zwar versuchte die französische Kolonialverwaltung ab 1954 mit dem so genannten „Plan de Constantine" – einem Entwicklungsplan, der zum Ziel hatte, die industriellen Investitionen zu erhöhen – den algerischen Industriesektor zu beleben, doch die Resultate dieser Maßnahme waren allerdings mehr als mager. Vgl. dazu Lawless (1984: 155f).

weise Mechanisierung der Landwirtschaft in den 1940er und 1950er Jahren ausgelöst und durch die Gewalt des 8 Jahre währenden Krieges noch verstärkt wurde, nicht durch eine gleichzeitig stattfindende Industrialisierung absorbiert werden konnte.

Darüber hinaus hatte das koloniale Wirtschaftssystem mit seinem Akzent auf Primärgüter-Exporten und Konsumgüter-Importen für einen völligen Zusammenbruch des algerischen Handwerks gesorgt. In der Mitte des 19. Jahrhunderts hatte es in Algerien rund 100.000 Handwerker und Kunstgewerbler gegeben. Bereits 1930 berichtete der französische Geograf und Historiker René Lespès vom Aussterben der algerischen Handwerkerschaft: „Tous les utensils d'usage domestique que fabriquaient les potiers, les chaudronniers, les fondeurs, les batteurs de cuivre et les étameurs d'Alger ont cédé la place à la quincaillerie européenne." (Lespès 1930: 754f). Kurz vor dem Ende der französischen Kolonialherrschaft war die Zahl der Handwerker und Kunstgewerbler auf 3500 zusammen geschmolzen (vgl. Bennoune 1988: 67).

Ein weiteres Merkmal des kolonialen Systems, welches sich unmittelbar nach der Unabhängigkeit als gravierendes Problem erweisen sollte, war der schlechte Bildungszugang für die muslimische Bevölkerung Algeriens. Zu Beginn der französischen Kolonisierung in den 1830er Jahren war die Alphabetisierungsrate in Algerien höher als in Frankreich (vgl. Vatin 1975: 48), 1954 – zu Beginn des algerischen Unabhängigkeitskrieges gegen Frankreich – waren 85% der muslimischen Algerier Analphabeten und nur etwa 300.000 der 1,9 Millionen Kinder der muslimischen algerischen Bevölkerung hatten eine Art von Schulausbildung.

Zum Zeitpunkt der Unabhängigkeit Algeriens war das Wirtschaftssystem des Landes also komplett auf die Bedürfnisse der Kolonialmacht Frankreich ausgerichtet, was zur Folge hatte, dass die algerische Ökonomie auch nach der Unabhängigkeit zunächst vollkommen vom französischen Markt abhängig war. Vor diesem Hintergrund wird die Ausrichtung des algerischen Entwicklungsprojektes nach der Unabhängigkeit (insbesondere ab 1965) verständlich, das auf eine komplette Umstrukturierung des algerischen Wirtschaftssystems abzielte, um sich von der ehemaligen französischen Kolonialmacht zu lösen und die politische Unabhängigkeit durch eine wirtschaftliche Autonomie zu ergänzen.

Nachdem Algerien mit der Durchführung eines Referendums über die nationale Selbstbestimmung am 1. Juli 1962 die Unabhängigkeit erlangt hatte, wurde die erste Euphorie schnell durch Spannungen zwischen den verschiedenen Lagern innerhalb der FLN überschattet. Der Ursprung dieser Spannungen lag in den bereits vor der Unabhängigkeit bestehenden Rivalitäten zwischen den drei Säulen der algerischen Nationalbewegung: der Armée de la Libération Nationale (ALN), die während des Krieges im Innern des Landes gegen die französischen Truppen gekämpft hatte, der 1958 im tunesischen Exil gegründeten provisorischen Regierung GPRA (Gouvernement Provisoire de la République Algérienne) und der so genannten „armée des frontières"[114]. Die verschiedenen Regionalkommandeure der ALN, die innerhalb des Landes versuchten, mit hoffnungslos unterlegenen militärischen Mitteln den Widerstand gegen die französischen Truppen aufrecht zu erhalten, warfen den externen Verbänden unter dem Kommando des späteren Präsidenten Houari Boumédiène vor, sie bei ihrem Kampf innerhalb Algeriens im Stich gelassen zu haben (vgl. Meynier 2002: 416f). Die bereits während des Krieges entstandenen Spannungen innerhalb der FLN mündeten nach der Unabhängigkeit mehr oder weniger direkt in einen Machtkampf um die zukünftige politische Macht im neuen algerischen Staat.

Unmittelbar nach dem positiven Votum der algerischen Bevölkerung über die Unabhängigkeit erklärte der damalige GPRA-Präsident Ben Khedda dieses provisorische Gremium bis zu den vorgesehenen Wahlen als verantwortlich. Doch die Gruppe der Offiziere der „armée des frontières" (insbesondere Houari Boumédiène), die mittlerweile von Achmed Ben Bella und damit von einem der „leader historique"[115] der algerischen Revolution unterstützt wurden, weigerten sich die Übergangsregierung unter Ben Khedda anzuerkennen. Stattdessen rief Ben Bella noch im Juli 1962 ein „bureau politique" ins Leben, welches die politische Leitung des Landes bis zu den ersten Wahlen übernehmen sollte. Damit war das GPRA faktisch abgesetzt. Ende August marschierten die externen Verbände unter dem Kommando von Boumédiène nach Algier und schlugen dabei den Widerstand der letzten ALN-Zellen nieder. Im September folgte die Wahl des ersten Parlaments, das Ben Bella im September des gleichen Jahres zum ersten Präsidenten des unabhängigen Algerien wählte, Boumédiène übernahm in der Regierung das Verteidigungsressort. Wenige Monate zuvor hatte Ben Bella bereits den Posten des FLN-Generalsekretärs übernommen. Damit vereinigte er alle relevanten Machtpositionen im noch jungen Staat auf sich: Chef der Einheitspartei, Staatsoberhaupt und Oberbefehlshaber der Streitkräfte.

Die wirtschaftliche Situation hatte sich unmittelbar vor der Unabhängigkeit und in den Monaten danach dramatisch verschlechtert. Die algerische Wirtschaft litt im Sommer 1962 insbesondere unter zwei Faktoren: die Zerstörung wichtiger Infrastruktur durch den Krieg einerseits und die massive Abwanderung der französischen Siedlerbevölkerung andererseits. Deren Flucht ins fran-

---

[114] Als „armée des frontières" wurden die bewaffneten Verbände bezeichnet, die sich im Schatten der Exilregierung in Tunis in den Jahren 1957 bis 1960 konstituiert hatten und sich in zwei Direktionen aufteilten: eine in Tunesien im Osten und eine im Westen in Marokko unter der Führung des späteren Präsidenten Houari Boumédiène. Vgl. dazu Frémeaux (2002: 131ff).

[115] So bezeichnet man die neun Gründungsmitglieder des „Comité révolutionnaire d'unité et d'action" vom März 1954, das sich ein paar Monate später in FLN umbenannte und am 1. November 1954 den bewaffneten Aufstand gegen die französische Kolonialmacht initiierte.

zösische Mutterland[116] bedeutete den Exodus quasi aller qualifizierten Techniker, Ingenieure, Verwaltungsangestellten, Ärzte und Facharbeiter und gleichzeitig einen enormen Abfluss privaten Kapitals. Die Auswirkungen auf die algerische Wirtschaft waren fatal: Für die Jahre 1960 bis 1963 schätzte man den Rückgang des algerischen BIP auf etwa 30% (vgl. Lawless 1984: 156). Zusätzlich war die neue Regierung unter Ben Bella mit den Problemen der horrenden Arbeitslosigkeit, der stark wachsenden Bevölkerung und der massiven Landflucht in die Städte konfrontiert.

Die wirtschaftspolitische Antwort der Regierung Ben Bella auf die sozialen und ökonomischen Probleme des jungen Staates stützte sich weitgehend auf das bereits im Mai 1961 in Libyen – dem damaligen Sitz des GPRA – verabschiedete „Tripolis-Programm" der FLN, das die Vorstellungen über die wirtschaftliche Entwicklungsstrategie des unabhängigen Algerien zusammenfasste. Allererstes Ziel dieses Programms war es, nach der politischen ebenfalls die ökonomische Unabhängigkeit Algeriens zu erlangen.[117] Zur Erreichung dieses Ziels setzte das Tripolis-Programm auf ein sozialistisch-planwirtschaftliches Modell. Von Beginn an wurde jegliche Funktionsweise der Ökonomie des unabhängigen Algeriens nach kapitalistisch-marktwirtschaftlichen Kriterien abgelehnt (vgl. Bennoune 1988: 95).

Zudem beinhaltete die Wirtschaftspolitik Ben Bellas in den ersten Jahren nach der Unabhängigkeit eine wichtige machtpolitische Dimension. Aufgrund seiner anfangs schwachen Position und der Tatsache, dass er von verschiedenen Gruppen innerhalb des Regimes (vor allem dem Militär) in dieser bedroht wurde, war die Wirtschaftspolitik Ben Bellas zu allererst eine Funktion seiner politischen Kalkulationen. So legalisierte er 1963 zum Beispiel den Status der Arbeiter, die den Betrieb der von den Franzosen verlassenen Ländereien übernommen hatten (die so genannten „comités de gestion"). Die Ursache dieser Maßnahme war jedoch weniger eine entwicklungsökonomische Überlegung, sondern vielmehr die Vorstellung, mit diesem Schritt die politische Unterstützung dieses Teils der Bevölkerung zu erlangen (vgl. Raffinot/Jacquemot 1977: 63). Diese politisch motivierten Entscheidungen waren nicht zuletzt auch das Produkt einer komplexen gesellschaftlichen und machtpolitischen Situation in den Jahren unmittelbar nach der Unabhängigkeit. Die unterschiedlichen Interessen der verschiedenen Machtgruppen, die aus dem Unabhängigkeitskrieg hervorgegangen waren, mussten befriedigt werden, um die fragile Stabilität des Regimes zu bewahren. Das Resultat war eine weitgehend unkoordinierte, situative und chaotische Wirtschaftspolitik.

---

[116]   In den letzten sechs Monaten vor der Unabhängigkeit verließen ca. 9 Zehntel der etwa 1 Millionen französischen Siedler das Land. vgl. Lawless (1984: 156)

[117]   Siehe zum Gedanken des Zusammenhangs zwischen politischer und wirtschaftlicher Unabhängigkeit Benachenhou (1980).

Die Regierungszeit des ersten algerischen Präsidenten Ben Bella währte nur kurz. Als Reaktion auf den Versuch Ben Bellas ihm das Kommando über die Streifkräfte und den Vorsitz im Generalstab zu entziehen, putschte sich im Juni 1965 Houari Boumédiène an die Macht. Das Parlament wurde aufgelöst und Boumédiène setzte einen 26-köpfigen „Conseil de la Révolution" ein, deren Mitglieder fast ausschließlich Militärs waren (vgl. Picard 1990).

Diese ersten Brüche und Rivalitäten zwischen den verschiedenen politischen Einflussgruppen der algerischen Nationalbewegung sollte die weitere Entwicklung des unabhängigen Algerien über Jahrzehnte prägen. Autoren wie Gilbert Meynier (2002) und Benjamin Stora (2004) haben auf den Aspekt verwiesen, dass der Ausgang der Konflikte in dieser ersten Gründungsphase Algeriens zu einer über Jahrzehnte andauernden Dominanz des Militärs im politischen System des Landes führte. Mit der Absetzung des Zivilisten Ben Bella und der Machtübernahme Boumédiènes waren ab 1965 in der Tat alle zentralen staatlichen Institutionen und damit auch die Entscheidungen über das wirtschaftliche Entwicklungsprogramm des Landes durch das Militär kontrolliert.[118]

4.2.1 Die goldene Ära Boumédiène: „Staatskapitalismus" und rentenbasierte Industrialisierung als Entwicklungsmotor

Im Kontrast zur teilweise chaotischen Wirtschaftspolitik unter Ben Bella begann die algerische Entwicklungsstrategie ab 1965 unter Präsident Boumédiène klarere Konturen anzunehmen. An der primären Zielsetzung hatte sich indes wenig geändert: Auch die in der zweiten Hälfte der 1960er und in den 1970er Jahren in Algerien entwickelte und durchgesetzte Entwicklungsstrategie stand unter dem Vorzeichen der Notwendigkeit, der erlangten politischen Unabhängigkeit die wirtschaftlichen Unabhängigkeit hinzuzufügen. Djilali Liabès, einer der scharfsinnigsten Beobachter der algerischen Politischen Ökonomie nach der Unabhängigkeit, schreibt über diese Periode treffend:

---

[118] Der Historiker Gilbert Meynier beschreibt die Situation im Sommer 1962 sogar weniger als Auseinandersetzung zwischen einem zivilen und einem militärischen Flügel der algerischen Unabhängigkeitsbewegung, sondern als Kampf zwischen zwei rivalisierenden militärischen Fraktionen: die Verbände der ALN auf der einen Seite und die durch Boumédiène kontrollierte „armée des frontiers" auf der andere Seite (vgl. Meynier 2002: 675).

„La stratégie algérienne du développement, au-delà de ses aspects techniques, traduirait donc un projèt de société dans lequel toutes les composantes sociales trouverait un bénéfice. Cette stratégie s'organise techniquement et socialement autour de l'industrialisation. [...]. L'industrialisation est un instrument de libération économique; elle ne peut l'être que si l'État (le secteur publique) en a la totale maîtrise."
(Liabès 1989: 224)

Aufgrund der zentralen Stellung des Staates in der Wirtschafts- und Entwicklungspolitik unter dem Boumédiène-Regime wurde diese oft als „Staatskapitalismus" beschrieben (vgl. Farsoun 1975, Raffinot/Jacquemot 1977). Diese Form eines staatszentrierten Entwicklungsmodells besaß zwei prägende Merkmale: Erstens etablierte die Machtelite unter Boumédiène ein Industrialisierungsprogramm, das die staatliche Kontrolle (durch den Prozess der „étatisation", Verstaatlichung) nach und nach auf alle wichtigen wirtschaftlichen Bereiche ausweitete. Und zweitens akkumulierte die entstehende algerische „Staatsklasse" (vgl. Ouaissa 2005) einen Großteil der Profite, die dieser dominante staatliche Sektor abwarf, auch wenn sie formell nicht der Eigentümer der Produktionsmittel war (vgl. Dillman 2000: 40). Diese Elite um Boumédiène bestand aus FLN-Kadern, Militärs und führenden Köpfen der Verwaltungsbürokratie, die in der Praxis der Verstaatlichung privater ausländischer und algerischer Unternehmen nicht zuletzt ein Mittel sahen um ihre eigene Position zu stärken.

Das zentrale Element dieses Entwicklungsansatzes war die Einrichtung großer staatlicher Industriegesellschaften[119], in denen die meisten ausländisch kontrollierten Unternehmen (vor allem aus Frankreich), aber auch Firmen des algerischen Privatsektors zusammengefasst wurden. Bis 1975 existierten insgesamt 19 dieser staatlich kontrollierten Industriegesellschaften, die jeweils für einen bestimmten Wirtschaftsbereich zuständig waren und in diesem Bereich eine Monopolstellung innehatten.[120] Bereits Ende 1974 gab es in Algerien kein einziges privatwirtschaftliches Unternehmen mehr, das völlig unabhängig vom algerischen Staat tätig war (vgl. Raffinot/Jacquemot 1977: 101).

Die großen Unternehmen des algerischen Staatssektors erfüllten zudem eine systemstabilisierende Funktion, indem sie als Knoten- und Verteilungspunkte eine wichtige Funktion innerhalb des Systems der Rentendistribution einnahmen (vgl. Werenfels 2007: 39). Sie waren darüber hinaus wichtige Symbole der nationalen Souveränität und des staatskapitalistischen Identitätsmodells und dienten

---

[119] Die wichtigsten waren SNS (Stahl- und Eisenindustrie), Sonitex (Textil), Sonacome (Maschinen), SNMC (Baustoffe), Sonelgaz (Gas), Sonarem (Bergbau) und Sonatrach (Hydrokarbonsekor). Bis 1970 waren von den 700-800 französischen Unternehmen, die in Algerien 1963 existiert hatten, nur noch etwa 100 übrig (vgl. Lawless 1984: 160).

[120] Bis zum Jahr 1980 sollte die Zahl dieser „sociétés nationales" auf insgesamt 70 anwachsen. Gleichzeitig waren sie, je nach Produktionszweig, auch geographisch konzentriert: Plastikfabriken in Sétif, Petrochemie in Arzew, Elektronik in Sidi Bel Abbes (Amarouche 2004: 269).

zudem als Träger für eine ganze Reihe von rentenfinanzierten sozialen Dienstleistungen wie den Transport zum Arbeitsplatz, die Lebensmittelversorgung, Freizeitangebote und Wohnraumbereitstellung.

Die Ausweitung der staatlichen Kontrolle über die algerische Wirtschaft ging unter Boumédiène Hand in Hand mit einer zunehmenden Zentralisierung der politischen Macht. Miriam Lowi beschreibt diese Entwicklung wie folgt:

> „Boumédiène worked toward consolidating control and constructing a highly centralized, bureaucratized authoritarian state, composed of the Oujda clan and a small but growing technocratic corps which had emerged as a secondary elite in the later years of the war of independence."
> (Lowi 2009: 81) [121]

Die grundsätzliche Ausrichtung der staatszentrierten Entwicklungsstrategie des Boumédiène-Regimes folgte ab 1965 weitgehend den Ideen des französischen Ökonomen Gérard Destanne de Bernis[122], der sich innerhalb der damals in Bezug auf die entkolonialisierten Staaten (vor allem in Afrika) geführten Entwicklungsdebatte auf der Seite der Strukturalisten bzw. des dependenztheoretischen Lagers verorten lässt. Destanne de Bernis beschrieb die Ökonomien der „3. Welt" in den 1960er Jahren als außengesteuert und unorganisiert. Um eine rasche wirtschaftliche Entwicklung in Gang zu setzen und so die erlangte politische Unabhängigkeit auch durch eine ökonomische Unabhängigkeit zu flankieren, empfahl Destanne de Bernis die Fokussierung der staatlichen Entwicklungsbemühungen auf die so genannten „industries industrialisantes" (industrialisierende Industrien). Als einflussreicher Ökonom an der Universität von Algier in den 1960er Jahren argumentierte Destanne de Bernis, dass Algerien aufgrund seiner begrenzten agrarischen Ressourcen durch die Entwicklung des landwirtschaftlichen Sektors seiner Bevölkerung keinen angemessenen Lebensstandard sichern könne (vgl. Entelis 1986: 113). Laut eines Zensus von 1966 waren zu diesem Zeitpunkt etwa 42% der (männlichen) erwerbsfähigen Bevölkerung in Algerien arbeitslos (vgl. Bennoune 1988: 124).

Vor diesem Hintergrund müsse, so Destanne de Bernis, der industrielle Sektor entwickelt werden um genügend Arbeitsplätze zu schaffen. Die „industrialisierenden Industrien" definierte Destanne de Bernis dabei als diejenigen Wirtschaftszweige, die in der Lage waren „d'entraîner dans leur environnement

---

[121] Als „Oujda-Clan" wird oft der militärische Zirkel um Boumédiène bezeichnet, der sich während des Unabhängigkeitskrieges in der gleichnamigen marokkanischen Stadt aufhielt. vgl. z.B. Yefsah (1992: 81).

[122] Destanne de Bernis war Schüler des französischen Ökonomen François Perroux, dessen politökonomischer Ansatz auf die Relevanz von Machtstrukturen bei der Regulation wirtschaftlicher Systeme fokussierte und für die staatszentrierten Entwicklungsmodelle der postkolonialen Regime der 1960er und 1970er eine wichtige Rolle einnahm.

localisé et daté un noircissement systématique ou une modification structurelle de la matrice interindustrielle" (Destanne de Bernis 1971: 547). Es ging also um die Stärkung derjenigen industriellen Sektoren, die den inter-industriellen Austausch von Halbfertigprodukten und Investitionsgütern (Maschinen etc.) fördern und damit letztendlich die Möglichkeit schaffen sollten, die weitgehende Abhängigkeit von importierten Konsumgütern und Investitionsgütern zu beenden und durch eigene Produkte zu ersetzen (Import-Substitution). Als Industriezweig, der diese Aufgabe einer „industrialisierenden Industrie" erfüllen konnte, wurde vor allem die Schwerindustrie (und hier vor allem die Sektoren Öl, Gas, Petrochemie, Stahl und Chemie) angesehen. Die Förderung dieses schwerindustriellen Bereichs durch staatliche Investitionen sollte nachfolgend den gesamten Produktionsbereich einschließlich der Landwirtschaft dynamisieren.[123] Boumédiène selbst unterstrich die Wichtigkeit des Aufbaus eines schwerindustriellen Sektors in Algerien: „Il n'y pas d'indépendance économique sans industrie lourde nationale" (zitiert in Raffinot/Jacquemot 1977: 187).

Für die Umsetzung dieser staatlichen Entwicklungs- und Industrialisierungsstrategie spielte der Öl- und Gasreichtum Algeriens eine besondere Rolle. Um die enormen Investitionen der Industrialisierungspolitik tätigen zu können, bemühte sich das Boumédiène-Regime ab 1965 auch im Energiesektor die staatliche Kontrolle auszuweiten. Im Zeitraum zwischen 1966 und 1972 wurde praktisch der gesamte Hydrocarbonsektor verstaatlicht und unter die Ägide der 1963 gegründeten staatlichen Öl- und Gasgesellschaft Sonatrach gestellt.[124] Die staatlichen Einnahmen aus dem Hydrocarbonsektor stiegen entsprechend im Zeitraum zwischen 1967 und 1973 von 880 Mio. auf 4,1 Mrd. algerische Dinar an (vgl. Raffinot/Jacquemot 1977: 158).

Entsprechend der nach und nach fortschreitenden Verstaatlichung des Hydrokarbonsektors und der daraus resultierenden steigenden Staatseinnahmen nahmen im Laufe der Jahre auch die öffentlichen Investitionen zu.[125] Nach ei-

---

[123] Raffinot/Jacquemot (1977: 144f) weisen darauf hin, dass die Vorstellungen Destanne de Bernis' durchaus mit den Arbeiten sowjetischer Autoren aus den 1920er und 1930er Jahren zu vergleichen sind – mit dem Unterschied, dass letztere ihre Ideen durch den ideologisch-politischen Verweis auf die Notwendigkeit einer Diktatur des Proletariats legitimierten, während ersterer einen analytisch-rationalen Zugang zugrunde legte.

[124] Bis zum Jahr 1972 war der Anteil der ausländischen Unternehmen an der Hydrokarbon-Produktion in Algerien um 23% gesunken. 1966 hatte er noch bei knapp 90% gelegen (vgl. Raffinot/Jacquemot 1977: 104).

[125] An dieser Stelle ist es wichtig zu erwähnen, dass der Hydrokarbon-Ressourcenreichtum Algeriens nicht allein als Quelle finanzieller Investitionsmittel angesehen wurde, sondern ebenfalls als materielle Ressourcenquelle für die „industrie industrialisantes", also gewissermaßen als ein den industrialisierenden Industrien vorgeschalteter Sektor sowie als billige Energiequelle, von der man sich ebenfalls positive Industrialisierungseffekte versprach. Vgl. dazu Destanne de Bernis (1963: 134).

nem ersten noch relativ bescheidenen Dreijahresplan (1967-1969), der staatliche industrielle Investitionen in Höhe von 1,8 Mrd. US-Dollar vorsah, erhöhten sich die öffentlichen Ausgaben in diesem Bereich in den nachfolgenden Jahren dramatisch. Im nächsten Vierjahresplan (1970-73) stieg die Investitionssumme auf 6,5 Mrd., um dann – vor allem aufgrund der durch den Ölpreisschock von 1973 stark gestiegenen Einnahmen – auf 26,4 Mrd. zu klettern (vgl. Aissaoui 2001: 227).

Die folgende Tabelle zeigt die Entwicklung der geplanten und tatsächlichen staatlichen Investitionen in Algerien im Zeitraum 1967-1977:

Tabelle 2: **Geplante und realisierte staatliche Investitionen in Algerien 1967-1977 (%-Anteile des BIP)**

	1967-69		1970-73		1974-77	
	Geplant	Realisiert	Gepl.	Real.	Gepl.	Real.
Hydrocarbonsektor	41,9	50,9	36,9	47,9	40,6	48,6
Kapital- und Halb-fertiggüter	47,0	40,6	48,9	46,2	47,6	44,5
Konsumgüter	11,1	8,5	14,2	6,7	11,8	6,9
Landwirtschaft	16,9	16,4	14,9	13,0	13,2	4,7
Infrastruktur	34,4	28,3	40,4	30,0	43,2	33,3

Quelle: Lawless (1984: 165)

Neben dem kontinuierlich hohen Anteil der staatlichen Investitionen in diesem Zeitraum insgesamt zeigt Tabelle 2 ebenfalls, dass der Anteil an industriellen Investitionen kontinuierlich anstieg, jedoch die öffentlichen Ausgaben für den Agrarsektor einen entgegengesetzten Trend aufwiesen. Sie fielen von 16,9% des BIP (für den Zeitraum 1967-1969) auf 4,7% (1974-1977). Diese Entwicklung, die sich in den folgenden Jahren und Jahrzehnten zu einem gravierenden Problem für Algerien auswachsen sollte, ist ebenfalls auf das staatliche Entwicklungsmodell mit seinem Fokus auf die erwähnten „industries industrialisantes" zu erklären.

Man ging davon aus, dass dieser basis-industrielle Sektor – hätte er erst einmal seine volle Funktionsfähigkeit erlangt – den Agrarsektor automatisch mit entwickeln und damit auch die Lebensmittelversorgung sicherstellen würde, um Algerien auch in diesem Bereich unabhängig zu machen. So schrieb Destanne de Bernis bereits 1963:

„La productivité du travail agricole ne pourra être portée à un niveau plus élévé que si les mesures nécessaires sont prises pour mettre à la disposition des paysans algériens les objets d'origine industrielle indispensables à toute agriculture moderne [...]

on constate bien que le progrès de l'agriculture est lié à la construction de l'industrie." (Destanne de Bernis 1963: 132, 137)[126]

Diese Annahmen hatten über die staatliche Investitionspolitik Algeriens auch einen Einfluss auf die Anteile der jeweiligen Branchen am BIP: Noch 1957 hatte der Anteil der landwirtschaftlichen Produktion am algerischen BIP 31,5% betragen. Dieser Wert fiel bis 1977 auf 5,5%. In der gleichen Zeitspanne erhöhte sich der Anteil des Hydrocarbonsektors am BIP (plus Bergbau) von 5,5 auf 33%. Der algerische Ökonom Ahmed Dahmani sieht darin die Ersetzung des durch das Kolonialsystem geprägten Agrarsektors mit dem Energiesektor: „L'agriculture a été remplacée par le pétrole, le sous-sol s'est substitué au sol" (Dahmani 1999: 32).

Diese Zahlen zeigen auch, dass sich das Industrialisierungsprojekt in Algerien in den 1970er Jahren – bzw. die in diesem Rahmen vorgenommenen staatlichen Investitionen – immer stärker auf den Hydrocarbonsektor konzentrierten und weniger direkt auf den Sektor der verarbeitenden Industrie etc. (vgl. Boudjenah 2002). Tabelle 3 zeigt deutlich, dass der Anteil des Hydrocarbonsektors an den gesamten industriellen Investitionen im Laufe der 1970er Jahre in Algerien ständig zunahm.

Tabelle 3: **Struktur der geplanten und realisierten Investitionen in Algerien (1970-79)**

	1970-1973		1974-1977	
	Geplant	Realisiert	Geplant	Realisiert
Hydrocarbonsektor	37,09	47,07	40,12	48,55
Basis-Industrie	41,93	36,11	45,62	38,33
Bergbau und Energie	11,29	10,47	5,41	6,23

Quelle: Benabdallah (2009: 88)

In dieser Zeit übertrafen die tatsächlichen Investitionen im Hydrocarbonsektor regelmäßig die in den Dreijahresplänen vorgesehenen Summen. Eine sich stetig

---

[126] Ein großes Problem für den Agrarsektor in den Jahren nach der Unabhängigkeit bestand darin, dass die algerische Landwirtschaft zu diesem Zeitpunkt zum großen Teil auf den Export nach Frankreich ausgerichtet gewesen war Als Frankreich 1962 seine Grenzen für diese Exporte schloss, blieb Algerien auf dieser Produktion sitzen, die zu einem großen Teil aus Wein bestand (vgl. Bennoune 1988: 124).

verstärkende Vernachlässigung der Investitionen in die verarbeitende und Leichtindustrie war die Folge.

Die Konzentration auf den Hydrocarbonsektor innerhalb des algerischen Industrialisierungsprojektes hatte vor allem zwei Gründe (vgl. Benabdallah 2009: 88): Erstens benötigte man große Summen an Devisen, um die Investitionen in den anderen Industriesektoren (Erwerb von Maschinen im Ausland etc.) tätigen zu können. Diese konnten nur durch eine Steigerung der Hydrocarbon-Exporte generiert werden. Und zweitens sollte sich der Hydrocarbonsektor langsam von einem vor allem exportorientierten Sektor zu einem Ressourcenlieferant für die heimische Schwerindustrie in den Bereichen Plastikherstellung, Petrochemie, Düngemittelproduktion sowie die Herstellung pharmazeutischer Produkte entwickeln.

Im Verlauf der 1970er Jahre konnte die staatszentrierte Entwicklungsstrategie mit ihrem Fokus auf einem schnellen Aufbau der industriellen Basis-Struktur – betrachtet man das wirtschaftliche Wachstum insgesamt, den privaten Einkommenszuwachs, aber auch die Produktivitätssteigerungen im industriellen Sektor – durchaus auf einige Erfolge verweisen. Im Jahrzehnt zwischen 1968 und 1978 betrug das durchschnittliche Wachstum des Pro-Kopf-Einkommens in Algerien 8,6%; es stieg von umgerechnet 375 US-Dollar im Jahr 1967 auf 830 US-Dollar im Jahr 1978 (vgl. Layachi 2001: 32). Gleichzeitig betrug das gesamtwirtschaftliche Wachstum in Algerien in der Zeit zwischen 1965 und 1980 im Durchschnitt 7,3% (vgl. Lowi 2003: 56). Der Wert, der im industriellen Sektor produzierten Waren verdoppelte sich. Zudem verwendete das Boumédiène-Regime einen Teil der steigenden Einnahmen aus dem Energie-Export für den Ausbau des Bildungssystems und die Gesundheitsversorgung. Noch 1988 schrieb der algerische Ökonom Mahfoud Bennoune über die Zeit zwischen Mitte der 1960er bis Ende der 1970er Jahre:

„Despite serious problems inherited from the past and aggravated by a series of debilitating political crises within the FLN and the lack of experienced senior staff, engineers, technicians and skilled workers, Algeria had succeeded in launching a massive programme of industrialisation. As a result the Algerian economy has experienced one of the highest rates of growth in the third world, stimulated by one of the highest rates capital formation in modern economic history."
(Bennoune 1988: 159)

Doch trotz dieser vordergründigen Erfolge traf der staatszentrierte Entwicklungsansatz des Boumédiène-Regimes nicht bei allen Fraktionen der algerischen Machelite auf Zustimmung. Immer wieder gab es heftige Auseinandersetzung über die Ausrichtung und die Inhalte der Wirtschaftspolitik. Belaid Abdesslam, Minister für Industrie und Energie unter Boumédiène zwischen 1965 und 1977, war der Hauptarchitekt der algerischen staatszentrierten Entwicklungsstrategie nach der Unabhängigkeit und ein strikter Gegner jedweder Rolle des Privatsektors. Ihm gegenüber standen vor allem der damalige Planungs-Staatssekretär Abdallah Khodja und Innenminister Ahmed Medeghri, aber auch spätere wichtige politische Führungspersonen Algeriens, wie Abdelaziz Bouteflika und Ahmed Taleb Ibrahimi. Simon Thiéry (1982) hat in diesem Zusammenhang zwischen einem „courant de la ‚technocratie radicale'", dem er Abdesslam und dessen Mitarbeiter im Industrie- und Energieministerium zurechnete, und dem gegnerischen Lager einer „bureaucratie administrative" unterschieden, die sich vor allem für die Interessen der von der massiven Verstaatlichung betroffenen Algerier einsetzte und sich für eine weniger direkt-interventionsitische Rolle des Staates stark machte (vgl. Thiéry 1981: 358f). Zwar hatte sich Boumédiène kurz nach seinem Machtantritt noch für die Förderung der Privatwirtschaft und dessen Beitrag zur nationalen wirtschaftlichen Entwicklung ausgesprochen, aber spätestens mit der Verfassung von 1976 war über die Rolle der Privatwirtschaft als marginalisiertem Wirtschaftsbereich entschieden. Die charte nationale von 1976 tolerierte die Existenz des Privatsektors, allerdings nur in „nichtausbeuterischen" Formen (Art. 16, Abs. 2)[127]. „Private industry was restricted to the last stages of manufacturing and forced to obtain imported materials from state enterprises so as to ‚eliminate the risks of collaboration with foreign capitalist circles'" (Dillman 2000: 41). Mitte der 1970er Jahre schienen sich also die „radikalen Technokraten" mit ihrer auf den Staat als einzig möglichem Akteur und Organisator der wirtschaftlichen Entwicklung gerichteten Sichtweise durchgesetzt zu haben.

Seit den 1960er Jahren und vor allem im Laufe der 1970er Jahre hatte sich Algerien international einen Status als Vorreiter der Entkolonialisierungsbewegung und Vorbild für andere junge Staaten (vor allem in Afrika) erarbeitet, die sich nicht nur politisch, sondern auch wirtschaftlich vom imperialistischen Einfluss der ehemaligen Kolonialmächte zu befreien suchten. Diese besondere Rolle Algeriens zeigte sich auch in ihrer Bedeutung innerhalb der Bewegung der blockfreien Staaten, deren Vorsitzender Boumédiène von 1973 bis 1976 war. 1973 beherbergte die algerische Hauptstadt Algier zudem die Gipfelkonferenz der Blockfreien-Bewegung. Dabei profitierte Algerien insbesondere von seiner Mittlerrolle zwischen den afrikanischen Staaten einerseits, die sich um ein Ende des Apartheitsregimes in Südafrika bemühten, und der Position der arabischen Staaten gegenüber Israel andererseits (vgl. Thomas 2001: 126).

Die besondere Position Algeriens als Vorreiter innerhalb der Entkolonialisierungs- und Dritte-Welt-Bewegung erlitt allerdings mit den Entwicklungen Ende der 1970er Jahre einen Rückschlag. Zu dieser Zeit zeigten sich die Gren-

---

[127] Im ersten Paragraphen des 6. Titels, Abschnitt IV beschreibt die Verfassung von 1976 die Planwirtschaft als „instrument qui permet d'organiser l'action pour réaliser les objectifs du socialisme".

zen der staatlich gelenkten Entwicklungsstrategie und des durch das Boumédiène-Regime forcierten Industrialisierungsprojektes. Dies äußerte sich vor allem durch die wirtschaftlichen Probleme der großen staatlichen Unternehmen. 1980 veröffentlichte das algerische Planungsministerium (Ministère de la planification et de l'aménagement du territoire, MPAT) einen Bericht, in dem festgestellt wurde, dass das Defizit der Staatsunternehmen im industriellen Sektor (ohne den Hydrocarbonsektor) bis 1978 auf 12% angewachsen war. Der Wert der vom algerischen Staat investierten Mittel in diesem Bereich betrug also 112% des Wertes der in diesem Sektor produzierten Waren. Bilanzierend wurde im selben Bericht festgestellt: „le secteur industriel ‚consomme' son capital puisqu'il ne dégage pas de ressources suffisante pour assurer son renouvellement" (zitiert in Dahmani: 1999: 35).

Das in den 1970er Jahren erzielte Wirtschaftswachstum Algeriens lässt sich also fast ausschließlich auf die massiven durch den Staat getätigten Investitionen zurückführen und nicht auf die Nutzung der durch den Staat finanzierten Produktionsgüter. „L'Etat a pu financer cette croissance sur la rente pétrolière et l'endettement qui commençait à être menaçant dès la fin des années 70" (Benabdallah 2009: 89). Aufgrund der in den 1970er Jahren ständig steigenden Einnahmen aus dem Energieexport waren die algerischen Staatsunternehmen gar nicht darauf angewiesen, effizient zu produzieren. Stattdessen konsumierten sie bedeutende Teile der staatlichen Ressourcen in Form von Devisen und teilweise auch von Geld, das aus Auslandskrediten stammte. Eine Tatsache, die in den 1980er Jahren die Verschuldungsproblematik verschärfen sollte.

Für die Probleme im staatlichen algerischen Industriesektor, die zum Ende der 1970er Jahre immer virulenter wurden, lässt sich vor allem ein wichtiger Grund angeben: Der algerische staatlich-industrielle Sektor war nicht in der Lage, die durch den Staat getätigten Investitionen, die hauptsächlich aus im Ausland erworbenen Investitionsgütern bestanden (Maschinen, Produktionsanlagen etc.), adäquat einzusetzen. Dies wiederum lag vor allem an einem massiven Mangel von ausgebildetem Fachpersonal, das in der Lage gewesen wäre, die modernen importierten Produktionsanlagen zu betreiben und zu warten. Ahcène Amarouche, Professor am Institut National de Planification et de la Statistique in Algier, schreibt über die Probleme des staatlichen algerischen Industriesektors in dieser Periode:

„Le capital de connaissances technologiques accumulé par les collectifs des travailleurs était faible. Les capacités propres des entreprises algériennes en matière de conception et de réalisation des équipements industriels étaient quasi-nulles. [...] Malgré les éfforts titanesques [...] l'industrialisation du pays est restée à mi-chemin du projèt initial à la fin du décennie 1970 alors même que n'avait pas manqué les fonds pour le financer."
(Amarouche 2004: 202)

Diese strukturellen Probleme der algerischen rentenfinanzierten Industrialisierung sollten allerdings erst offensichtlich werden, als der durch die Exporte aus dem Hydrocarbonsektor gespeiste Devisenzufluss im Laufe der 1980er Jahre einbrach.

4.3 Das Ende eines Modells: Reformbemühungen unter Chadli Benjedid

Nach dem plötzlichen Tod Houari Boumédiènes im Dezember 1978 wurde Chadli Benjedid auf dem FLN-Kongress im Januar 1979 als einziger Kandidat für die Präsidentschaft bestimmt.[128] Zwar stellt Ouaissa (2005: 77) richtig fest, dass der Machtwechsel von Boumédiène zu Chadli keinen „Segmentwechsel"[129] in der Spitze der Staatsklasse darstellte, jedoch wurde mit Beginn der Präsidentschaft Chadlis ein Wechsel auf zahlreichen relevanten Machtpositionen innerhalb der algerischen Elite vorgenommen. Dieser Prozess diente auch dazu, neue Vorstellungen des Regimes in Bezug auf die wirtschaftspolitische Ausrichtung Algeriens durchzusetzen. Neben zentralen politischen Köpfen der letzten Boumédiène-Regierung (wie Landwirtschaftminister Tayebi Larbi und Außenminister Abdelaziz Bouteflika), die ihre Posten verloren und das FLN-Zentralkomitee verlassen mussten, traf es auch Belaid Abdesslam, der im März 1979 die Regierung verließ. Auch Abdesslam nahestehende Personen, die ebenfalls die wirtschafts- und entwicklungspolitische Strategie der 1970er Jahre geprägt hatten, verloren unter der neuen Regierung ihre Posten, darunter zum Beispiel Sid Achmed Ghozali, der zwischen 1966 und 1977 Chef des staatlichen Energieunternehmens Sonatrach gewesen war (vgl. Dillman 2000: 43). Stattdessen übernahm ab 1984 mit Abdehamid Brahimi ein erklärter Gegner der Planwirtschaft den Posten des Premierministers.[130]

Die Industrialisierungspolitik, die in den 1970er Jahren als Dreh- und Angelpunkt der algerischen Wirtschaftsentwicklung gegolten hatte, wurde nun (zusammen mit denjenigen, die diese Politik unter Boumédiène konzipiert und

---

[128] Laut Aggoun und Rivoir wurde Chadli auf einem geheimen „Konklave" hoher Armeeoffiziere im Dezember 1978 als Nachfolger Boumédiènes bestimmt, weil man davon ausging, dieser lasse sich am besten kontrollieren. Die offizielle Begründung für die Wahl Chadlis war, dass er der „le plus ancien dans le grade le plus élevé" sei, obwohl General Abdellah Belhouchet ganze fünf Jahre älter war (vgl. Aggoun/Rivoir 2005: 72).

[129] Ouaissa stützt sich in seiner Analyse auf das von Hartmut Elsenhans erarbeitete Konzept der Staatsklasse und unterscheidet zwischen verschiedenen konkurrierenden Segmenten innerhalb der algerischen Staatsklasse.

[130] Brahimi, der zwischen 1979 und 1984 Minister für Planung und Regionalentwicklung gewesen war, war ein zentraler Akteur der frühen Reformpolitiken in Algerien in den 1980er Jahren (vgl. Zartman 1986: 5).

verteidigt hatten) als Ursache allen Übels angesehen. So kam es in den ersten Jahren der Chadli-Präsidentschaft zu einem (zunächst vor allem personellen) Bruch mit der unter Boumédiène vorherrschenden staatlich-dirigistischen Industrie- und Entwicklungspolitik.[131] „Within less than two years the strategy of development, the model of growth, the priorities, the overall objective of industrialisation, the social policy and the polical ideology of the state were revised." (Bennoune 1988: 262)

Die Anfang der 1980er Jahre einsetzenden wirtschaftspolitischen Reformbemühungen der neuen Regierung unter Chadli hatten als Hauptziel, das Wirtschaftssystem Algeriens nach und nach stärker marktwirtschaftlich auszurichten und damit den durch die dirigistische Ausrichtung der 1960 und 1970er Jahre entstandenen Problemen zu begegnen. Um dieses Ziel zu erreichen, konzentrierte sich die neue Strategie auf zwei zentrale Punkte (vgl. Vandewalle 1992: 194): Erstens sollte die Effizienz des staatlichen Sektors verbessert werden, und zwar durch eine wirtschaftliche Dezentralisierung (vor allem bei den großen Staatsunternehmen), eine Machtbeschneidung der Bürokratie, eine Revision der Investitions- und Handelsgesetzbücher und eine Reform des Bankensektors und des staatlichen Importmonopols. Zweitens ging es um eine Diversifizierung der Einkommensquellen des Staates, insbesondere durch die Steigerung der Exporte außerhalb des Energiesektors. Zudem sollten bisher stark vernachlässigte Wirtschaftsbereiche, wie der landwirtschaftliche Sektor und die Konsumgüterindustrie entwickelt werden. Diese Inhalte wurden im ersten Fünfjahresplan der Chadli-Regierung formuliert, der unter dem bezeichnenden Motto „min ajli hayaatin ahsan" („Für ein besseres Leben") stand (vgl. Lowi 2009: 105).

Die Konzeption der „infitah"-Politik (Öffnung/Reform) in Algerien zu Beginn der 1980er Jahre stand zudem unter dem Eindruck des zweiten Ölpreisschocks von 1979 in der Folge der iranischen Revolution, der die Einnahmen des algerischen Staates beträchtlich ansteigen ließ.[132] Aufgrund dieser üppigen finanziellen Mittel sah der erste Fünfjahresplan der Chadli-Regierung (1980-1984) Investitionen in Höhe von rund 100 Mrd. algerischen Dinar vor, was

---

[131] Für Carlier (1989: 125) zeigte dieser Prozess vor allem „les divisions entre économistes et entre industrialistes sinon la victoire supposée sur l'équipe dirigée jusque-là par Belaïd Abdesselam". Bis in die 1990er Jahre hinein gab es in Algerien eine scharfe Auseinandersetzung über die Angemessenheit der unter Chadli begonnenen Abkehr vom staatszentrierten Entwicklungsmodell. Dabei argumentierte das „dirigistische" Lager (z.B. El Kenz 1989), das eher dem Prinzip eines „developmentalist state" anhing, die Reformer (z.B. Brahimi 1991) der 1980er Jahre hätten das Entwicklungsprojekt Boumedienes zu früh unterminiert und so sein Scheitern herbeigeführt.

[132] Der Ölpreis, der 1978 noch 14 US-Dollar pro Barrel betrug, war bis Oktober 1980 auf 34 US-Dollar pro Barrel angestiegen.

knapp der Hälfte des algerischen BIPs im gleichen Jahr entsprach.[133] Durch diese enormen Ausgaben sollte ein jährliches Wirtschaftswachstum von 7% erreicht werden. An der Praxis der massiven Kapitalzuschüsse des Staates änderte sich zunächst also wenig. Allerdings unterzog die Chadli-Regierung die staatliche Investitionspolitik einer Umstrukturierung: Die Investitionen in den Sektoren Schwerindustrie und Energie wurden im Vergleich zum letzten Plan unter Boumédiène stark zurückgefahren, von 55% der Gesamtinvestitionen auf 35% für den schwerindustriellen Bereich und von 26% auf 16% für den Energiesektor (vgl. Aissaoui 2001: 230). Dafür stiegen die öffentlichen Ausgaben für den bis dahin weitgehend vernachlässigten landwirtschaftlichen Sektor, den leichtindustriellen Sektor und den Bausektor stark an.

Gemäß dem Motto des ersten „plan quinquennal" setzte man außerdem auf die Ausweitung des privaten Konsums. In den Jahren 1980/81 lancierte die Chadli-Regierung einen so genannten „plan anti pénurie", der mit umgerechnet 2 Milliarden US-Dollar ausgestattet war. Diese Maßnahme wurde durch den Anstieg der Ölpreise 1979 ermöglicht und diente den neuen Machthabern nicht zuletzt dazu, ihre Machtposition durch eine Abgrenzung gegenüber der zu Boumédiènes' Zeiten teilweise herrschenden Mangelwirtschaft zu untermauern. Diese eher politisch motivierten Reformen führten dazu, dass die erste Folge dieser Politik nicht eine steigende Produktion der inländischen Konsumgüter-Industrie war, sondern ein massiver Anstieg der Importe[134]: Diese verdoppelten sich von knapp 113 Mio. algerischen Dinar im Jahr 1979 auf 231 Mio. Dinar im Jahr 1984 (vgl. Dahmani 1999: 59).

Eine zentrale Bedeutung innerhalb der Reformbemühungen zu Anfang der 1980er Jahre nahm außerdem die Restrukturierung der großen staatlichen Unternehmen ein. Seit dem Ende der 1970er Jahre war das algerische Entwicklungsmodell hauptsächlich aufgrund der Zustände in den großen Staatsunternehmen kritisiert worden, deren streng hierarchische Organisationsstruktur von sklerotischer Erstarrung, Korruption und Ineffizienz geprägt war. Die Reformbemühungen des ersten „plan quinquennal" 1980-84 konzentrierten sich folglich vor allem darauf, bestimmte „Dysfunktionalitäten" zu beheben, deren Ursache man insbesondere im „Gigantismus" der Unternehmen vermutete (vgl. Amarouche 2004: 266f). Gleichzeitig sollten allerdings die Position des Staates als zentraler Lenker der algerischen Wirtschaft und die grundsätzlich planwirtschaftliche Ausrichtung beibehalten werden. Folgerichtig wurden alle großen staatlichen Unternehmen in kleinere Einheiten zergliedert: Aus den 70 bestehenden großen „sociétés nationales" wurden insgesamt 375 so genannte „entreprises

---

[133]   Damit wurde die Summe der geplanten staatlichen Investitionen im Vergleich zum Investitionsplan der Jahre 1974-77 fast vervierfacht.

[134]   Diese Politik des politisch motivierten Konsumgüter-Imports sollte mit dem Einbruch der Welt-Energie-Preise 1985/86 ein jähes Ende finden (siehe Abschnitt 6.3.1.)

publiques économiques" (EPE).[135] Diese Aufteilung folgte dem Prinzip der „Spezialisierung". Waren die großen Staatsunternehmen bis zu diesem Zeitpunkt mit der Herstellung und dem Vertrieb eines bestimmten Produktes beauftragt, wurden diese beiden Funktionen nun getrennt. Jedes EPE war jetzt entweder ausschließlich mit der Produktion oder der „commercialisation" beschäftigt. Das hatte zur Folge, dass die produzierenden Unternehmen vollständig abhängig waren von den Vertriebsgesellschaften, auf die sie für den Abfluss ihrer produzierten Güter angewiesen waren. Die produzierenden Unternehmen waren durch diese neue Spezialisierung zudem vom Markt abgeschnitten, was sich negativ auf die Produktqualität und die Effizienz der Produktion auswirkte (vgl. dazu auch Elsenhans 1989).

Die Restrukturierung der staatlichen Betriebe änderte auch nichts an dem Grundproblem, dass die zur Verfügung stehenden Kapazitäten der Produktionsmittel im algerischen Industriesektor nicht ausgeschöpft wurden. Zwar wurde durch die Schaffung der EPE das betriebliche Management der Unternehmen dezentralisiert, aber die eigentlichen Entscheidungen (über Investitionen etc.) wurden weiterhin in den zentralen Planungsstellen getroffen. Ahmed Dahmani fasst die Resultate der Restrukturierung des staatlichen Industriesektors in Algerien zu Beginn der 1980er Jahre so zusammen:

> „Avec la démultiplication du nombre d'entreprises l'administration des branches n'est plus assurée et le pouvoir de l'administration centrale s'accroît. Ce qui au départ devait être une réforme de décentralisation pour une meilleure fonctionnement des entreprises aboutit dans les faits au renforcement du pouvoir de l'administration."
> (Dahmani 1999: 67)

Neben der Restrukturierung des staatlichen Sektors begann man unter Präsident Chadli ebenfalls über die Rolle des Privatsektors in der algerischen Wirtschaft neu nachzudenken. Zwar folgte auch die erste Chadli-Regierung weitgehend der privatwirtschaftsfeindlichen Ausrichtung der Boumédiène-Jahre, doch versuchte sie gleichzeitig die Rolle der Privatwirtschaft zu stärken, um den staatlichen Sektor bei der schwierigen Aufgabe der Schaffung von Arbeitsplätzen und der Verbesserung der wirtschaftlichen Effizienz zu unterstützen (vgl. Dillman 2000: 44). Diese teilweise neue, dem Privatsektor zugeschriebene Rolle, manifestierte sich in einem neuen Investitionsgesetz von 1982, das privatwirtschaftliche Aktivitäten befürwortete, solange diese im Einklang mit den staatlichen Entwick-

---

[135] Abdelhamid Brahimi, Minister für Planung und Entwicklung zwischen 1979 und 1984 und später Premierminister, war einer der führenden Köpfe hinter den Reformmaßnahmen und insbesondere der Restrukturierung des staatlichen Sektors in der ersten Hälfte der 1980er Jahre.

lungsplänen standen. Zudem wurde ein so genanntes „Office National pour l'Orientation, le Suivi et la Coordination de l'Investissement Privé" (OSCIP) eingerichtet, dessen Aufgabe es war, die Beziehung zwischen Staat und Privatsektor zu koordinieren (vgl. ebd. 45).

Wie bereits oben angedeutet, muss die Re-Orientierung der algerischen Wirtschaftspolitik zu Beginn der 1980er Jahre auch als Funktion der Konflikte innerhalb des algerischen Machtapparates nach dem Tod von Boumédiène gesehen werden. In diesem Sinne lässt sich auch diese erste Phase der wirtschaftspolitischen Reformbemühungen gemäß der Kategorien von Heydemann interpretieren. Die neue Chadli-Regierung war darum bemüht, durch eine Ausweitung der Distributionsnetzwerke ihre politische Position zu stärken. Vor diesem Hintergrund kann man also durchaus von einer politischen Instrumentalisierung der wirtschaftspolitischen Reformen sprechen, besser noch von einer Neustrukturierung innerhalb existierender politischer Logiken und einer politischen Instrumentalisierung der Reformpolitik. Auch Djilali Liabès sieht die Restrukturierung des algerischen Staatssektors und die Zerschlagung der „sociétés nationales" weniger als einen Versuch den Staatssektor und die Wirtschaft insgesamt effizienter zu gestalten, sondern vor allem als das Resultat von Machtkämpfen zwischen verschiedenen Gruppen innerhalb der algerischen politischen Elite. Für Liabès sind die Reformbemühungen in den ersten Jahren der Präsidentschaft Chadlis deshalb Ausdruck einer Übergangsphase zwischen zwei Systemen:

> „La période précédente, celle de Boumédiene, ne s'achève pas avec sa mort, en 1978. On peut avancer l'hypothèse d'une période transitoire de refoulement de ses acquis, de mise en évidence de ses déviations, [...] de la transformation graduelle de l'économie, du discours politique et de recherche de nouvelles alliances et/ou de clientèles"
> (Liabès 1989: 216).

Auch Ouaissa (2005: 79) schreibt, dass das von der Chadli-Regierung vorgelegte Reformprogramm „zwar einen wirtschaftlichen Aufschwung versprach, aber vorrangig seine Macht konsolidieren sollte". In diesem Sinne war der Beginn der Reformpolitik in Algerien zu Beginn der 1980er Jahre zu einem guten Teil machtpolitisch motiviert und diente der Chadli-Fraktion und auch der Armee dazu, den Einfluss der alten Garde aus der Boumédiène-Ära in wirtschaftspolitischen Fragen zurückzudrängen. Die Reformbemühungen in der ersten Hälfte der 1980er Jahre stellten also keine kongruente wirtschaftspolitische Strategie dar. Zwar gab es vereinzelte Bemühungen die „Defekte" des Entwicklungsmodells aus der Boumédiène-Ära zu beheben, einen politischen Willen zum Bruch mit den zentralstaatlich organisierten Entscheidungsstrukturen war allerdings nicht vorhanden: „Dans les faits, cela se traduit par une véritable instrumentalisation politique de ces adjustements par le pouvoir de Chadli qui cherche à asseoir son autorité." (Dahmani 1999: 76)[136]

4.3.1 Die Krise von 1986

Ab Mitte der 1980er veränderten sich die Bedingungen der algerischen politischen Ökonomie grundlegend: Der Ölpreis, welcher im Jahr 1981 noch bei rund 40 US-Dollar pro Barrel gelegen hatte, fiel bis Ende des Jahres 1985 auf 15 US-Dollar pro Barrel (vgl. Grimaud/Léca 1986: 97).[137] Gleichzeitig verlor auch der US-Dollar etwa 40% seines Wertes gegenüber den europäischen Währungen, was die Probleme für Algerien, das seine Konsumgüter ganz überwiegend aus Europa importierte, noch verschärfte (vgl. Ruedy 1992: 246). Die Folge war, dass die algerischen Staatseinnahmen aus den Exporten des Hydrocarbonsektors massiv zurückgingen und im Jahr 1986 mit 7 Mrd. US-Dollar noch etwa die Hälfte der Einnahmen des Jahres 1985 darstellten (vgl. Vandewalle 1992: 196).[138] Damit zeigte sich zum ersten Mal in der Geschichte des unabhängigen Algerien die negativen Auswirkungen der enormen strukturellen Abhängigkeit vom externen Faktor des Ölpreises.

---

[136] Rouadjia (1994: 285) beschreibt diese Gleichzeitigkeit so: „A lire attentivement les dicours du chef de l'État et des commentateurs [...] entre 1979 et 1986 il se dégage l'expression d'une double volonté: rupture et contibuité."

[137] Dieser Preisverfall hatte verschiedene Ursachen; z.B. die geänderten Energieversorgungsstrategien der westlichen Industrieländer nach dem Ölpreisschock von 1979, die ihre Versorgung stärker auf Atomenergie ausrichteten, oder die Etablierung neuer Produzenten auf dem Weltenergiemarkt wie Angola oder Mexiko.

[138] Damit sank auch der Anteil der Einnahmen aus dem Hydrokarbon-Sektor am Gesamt-Budget Algeriens um die Hälfte: Von 44% im Jahr 1985 auf gut 23% im Jahr 1986 (vgl. Ouaissa 2005: 86).

Tabelle 4: **Wirtschaftsdaten Algerien (1984-88)**

Jahr	Exporte in Mrd. US-Dollar	Anteil des Hydrocarbon-sektors an Exporten in%	Importe in Mrd. US-Dollar	Auslands-verschuldung in Mrd. US-Dollar	BIP-Wachstum in%
1984	12,8	97,5	10,5	14,8	5,2
1985	13,0	97,6	9,8	17,1	2,7
1986	8,1	97,5	9,2	20,6	0,6
1987	9,0	97,5	7,0	24,6	-1,4
1988	7,6	95,5	7,4	25,0	-2,7

Quelle: Dahmani (1999); Ouaissa (2005); Ruedy (1992)

Wie aus Tabelle 4 deutlich wird, hatte der Zusammenbruch des Ölpreises direkte Auswirkungen nicht nur auf die durch den Export erzielten Staatseinnahmen, sondern ebenfalls auf die Importe, die ab 1985 massiv zurückgefahren wurden: „Depuis le début de l'année 1986, l'Entreprise Nationale de Distribution de l'Équipement industriel, chargée du monopole d'importation de machines à destination des deux secteurs privés et publics est en ‚panne' de devises et dû réduire son programme de 80%!!!" (Liabès 1989: 231). Dieser Rückgang machte sich insbesondere in der wirtschaftlichen Produktion bemerkbar. Da die Regierung die sozialen Folgen eines Rückgangs der Konsumgüterimporte fürchtete, wurden vor allem die Investitionsgüter-Importe beschnitten. Aufgrund der fehlenden Versorgung mit Produktionsinputs und Ersatzteilen und des daraus resultierenden Produktionsrückgangs fiel das durchschnittliche Wachstum in allen industriellen Sektoren in den Jahren 1985 bis 1988 mit -1,2% negativ aus. Wie Tabelle 4 zeigt, litt ab 1986 auch das gesamtwirtschaftliche Wachstum Algeriens und ab 1986 begann die algerische Wirtschaft massiv zu schrumpfen.

Zunächst versuchte die Chadli-Regierung die ausgefallenen Einnahmen durch Kredit-Gelder zu ersetzen, die sie auf dem internationalen Finanzmarkt erwarb. Doch dies verschärfte vor allem das Problem der Auslandsverschuldung, welche ab 1986 massiv anstieg. Da die von der Regierung durchgeführten Ausgabenkürzungen den Rückgang der Einnahmen nicht kompensieren konnten, stieg auch das Budgetdefizit Algeriens und erreichte 1988 rund 14% des BIP (vgl. Aissaoui 2001: 234). Algeriens „dept service ratio" – also der Anteil des Schuldendienstes an den Einnahmen aus dem Export – wuchs von 32,5% im Jahr 1984 auf 51% im Jahr 1986, und schließlich auf über 80% im Jahr 1988 (vgl. IMF 2000: 50). Gleichzeitig wurde es für Algerien immer schwieriger, zusätzliche Mittel auf dem internationalen Finanzmarkt zu erhalten, denn die

Kreditwürdigkeit des Landes wurde aufgrund der sich verschlechternden Wirtschaftsdaten zunehmend in Zweifel gezogen (vgl. Benderra 2002; Corm 1993: 22f).

Darüber hinaus war der algerische Staat in der zweiten Hälfte der 1980er Jahre mit einem rapiden Anstieg der Arbeitslosenzahlen konfrontiert, die vor allem auf den Rückgang der Beschäftigung im landwirtschaftlichen Bereich, aber auch auf das starke Bevölkerungswachstum insgesamt zurückzuführen waren.[139] Die Arbeitslosenquote stieg von 21% im Jahr 1984 auf 27% im Jahr 1988 an (vgl. Amarouche 2004: 279). Vor dem Hintergrund der staatlichen Ausgabenkürzungen und der wachsenden Arbeitslosigkeit erreichte auch die Unzufriedenheit in der Bevölkerung ab Mitte der 1980er Jahre einen Höhepunkt.[140]

Eine grundlegende Reform des algerischen Wirtschaftssystems und der Beziehung zwischen Staat, Ökonomie und Gesellschaft schien zu diesem Zeitpunkt unausweichlich. Anders als während der ersten Welle der Reformmaßnahmen unter der Regierung Chadli, die unter dem Eindruck der steigenden Einnahmen aus dem Hydrocarbon-Export stattgefunden hatte und – wie oben beschrieben – hauptsächlich darauf abzielte den Einfluss der alten Kader der Boumédiène-Ära zurückzudrängen, konnte die algerische Regierung den wirtschaftlichen Problemen nun nicht mehr mit den aus dem Energieexport gewonnenen finanziellen Mitteln und einer Steigerung der Konsumgüter-Importe begegnen.

In diesem Kontext geriet das algerische Entwicklungsmodell mit seinem Fokus auf eine staatlich gesteuerte Wirtschaft zum ersten Mal ernsthaft unter Druck. Die Kritik am algerischen „Staatskapitalismus", der seit 1962 gewissermaßen das ökonomische Gegenstück zur erlangten politischen Unabhängigkeit darstellte und lange Zeit von einem historisch-ideologischen Legitimationszusammenhang gestützt worden war, wurde nun immer offener artikuliert. So sprach sich Präsident Chadli ab 1985 wiederholt für eine stärker auf „Effizienz" zugeschnittene Wirtschaftsordnung aus und der damalige Minister für Leicht-Industrie, Messaoudi Zitouni, forderte einen „arrêt des intrusions de la politique dans la gestion de l'économie et la fin de l'Etat-providence" (vgl. Dahmani 1999: 87). Der ehemalige algerische Handelsminister Smaïl Goumeziane spricht

---

[139] In den 1970er Jahren war das Bevölkerungswachstum in Algerien mit 3,2% eines der höchsten der Welt. In den 1980er Jahren fiel diese Zahl auf 2,9%, jedoch wuchs der Anteil der Bevölkerung im Arbeitsalter wegen des großen Jugendanteils weiter mit 3,2% (vgl. Carlier 1995: 341).

[140] In der ersten Hälfte der 1980er Jahre hatte es vermehrt soziale Proteste gegeben, vor allem Streikbewegungen im Kontext der ersten Restrukturierung der staatlichen Betriebe. Ab 1985 nahmen die sozialen Protestformen immer stärker gewalttätige Formen an und mobilisierten sich auch außerhalb der großen von der Einheitspartei kontrollierten Organisationen wie der Einheitsgewerkschaft UGTA.

mit Bezug auf diese Phase der algerischen Reformbemühungen sogar von grundsätzlich neuen Ideen innerhalb der politischen Elite des Landes, die vor dem Hintergrund der katastrophalen Wirtschafts- und Finanzlage eine „passage d'une économie rentière à une économie productive" zum Ziel gehabt hätten (vgl. Goumeziane 1994: 189).

Allerdings spielten auch in dieser Periode der algerischen Reformpolitik nicht allein ökonomische Überlegungen und das Bemühen um eine Verbesserung der wirtschaftlichen Situation des Landes eine Rolle. Vielmehr lässt sich auch in dieser Phase der genuin *polit*-ökonomische Charakter der algerischen Reformpolitik erkennen, was wiederum die Heydemannschen Annahmen über die Unmöglichkeit der Durchsetzung rein „ökonomischer" Logiken bestätigt.

Rachid Ouaissa (2005: 89ff) hat darauf hingewiesen, dass die Reformmaßnahmen der zweiten Hälfte der 1980er Jahre im Kontext einer Auseinandersetzung zwischen zwei rivalisierenden Gruppen innerhalb der algerischen Staatselite stattfanden. Die „Reformer" um den Präsidenten Chadli, Premier Brahimi und den Industrieminister Messaoudi Zitouni standen dabei einem „konservativen" Lager gegenüber, welches sich vor allem aus Adepten des alten sozialistischen Plansystems der Boumédiène-Ära zusammensetzte. Letztere Gruppe wurde vor allem durch den FLN-Generalsekretär Cherif Messadia repräsentiert. Sie stützte sich auf den FLN-Parteiapparat und die mit ihm verbundenen Massenorganisationen wie die Einheitsgewerkschaft UGTA oder die Vereinigung der „moudjaheddine" (Freiheitskämpfer gegen Frankreich). In dieser Fraktion fanden sich auch viele höhere Kader der Staatsunternehmen, die fürchteten, bei einer Liberalisierung der nationalen Wirtschaft ihre Posten und damit den Zugang zur Rente zu verlieren. Das Ziel dieser Fraktion war es, die von der Exekutive geplanten Wirtschaftsreformen so weit wie möglich zu verhindern und die alten Verteilungsmechanismen der sozialistischen Ära aufrecht zu erhalten. Die Gruppe der Reformer um Präsident Chadli setzte sich hingegen aus einem Teil der algerischen Armee, den Geheimdiensten und einer Reihe von Geschäftsleuten zusammen, deren Gemeinsamkeit darin bestand, dass sie sich von der Auflösung des alten planwirtschaftlichen Modells und einer wirtschaftlichen Liberalisierung eine Möglichkeit erhofften, ihre eigene materielle Position zu verbessern (vgl. Dahmani 1999: 91f).[141] Ein Beispiel für die Vorteile, die Teile der algerischen politischen Elite aus der Liberalisierungspolitik ziehen konnten, ist die Agrarreform des Jahres 1987. Zu diesem Zeitpunkt wurden die bis dahin

---

[141]   Dahmani und auch Ouaissa beschreiben General Larbi Belkhair, der zur Zeit der Präsidentschaft Chadlis den Posten des „Directeur de Cabinet du Président" inne hatte, als den führenden Kopf dieser Gruppe. Belkheir wurde an anderer Stelle auch als Schattenpräsident und eigentlicher Machthaber Algeriens in der zweiten Hälfte der 1980er und in den 1990er Jahren beschrieben (vgl. Aggoun/Rivoire 2005: 148ff).

existierenden großen „Domaines Agricoles Socialistes" (DAS) aufgeteilt und teilweise Privatpersonen zugeschlagen (vgl. Baci 1999).

Auch bei der ab 1986/87 eingeleiteten zweiten Reformwelle unter der Chadli-Präsidentschaft kann man also davon sprechen, dass diese Maßnahmen nur bedingt einen genuin politischen Willen zur Verbesserung der sozio-ökonomischen Situation spiegelten, sondern ihren Ursprung ebenso im politischen Ränkespiel rivalisierender Elitensegmente hatten. Insofern war dieser Konflikt zwischen Konservativen und Reformern weniger ein ideologischer als ein politischer Konflikt. Der Faktor Ideologie als Erklärungsvariable für die Handlungsentscheidungen der algerischen politischen Elite in diesem Zeitraum ist daher nur bedingt geeignet. Vielmehr überzeugt die Erklärung von Rachid Ouaissa, der betont, dass die wirtschaftspolitischen Reformen in der zweiten Hälfte der 1980er vor allem als ein Instrument innerhalb der Auseinandersetzungen um die sich ab 1985 verknappenden Renten aus dem Hydrocarbon-Export verstanden werden müssen. Der hohe Ölpreis (und damit die hohen Renteneinnahmen) habe in der ersten Hälfte der 1980er Jahre dafür gesorgt, den Konflikt zwischen den rivalisierenden Flügeln der algerischen Staatsklasse, die sich nach dem Tod Boumédiènes herausgebildet hatten, zu befrieden. Aufgrund der Verknappung der Rente konnte dieser Mechanismus ab der Mitte der 1980er Jahre nicht mehr funktionieren (vgl. Ouaissa 2005: 88ff). Insofern kann man zu diesem Zeitpunkt auch – wie oben bereits angedeutet – von einer massiven Verstärkung der externen Einflussfaktoren auf die Dynamiken der algerischen politischen Ökonomie sprechen. Diese beschränkten sich in dieser Phase noch auf den sinkenden Ölpreis, sollten sich in Form der wachsenden Auslandsverschuldung später aber noch stärker auswirken (vgl. Abschnitt 4.4).

Ab 1986 konnten sich die Reformer um Präsident Chadli immer mehr durchsetzen. Im Januar desselben Jahres bestätigte ein Referendum die Verfassungsrevision der „charte nationale" von 1976, welche den Bezug auf den Sozialismus abschwächte und die angestrebten Reformen ermöglichen sollte. Ein neues Investitionsgesetz wurde verabschiedet, das den Privatsektor dazu animieren sollte, im produktiven Sektor zu investieren. Insgesamt konzentrierten sich die ab 1987 durchgesetzten Reformen vor allem auf die bereits oben erwähnte Agrarsektor-Reform und auf eine erneute Re-organisation der staatlichen Industrieunternehmen.

Der Kern der Reformen im öffentlichen industriellen Bereich war erneut eine größere Autonomie der Staatsunternehmen, die, nach einigem Zögern der verantwortlichen Akteure, zu Beginn des Jahres 1988 mit dem Gesetz 88-01 realisiert wurde. Das Ziel dieser erneuten Reorganisation der algerischen Staatsunternehmen war es offiziell „de faire en sorte que l'entreprise publique ne se limite plus à des simples fonctions d'exécution mais qu'elle devienne [...] un centre de décision autonome [...], pour définir les objectifs optimaux de son activité" (Hadj-Nacer 1989: 11). Prinzipiell sollten alle Unternehmen des öffentlichen Sektors – die „entreprises publiques économiques" (EPE) – über Fragen zur Produktion der von ihnen gefertigten Güter und auch über Investitionen selbst entscheiden. Das Planungsministerium wurde aufgelöst und durch einen „Conseil National de la Planification" (CNP) ersetzt, welcher dem Büro des Premierministers unterstellt war.[142]

Die „Autonomie" der algerischen Staatsunternehmen, die im Gesetz vom Januar 1988 festgelegt wurde, war allerdings eher formeller Natur, als dass sie den Betrieben wirklich umfassende Freiheiten in Hinblick auf die Verwaltung und Investitionsentscheidungen zugebilligt hätte. Das Kapital der Unternehmen war weiterhin im Besitz des Staates (genauer: der neu gegründeten so genannten „fonds de participation") und jede Veränderung (Veräußerung, Zukauf) des Unternehmenskapitals musste von einem Verwaltungsrat („conseil d'administration") gebilligt werden, dessen Mitglieder von der Regierung ernannt wurden.

Ahcène Amarouche hat die Konsequenzen dieser Konstellation treffend zusammengefasst:

„L'entreprise publique économique réputée autonome, ne jouit en réalité d'une autonomie formelle, l'essentiel des décisions la concernant étant pris aux échelons supérieur de la nouvelle organisation économique. {...} les membres du Conseil d'Administration des entreprises elles-mêmes étant pour la plupart cooptés, ils se trouvent en situation de dépendance morale vis-à-vis de ceux {...} qui les ont placé là pour leur servir dans leur stratégie de pouvoir, faisant ainsi partie de bonne grâce de ce que nous avons appelé plus haut la caste des dirigeants dont le chef suprême est le chef de gouvernement en personne."
(Amarouche 2004: 283)

Diese Strukturreform der Staatsunternehmen und weitere Reforminitiativen ab 1988 gingen zurück auf eine Gruppe von Reformern, die sich um Kasdi Merbah, den Nachfolger Brahimis als Premierminister, und Mouloud Hamrouche gebildet hatte. Unterstützt wurde sie von einer einflussreichen Gruppe von Offizieren innerhalb der algerischen Armee, dessen Kopf General Larbi Belkheir war, der offiziell den Posten als Kabinettsdirektor des Präsidenten innehatte.

Dieser Reformflügel der algerischen politischen Elite war allerdings nicht in sich homogen. Vielmehr stellte das Kabinett von Hamrouche, der 1989 Merbah als Premierminister ablöste, nach übereinstimmender Darstellung verschiedener Autoren eher eine Fassaden-Regierung dar, die zwar das technische

---

[142] Zusätzlich zu dieser erweiterten formellen Autonomie wurden die Staatsunternehmen von ihren sozialen Komponenten „befreit", wie Transport, Essensversorgung, Freizeiteinrichtungen, Unterkunft etc.

Know-how besaß, um die ökonomisch notwendigen Reformen umzusetzen, in Wirklichkeit aber von der Gruppe von Offizieren um Belkheir abhing, der die eigentliche politische Macht ausübte (vgl. Aggoun/Rivoire 2005: 150f). Es handelte sich eher um eine zeitlich begrenzte Allianz der Offiziere mit zivilen Technokraten, die schnell beendet wurde, als die Hamrouche-Regierung ihre Reformvorhaben zu sehr in den politischen Bereich ausweitete.

Das Lager der Konservativen innerhalb der algerischen politischen Elite, das den sozialistischen Konzepten der Boumédiène-Ära nachhing, wurde durch diese zeitweilige Allianz zwischen Reformern und Armee in den Hintergrund gedrängt. Zwar gab es auch ab 1986 immer wieder Versuche aus den konservativen Kreisen der FLN und der Einheitsgewerkschaft UGTA, die liberalen Reformen zu torpedieren, doch aufgrund der Unterstützung durch die mächtigen Kreise innerhalb der Armee konnte sich der Reformflügel um Hamrouche gegenüber den Konservativen weitgehend durchsetzen.

4.3.2 Die Oktober-Unruhen von 1988

Mitten in diesem Machtkampf zwischen rivalisierenden Lagern der algerischen politischen Elite brachen die Oktober-Unruhen des Jahres 1988 aus. Der Ursprung dieser Proteste, bei denen am 5. Oktober 1988 mehr als 500 Menschen ums Leben kamen, ist auch heute noch Gegenstand von Diskussionen.[143] Weitgehend unstrittig ist allerdings, dass zumindest ein Faktor zur Erklärung der Oktober-Proteste die immer schwierigere Versorgungslage mit Gütern des täglichen Gebrauchs und die allgemein schlechte sozio-ökonomische Situation waren (vgl. Bennoune 1990).

Die Liberalisierungspolitik der Chadli-Regierung hatte die sozialen Härten für die algerische Bevölkerung erheblich verstärkt – die Restrukturierung der Staatsunternehmen implizierte massive Entlassungen (die Arbeitslosenrate stieg von 11% 1984 auf 24% im Jahr 1988), der Rückgang der staatlichen Subventionen resultierte in steigenden Konsumgüterpreisen und die Beschneidung der Importe ließ einige Grundnahrungsmittel wie Zucker, Mehl und Brot in der zweiten Jahreshälfte 1988 knapp werden (vgl. Willis 1996: 201). Kurz nach den

---

[143] So wird in Algerien immer wieder die These vertreten, dass es Teile der algerischen Geheimdienste waren, die die Unruhen anstifteten, um Präsident Chadli und die Regierung zu schwächen. Siehe z.B. Hadjadj (1999). Abdelhamid Brahimi, Chadlis Premier von 1984-88 behauptet dagegen, dass der Präsident selbst diese Unruhen angestiftet hätte, um die Position der FLN-Kader zu schwächen, von denen er fürchtete, sie würden ihn bei den anstehenden Präsidentschaftswahlen 1988 nicht mehr als Kandidat aufstellen (vgl. Willis 1996: FN9). Für eine ausführliche Darstellung der Oktober-Proteste siehe Benkheira (1990). Für einen kritischen Umgang mit der These von den „food riots" Roberts (2002).

Oktober-Unruhen, die in der Hauptstadt Algier ihren Ausgang nahmen und sich in kurzer Zeit über das ganze Land ausbreiteten, hielt Präsident Chadli am 10. Oktober eine Rede, in der er „tiefgreifende" politische Reformen ankündigte. Dabei vermied er es, die Wörter FLN oder Partei auch nur in den Mund zu nehmen, um die vorwiegend jugendlichen Protestierenden nicht weiter zu provozieren. Denn im Zuge der Oktober-Proteste waren es vor allem die Symbole der Einheitspartei FLN gewesen, die zur Zielscheibe für die Proteste geworden waren. Nur vier Monate später besaß Algerien eine neue Verfassung, die das alte Einparteiensystem durch ein Mehrparteiensystem ersetzte und die Gründung von „associations à charactère politique" zuließ.

Es wäre jedoch verkürzt, den politischen Liberalisierungsprozess in Algerien zwischen 1989 und 1991 und die erneute Verfassungsrevision vom Herbst 1989 allein auf die Oktoberunruhen zurückzuführen (wie es z.b. Martin 2003; Testas 2002 tun). Ouaissa hat darauf hingewiesen, dass die Öffnung des algerischen politischen Systems und die Einführung des Parteienpluralismus – welche letztlich zum Sieg der FIS im ersten Wahlgang der Parlamentswahlen Ende 1991 führen sollte – nicht allein als Antwort auf die Unmutsäußerungen des Oktobers 1988, sondern eher als „ein Resultat von Kämpfen innerhalb der Staatsklasse" verstanden werden können (Ouaissa 2005: 101). Die politische Öffnung – und vor allem die Art und Weise der Liberalisierung –, so Ouaissa, sei vielmehr eine letzte „Fluchttür" für die algerische politische Elite gewesen als das Resultat direkten Drucks von unten. In den Kategorien Wolfgang Merkels kann man die Liberalisierung des algerischen politischen Systems am Ende der 1980er Jahre als „gelenkten Systemwechsel" bezeichnen. Solche gelenkten Transitionen unterscheiden sich nach Merkel von „ausgehandelten Transitionen", welche das Resultat der ausgehandelten Kompromisse zwischen Regierung und Opposition sind (vgl. Merkel 2003: 227).

Insgesamt muss an dieser Stelle festgehalten werden, dass die Entwicklungen innerhalb des algerischen polit-ökonomischen Systems in der zweiten Hälfte der 1980er Jahre entscheidend durch die sich verstärkenden externen Faktoren in Form der sinkenden Renteneinnahmen geprägt waren. Der Rückgang der extern generierten Rente führte einerseits zu einem Kampf zwischen verschiedenen Flügeln innerhalb der politischen Elite des Landes, der sich in einem Konflikt um die jeweils privilegierten wirtschaftspolitischen Ansätze manifestierte. Andererseits führte die durch den Rückgang der Rente erzwungene Austeritätspolitik in der algerischen Bevölkerung zu einem massiven Legitimitätsverlust der staatlichen Institutionen, der Einheitspartei FLN und des seit den 1970er Jahren bestehenden Gesellschaftskompromisses.

Dieser war bis zu diesem Zeitpunkt von drei Säulen getragen worden: Erstens, einem ausreichenden Einkommen des Staates durch die extern generierte Rente. Zweitens, distributiven Institutionen (insbesondere die staatlichen Industrieunternehmen) und drittens einer Identifizierung der Bevölkerung mit der vom Regime vorgeschlagenen nationalen Projekt (vgl. Bustos/Mané 2013: 40).

4.3.3 Politische Öffnung und Reformen unter Hamrouche

Im September 1989 entließ Chadli Premierminister Kasdi Merbah, nur drei Tage nachdem dieser das „agrément" für die FIS unterzeichnet hatte, und ersetzte ihn durch Mouloud Hamrouche. Zusätzlich wurden die zentralen Kabinettsposten mit Reformern besetzt, wie z.b. Ghazi Hidouci als Wirtschaftsminister und Smail Goumeziane als Handelsminister. Auch die Wirtschaftsreformen der Regierung Hamrouche zwischen 1989 und 1991 – die parallel zur Liberalisierung des politischen Systems durchgesetzt wurden[144] – müssen im größeren polit-ökonomischen Kontext der Jahrzehntwende gesehen werden. Chadlis Strategie im Übergang zwischen den 1980er und 1990er Jahren war eine Verknüpfung von politischer und wirtschaftlicher Liberalisierung. Das Ziel der Reformer war es, die Konsequenzen einer wirtschaftlichen Liberalisierung und die damit zusammenhängenden Veränderungen in der Verteilungsstruktur der Rente – welche auf massiven Widerstand in Teilen der politischen Eliten treffen würden – durch eine politische Liberalisierung zu flankieren und sich somit eine größere Unterstützung der Bevölkerung zu sichern (vgl. Ouaissa 2005: 112). In seinem 1989 vorgestellten Reformprogramm betonte Hamrouche, dass der wirtschaftliche Reformprozess nur über einen gleichzeitigen politischen Liberalisierungsprozess umgesetzt werden könne:

> „Le gouvernement est persuadé que le développement d'une stratégie de sortie digne et honorable de la crise, qui sauvegarde l'indépendance et la capacité économique du pays, ne peut se réaliser que dans un cadre institutionel transparent, ouvert à la pression et au contrôle des citoyens [...]."
> (Hamrouche 1989)

Neben der Fortführung der Restrukturierung der großen Staatsunternehmen nahm ab 1989 die Förderung des algerischen Privatsektors eine immer wichtigere Rolle ein (vgl. Dillman 2000: 47ff). Zusätzlich wurde im Juni 1989 das algerische Preisregime liberalisiert und mit dem „Loi sur la monnaie et le crédit" vom April 1990 bekam die algerische Zentralbank eine größere Unabhängigkeit

---

144   In der neuen Verfassung von 1989 war jeglicher Hinweis auf den Sozialismus getilgt.

vom Finanzministerium zugesprochen. Zudem wurden die Möglichkeiten für ausländische Investitionen in Algerien ausgeweitet[145] (vgl. Corm 1993: 19). Darüber hinaus beendete die Regierung Hamrouche im Sommer 1990 das Importmonopol des Staates. Aufgrund des stetig steigenden Schuldendienstes und der wachsenden Auslandsverschuldung richtete sich die algerische Regierung im Jahr 1989 auch zum ersten Mal an die internationalen Finanzinstitutionen – mit denen Algerien bis zu diesem Zeitpunkt quasi keinen Kontakt gehabt hatte – und erhielt 1989 ein erstes stand-by agreement[146] des Internationalen Währungsfonds (IMF), dem 1991 ein zweites Abkommen folgte. In der Phase zwischen 1989 und 1991 schien die Regierung Hamrouche mit ihren Reformbemühungen, die auf die Gleichzeitigkeit von politischer Öffnung[147] und einer Liberalisierung des wirtschaftlichen Systems setzten, Erfolg zu haben. Willis fasst die Situation zu Beginn der 1990er Jahre so zusammen: „Algeria entered the 1990s with programs of liberalization in the fields of politics and economics that together were arguably more comprehensive than any others in the Arab world" (Willis 1996: 203). Und Dahmani hebt hervor, dass die Regierung Hamrouche von allen Regierungen Algeriens seit 1980 die einzige war, die sich tatsächlich durch den Willen zu umfassenden wirtschaftlichen und politischen Reformen auszeichnete (vgl. Dahmani 1999: 141)

Zum wiederholten Mal in der Geschichte der politischen Ökonomie Algeriens sollten jedoch auch die Reformbemühungen der Regierung Hamrouche zum Opfer der Machtkämpfe innerhalb der politischen Elite Algeriens werden. In Bezug auf das Ende der Reformer-Regierung Hamrouches finden sich in der Literatur ebenfalls unterschiedliche und zum Teil widersprüchliche Aussagen. Jedoch scheint klar, dass es 1991 zu einem Bruch innerhalb der bis dahin zusammen arbeitenden Koalition von Reformbefürwortern kam und vor allem die einflussreichen Teile der algerischen Militärs aus zwei unterschiedlichen Gründen die Regierung nicht mehr unterstützten[148] bzw. auf die Ablösung Hamrou-

---

[145] Das Gesetz legte fest, dass ausländische Unternehmen in Algerien investieren und Filialen aufbauen konnten, ohne dass eine algerische Beteiligung notwendig war. 2009 wurde dieses Gesetz jedoch wieder revidiert (vgl. Abschnitt 8.4.1.)

[146] Dieses Instrument des IMF bietet Kredite für „emerging economies" in Krisensituationen zu günstigeren Konditionen als diese auf dem internationalen Finanzmarkt zu erhalten wären. Zusammen mit den zusätzlichen Einnahmen aufgrund des kurzfristigen Anstiegs der Ölpreise während des Golfkriegs 1990-91 konnte Algerien durch diese FMI-Kredite zu diesem Zeitpunkt eine Umschuldung verhindern. Dies änderte sich erst 1994 (siehe unten)

[147] Neben dem neuen Parteiengesetz, das die Gründung unabhängiger politischer Parteien ermöglichte, wurden in den Jahren 1989/90 außerdem ein Gesetz zur Pluralisierung der Gewerkschaftslandschaft und ein neues Pressegesetz verabschiedet.

[148] Dieser kündigte sich bereits mit der Ernennung Khaled Nezzars im Juli 1990 zum Verteidigungsminister an. Ein Posten, der bis dahin immer vom algerischen Präsidenten ausgefüllt worden war.

ches hinarbeiteten: Einerseits ergänzte Hamrouche seine Reformbemühungen durch umfangreiche Anti-Korruptions-Maßnahmen, von denen auch Personen innerhalb der Machtelite betroffen waren[149], andererseits verlor er aufgrund seiner toleranten Haltung gegenüber der aufstrebenden FIS das Vertrauen bei den radikal-säkularen Teilen der politischen Elite (insbesondere des Militärs), aber auch auf internationaler Ebene. Insbesondere in Frankreich war man nach dem Wahlsieg der FIS bei den Kommunalwahlen von 1990 der Meinung Hamrouche „spiele mit dem Feuer" (vgl. Corm 1993: 25).[150]

4.4 Retro-Politik, Schuldenkrise und die politische Ökonomie der Gewalt

Das Ende der Regierung Hamrouche – dieser wurde Anfang Juni 1991 zum Rücktritt gezwungen und durch Ahmed Ghozali ersetzt – läutete eine der chaotischsten und verheerendsten Phasen in der Geschichte der politischen Ökonomie Algeriens ein. Im Laufe von vier Jahren (1991-1994) wechselten sich drei verschiedene Regierungen ab, was die Uneinigkeit innerhalb der staatlichen Eliten auch in Bezug auf den zu verfolgenden wirtschaftspolitischen Kurs widerspiegelte. Und gleichzeitig erlebte Algerien – nach dem Wahlsieg der FIS in der ersten Runde der Parlamentswahlen – den Absturz in einen etwa zehn Jahre währenden bürgerkriegsähnlichen Zustand, dem am Ende 150.000 bis 200.000 Menschen zum Opfer fallen sollten.

Das Ende der Regierung Hamrouche bedeutete zunächst das Ende des liberalen Reformkurses und die weitgehende Rückkehr zu den alten Plankonzepten aus der Boumédiène-Ära. Diese Richtungsänderung zeigte sich nicht zuletzt an den nun im Vordergrund stehenden Personen: Der neue Premierminister Sid Ahmed Ghozali war unter Boumédiène von 1966 bis 1977 Chef des staatlichen Energieunternehmens Sonatrach gewesen und Belaid Abdesselam, der Ghozali 1992 ablöste, war, wie bereits in Abschnitt 4.3 beschrieben, der Hauptarchitekt der algerischen staatszentrierten Entwicklungsstrategie ab der zweiten Hälfte der 1960er Jahre.[151] Der Kern der neuen wirtschaftspolitischen Ausrichtung bestand

---

[149] So ließ er bspw. Listen veröffentlichen, auf denen Personen genannt waren, die von einer Privilegierung im Kontext der Landreform profitiert hatten (vgl. Ouaissa 2005: 114).

[150] Ouaissa (2005: 128) nennt außerdem, ebenso wie Dahmani (1999: 153ff), die Verhandlungen zwischen IMF und der Regierung Hamrouche als einen Grund für dessen erzwungenen Rücktritt. Aggoun/Rivoire (2005: 183) argumentieren, die Reformpolitik der Hamrouche-Regierung sei einfach „zu erfolgreich" gewesen, was die Intervention der Armeeoffiziere um Larbi Belkheir provoziert hätte.

[151] Zu Beginn der 1990er Jahre übernahmen zudem eine Reihe von Generälen wichtige Kabinettsposten. Larbi Belkheir wurde im Oktober 1991 Innenminister und Khaled Nezzar übernahm bereits im Juli 1990 den Posten des Verteidigungsministers, der traditionell (seit der Präsidentschaft Boumédiènes) vom algerischen Präsidenten besetzt wurde.

in einer Rückbesinnung auf das vermeintlich erfolgreiche Industrialisierungs-projekt der 1970er Jahre und einer Diskreditierung aller Reformversuche seit dem Tod Boumédiènes. Dementsprechend wurden fast alle Reformen der Ham-rouche-Regierung rückgängig gemacht bzw. eingefroren. Dem Vorbild Boumé-diènes folgend stand nun auch wieder die Hydrocarbon-Rente im Zentrum der wirtschaftspolitischen Ausrichtung und sollte als zentrales Instrument der staat-lichen Entwicklungsbemühungen dienen. Folglich konzentrierte sich die Ghoza-li-Regierung vor allem auf den Ausbau der Öl- und Gasförderung und die Aus-weitung der Exporte aus diesem Sektor. Dafür wurde sogar die Beteiligung aus-ländischer Unternehmen an der Ausbeutung der Öl- und Gasvorkommen in Al-gerien in Kauf genommen[152], um die Förderung und damit die aus dem Export erzielten Erlöse zu steigern. Diese Strategie der Refinanzierung durch die Stei-gerung der Hydrocarbon-Exporte erwies sich allerdings als nicht hinreichend, um die immer weiter wachsende Auslandsverschuldung Algeriens in den Griff zu bekommen und gleichzeitig die Finanzierung der dringend benötigten Impor-te sicherzustellen.

Grund dafür waren nicht zuletzt die überzogenen Erwartungen bezüglich der Entwicklung des Ölpreises. Für die Jahre 1992, 1993 und 1994 kalkulierte die algerische Zentralbank den Ölpreis durchschnittlich 34% zu hoch. Im Jahr 1993 bspw. rechnete sie mit einem Preis von 28,5 US-Dollar pro Barrel, der tatsächlich realisierte Preis lag jedoch bei 18,4 US-Dollar (vgl. Benabdallah 1999: 19). Die Auslandsverschuldung Algeriens war zu Beginn der 1990er Jah-re mit 25-27 Mrd. US-Dollar zwar vergleichsweise moderat.[153] Doch problema-tisch war insbesondere die Struktur der Schulden. Diese sorgte dafür, dass die Schuldentilgung bis 1994 auf über 80% der Exporteinnahmen (dept-ratio) an-stieg und das Land in einen akuten Liquiditätsengpass geriet (vgl. Dahmani 1999: 179f). Jedoch weigerten sich die Regierungen Ghozali und Abdesselam sich auf eine Umschuldung der Auslands-Obligationen mit dem Internationalen Währungsfonds – und ein damit verbundenes Strukturelles Anpassungspro-gramm (SAP) – einzulassen. Mit einer solchen quasi-Aufgabe der nationalen Souveränität im wirtschaftspolitischen Bereich und der Unterordnung unter die Bedingungen der internationalen Finanzinstitutionen hätte man das Scheitern des wirtschafts- und entwicklungspolitischen Modells offiziell eingestanden und die ohnehin schon erzürnte Bevölkerung weiter gegen sich aufgebracht. Zudem

---

[152] Mit dem Gesetz Nr. 91/21 vom 4. Dezember 1991 wurde ausländischen Unternehmen Beteili-gungen im Hydrokarbon-Sektor erlaubt, wenn die Sonatrach gleichzeitig mindestens 51% die-ser joint-ventures hielt (vgl. Benabdallah 2009: 18). Zuvor waren Minderheitenbeteiligungen von ausländischen Investoren lediglich bei der Exploration neuer Vorkommen akzeptiert wor-den.

[153] Algeriens Auslandsschulden entsprachen 1991 etwa der Hälfte des BIP. Dieser Wert lag bei den anderen Maghrebstaaten Marokko und Tunesien deutlich höher.

gab es massiven Widerstand aus Teilen der algerischen Elite (insbesondere der Bürokratie, den Kadern der Staatsunternehmen und den den Importsektor kontrollierenden Zirkeln), weil diese befürchteten, durch die Maßnahmen eines strukturellen Anpassungsprogramms könnten sie ihre privilegierten Stellungen verlieren. Omar Benderra hat die Wirtschaftspolitik in den Jahren 1991-1994 und ihre Folgen so beschrieben:

> „En raison de l'abandon du programme de réformes initié en 1990 [unter der Regierung Hamrouche, JH], les deux gouvernements successifs de Ahmed Ghozali (1991/92) et Bélaïd Abdesslem (1992/1994), ayant conduit une politique de plus en plus nette de retour à l'économie administrée des années 1970, aboutissent à des résultats négatifs dans l'ensemble des domaines. La production industrielle, faute d'approvisionnements et du fait des modifications permanentes de l'environnement administratif et réglementaire, accuse des baisses dépassant 50% dans de nombreuses branches, notamment dans le secteur privé. Les entreprises de production et de sous-traitance sont pratiquement paralysées par l'interventionnisme de l'administration, les retards de paiement au titre des marchés publics et la limitation des programmes d'importation."
> (Benderra 2002: 239)

Vor dem Hintergrund dieser katastrophalen wirtschaftlichen Situation verschlechterte sich die sozio-ökonomische Lage massiv. Die Arbeitslosigkeit, die 1986 bei 23% gelegen hatte, stieg bis auf knapp 30% (vgl. Lloyd 2003). Die aufgrund des Devisenmangels zurückgefahrenen Importe von Konsumgütern führten zu einer Verknappung der täglichen Gebrauchsgüter. Ende des Jahres 1993 war Algerien praktisch zahlungsunfähig, bekam keine neuen Kredite mehr auf dem internationalen Geldmarkt und im April 1994 war die Regierung unter dem neuen Premierminister Redha Malek gezwungen, erneut ein Abkommen mit dem IMF zu unterzeichnen, dem einen Monat später das erste Umschuldungsabkommen mit dem Pariser Club[154] folgte.

Mit dem ersten Abkommen dieser Art von 1994 trat Algerien in eine Phase der wirtschaftspolitischen Abhängigkeit von seinen internationalen Gläubigern und den sie vertretenden Institutionen ein.[155] Gleichzeitig mit dem ersten Ab-

---

[154] Der Pariser Club ist ein informelles Gremium von Gläubiger-Staaten, in dem mit Schuldner-staaten über den Erlass oder die Restrukturierung von Schulden verhandelt wird. Der Londoner Club ist eine vergleichbare Institution, allerdings für private Gläubiger der Kreditwirtschaft.

[155] Algerien unterzeichnete bis 1996 zwei Umschuldungsabkommen mit dem Pariser Club und dem Londoner Club, bei denen insgesamt Obligationen in Höhe von rund 15 Mrd. Dollar umgeschuldet wurden. Benderra (2002: 240) schreibt dazu: „La disparition de toute marge de manœuvre entraîne deux gouvernements successifs, conduits par Rédha Malek et Mokdad Sifi, dont les ministres des finances sont des anciens collaborateurs de la Banque Mondiale, à

kommen von 1994 erhielt Algerien eine Finanzspritze des IMF. Diese Umschuldungsmaßnahmen reduzierten die dept-ratio Algeriens im Jahr 1994 von 93% (ohne Umschuldung) auf 47% und verschafften dem Land ein wenig Luft gegenüber seinen ausländischen Gläubigern. Ohne diese Umschuldung hätte Algerien praktisch seine gesamten Einnahmen sofort wieder in die Schuldentilgung stecken müssen. Berücksichtigt man, dass Algerien im Jahr 1994 allein 10 bis 12 Mrd. US-Dollar für Importe von Lebensmitteln, Medikamenten und Investitionsgütern benötigte, wird deutlich, dass die Umschuldung zu diesem Zeitpunkt unausweichlich war (vgl. Bouyacoub 1997: 77). Damit manifestierte sich in dieser Phase der bereits seit Mitte der 1980er Jahre offensichtliche Einfluss externer Faktoren auf die politische Ökonomie Algeriens zusätzlich.

Denn an die Umschuldung und die Abkommen mit dem IMF waren zudem eine Reihe von strukturellen Anpassungsmaßnahmen gebunden. Im Großen und Ganzen folgte das SAP den Überlegungen des neo-klassischen monetaristisch-liberalen Ansatzes. Es sah die Liberalisierung der Preise und des Außenhandels, eine Abwertung des algerischen Dinars und die Restrukturierung und Privatisierung des staatlichen Sektors vor (vgl. Benissad 1997: 111). Diese vom IMF verordneten Maßnahmen wurden von der Regierung Malek und seinem Nachfolger als Regierungschef Mokdad Sifi (1994-1995) konsequent umgesetzt. In Folge dieser vom IMF oktroyierten Politik stabilisierte sich die makro-ökonomische Situation Algeriens relativ schnell. Das algerische Budget-Defizit ging zurück und übertraf sogar noch die Anforderungen des IMF.[156] Das BIP-Wachstum, das in den ersten Jahren der 1990er Jahre noch negativ ausgefallen war, stieg in den Jahren 1995-1996 auf 4%. Dieses erneute Wachstum war allerdings weniger den Maßnahmen der Strukturanpassung geschuldet als einem erneuten Anstieg der Ölpreise in diesem Zeitraum (um 21%) und einer außergewöhnlich guten Ernte.[157]

Viele Autoren verweisen zudem darauf, dass die makro-ökonomische Stabilisierung Algeriens im Zuge der Anwendung des IMF-Anpassungsplans zwar durchaus als erfolgreich bezeichnet werden könne, die sozio-ökonomischen Effekte auf die Bevölkerung jedoch verheerend waren. Benissad geht soweit zu behaupten, die Durchsetzung des SAP habe zum „quasi-Verschwinden" der algerischen Mittelklasse und damit zu einer Perpetuierung der Wirtschaftskrise geführt (vgl. Benissad 1997: 113). Auch die International Crisis Group (ICG) schrieb in diesem Zusammenhang: "[…]despite the satisfaction felt in the West

---

mettre en œuvre un Programme d'ajustement Structurel (PAS) de quatre années (un an/trois ans) à l'initiative totale du F.M.I.."

[156] Das algerische Budget-Defizit sank von 8,7% im Jahr 1993 auf nur noch 1% im Jahr 1996 (vgl. Bouyacoub 1997: 79).

[157] Die Rolle des gestiegenen Ölpreises bei der Verbesserung der makro-ökonomischen Situation konstatierte auch der IMF selbst (vgl. IMF 1998: 16).

over Algeria's recent macro-economic performance, the crisis is as bad as ever in micro-economic and social terms" (ICG 2001: 6).

Tatsächlich bedeutete die Umsetzung der SAP-Vorgaben einen gravierenden Einschnitt für die algerische Bevölkerung: Zahlreiche staatliche Unternehmen, die als nicht mehr refinanzierbar oder privatisierbar galten, wurden geschlossen und es kam zu massiven Entlassungen der im öffentlichen Sektor Beschäftigten. Die Arbeitslosigkeit erreichte mit 28% 1995 einen Höhepunkt; allein im Jahr 1996 wurden knapp 56.000 Angestellte und Arbeiter des staatlichen Sektors entlassen, gefolgt von 130.000 Entlassungen in den folgenden zwei Jahren, hauptsächlich im Industriesektor (vgl. Bouyacoub 1997: 79).

Gleichzeitig sank die Kaufkraft der privaten Haushalte rapide, vor allem aufgrund einer starken Inflation, staatlicher Lohnkürzungen und der Tatsache, dass der algerische Dinar gegenüber ausländischen Währungen stetig an Wert verlor und die allermeisten Konsumgüter Importprodukte waren. Zwar führte die Abschaffung des staatlichen Außenhandelsmonopols im Kontext des SAP dazu, dass die meisten Konsumgüter wieder zur Verfügung standen, doch für die meisten Algerier waren sogar die Produkte des täglichen Bedarfs außerhalb ihrer finanziellen Reichweite[158] (vgl. Dahmani 1999: 186). Mit Blick auf die vom IMF geforderte Budgetdisziplin wurden zudem die staatliche Förderung des Wohnungsbaus (-70%) und andere soziale Unterstützungsmaßnahmen zurückgefahren. „[I]l est indéniable que l'ajustement structurel [...] est à l'origine d'une paupérisation rapide et inquiétante de la majeure partie de la population et d'un élargissement des inégalités sociales" (Benissad 1997: 118).[159]

Ebenso wenig waren die Anpassungsmaßnahmen des IMF geeignet, die strukturellen Probleme des algerischen Produktivsektors zu beheben. Das Finanzdefizit der algerischen Staatsunternehmen vergrößerte sich sogar noch: von rund 10 Mrd. Dinar im Jahr 1994 auf über 100 Mrd. Dinar zwei Jahre später. Aufgrund der sinkenden Kaufkraft, der Unfähigkeit der staatlichen Unternehmen weiter zu investieren und den sinkenden direkten staatlichen Investitionen im produktiven Sektor fiel die industrielle Produktion (außerhalb des Hydrocarbonsektor) zwischen 1993 und 1996 um durchschnittlich knapp 5%. Auch die 1995 zum ersten Mal offiziell in Angriff genommene Privatisierung von Staatsunternehmen lieferte nicht die gewünschten Ergebnisse. Im August 1995 verabschiedete die Sifi-Regierung ein Gesetz, das den Verkauf der staatlichen EPE ermöglichte, und 1998 wurden 200 der ca. 400

---

[158] So stieg bspw. der Preis für eine Baguette von 15 Dinar im Jahr 1991 auf 120 Dinar im Jahr 1996.

[159] Dahmani (1999: 192) schreibt zu dieser Frage: „Le PAS a donc conduit à une profonde détérioration de la situation des classes moyennes, celles là mêmes qui avaient profité du processus d'industrialisation des années 1970 et qui, jusqu'à la fin des années 1980 détenaient des positions importantes dans les différents appareils économiques, administratifs et sociaux."

ermöglichte, und 1998 wurden 200 der ca. 400 EPE zur Privatisierung freigegeben. Doch das Interesse von algerischen und internationalen Investoren hielt sich aufgrund der stark defizitären Situation der Unternehmen und der schlechten Sicherheitslage in den 1990er Jahren in Grenzen (vgl. Dillman 2000: 82f).

4.4.1 Politische Ökonomie der Gewalt

All diese Maßnahmen zur wirtschaftlichen Restrukturierung der algerischen Wirtschaft und die zunehmenden sozio-ökonomischen Probleme wurden begleitet bzw. beeinflusst von einem bewaffneten Konflikt, der das Land ab 1992 für etwa zehn Jahre in eine Schockstarre versetzte. Die genauen politischen Umstände dieser „décennie noire" sind an anderer Stelle umfassend analysiert worden (vgl. Malti 1999; Martínez 1998; Souaïdia 2001) und sollen deswegen hier nur knapp erläutert werden.

Als Auslöser des bewaffneten Konfliktes in Algerien gilt gemeinhin die Annullierung der zweiten Runde der Parlamentswahlen 1991, bei der sich ein Erfolg der islamistischen „Front Islamique du Salut" (FIS) abzeichnete. Aufgrund eines im April 1991 beschlossenen Wahlgesetzes, welches eine höhere Gewichtung der in ländlichen Gebieten abgegebenen Stimmen vorsah[160], kam es bereits im Vorfeld der Wahlen zu Auseinandersetzungen zwischen der FIS-Anhängerschaft und den staatlichen Sicherheitskräften. Nachdem durch die Armee erzwungenen Rücktritt Bendjedids und der Annullierung der Wahlen im Januar 1992 folgte die Einsetzung eines so genannten „Haut comité d'état" (HCE) durch die Armee, welches die präsidialen Aufgaben für den Rest der Amtszeit Bendjedids übernehmen sollte. Eine der ersten Maßnahmen dieses HCE war ein Verbot des Gebrauchs von Moscheen für politische Versammlungen. Dies führte zu gewalttätigen Auseinandersetzungen mit Anhängern der FIS und schließlich zum Verbot dieser Partei und der Verhängung eines Ausnahmezustands, der fast ein Jahrzehnt Bestand haben sollte[161]. Im Anschluss an die Ereignisse zwischen Dezember 1991 und Februar 1992 formierten sich in Algerien verschiedene islamistische Gruppierungen, die einen bewaffneten Kampf

---

[160] Dies waren die Gebiete, in denen die FLN mit der größten Zustimmung rechnen konnte, während die FIS in den urbanen Gebieten im Norden stärkere Zustimmung besaß.

[161] Erst im Frühjahr 2011 hob das algerische Regime unter dem Eindruck der Ereignisse in Tunesien und Ägypten den Ausnahmezustand auf. Jedoch ohne konkrete Wirkung für bspw. die Versammlungsfreiheit in der Hauptstadt Algier, wo Demonstrationen weiterhin verboten blieben (vgl. Achy 2013).

gegen die Armee und andere Sicherheitskräfte aufnahmen.[162] Der inner-algerische bewaffnete Konflikt – in dem schließlich das algerische Militär die Oberhand gewann und dessen Ende gemeinhin auf das Jahr 2002 datiert wird[163] – forderte Schätzungen zufolge bis zu 200.000 Menschenleben und hinterließ eine traumatisierte Generation. Etwa 1,5 Million Menschen flüchteten vor den Kämpfen, Zehntausende davon ins Exil und bis heute werden tausende Personen vermisst (vgl. Lowi 2003).

Der Konflikt hatte zudem tief greifende Auswirkungen auf die politische Ökonomie Algeriens, die an dieser Stelle beleuchtet werden müssen. Insbeson-dere ab der zweiten Phase des bewaffneten Konfliktes (1994-1995), die von einem massiven Anstieg der Gewalt geprägt war, wurde deutlich, dass die Stra-tegien der unterschiedlichen Konfliktparteien stark durch deren wirtschaftliche Interessen bestimmt wurden, gleichzeitig kam es zu einem fast vollständigen Verlust des Staates „over the domestic political economy" (Lowi 2009: 126). Ouaissa geht noch weiter und beschreibt den gesamten Konflikt in Algerien in den 1990er Jahren als „Verteilungskonflikt" mit vielen Ebenen und diversen gesellschaftlichen Gruppen, der sich nicht – wie oft geschehen – auf die simpli-fizierende dichotome Unterscheidung eines Kampfes zwischen zwei ideologisch konträren Gesellschaftsmodellen reduzieren lasse.[164] Vielmehr, so Ouaissa, habe die Fassade des politisch-ideologischen Lagerkampfes eine Konfrontation auf einer anderen Ebene verdeckt, und zwar einen „Konflikt um die Rolle des Staa-tes in der Wirtschaft bzw. den Grad der Privatisierung sowie den Kampf um einen neuen Verteilungsmodus der Rente [...]." (Ouaissa 163f). Dabei seien Gewalt und Praktiken der „Gewaltmanipulation" zum normalen Bestandteil der politischen Strategien der Akteure geworden.

Diese polit-ökonomische Ebene des algerischen Binnenkonfliktes manifes-tierte sich vor allem in zwei wirtschaftlichen Bereichen, die eng mit den vom IMF verordneten strukturellen Anpassungsmaßnahmen verbunden waren. Zu-nächst betraf dies die Liberalisierung des Importsektors ab 1994.[165] Die Regie-rung Malek hob das Importmonopol des Staates auf und bis zum Ende des Jah-

---

[162] Die einzelnen Gruppierungen unterschieden sich durch ihre Zielsetzungen und Praktiken, so dass nicht von der *einen* islamistischen bewaffneten Opposition innerhalb des Konfliktes ge-sprochen werden kann (vgl. ICG 2004: 10ff und Martinez 1998: 302ff).

[163] Bis heute sind in bestimmten Gegenden des Landes noch bewaffnete Gruppen aktiv.

[164] Oft wurde der „Bürgerkrieg" in Algerien auf einen ideologischen Antagonismus zwischen einem säkularen Lager (Regime/Armee) und einem islamistischen Lager (bewaffnete Gueril-la-Gruppen) reduziert und damit als eine rein politisch-ideologische Auseinandersetzung dar-gestellt, ohne die polit-ökonomische Implikationen hinreichend zu würdigen.

[165] Eigentlich betraf die Liberalisierung den gesamten Außenhandel, also auch die Exporte. Da Algerien allerdings außer den Produkten des Hydrokarbonsektors quasi nichts exportierte, kann diese Seite hier vernachlässigt werden.

res 1994 konnten so gut wie alle Produkte ohne Restriktionen importiert werden. Daraufhin entstanden quasi über Nacht tausende neuer, vor allem kleinerer Import-Unternehmen, deren Besitzer zuvor häufig im *trabendo* (Schmuggel) tätig gewesen waren. 1997 sprach der algerische „Conseil National Économique et Social" bereits von etwa 24.000 „privaten Operateuren" im Bereich des Außenhandels (vgl. Dillman 2000: 94).

Dieses Betätigungsfeld erwies sich für bestimmte Regime- und Armeekreise als ebenso lukrativ wie für die Finanzierung der bewaffneten Gruppierungen in Algerien.[166] Der liberalisierte Importsektor bot den bewaffneten Gruppen diverse Möglichkeiten das im Zuge ihres „banditisme" (Erpressungen, Entführungen und Straßenraub) akkumulierte Kapital zu investieren. In diesem Sinne schuf der liberalisierte Importsektor Möglichkeiten für die bewaffneten Gruppen, ihre Finanzierung zu verstetigen und auf ein weniger riskantes Feld zu verlagern.

„En premier lieu, la libéralisation du commerce, entreprise à partir d'avril 1994 sous la houlette du FMI, s'avère, pour certains 'moudjahidin', une véritable opportunité de recyclage dans l'import/export des profits et valeurs accumulées pendant le 'djihad', et donc aussi d'ascension sociale fulgurante."
(Martinez 1995: 26)

In ähnlicher Weise wurde die ab 1994 voranschreitende Privatisierung der algerischen Staatsunternehmen zu einem Kampfplatz der unterschiedlichen Konfliktparteien. Vor allem die in Algerien als „Emire" bezeichneten Akteure – lokale Führer der bewaffneten Gruppen und Profiteure der anarchisch-gewaltsamen Umstände – drängten mit Gewalt in die Lücken, die nach dem Rückzug des Staates entstanden waren.[167] Andererseits diente die Privatisierung einiger Sektoren (vor allem Hotellerie und Restauration) auch der Kooptation der lokalen Emire durch die staatlichen Autoritäten (vgl. Martinez 1995: 7).
Luis Martinez fasst die Logik dieser „politischen Ökonomie der Gewalt" treffend zusammen:

---

[166] Werenfels beschreibt, dass Mitte der 1990er Jahre einige Generäle der algerischen Armee als „le général du sucre" oder „le général du médicament" bekannt waren, womit der von diesen Personen kontrollierte Importsektor bezeichnet wurde (vgl. Werenfels 2007: 50).

[167] Luis Martinez hat dieses Phänomen ausführlich beschrieben. Siehe Martinez (1998: 189ff)

„La guerre et ses protagonistes, loin d'être circonscrits au seul affrontement armé, sont enchevêtrés dans des logiques économiques et politiques. La politique de privatisation qui mène le régime depuis 1994 est aussitôt récupérée par les acteurs de la guerre civile à leur profit; il en résulte une ,économie du pillage' où notables ,émirs' et militaires s'approprient des nouvelles ressources et entretiennent par là le niveau de la violence."

(Matinez 1998: 190)

Der algerische Gewaltkonflikt in den 1990er Jahren kann also als eine Restrukturierung der algerischen politischen Ökonomie in dem Sinne verstanden werden, als er Gewalt als Mittel der Akkumulationspraktik zu einer Art Normalität verhalf.

In diesen Zeitraum fällt zudem eine enorme Ausweitung der informellen Ökonomie Algeriens und ein allgemeiner Kontrollverlust des Staates über die ökonomischen Aktivitäten. Dies geschah einerseits aufgrund der vom IMF verordneten Liberalisierungspolitik, andererseits aufgrund der Verdrängung des Staates durch die bewaffneten Gruppen und die Zerstörung staatlicher Produktionsmittel.[168]

All dies hatte zur Folge, dass die strukturellen Probleme der algerischen Ökonomie – ineffiziente und überschuldete Staatsunternehmen, hohe Arbeitslosigkeit, Abhängigkeit von der Rente des Hydrocarbonsektors – weiterhin bestanden und sich teilweise sogar noch verstärkten. Die durch den IMF oktroyierten Liberalisierungsmaßnahmen wurden vom Regime zwar strikt umgesetzt, doch führten sie nicht zu einer transparenten und effizienten Restrukturierung, sondern, im Kontext der allgegenwärtigen Gewalt und Nicht-Kontrollierbarkeit, zur Entstehung einer „économie de pillage", der Ausweitung von Korruption und informellen ökonomischen Aktivitäten. Die Öffnung und Liberalisierung von Bereichen der algerischen Wirtschaft diente vielmehr einerseits der „Weisswaschung" der durch Regimeklienten akkumulierten Renten und bot andererseits eine attraktive Möglichkeit zur Finanzierung der militanten Gruppierungen. Auch in dieser Phase kann man also im Sinne Heydemanns von einer politischen Instrumentalisierung der wirtschaftlichen Reformpolitik sprechen, welche die bestehenden, politisch überformten Verteilungsnetzwerke restrukturierte, aber keinesfalls unterminierte. Über diese Situation des (lukrativ-organisierten) Chaos in Algerien zur Mitte der 1990er schreibt Dillman:

„There are few parallels in the rentier world [...] to the wide-scale conversion of army officers and high ranking cadres into pseudo-private entrepreneurs and preda-

---

[168] Amarouche (2004: 263) schreibt dazu: „Des unités de production de nombreuses entreprises publiques autonomes fut brûlées, leurs équipements industriels détruits ou sabotés tandis que les salariés d'autres unités encore furent interdits d'accès à leur lieux de travail par la menace terroriste qui pesaix sur eux."

tors through privatisation, deregulation of importing, liquidation of local public companies and joint ventures between multinationals and the remnants of state companies."
(Dillman 2000: 134)

Zeitgleich zu den sich ausbreitenden neuen Akkumulationsstrategien der algerischen Staatsklasse und der bewaffneten Gruppierungen verschlechterte sich die sozio-ökonomische Situation der algerischen Bevölkerung massiv. Aufgrund der um sich greifenden Gewalt vor allem in ländlichen Gebieten verließen zwischen 1993 und 1997 etwa 1,5 Millionen Algerier ihre Dörfer und suchten Schutz in den Peripherien der größeren Städte, was die dortige sozioökonomische Situation weiter verschärfte. Aufgrund der massiven Abwertung des algerischen Dinar musste ein Durchschnitts-Haushalt etwa 70% seines Einkommens für Lebensmittel aufwenden. Die Armutsquote stieg in dieser Zeit auf rund 35% und selbst Krankheiten, die seit Anfang der 1970er Jahre zurückgedrängt schienen – wie Typhus und Tuberkulose – traten wieder auf (vgl. Martinez 2010: 116).

Vor diesem Hintergrund erstaunt es nicht, dass die 1990er Jahre in Algerien den Bruch zwischen Staat und Gesellschaft, der bereits seit der zweiten Hälfte der 1980er Jahre zu erkennen war, unwiderruflich besiegelte. Die traditionellen Legitimationsressourcen des Staates, der sich lange Zeit auf das nationale Erbe des Antikolonialismus und den mythologisierten „Guerre de la Libération" gestützt hatte, verloren endgültig ihre Strahlkraft.

4.5 Bouteflika und der makroökonomische Aufstieg

Die Wahl von Präsident Bouteflika im April 1999 markierte in zweierlei Hinsicht einen Wendepunkt[169]: Zum einen nahmen die gewaltsamen Auseinandersetzungen zwischen den islamistischen bewaffneten Gruppen und der Armee seit Ende der 1990er Jahre stark ab. Bereits Ende 1997 trat ein geheim verhandelter Waffenstillstand zwischen der Armee und dem bewaffneten Arm der FIS, der Armée Islamique du Salut (AIS), in Kraft. Die Entscheidung der AIS-Führung zu diesem Schritt war insbesondere auf die Tatsache zurückzuführen, dass viele der zivilen Opfer von Massakern im September 1997 entweder Angehörige der FIS oder Familien von Angehörigen waren (vgl. ICG 2004: 14). Einige Monate nach seiner Amtseinführung setzte Bouteflika das erste von zwei

---

[169] Die Wahl Bouteflikas zum Präsidenten am 15. April 1999 wurde durch die Tatsache überschattet, dass alle 6 Gegenkandidaten Bouteflikas aus Protest gegen Wahlmanipulation ihre Kandidaturen einen Tag vor der Wahl zurückzogen (vgl. Garcon 1999).

Amnestiegesetzen durch.[170] Zum anderen verbesserte sich ab diesem Zeitpunkt die makroökonomische Situation des Landes zusehends. Dies war allerdings fast ausschließlich auf den ab der zweiten Jahreshälfte 1999 wieder steigenden internationalen Ölpreis zurückzuführen. Nachdem dieser 1998 mit 10 US-Dollar pro Barrel den tiefsten Stand seit 20 Jahren erreicht hatte, stieg er im Laufe des Jahres 1999 auf 25 US-Dollar, was vor allem auf neue von der OPEC eingeführte Förderquoten zurückzuführen war. Auch in den darauf folgenden Jahren stieg der Preis für Rohöl weiter an.

Vor diesem Hintergrund war Algerien im Stande, seine in den 1990er Jahren bis auf ein erdrückendes Niveau angestiegene Auslandsverschuldung nach und nach abzubauen. Insbesondere in den Jahren 2005 und 2006 bediente das Land vorzeitig einen großen Teil seiner Auslandsobligationen und im Jahr 2010 betrug die Auslandsverschuldung nur noch 5,16 Mrd. US-Dollar (vgl. IMF 2012a), im Gegensatz zu über 30 Mrd. im Jahr 1998. Die Einnahmen aus dem Öl- und Gasexport waren so groß, dass Algerien im Verlaufe der 2000er Jahre umfassende Devisenreserven anlegen konnte. Diese lagen Ende 2011 bei über 182 Mrd. US-Dollar (vgl. EIU 2012) und waren damit fast so hoch wie das gesamte Bruttoinlandsprodukt des Landes, das im Jahr 2012 knapp 195 Mrd. US-Dollar betrug (vgl. IMF 2012b: 20).

Unter diesen Umständen wurde die Präsidentschaft Bouteflikas gewissermaßen zum Synonym für wirtschaftliche Prosperität und eine wiedergefundene politische Stabilität nach Jahren der bewaffneten Auseinandersetzung und des wirtschaftlichen Niedergangs in den 1990er Jahren. Insbesondere im Kontext der unmittelbaren Nachwirkungen des Konfliktes erwiesen sich die durch den steigenden Ölpreis wachsenden Einnahmen als Glücksfall für das algerische Regime. Der überraschende Reichtum des Staates ermöglichte zumindest die ökonomische Reintegration von etwa 500.000 Kämpfern und Milizionären, die in vom Staat bewaffneten Bürgerwehren, den so genannten „Groupes de légitime défense", oder in den Anti-Terror-Einheiten der Polizei gekämpft hatten (vgl. Martinez 2010: 146). Ebenso konnten die schlimmsten Auswirkungen der

---

[170] Vor allem das zweite große Amnestiegesetz, die „Charte pour la paix et la réconciliation nationale", die 2005 durch ein Referendum offiziell angenommen wurde, war und ist stark umstritten, da sie keinerlei Aufarbeitungs-Mechanismen für die geschehenen Verbrechen vorsieht und von vielen Algeriern vor allem als ein Mittel angesehen wurde, die Verantwortlichen innerhalb der algerischen Sicherheitskräfte zu schützen (vgl. z.b. Oumma 1.10.2005). Vor allem seit der ersten Wiederwahl Bouteflikas 2004 war innerhalb des algerischen Regimes zudem ein Zurückdrängen der Armee durch den zivilen Pol der Präsidentschaft zu beobachten (vgl. dazu Roberts 2007).

in der Folge des Bürgerkrieges stark gestiegenen Arbeitslosigkeit zumindest gedämpft werden.[171]

Ab 2001 legte die algerische Regierung zudem zwei staatliche Investitionsprogramme auf, mit denen die Wirtschaft des Landes angekurbelt werden sollte. Im Zuge des „Plan triennal de soutien à la relance économique" (PSRE) stellte die Regierung umgerechnet 7 Mrd. US-Dollar über einen Zeitraum von drei Jahren zur Verfügung und beim „Programme complémentaire de soutien à la relance économique" (PCSRE) für den Zeitraum 2005 bis 2009 waren es sogar 55 Mrd. US-Dollar. Diese enormen Summen wurden vor allem in den Bereichen Infrastruktur (bspw. für den Bau einer Ost-West-Autobahnverbindung), in die Verbesserung der Lebensverhältnisse (z.B. Subventionen für Grundnahrungsmittel), die administrative Infrastruktur und im Produktionsbereich investiert (vgl. El Watan 11.4.2005).

Die erstarkte makroökonomische Position Algeriens und die wachsenden Finanzreserven des Staates änderten allerdings nichts an der nach wie vor virulenten Notwendigkeit struktureller Reformen. Wie im folgenden abschließenden Abschnitt dieses Kapitels erläutert wird, leidet Algerien auch heute noch an massiven strukturellen Defiziten, die sich primär aus dem Rentierstaatscharakter des Landes erklären lassen.

4.6 Heutige Strukturprobleme der algerischen Wirtschaft: Deindustrialisierung im Rentierstaat

In diesem Abschnitt steht die Betrachtung der algerischen Wirtschaftsstruktur zum Ende des ersten Jahrzehnts des neuen Jahrtausends im Mittelpunkt. Die seit dem Anfang der 2000er Jahre erlebte makroökonomische Stabilisierung und die zunehmenden Einnahmen aus dem Hydrocarbon-Export haben an den strukturellen Grundproblemen der algerischen Wirschaft nichts geändert: Der Hydrocarbonsektor dominiert nach wie vor die algerische Wirtschaftsstruktur. Tabelle 5 und Abbildung 1 zeigen die Anteile der unterschiedlichen Wirtschaftssektoren Algeriens am nationalen BIP.

---

[171] Im Jahr 2000 lag die Arbeitslosenquote bei etwa 30%. Nach offiziellen Angaben des „Centre national économique et social" (CNES) sollen durch das 2001 aufgelegte staatliche Investitionsprogramm 720.000 Arbeitsplätze geschaffen worden sein.

Tabelle 5: **Sektorale Verteilung des Algerischen BIP (in Mrd. algerischen Dinar)**

	2008	2010
Öl- und Gassektor (Hydrocarbon)	4997,6	4180,4
andere Sektoren davon:	5438,5	7130,0
Landwirtschaft	727,4	1015,2
Industrie	519,5	579,9
Bauwirtschaft und öffentliche Aufträge	956,7	1257,4
Nicht-öffentliche Dienstleistungen	2147,0	2638,7
Öffentliche Dienstleistungen	1087,9	1620,8
Importzölle und Abgaben	653,9	739,1

Quelle: ONS

Abbildung 1: Sektorale Verteilung des algerischen BIP im Jahr 2010

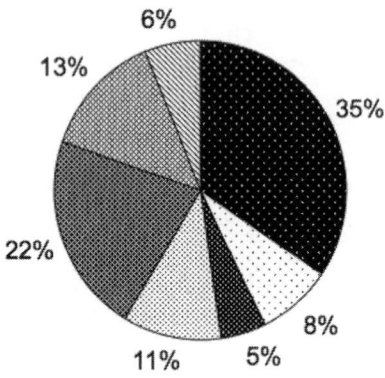

■ Öl- und Gassektor
□ Landwirtschaft
▨ Industrie
▨ Bauwirtschaft und öffentliche Aufträge
▨ Nicht-öffentliche Dienstleistungen
▨ Öffentliche Dienstleistungen
▨ Importzölle und Abgaben
Quelle: ONS

Tabelle 5 und Abbildung 1 zeigen, dass der Hydrocarbonsektor knapp die Hälfte (2008) bzw. gut ein Drittel (2010) des algerischen BIPs ausmacht. Der Rückgang im Jahr 2010 gegenüber dem Jahr 2008 lässt sich auf die in den Jahren 2009 und 2010 aufgrund der Weltwirtschaftskrise gesunkenen Energieexporte zurückführen (vgl. Ainas 2012: 70).

Betrachtet man die algerischen Exporte im Verlaufe der letzten zehn Jahre, so stellt man auch hier fest, dass sich die Dominanz des Hydrocarbonsektors unverändert fortgesetzt bzw. noch weiter verstärkt hat.

Abbildung 2: Anteil des Hydrocarbonsektors an den gesamten algerischen Exporten (in %)

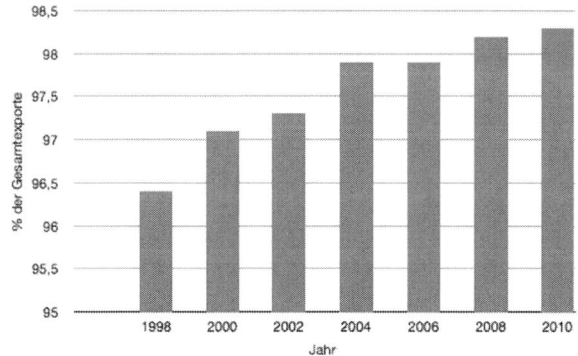

Diese Aufteilung der Exporte zeigt Algeriens nach wie vor extrem starke Abhängigkeit vom internationalen Energiemarkt.

Im Gegensatz zum dominierenden Hydrocarbonsektor zeigt Tabelle 5 ebenso, dass der industrielle Sektor in Algerien mit einem Volumen von 579,9 Mrd. (2010) algerischen Dinar nur einen sehr geringen Teil zum BIP beisteuert. Dies verweist auf eine zentrale Problematik, mit der das Land zu kämpfen hat: den Deindustrialisierungsprozess außerhalb des Hydrocarbonsektors, der sich etwa seit Anfang der 1990er Jahre in einem stetigen Abbau der industriellen Kapazitäten in Algerien widerspiegelt. Dass heißt, der Anteil des industriellen Sektors (außerhalb des Hyrokarbonsektors) am BIP schrumpft seit etwa zwanzig Jahren stetig. Einige Zahlen können diesen Prozess verdeutlichen.

Abbildung 3: Entwicklung des industriellen Sektors (außer HC) in Algerien (Anteil am BIP, 1993-2010 in %)

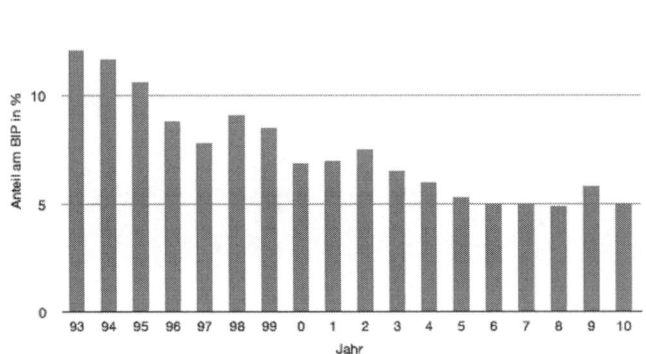

Quelle: IMF

Im Jahr 2010 betrug der Anteil des gesamten industriellen Sektors (außer HC) am BIP noch lediglich 5,1%. Im Jahr 1982 hatte diese Zahl bei 18% und 1993 immerhin noch bei gut 12% gelegen. Betrachtet man den Bereich der verarbeitenden Industrie in Algerien, so zeigt sich ein noch dramatischeres Bild.

Tabelle 6: **Entwicklung der industriellen Produktion in Algerien (1990-2008), 1989=100**

Jahr	1990	92	94	96	98	2000	02	04	06	08
Industrie gesamt (außer HC)	101	92	84	73	75	74	75	74	74	76
Verarbeitende Industrie	101	89	80	68	69	66	65	62	58	52

Quelle: Bellal 2011

Die Produktion in der verarbeitenden Industrie, unter Ausschluss des schwerindustriellen Bereiche wie Stahl und Chemie, fiel also im Zeitraum zwischen 1989 und 2008 um fast 50%. Dies bedeutet, dass der verarbeitende industrielle Sektor in Algerien in den letzten Jahren noch weit stärker geschrumpft ist als der gesamte Industriesektor exklusive des Hydrocarbon-Bereichs. Ein weiteres Merkmal dieses Prozesses ist, dass der Verfall des industriellen Sektors vor allem im öffentlichen Bereich zu beobachten ist. In den zehn Jahren zwischen 1997 und 2007 wies der öffentliche verarbeitende Industriesektor ein durchschnittliches

140

negatives Wachstum von knapp 2,2% auf, während der industrielle Privatsektor um durchschnittlich 4,1 % wuchs (vgl. Bellal 2011: 30). Dabei ist allerdings zu beachten, dass der industrielle verarbeitende Sektor in Algerien trotz zahlreicher Privatisierungsprogramme immer noch fast ausschließlich aus staatlichen Unternehmen besteht, d.h. die Schrumpfung des öffentlichen industriellen Sektors wiegt weit schwerer als das moderate Wachstum des Privatsektors.

Teilt man die staatliche industrielle Produktionsentwicklung nach Branchen auf, so ergibt sich folgendes Bild:

Tabelle 7: **Produktionsentwicklung in den staatlichen Industriesektoren in Algerien, 1989=100**

Branche	2001	2006	2010
Wasser und Energie	100	239	309
Hydrocarbon	100	148	136
Baumaterial	100	108	107
Bergbau	100	104	132
ISMME*	100	71,5	55
Chemie, Kautschuk	100	77,7	63
Agroindustrie	100	32	30,2
Textilien	100	21,2	16,4
Leder und Schuhe	100	9,2	6,1
Holz und Kork	100	23,7	18,4
Diverse Industr.	100	19,1	18,8

Quelle: IMF 2012a *Metallverarbeitende und Elektroindustrie

Bis auf die nicht verarbeitenden Sektoren Bergbau, Baumaterialien, Wasser/Energie und Hydrocarbon zeigen alle Branchen einen stetigen Rückgang ihrer Produktionskapazität. Auch hier fällt auf, dass der verarbeitende Bereich des Textilsektors und der Leder- und Schuhbranche besonders stark geschrumpft ist. Der Rückgang des öffentlichen verarbeitenden (und damit arbeitsintensiven) Sektors zeigt sich auch bei der Beschäftigung. Im Jahr 2007 absorbierte der algerische öffentliche Sektor (Industrie und Handel) nur noch 3% aller Beschäftigten (vgl. Bellal 2011: 30).

Der Rückgang der Produktion und der Beschäftigung im öffentlichen industriellen Sektor in Algerien konnte bislang nur bedingt durch den privaten Sektor absorbiert werden, denn auch innerhalb des privatwirtschaftlichen Sektors ist der Industrieanteil (gegenüber dem Dienstleistungssektor) in den letzten Jahren gesunken (vgl. Talahite 2010: 94). Durch Privatisierungsbemühungen und Investitionsfördermaßnahmen in den letzten 10 bis 15 Jahren hat sich das algerische Regime zwar bemüht, den industriellen Privatsektor zu stärken, doch die Erfolge in diesem Bereich sind bis heute sehr überschaubar geblieben.

Für die Schrumpfung des algerischen Industriesektor und insbesondere der verarbeitenden Industrie existieren unterschiedliche Erklärungen. Eine der prominentesten Erklärungsansätze für einen schrumpfenden Industriesektor in rentenbasierten Ökonomien ist das Theorem der „Dutch disease". Die Holländische Krankheit[172] bezeichnet ein außenwirtschaftliches Phänomen, bei dem der Boom eines einzelnen exportorientierten Sektors über eine Aufwertung der Währung des exportierenden Landes negative Folgen für andere Wirtschaftssektoren erzeugen kann (vgl. Corden/Neary 1982). Weil aufgrund der steigenden Exporte des boomenden Sektors – im Normalfall handelt es sich um Energie-Ressourcen (extraktiver Sektor) – die Nachfrage nach der Währung des exportierenden Landes steigt, steigt auch der Preis für die betreffende Währung (Wechselkurs) auf dem internationalen Markt. Dies wiederum bedeutet, dass die Exporte aus anderen Sektoren, wie bspw. aus der verarbeitenden Industrie, teurer werden und deswegen weniger gut im Ausland abgesetzt werden können.

Zudem verteuern sich durch den steigenden Wechselkurs auch die Faktorkosten der industriellen Produktion. Als Folge davon wird ein gewichtiger Teil der Investitionen nicht mehr im industriellen, sondern im nichthandelbaren Bereich, d.h. vor allem im Dienstleistungssektor getätigt. Obwohl Algerien genau diese Symptome der Holländischen Krankheit aufweist, das heißt einen wachsenden Dienstleistungssektor und einen stark schrumpfenden industriellen Sektor, haben verschiedene Autoren darauf hingewiesen, dass die Interpretation des Dutch disease-Theorems für dieses Land nicht adäquat ist (vgl. Benabdallah 2009: 315; Hausmann/Klinger/Lopez-Calix 2010: 69). Denn Algerien hat in den letzten Jahrzehnten keine nennenswerte Aufwertung seiner Währung erlebt. Im Gegenteil: Seit den 1980er Jahren in der Folge des Zusammenbruchs des Ölpreises hat der algerische Dinar immer mehr an Wert verloren.

Hausmann, Klinger und Lopez-Calix haben vorgeschlagen, den Deindustrialisierungsprozess und die daraus resultierenden mangelnde Export-Diversifizierung in Algerien dadurch zu erklären, dass die dominierenden Exportprodukte (Hydrocarbonsektor) innerhalb eines „Produktraumes" in relativ großer Entfernung zu anderen Produkten liegen (vgl. Hausmann/Klinger/Lopez-Calix 2010: 75ff). Eine große „Entfernung" zwischen zwei Produkten bedeutet im Zusammenhang dieser „Produktraum-Theorie", dass die Produktionsprozesse dieser beiden Produkte so unterschiedlich sind, dass sie nicht (oder nur sehr wenig) von den gegenseitigen Kapazitäten (Infrastruktur, Know-how etc.) profitieren können. Die Autoren argumentieren, dass sich neue Exportsektoren innerhalb des Produktraumes immer an den „Rändern" der bereits existierenden

---

[172]   In den 1960er Jahren wurde dieses Phänomen zuerst in den Niederlanden beobachtet, nachdem das Land Erdgasvorkommen entdeckt hatte und diese exportierte.

Exportsektoren erschließen lassen. Da der bestehende Hydrocarbon-Exportsektor in Algerien keine „Nähe" zu potentiellen anderen Exportsektoren aufweist, kommen die Autoren zu folgendem Ergebnis:

> „The hydrocarbon sector uses a particular set of productive capabilities (in addition to the raw natural resource endowment), such as a central authority, which can secure the extraction site and transmission lines and grant property rights to extraction firms; the physical capital to extract and ship the oil to a port; and so on. These capabilities are very difficult to redeploy to other sectors: artichokes and asparagus cannot be sent down an oil pipeline. The process of export diversification [in Algeria] is inhibited because most new activities are very far away in the space and require a completely new set of capabilities."
> (ebd.: 78)

Neben diesem Erklärungsansatz für die Dominanz des Hydrocarbonsektors und der daraus resultierenden mangelnden Export-Diversifizierung haben sich insbesondere in Algerien selbst noch weitere Erklärungsansätze herausgebildet, die mit der internationalen Öffnung der algerischen Volkswirtschaft zu tun haben. Diese Erklärungsansätze werden im siebten Kapitel im Zusammenhang mit den Effekten des EU-algerischen Assoziierungsabkommens genauer betrachtet.

Zum Abschluss dieses Kapitels über die Entwicklung der politischen Ökonomie Algeriens müssen einige grundsätzliche Punkte festgehalten werden: Das Scheitern des vor allem in den 1970er Jahren durchgeführten Industrialisierungsprojektes in Algerien stellt das Land auch heute noch vor enorme Probleme. Wie im vorangegangenen Abschnitt deutlich wurde, wird die algerische Wirtschaft weiterhin vom Hydrocarbonsektor dominiert. An dieser Dominanz, sowohl bei den Exporten als auch bei den BIP-Sektoranteilen wird sich kurz- und mittelfristig nichts ändern. Der in den letzten Jahrzehnten immer stärker voranschreitende Deindustrialisierungsprozess stellt das algerische Regime vor enorme Herausforderungen: Wenn es nicht gelingt, einen stabilen produktiven Sektor aufzubauen, der langfristig auch international konkurrenzfähig ist, droht Algerien in der „phase de l'après pétrole" der völlige Zusammenbruch seiner rentenbasierten Ökonomie.

Eine Bestandsaufnahme der ökonomischen und polit-ökonomischen Situation in Algerien, wie sie in diesem Kapitel vorgestellt wurde, ist im Zusammenhang der Fragestellung dieser Untersuchung von besonderer Bedeutung. Denn vor diesem Hintergrund werden im Kapitel 7 die potentiellen Effekte der Implementierung des EU-algerischen Assoziierungsabkommens beleuchtet. Die Fragen, die sich daraus ergeben, betreffen neben den potentiellen ökonomischen Folgen bezüglich der strukturellen Wirtschaftsprobleme Algeriens ebenso die in dieser Untersuchung zentrale Problematik der Auswirkungen für die politökonomischen Zusammenhänge in Bezug auf die Mechanismen autoritärer Herrschaft. Um die Auswirkung des Assoziierungsabkommens auf diese Zusammenhänge abschätzen und verstehen zu können, muss auch in diesem Bereich zuerst eine Bestandsaufnahme stattfinden. Das folgende Kapitel behandelt deswegen die zwei im zweiten Kapitel erläuterten Ansätze zur Analyse der Stabilität autoritärer Herrschaft – die politischen Wirkungen der Rente und den akteurszentrierten Ansatz der Elitentheorie – und beleuchtet die algerischen Realitäten aus diesen beiden Perspektiven.

5 Politische Ökonomie des Autoritarismus in Algerien

Nachdem im letzten Kapitel die Genese der politischen Ökonomie Algeriens und ihre Auswirkung auf wirtschaftliche Entwicklungsfragen im Vordergrund standen, widmet sich dieses Kapitel den Mechanismen autoritärer Herrschaft in Algerien. Wie im zweiten Kapitel angekündigt, konzentriert sich die vorliegende Untersuchung dabei auf zwei unterschiedliche Analyseebenen: den Rentenreichtum Algeriens und ihre stabilisierende Wirkung auf autoritäre Herrschaft einerseits und die Beleuchtung der algerischen Elitenstruktur bzw. deren Wandel andererseits.

Zunächst folgen an dieser Stelle jedoch ein paar grundsätzliche Gedanken zur Kategorisierung des algerischen Regimes als „autoritär" bzw. „semi-autoritär".

5.1 Kategorien: Algerien als (semi-)autoritäres Regime

Die im zweiten Kapitel vorgestellte Definition autoritärer Regime von Juan Linz muss in Bezug auf das algerische Regime etwas weiter differenziert werden. In der Literatur wurde das algerische Regime verschiedentlich als „kompetitiv-autoritär", als „autoritarisme électoral" oder als „semi-autoritär" gekennzeichnet (Boubekeur 2013: 470; Dris Ait Hamadouche/Driss 2012: 281; Ottaway 2003: 4). All diesen Definitionen ist gemein, dass sie eine limitierte Partizipation der politischen Opposition am Wettstreit um die politische Macht zulassen. Dennoch lassen sich innerhalb dieser Definitionen Unterschiede feststellen, die für eine angemessene richtige Einordnung des algerischen Falles wichtig sind.

Levitsky und Way haben in ihrer Arbeit zu kompetitiv-autoritären Regimen betont, dass in diesen die formalen demokratischen Institutionen als primäres Mittel zur Erreichung von politischer Macht angesehen werden können (vgl. Levitsky/Way 2010: 5). Dabei unterscheiden die beiden Autoren ihre Form des kompetitiven Autoritarismus von einem „closed authoritarianism" dadurch, dass in ersterem „opposition forces use democratic institutions to contest seriously for executive power"(ebd.: 16). Diese Definition erscheint für den algerischen Fall zu restriktiv, denn obwohl oppositionelle politische Kräfte in ihrem Bemühen um die Erlangung politischer Macht stark beeinträchtigt werden und der „Wettbewerb unfair" ist, erscheinen die bestehenden demokratischen Institutionen in der Definition von Levitsky und Way immer noch als „real", d.h. sie haben keinen „Fassaden"-Charakter.

Für den algerischen Fall, so hier das Argument, trifft eine solche Definition nicht wirklich zu. Besser eignet sich die Definition von Ottaway, die von „semi-autoritären" Regimen spricht:

> „They [semi-authoritarian regimes] are ambigious systems that combine rhetorical acceptance of liberal democracy, the existence of some formal democratic instituti-ons, and respect for a limited sphere of civil and political liberties with essentially illiberal or even authoritarian traits. This ambiguous character, furthermore, is deli-berate. Semi-authoritarian systems are not imperfect democracies struggling toward improvement and consolidation but regimes determined to maintain the appearence of democracy without exposing themselves to the risks that free competition en-tails. [...] They allow little real competition for power, thus reducing government accountability. However, they leave enough political space for political parties and organizations of civil society to form, for an independend press to function to some extent, and for some political debate to take place."
> (Ottaway 2003: 3)

Im Unterschied zur Definition von Levitsky/Way macht Ottaway deutlich, dass innerhalb ihrer Kategorie von semi-autoritären Regimen ernsthafter Wettbewerb um die politische Macht nicht wirklich existiert. Zwar bestehen formale demo-kratische Institutionen (Wahlen, ein Parlament, zivile und politische Rechte), aber diese haben überwiegend einen Fassaden-Charakter und erfüllen die ihnen offiziell zugeordneten Funktionen nur sehr bedingt.

Dies bedeutet allerdings mitnichten – und diese Feststellung ist überaus wichtig -, dass diese formal-demokratischen Institutionen überflüssig wären. Sie erfüllen allerdings weniger die ihr offiziell zugeschriebene Funktion, sondern beschränken sich weitgehend – und dies ist auch in Algerien der Fall – auf eine Legitimationsfunktion der herrschenden Machtstrukturen. In Algerien wurde dies exemplarisch deutlich an den Äußerungen des damaligen Premierministers Ahmed Ouyahia zu den Ereignissen in Tunesien im Frühjahr 2011. Ouyahia betonte, Algerien habe seine demokratische Wende bereits Ende der 1980er Jahre mit der Einführung eines Mehrparteiensystems vollzogen und sei somit vor einem Überspringen der Proteste aus Tunesien gefeit (vgl. El Watan 5.10.2011). In dieser ihrer Legitimationsfunktion sind formale Institutionen in einem semi-autoritären Regime überaus wichtig und ihre Abschaffung hätte weit reichende Konsequenzen.

Das algerische Regime wird in dieser Untersuchung folglich als semi-autoritäres Regime angesehen, das durch einen eingeschränkten Pluralismus und eine limitierte Partizipation seiner Bürger gekennzeichnet ist. Der limitierte Plu-ralismus zeigt sich beispielsweise in der Existenz von politischen Parteien, die sich selbst als politische Opposition bezeichnen und die größtenteils an den regelmäßig stattfindenden Wahlen teilnehmen und in einer vergleichsweise freien Presselandschaft, in der das Regime fast täglich kritisiert wird, wobei aber bestimmte rote Linien[173] nicht überschritten werden. Im Unterschied von Levitsky und Ways Definition von kompetitiven autoritären Regimen besteht für die politische Opposition in Algerien allerdings nicht tatsächlich die Möglichkeit, über die existierenden formal-demokratischen Institutionen die exekutive oder legislative politische Macht zu erlangen.

Die nun folgenden Abschnitte beschäftigen sich mit den Mechanismen, die innerhalb des algerischen politischen Systems zur Aufrechterhaltung und Perpetuierung seines (semi-)autoritären Charakters beitragen.

5.2 Rente und Rentierstaat in Algerien

Der Rentierstaat als analytische Kategorie ist in den Sozial-, Politik- und Wirtschaftswissenschaften zu einer festen Größe geworden. Wie im zweiten Kapitel dieser Untersuchung dargestellt, geht dieses Konzept vor allem auf die Arbeiten von Beblawi und Luciani (1987) zurück. Neben der entwicklungspolitischen Bedeutung des Konzeptes, welche vor allem durch die Arbeiten zum „resource curse" bekannt wurde[174], spielt die Rentierstaatstheorie als polit-ökonomische Analyseebene auch innerhalb der Autoritarismusforschung eine wichtige Rolle. Trotz der Tatsache, dass vereinzelte Arbeiten auf einen positiven Zusammenhang zwischen Ressourcenreichtum (und damit verbundenem Rentenreichtum) und Demokratie hingewiesen haben[175], kann man festhalten, dass der Rentierstaatsansatz innerhalb der Forschung weiterhin „entscheidend zum Verständnis der stabilen Reproduktion autoritärer Regime beiträgt" (Richter 2010: 157).

Luciani definiert einen Rentierstaat bzw. einen „allocative state" (im Gegensatz zu einem „productive state") als einen Staat, der mehr als 40% seiner Einnahmen aus Renten generiert (Luciani 1990). Dieses Renten-Einkommen besteht fast vollkommen unabhängig von produktiver Tätigkeit, gewissermaßen als eine „free gift of nature" (Mahdavy 1970: 429). Spätere Autoren haben betont, dass es unterschiedliche Arten der Rente gibt, wie z.B. Rücküberweisun-

---

[173] Dazu gehörten lange Zeit vor allem die Auseinandersetzung mit der politischen Rolle der algerischen Geheimdienste und eine detaillierte Beschäftigung mit der Verwendung der Hydrokarbonrente. Beide Tabu-Themen wurden allerdings in den letzten Jahren immer wieder auch in der Presse behandelt.

[174] Siehe z.B. Auty (1993).

[175] Vgl. z.B. Dunning (2008). Diese Studien stützen sich allerdings meist auf Fallbeispiele, bei denen eine stabilisierende Wirkung für demokratische Regime konstatiert wird, die bereits vor der massiven Rentengenerierung durch Exporte einigermaßen stabile demokratische Strukturen etabliert hatten. Beispiele dafür sind Finnland und Venezuela.

gen durch im Ausland arbeitende Staatsbürger, „politische Renten" durch Zuwendungen befreundeter Staaten oder Entwicklungshilfezahlungen und „Lagerrenten", d.h. Einkommen, die aufgrund von spezifischen geographischen Gegebenheiten entstehen – wie bspw. im Fall der Suez-Kanal-Gebühren in Ägypten (vgl. Beck 2009). Unabhängig von diesen unterschiedlichen Arten der Rente geht es an dieser Stelle zunächst darum, den Rentierstaatscharakter Algeriens herauszuarbeiten, bevor in den nächsten Schritten die unterschiedlichen Wirkungsweisen des politischen Einflusses der Rente beleuchtet werden.

Algeriens nachgewiesene Ölreserven betrugen Ende 2011 etwa 12,2 Mrd. Barrel (vgl. BP 2012). Noch weit wichtiger sind Algeriens Gasvorkommen, die im gleichen Jahr auf 4,5 Billionen Kubikmeter beziffert wurden und damit rund 2,2% der weltweiten Reserven entsprachen (ebd.). Algerien verfügt damit über die zehntgrößten nachgewiesenen Gasreserven weltweit und über die zweitgrößten in Afrika (nach Nigeria). Die Produktion von Erdöl- und Erdgas in Algerien betrug 2011 74,3 Mio. Tonnen Öl und 78 Mrd. Kubikmeter Gas (ebd.). Ein Großteil des geförderten Gases und Öls wird exportiert und nur ein geringer Teil (etwa 20%) dieser Ressourcen werden im Land selbst verbraucht. Im Jahr 2011 exportierte Algerien etwa 750.000 Barrel Rohöl am Tag, den Großteil davon nach Nordamerika und Europa.[176] Die Exporte von Erdgas betrugen im gleichen Jahr 51,5 Mrd. Kubikmeter (ebd.). Dies mag im Vergleich zu den größten Ölförderländern wie Saudi-Arabien (7,2 Mio. Barrel/Tag) oder Russland (5,7 Mio. Barrel/Tag) (vgl. OPEC 2012) gering erscheinen. Doch betrachtet man den Anteil der Staatseinnahmen, die aus dem Export dieses Rohstoffreichtums generiert werden, wird deren Bedeutung für das Land evident. Denn ein Großteil der algerischen Staatseinnahmen hängt vom Export dieser Rohstoffe ab, was das Land im internationalen Vergleich gewissermaßen zu einem Rentierstaat par excellence macht. Die folgende Grafik zeigt die Struktur der algerischen Staatseinnahmen im Jahr 2011.

---

[176] Bei gleich bleibender Förder- und Exportmenge kann man also davon ausgehen, dass Algeriens Ölreserven in knapp gut 20 Jahren aufgebraucht sein werden.

148

Abbildung 4: Struktur der Einnahmen des algerischen Staates (2011)

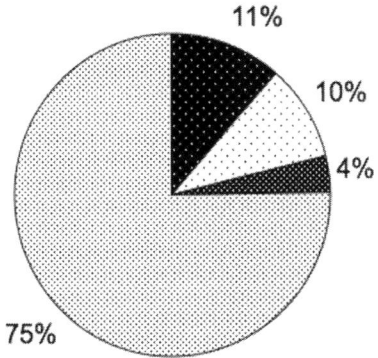

11%

10%

4%

75%

■ Steuern auf Einkommen
☐ Steuern auf Güter und Dienstleistungen
▨ Zolleinnahmen
▨ HC-Einnahmen

Quelle: Eigene Zusammenstellung nach Daten der Banque d'Algérie (2011)

Daraus geht hervor, dass der algerische Staat den ganz überwiegenden Anteil seiner Einnahmen (75%) aus dem Export von Öl und Gas generiert. In diesem Zusammenhang haben Beobachter der algerischen Entwicklung von einem Prozess der „Defiskalisierung" gesprochen, um den immer geringer werden Anteil der intern generierten Steuereinnahmen an den algerischen Staatseinnahmen zu beschreiben (Benabdallah 2008). Der algerischstämmige Ökonom Fatiha Talahite geht soweit festzustellen: „En Algérie, la rente des hydrocarbures, qui représente plus de la moitié du revenu national et la quasi-totalité des exportations, tend à faire apparaître l'ensemble de la nation comme une « classe » de rentiers de l'économie internationale." (Talahite 2012: 143). An dieser Stelle muss erwähnt werden, dass diese Einnahmestruktur aufgrund der Abhängigkeit vom internationalen Ölpreis sehr volatil ist. So betrug der Hydrocarbon-Anteil an den Staatseinnahmen 2009 aufgrund der internationalen Wirtschaftskrise und der rückläufigen Energienachfrage nur 65% der gesamten Staatseinnahmen (IMF 2012). Der Anteil der HC-Einnahmen stieg in den darauf folgenden Jahren allerdings schnell wieder an und der Knick im Jahr 2009 ändert nichts an der Tatsache, dass in allen Fällen die von Beblawi geforderten 40% weit überschritten werden. Insgesamt hat sich diese Einnahmestruktur in den vergangenen zehn Jahren kaum verändert, wie Abbildung 5 verdeutlicht.

Abbildung 5: Entwicklung des Anteils der Einnahmen aus dem Hydrocarbonsektor am Gesamteinkommen des algerischen Staates (2002-2011)

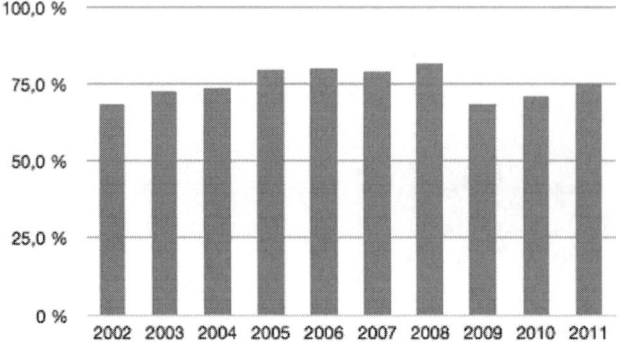

Quelle: Eigene Darstellung auf der Grundlage von Daten des IMF (2003-2012)

Für Algerien lässt sich also nach den Kriterien von Beblawi eindeutig ein Rentierstaatscharakter nachweisen. Es stellt sich allerdings die Frage, wie genau sich die politischen Wirkungen, d.h. die Stabilisierungseffekte der Rente für autoritäre politische Strukturen entfalten. In welcher Form wird der Rentenreichtum des algerischen Staates für die Stabilität des politischen Regimes wirksam?

In Bezug auf diesen Zusammenhang wird hier zwischen zwei unterschiedlichen Arten der Wirksamkeit der Rente in Bezug auf die Stabilisierung autoritärer politischer Strukturen in Algerien unterschieden. In beiden Fällen handelt es sich um die Distribution der dem Regime zur Verfügung stehenden Rente unter Teilen der Bevölkerung. Doch beide Arten der Wirksamkeit unterscheiden sich hinsichtlich der *Art und Weise der Verwendung der Rente* durch das Regime. In beiden Fällen, so die Argumentation der vorliegenden Untersuchung, kommt ein spezifischer Funktionszusammenhang zwischen Rentenreichtum und politischer Steuerung durch das autoritäre Regime zum Tragen.

Im ersten Fall soll von *strukturellen* regimestabilisierenden Wirkungen gesprochen werden. Dieser Zusammenhang stützt sich auf die in der Literatur breit vertretene Annahme, dass die Möglichkeit des Verzichts des Staates auf die Besteuerung seiner Bürger (aufgrund von Rentenreichtum) ihn von der Notwendigkeit der Legitimation seiner Herrschaftsausübung zumindest teilweise entbindet (vgl. Ross 2001: 332). Strukturell ist diese Wirkung, weil sie auf einer spezifischen, nicht ohne hohe Kosten kurzfristig veränderbaren Struktur der Ausgaben von Ressourcen gründet, die dem Staat zur Verfügung stehen.

Im zweiten Fall soll von einer *situativen* regimestabilisierenden Wirkung der Rente gesprochen werden. Damit ist gemeint, dass der Staat bzw. das Regime in Fällen politischer Anfechtung auf die verfügbare Rente zurückgreifen kann, um oppositionelle Dynamiken mit ökonomischen bzw. finanziellen Mitteln zu unterminieren oder zumindest abzuschwächen. Im unten dargestellten Beispiel wird deutlich, dass dieser Mechanismus so weit gehen kann, dass genuin politischer Protest von den Protestakteuren selbst in ökonomischer Weise kontextualisiert wird. Dies bedeutet, die Kompensation schlechter Regierungsführung durch die Ausweitung der Teilhabe an der Rente wird von den Protestgruppierungen selbst eingefordert und als selbstverständlich wahrgenommen.

Diese beiden Verwendungsweisen der Rente zur Regimestabilisierung in Algerien werden im Folgenden an zwei exemplarischen Beispielen verdeutlicht.

5.2.1 Der strukturelle politische Effekt der Rente

Laut Luciani ist das Hauptcharakteristikum eines Rentierstaates seine Distributionsfunktion, bei der er die Rente zum Zwecke der Herstellung eines sozialen Konsenses verteilt. In dieser Weise legitimiert der Staat seine eigene Position und stellt sicher, dass das politische Machtgefüge stabil bleibt (vgl. Machin Alvarez 2010). Um diesen strukturellen politischen Effekt der Rente zu verstehen, muss man sich zunächst den legitimationssubstituierenden Effekt der Distributionsstrategien des Regimes vergegenwärtigen. Legitimationssubstituierend soll hier bedeuten, dass sich das Regime zu einem Teil durch die Distribution der ihr zur Verfügung stehenden Rente legitimiert und nicht etwa primär durch Wahlen. Die vom Staat verteilten Mittel basieren dabei nicht auf Steuereinnahmen, sondern auf der extern generierten Rente. Aus diesem Grund entwickelt der Rentierstaat keine Beziehung zu seinen Bürgern, die der in einer produktiven Ökonomie bestehenden Beziehung zwischen Staat und Bürger vergleichbar wäre und in der der Staat ständig über die sinnvolle Verwendung der von ihm erhobenen Steuergelder Rechenschaft ablegen muss.

Diese Asymmetrie wird besonders deutlich, wenn man die laufenden Ausgaben des algerischen Staates – also die Ausgaben für die Angestellten im öffentlichen Sektor, die Ausgaben für staatliche Dienstleistungen etc. – dem regulären Steueraufkommen[177], also exklusive der Einnahmen aus dem Hydrocarbonsektor, gegenüberstellt. Die regulären Steuereinnahmen des algerischen Staates (ohne den HC-Sektor) betrugen im Jahr 2011 etwa 1450 Mrd. algerische Dinar, die laufenden Ausgaben hingegen rund 3800 Mrd. algerische Dinar[178]

---

[177]   Dazu gehören vor allem Steuern auf Einkommen, auf den Konsum und Zolleinnahmen.
[178]   Im Jahr 2013 sollen sie sogar bei rund 4800 Mrd. Dinar liegen (vgl. Algérie Focus 26.12.2012)

(vgl. Banque d'Algérie 2011). Dieser Vergleich macht deutlich, in welchem Maße der algerische Staat zur Abdeckung seiner laufenden Kosten von der aus dem Rohstoffexport generierten Rente abhängig ist.

Die gesamten Einnahmen des algerischen Staates, also inklusive der Einnahmen aus dem Hydrocarbonsektor, lagen im Jahr 2011 bei 5703 Mrd. algerischen Dinar, 3979 Mrd. davon entfielen auf die Einnahmen aus dem Hydrocarbonsektor. Im gleichen Jahr beliefen sich die gesamten staatlichen Ausgaben auf 5769 Mrd. Dinar, das algerische Haushaltsdefizit war also relativ gering. Betrachtet man die Ausgaben im Einzelnen, wird die enorme durch die Renteneinnahmen ermöglichte Distributions- und Subventionspolitik des algerischen Staates deutlich.

Tabelle 8: **Struktur der algerischen Staatsausgaben 2011 in Mrd. Dinar**

	2011	% der Gesamtausgaben
Laufende Kosten	3797,2	66,2
davon:		
Personalkosten im Staatssektor	1757,7	30,6
Mudschahedin-Pensionen	199,3	3,5
Beschaffung und Ausstattung	90,2	1,7
Transferleistungen	1712,4	29,7
Schuldentilgung	37,6	0,7
Kapitalinvestitionen (Infrastruktur etc.)	1934,2	33,8
Gesamt	**5731,4**	**100**

Quelle: Banque d'Algérie 2011

Bei der Betrachtung von Tabelle 8 fällt zunächst der enorm hohe Anteil der Personalkosten im Staatssektor auf: Der algerische Staat wendete mehr als 30% seiner Ausgaben in 2011 für Gehälter im öffentlichen Sektor auf (zum Vergleich: in Deutschland lag diese Zahl im Jahr 2011 bei etwa 9%). Im Jahr 2007 betrug der Anteil der Personalkosten an den Gesamtausgaben noch knapp 20% und ist seitdem kontinuierlich gestiegen.

Dieser enorme Anteil der Personalkosten im staatlichen Sektor macht deutlich, wie der algerische Staat die Rente über den öffentlichen Sektor verteilt und damit für sich Legitimation erkauft. Den gleichen Effekt haben die staatlichen Transferleistungen, die sich im Jahr 2011 auf 29,7% der gesamten Staatsausgaben beliefen. Unter diesem Punkt sind diverse Sozialleistungen genauso wie die Ausgaben für die öffentlichen Dienstleistungen (Schulen, Krankenhäuser etc.) zusammengefasst. Hinzu kommen die Pensionen für die „anciens moudschahedins", die Kriegsveteranen aus dem Befreiungskrieg gegen Frankreich. Zusammen mit den Transferzahlungen machen diese Leistungen ein Drittel der Staatsausgaben aus und wirken ebenso wie die Löhne im öffentlichen Sektor als direkte Distribution der Rente und legitimieren so die Position des Regimes und seines autoritären Charakters. Ein weiterer Punkt, der bei der Betrachtung der in Tabelle 8 dargestellten Ausgabenstruktur auffällt, ist der große Anteil der Kapitalausgaben, die ebenfalls etwa ein Drittel der Gesamtausgaben ausmachen. Dies sind staatliche Investitionen, mit denen das algerische Regime den Bau von großen Infrastrukturprojekten[179], andere wirtschaftsfördernde Maßnahmen und bspw. den staatlichen Wohnungsbau finanziert. Letzterer soll an dieser Stelle genauer behandelt werden, um die Funktionsweise des strukturellen politischen Effekts der Rente zu verdeutlichen.

Der algerische Soziologe Madani Zafar Zitoun hat den Effekt der Rentendistribution für den Sektor des staatlichen Wohnungsbaus ausführlich beschrieben (Zitoun 2011; 2012). In seinen Analysen des staatlichen Wohnungsbaus in Algerien geht Zitoun bis auf die Phase der Dekolonialisierung nach dem Abzug der Franzosen 1962 zurück. Nach der Unabhängigkeit entwickelte sich schnell das, was Zitoun den „pacte patrimonial historique" nennt. Dieser gründete sich auf die Tatsache, dass der algerische Staat nach der Unabhängigkeit quasi zum einzigen Besitzer von Wohnraum in den Städten wurde, weil er die von den Kolonialisten verlassenen Gebäude übernahm (vgl. Zitoun 2012: 92). Diese Monopolstellung des Staates führte zu einer spezifischen Beziehung zwischen dem Staat als Verwalter und Anbieter von Wohnraum einerseits und der algerischen urbanen Bevölkerung, die als Klient des Staates auftrat, andererseits. Diese Beziehung zwischen dem Staat als Rentenverteiler und der Bevölkerung als Rentenempfänger hat sich auch in den Jahrzehnten nach der Unabhängigkeit fortgesetzt. Jedoch wurde dabei die ehemals existierende Rente des von den Kolonisatoren übernommenen Wohnraums durch den rentenfinanzierten staatlichen Wohnungsbau abgelöst. Nach wie vor ist der algerische Staat ein Quasi-Monopolist bei der Bereitstellung von Wohnraum, welcher vor allem in den großen Städten Nord-Algeriens sehr knapp ist. Seit Jahren ist die „crise du logement" – der Mangel an Wohnraum und die prekären Wohnverhältnisse – Auslöser für Proteste aller Art (Rolnik 2011).[180] Vor diesem Hintergrund haben

---

[179] Bereits im vorherigen Kapitel war die Rede vom so genannten „Programme complémentaire de soutien à la relance économique" (PCSRE) für den Zeitraum 2005 bis 2009 in Höhe von 55 Mrd. US-Dollar, mit dem bspw. die Ost-West-Autobahn gebaut wurde.

[180] In Algerien existieren keine offiziellen Statistiken zum Bedarf neuer Wohnungen. Der einzige Indikator, der zur Darstellung der Wohnungsnot verwendet wird, ist die so genannte „taux

verschiedene algerische Regierungen vor allem seit der Jahrtausendwende den Kampf gegen die Wohnungsnot immer wieder zu ihrer prioritären Aufgabe erklärt.[181] So ist in dem von der algerischen Regierung für die Jahre 2010 bis 2014 geplanten Investitionsprogramm („programme quinquennal") der Bau von insgesamt 2 Mio. Wohnungen geplant. Dafür will der algerische Staat 3700 Mrd. algerische Dinar ausgeben (etwa 53 Mrd. US-Dollar) (vgl. El Watan 13.7.2012). Im Zuge des vorangegangenen Investitionsprogramms von 2005 bis 2009 wurden nach Angaben des algerischen Ministeriums für Urbanismus und Wohnraum bereits über 900.000 Wohnungen gebaut. In diesen Zahlen drückt sich die Fortführung des von Zitoun beschriebenen „pacte patrimoniale" aus. Dies wird umso deutlicher, wenn man bedenkt, dass nur ein geringer Teil der Mieter in dem vom Staat errichteten und verteilten Wohnraum Miete zahlt. Trotz einiger Initiativen durch die algerischen Behörden, diesen Anteil zu erhöhen, lag er im Jahr 2007 nur bei etwa 35% (vgl. Zitoun 2012: 104). Die Mehrzahl der Algerier wohnt also gratis in vom Staat zur Verfügung gestellten Wohnungen.

Der Wohnungsbausektor in Algerien ist ein Paradebeispiel dafür, wie der Staat die Öl- und Gasrente in Form neu errichteter Wohnungen verteilt, so Legitimation für seine eigene Position generiert und damit das patrimoniale Verhältnis zwischen dem Regime und der Bevölkerung stabilisiert bzw. perpetuiert:

> "[L]e mode d'articulation de l'économie rentière pétrolière à la société n'a pas favorisé la sortie du modèle rentier patrimonial qui s'était mis en place après la décolonisation. L'embellie financière apportée par l'élévation des ressources pétrolières dans les années 2000 a au contraire favorisé une reconduction et un fort redéploiement de l'État dans l'économie, et particulièrement dans le secteur de l'habitat qui constitue la sphère par excellence de cristallisation de la rente pétrolière."
> (Zitoun 2012: 105)

Gleichzeitig wird dabei die Beteiligung der Bevölkerung an diesem System deutlich, in deren Augen dem Staat ganz natürlich die Rolle des Bereitstellers von Wohnraum zukommt. Man kann an dieser Stelle das im Zusammenhang mit dem Rentierstaatsansatz oft diskutierte Phänomen des „rent seeking" erwähnen, das das Streben ökonomischer Akteure nach einem von ihnen beanspruchten Anteil der Rente beschreibt, was wiederum produktive wirtschaftliche Leistungen unterminiert bzw. weniger attraktiv macht. Verschiedene Autoren haben die Wirkungen dieses „rent seeking" als regimestabilisierend beschrieben (vgl. Karl 1997; Smith 2004). Neben dem allgemeinen Legitimationseffekt über die Verteilung von Wohnraum wird in Algerien immer wieder auch die Verwendung

---

d'occupation des logements" (TOL), die die durchschnittliche Anzahl von Personen in einem Haushalt angibt. Diese lag 2008 bei 6,5% (vgl. Rolnik 2011: 9)

[181] Zuletzt der Anfang September 2012 ins Amt gekommene Premierminister Abdelmalekk Sellal (vgl. El Watan 16.10.2012).

des rentenfinanzierten Wohnraums als Kooptationsinstrument deutlich. Bei der Verteilung des fertig gestellten Wohnraums sind klientelistische Praktiken an der Tagesordnung. Dies zeigen zum Beispiel die regelmäßigen Proteste aus Anlass der Veröffentlichung der Listen, die die Verteilung neuer Wohnungen bekannt geben (vgl. dazu El Watan 7.6.2011).[182]

Natürlich ist der staatliche Wohnungsbau nicht der einzige Distributionskanal der Rente, der eine strukturelle regimestabilisierende Wirkung entfaltet. Ebenso kann man die seit Jahren ständig steigenden Löhne und Gehälter im öffentlichen Sektor[183] anführen oder die stark subventionierten Energiepreise in Algerien.[184]

5.2.2 Der situative politische Effekt der Rente

Ein zweiter wichtiger Effekt des staatlichen Rentenreichtums in Algerien ist die *situative* regimestabilisierende Wirkung der Rente. Wie oben erwähnt, geht es dabei weniger um die bereits etablierten Distributionskanäle und deren Effekte, sondern um die Fähigkeit des Regimes auf sozialen und politischen Protest mit materieller Kompensation zu reagieren und so potentiell destabilisierende Dynamiken zu entschärfen. Um diesen situativen Effekt der Rente zu veranschaulichen, wird hier auf ein Beispiel aus dem Kontext des so genannten Arabischen Frühling im Jahr 2011 zurückgegriffen.

Im Verlauf der politischen Umbrüche in der arabischen Welt, die mit den Protesten in Tunesien und der Flucht von Präsident Ben Ali nach Saudi Arabien begannen, schien das Regime in Algier eine weitgehende Immunität gegenüber den Umbrüchen in der Nachbarschaft zu beweisen. Verschiedene Beobachter haben betont, dass die Entwicklungen des meist als regionales Phänomen beschriebenen Arabischen Frühlings an Algerien weitgehend spurlos vorübergegangen sind (Achy 2012; Entelis 2011; Zoubir 2011). Die Gründe dafür sind zahlreich. Eine der wichtigsten Ursachen für die Zurückhaltung der algerischen Bevölkerung und das Ausbleiben einer mit Tunesien oder Ägypten vergleichbaren großen Massenprotestbewegung ist die Erfahrung des Bürgerkriegs in den

---

[182] Nachdem der Versuch, die Wohnungen durch eine Kommission auf kommunaler Ebene verteilen zu lassen, gescheitert war, ist für die Verteilung des Wohnraums seit einigen Jahren wieder die höhere Verwaltungsebene der „Daira" zuständig.

[183] Die Höhe der Staatsausgaben für die Gehälter der Angestellten im öffentlichen Sektor stiegen von umgerechnet 6,7 Mrd. US-Dollar im Jahr 2006 auf etwa 15,1 Mrd. im Jahr 2010 (IMF 2012)

[184] Der Subventionseffekt wird z.B. darin deutlich, dass das staatliche Energieunternehmen Sonatrach beim Verkauf von Öl oder Gas auf dem internen algerischen Markt nur etwa ein Sechstel des auf dem internationalen Markt üblichen Preises verdient (vgl. Machin Alvarez 2010: 6345).

1990er Jahren. Die Angst vor einem erneuten Abrutschen des Landes in anarchische Gewalt hielt viele Algerier davon ab öffentlich zu protestieren. Dass aber auch die dem Regime zur Verfügung stehende Rente einen Teil zur Stabilisierung des algerischen Machtapparates in diesen Zeiten des regionalen Umbruches beitrug, macht das Beispiel der Proteste der Mitglieder der so genannten garde communale vom Frühjahr 2011 deutlich.

Die Einheiten der paramilitärischen garde communale wurden 1994 gegründet und spielten als Unterstützungseinheiten der Armee im Kampf gegen die bewaffneten islamistischen Gruppen vor allem in den ländlichen Gebieten eine wichtige Rolle. 2005 sollten diese Einheiten (insgesamt etwa 94.000 Personen) im Zuge der von Präsident Bouteflika angestoßenen Versöhnungspolitik der „reconciliation nationale" aufgelöst und in die normalen Polizeieinheiten oder andere Sicherheitsdienste integriert werden. Gegen diese von Innenminister Daho Ould Kablia initiierte Umstrukturierung setzten sich die Betroffenen ab Februar 2011 zunehmend mit öffentlichen Protesten zur Wehr. Die Forderungen der garde communale bezogen sich dabei auf eine Gleichbehandlung mit dem Militär und anderen Sicherheitsorganen, die gegen die bewaffneten islamistischen Gruppen im Einsatz gewesen waren. Im Kern ging es um ihre Anerkennung als militärische Einheit, mit gleichen Rechten in Bezug auf Rentenbezüge, Entschädigungen und Gefahrenprämien. Hinzu kamen Forderungen nach Gehaltserhöhungen. Ab Anfang März 2011 kam es in der Hauptstadt Algier zu Großdemonstrationen mit über 10.000 Teilnehmern[185] und Anfang April besetzten mehrere Tausend Mitglieder der garde communale den Märtyrerplatz im Zentrum der Hauptstadt Algier. Diese Aktion war offensichtlich von der während der ägyptischen Revolution so wichtigen Symbolik des besetzten Tahrirplatzes beeinflusst. Erst zwei Monate zuvor hatten die dortigen Proteste zum Rücktritt des Präsidenten Mubarak geführt.

Die Forderungen der Besetzer auf dem Märtyrerplatz in Algier bezogen sich zwar in erster Linie auf eine Verbesserung ihrer sozio-ökonomischen Position. Sie beklagten nicht das politische System als Ganzes und verlangten auch nicht den Rücktritt von Präsident Bouteflika. Dennoch stellten sie für das Regime eine besondere Herausforderung dar, zumal die Protestierenden immer lauter ihre allgemeine Unzufriedenheit mit der Regierung – insbesondere mit Innenminister Ould Kablia, dessen Rücktritt sie forderten – artikulierten. Sie warfen der Regierung vor, sie – die alt gedienten Kämpfer, die ihr Leben im Kampf gegen die Terroristen für das Vaterland aufs Spiel gesetzt hatten – im Stich zu lassen. In die Sprechchöre mischte sich immer wieder auch eine Klage über die *hogra* – in Algerien eine Bezeichnung für die Geringschätzung, Ver-

---

[185] Diese Großdemonstration erhielt große Aufmerksamkeit, denn trotz der Aufhebung des Ausnahmezustands im Februar des gleichen Jahres blieben in der Hauptstadt Algier alle Demonstrationen verboten.

achtung und Ungerechtigkeit der staatlichen Institutionen gegenüber der Bevölkerung.

Die Besetzung des Märtyrerplatzes durch die Mitglieder der garde communale endete schließlich nach einigen Tagen, nachdem Innenminister Ould Kablia mitgeteilt hatte, er habe von Präsident Bouteflika die Order erhalten, den Forderungen der Protestierenden stattzugeben. Dies bezog sich neben den geforderten Gehaltserhöhungen auch auf eine Regelung über die Möglichkeit des vorzeitigen Ruhestands für Beteiligte der garde communale, die mindestens 15 Jahre ihre Funktion ausgeübt hatten. Laut der algerischen Tageszeitung El Watan hatten bis Juli 2012 etwa 44.000 Mitglieder der garde einen Antrag auf vorzeitige Verrentung gestellt. Damit würden dem Staat Kosten in Höhe von umgerechnet etwa 700 Mio. US-Dollar entstehen (El Watan 10.7.2012). Ein weiteres Zugeständnis des algerischen Regimes bestand darin, die Mitglieder der garde communale bei der Verteilung staatlichen Wohnraums in ländlichen Gebieten zukünftig prioritär zu behandeln.

Das Beispiel des Umgangs mit den Protesten der garde communale durch das algerische Regime macht die Funktionsweise der situativen Verwendung der Rente und den damit verbundenen stabilisierenden Effekt für die bestehende politische Ordnung deutlich. Zum einen besteht die Besonderheit bei dieser situativ-kooptativen Rentenverwendung darin, dass damit bereits begonnener Protest ausgeschaltet wird, oft auch bevor er überhaupt eine wirklich politische Dimension erreicht – diese Gefahr hatte im Falle der Demonstrationen der garde communale bereits bestanden. Zum anderen zeigt dieses Beispiel, wie der oben beschriebene „pacte patrimonial" dafür sorgt, dass eigentlich genuin politische Konflikte über die Politik des Regimes in das ökonomische Feld der Rentendistribution gepresst werden. Gesellschaftlicher Protest verengt sich oft auf die reine Forderung nach einem größeren Anteil an dem durch den Staat verteilten Rentenreichtum und wird so von den eigentlichen politischen Fragen abgelenkt. Gleichzeitig hat diese Verengung der politischen Auseinandersetzung auf die Distributionsfrage eine entzweiende Wirkung auf die Opposition, da die verschiedenen Protestgruppen (wie bspw. die verschiedenen Berufsorganisationen) sich gegenseitig eher als Konkurrenten im Verteilungskampf denn als politische Verbündete wahrnehmen.

Auch im Zusammenhang mit dem situativen regimestabilisierenden Effekt der Rente ließen sich noch zahllose weitere Beispiele anführen. So z.B. die kurzfristige Anhebung der Nahrungsmittelsubventionen durch die algerische Regierung im Januar 2011. Kurz zuvor, am 5. und 6. Januar, war es in mehreren Städten des Landes und insbesondere in der Hauptstadt Algier zu massiven Ausschreitungen gekommen. Tausende zumeist jugendliche Demonstranten hatten sich Straßenschlachten mit der Polizei geliefert. Einer der Auslöser dieser gewaltsamen Proteste war ein massiver Anstieg der Preise für Grundnahrungsmittel wie Speiseöl und Zucker. Als Reaktion kündigte der damalige algerische Premierminister Ahmed Ouyahia an, unverzüglich entsprechende Maßnahmen einzuleiten, um die Preise wieder zu senken (vgl. APS 9.1.2011). Auch in diesem Fall ermöglichte die Rentenverfügbarkeit dem algerischen Regime, auf eine Situation der sozialen Spannung zu reagieren, bevor die Proteste eine unkontrollierbare Dynamik erlangen und sich weiter politisieren konnten.

Insgesamt wird aus den beschriebenen Distributionsmechanismen der Rente deutlich, wie diese zur Stabilisierung des algerischen Regimes und zu dessen Legitimierung beitragen. An dieser Stelle muss allerdings darauf hingewiesen werden, dass eine Analyse der Rentendistributionsstrategien des algerischen Regimes nicht hinreichend ist, um die Persistenz autoritärer Herrschaft in diesem Land erschöpfend zu erklären. Für eine solche Analyse wäre die Auseinandersetzung mit Strategien des Regimes auch auf anderen Ebenen notwendig. Im Kontext des Arabischen Frühlings müsste man dafür beispielsweise auch die Maßnahmen des Regimes auf politischer Ebene in den Blick nehmen, wie die Aufhebung des Ausnahmezustands, die Ankündigung von Reformen und unterschiedlicher neuer Gesetze (bspw. zur Regulierung der Medien) und die Zulassung neuer politischer Parteien (vgl. z.B. Kellner 2012). Auch mit Maßnahmen und Reformversprechen im Bereich dieser genuin politischen Thematik versucht das algerische Regime immer wieder Spannungen zu lösen und gesellschaftlichem Protest zuvorzukommen.

Im Kontext der politökonomischen Ausrichtung der vorliegenden Untersuchung kommt den oben beschriebenen politischen Effekten der Rente jedoch eine besondere Bedeutung zu. Zum Schluss dieses Abschnitts soll noch einmal John P. Entelis zu Wort kommen, der die politischen Effekte der Rente in Algerien treffend auf den Punkt gebracht hat:

> "The way oil rents have been utilised by Algerian authorities has favoured the proliferation of rent-seeking opportunities, the institutionalisation of patronage, and the consolidation of bureaucratic-authoritarianism. Overall, oil rents have become a means to satisfy appetites and maintain the regime in power."
> (Entelis 2011: 666)

5.3 Die algerische politisch relevante Elite

Wie im zweiten Kapitel dieser Untersuchung angekündigt, geht es im folgenden Abschnitt um die Elitenstruktur und deren Wandel als entscheidender Faktor für die Persistenz autoritärer Herrschaft in Algerien. Die Elitenforschung als Zweig der Autoritarismusforschung hat für die Analyse der politischen Systeme im Nahen Osten und Nord-Afrika stets eine wichtige Rolle gespielt. In Algerien stand dieser Forschungszweig vor der besonderen Herausforderung der „opaque nature of algerian Politics" (Entelis 2011: 661), d.h. der undurchsichtigen Strukturen innerhalb des algerischen Regimes, nicht nur betreffend der politischen Entscheidungsprozesse, sondern auch in Bezug auf die Transformationen der Elitenstruktur selbst und deren Wandlungs- und Reproduktionsprozesse.

Die vorliegende Untersuchung knüpft im Folgenden an die Arbeit von Isabelle Werenfels (Werenfels 2007) an, die in ihrer Analyse auf die algerische „political relevant elite" (PRE) fokussiert hat. Werenfels analysiert die PRE mithilfe eines Zentrum-Peripherie-clusters, in dem sie zwischen der „core elite" der „second circle"- und einer „third circle"-Elite unterscheidet (Werenfels 2007: 55ff). Als „politisch relevant" werden dabei diejenigen Akteure definiert, die einen Einfluss auf die Entscheidungsfindung in drei strategischen Bereichen haben. Diese sind: 1. Pluralisierung/politische Liberalisierung, d.h. Öffnung der politischen Institutionen für mehr Partizipation, 2. wirtschaftliche Reformen, Marktliberalisierung, Privatisierung, 3. Reformen des Bildungssektors und Fragen der nationalen Identitätspolitik. Die konzentrisch um die Kernelite positionierten second circle- und third circle-Eliten haben dabei entsprechend weniger Einfluss auf die Entscheidungsprozesse und fungieren vor allem (und oft nur temporär) als beratende Akteure. Als politisch relevant gelten nach dieser Definition also nicht nur politische Amtsträger, sondern ebenso Akteure, die aufgrund ihrer Position in der Administration, im Militär oder in öffentlichen oder privaten Wirtschaftssektoren Einfluss geltend machen. Hinzu kommen Personen, die einzig aufgrund persönlicher oder familiärer Nähe zu Mitgliedern der Elite Einfluss ausüben können.

Zu Beginn der Präsidentschaft Bouteflikas im Jahr 1999 rechnet Werenfels lediglich rund zehn Personen der algerischen Kernelite zu. Neben dem Präsidenten gehörten diesem elitären Zirkel vor allem eine Reihe von noch aktiven oder bereits pensionierten Armeegenerälen an.[186] Hinzu kamen außerdem noch der Bruder des Präsidenten und ein bis zwei enge Vertraute aus dem Kabinett. Einzig diese kleine Gruppe von Personen war in der Lage, Entscheidungen in den oben genannten strategischen Bereichen zu treffen oder direkt zu beeinflussen. Um diese Kernelite herum formierte sich ein enger Kreis von „core elite consultants", welche aus Personen an den wichtigen Schaltstellen der Rentenakkumulation und Rentenverteilung (wie z.B. dem Chef des staatlichen Energieunternehmens Sonatrach), dem Premierminister, einigen Top-Kadern der Administration, den Chefs der regimetreuen politischen Parteien, den Chefs der größten

---

[186] Nicht nur bei Werenfels (2007) sind die entscheidenden Personen genannt. Auch z.B. bei Gèze/Kervyn (2004: 17ff) und Aggoun/Rivoire (2005: 198). Es handelte sich um den damaligen Generalstabschef Mohammed Lamari, den Chef des algerischen Geheimdienstes „Département de Renseignement et de la Sécurite" (DRS) General Mohamed Médiène, den Kabinettsdirektor bei Bouteflika nach dessen Wahl 1999 General Larbi Belkheir, die Nummer zwei des algerischen Geheimdienstes General Smail Lamari und den Berater des Präsidenten in Sicherheitsfragen General Mohamed Touati.

Staatsunternehmen und dem Chef der ehemaligen Einheits- und immer noch größten Gewerkschaft UGTA bestanden (Werenfels 2007: 57). Aufgrund der Tatsache, dass diese Gruppe von Personen zwar einen sehr starken beratenden Einfluss auf die Entscheidungen, letztlich aber keine direkte Entscheidungsmacht besaßen, rechnet Werenfels sie bereits der „second circle-elite" zu.

In den Jahren der zweiten Amtsperiode – also zwischen 2004 und 2009 – des zum Zeitpunkt der Niederschrift immer noch amtierenden Präsidenten Bouteflika zeichnete sich jedoch eine signifikante Verschiebung innerhalb der oben beschriebenen Kernelite ab. Im Juli 2004, nur drei Monate nach der Wiederwahl Bouteflikas (mit über 90% der Stimmen), trat Generalstabschef Mohammed Lamari zurück. Offiziell wurde dies mit gesundheitlichen Gründen erklärt, doch wahrscheinlicher waren Differenzen zwischen dem Generalstabschef und dem Präsidenten. An die Stelle Lamaris trat General Salah Gaid, dem weit weniger politische Ambitionen nachgesagt werden. Auch der in den 1990er Jahren und während der ersten Amtszeit Bouteflikas überaus einflussreiche General Larbi Belkheir musste 2005 seinen Posten als Kabinettsdirektor in der Präsidentschaft räumen und wurde als Botschafter nach Rabat abgeschoben (vgl. Le Monde 28.8.2005).[187] Außerdem starb der ehemalige Chef der Spionageabwehr-Abteilung des algerischen Geheimdienstes „Département de Renseignement et de la Sécurite" (DRS) Smail Lamari, der weder verwandt noch verschwägert war mit Mohammed Lamari, bereits 2007 eines natürlichen Todes.

Diese Entwicklungen haben verschiedene Beobachter dazu gebracht, von einer Schwächung des Militärs innerhalb der Kernelite Algeriens und einem Machtzuwachs Präsident Bouteflikas und seiner Entourage zu sprechen (siehe z.B. Roberts 2007). Im Jahr 2005 schätzte Hugh Roberts, der damals bei der International Crisis Group (ICG) tätig war, die Situation im Kern des algerischen Regimes wie folgt ein: „My view is that the General staff has ceased, at least for the time being, to be the major locus of political power in the Algerian power structure. [...] As a result of this change in the balance of power, the presidency has considerably increased its control over the Defence Ministry." (Roberts 2005: 3) Dieser teils freiwillige, teils unfreiwillige Rückzug der einflussreichen Generäle aus der Zeit des Konfliktes in den 1990er Jahren ist auch auf ein genuines Eigeninteresse der Militärführung zurückzuführen, ihre Verantwortung für diverse Menschenrechtsverletzungen während des Konfliktes in den 1990er Jahren zu vertuschen. Durch den relativen Rückzug von der politischen Bühne erhoffte man sich insgesamt weniger im Fokus der (auch internationalen) Aufmerksamkeit zu stehen.

An der Struktur des algerischen Machtapparates änderte dieser Prozess jedoch wenig. Die Monopolisierung politischer Macht mag zwar in den letzten

---

[187]   Belkheir verstarb im Jahr 2010.

Jahren dem Militär teilweise entzogen worden sein, doch dies führte nicht zu einer Diversifizierung, sondern zu einer weitgehenden Konzentration der politischen Entscheidungsmacht beim Präsidenten. Man könnte in diesem Zusammenhang eher von einer „Zivilisierung" des algerischen Regimekerns sprechen als von einer Auflösung des autoritären Charakters der Herrschaftsausübung an sich. Zudem muss an dieser Stelle betont werden, dass der algerische Geheimdienst DRS unter General Mohamed Médiène auch nach dem relativen Rückzug des Militärs politisch einflussreich geblieben ist. Über die Frage, wie groß sein Einfluss tatsächlich ist, gibt es unterschiedliche Einschätzungen (vgl. Addi 2006). Seit 2010 mehren sich die Indizien für einen Machtkampf zwischen dem DRS und dem Bouteflika-Clan, bei dem es insbesondere um die Kontrolle des staatlichen Energiekonzerns Sonatrach geht.[188]

Die von Werenfels als „second circle-elite" bezeichnete Gruppe von Akteuren umfasst insgesamt drei relevante Segmente. Dazu zählen erstens die Mitglieder der Regierung, die sich seit 1997 aus den drei regimenahen Parteien FLN, RND und MSP – ab 2004 „alliance présidentielle" genannt – zusammensetzt und bei den jeweiligen Parlamentswahlen 2002, 2007 und 2012 bestätigt wurde.[189] Zweitens die wichtigsten Vertreter des algerischen Privatsektors, die seit dem Jahr 2000 zum großen Teil im „Forum des Chefs d'Entreprises" (FCE) organisiert sind. Und drittens zählt Werenfels die Kader der großen algerischen Massenorganisation, vor allem der UGTA, aber auch anderer Organisationen wie der „Organisation Nationale des Moudjahidines" (Vereinigung der Freiheitskämpfer) oder der algerischen Jugendorganisation UNJA, zur zweiten Reihe der Regimeelite. Zum dritten Elitenzirkel zählen schließlich solche Akteure, die meist nur temporären Einfluss auf politische Entscheidungen haben und deren Einfluss eher darauf gründet, dass sie entweder als Berater hinzugezogen werden oder auf irgendeine Weise „zerstörend" wirken können („veto-" oder „nuisance power") (Werenfels 2007: 68). Zu diesen Akteuren gehören bspw. Mitglieder des algerischen Parlamentes, die unabhängigen, nach 1989 gegründeten Gewerkschaften, die Presse oder Vertreter von Menschenrechtsorganisationen.

---

[188] Ein 2010 aufgedeckter Korruptionsskandal innerhalb von Sonatrach schwächte vor allem das Lager Bouteflikas. Neben dem Energieminister Chakip Khelil, einem engen Verbündeten des Präsidenten, musste auch Innenminister Yazid Zerhouni, ebenfalls ein Bouteflika-Vertrauter, sein Amt aufgeben (vgl. Al Jazeera 29.9.2010). Dass der Sonatrach-Skandal durch neue Korruptionsvorwürfe 2013 wieder hochkam, setzen manche Beobachter mit den 2014 anstehenden Präsidentschaftswahlen in Verbindung, bei der die DRS eine erneute Kandidatur verhindern wolle (vgl. Le Figaro 1.4.2013; Mediapart 13.2.2013).

[189] Bei der Parlamentswahl 2012 trat die MSP im Verbund mit anderen islamisch geprägten politischen Parteien als „alliance verte" an und ist in der Regierung unter Premierminister Sellal nur noch mit einem Minister vertreten.

Um die Analyse der Elitenstruktur Algeriens für die Frage der Stabilität bzw. Persistenz autoritärer Herrschaft fruchtbar zu machen, kommt dem Wandel und den Reproduktionsmechanismen dieser Eliten eine zentrale Bedeutung zu. Wie im zweiten Kapitel dieser Untersuchung bereits erläutert, versteht die eliten-theoretisch ausgerichtete Autoritarismusforschung Stabilität oder den Wandel des Charakters eines politischen Systems vor allem als Funktion der Neustrukturierung politisch relevanter Eliten. Von besonderer Relevanz ist in diesem Zusammenhang die Formierung neuer Eliten, die in den Bereich der PRE aufsteigen und so die Entscheidungsprozesse beeinflussen können. Sowohl Werenfels (2007) als auch Ouaissa (2005) und Bustos/Mané (2013) betonen in diesem Zusammenhang das Beharrungsvermögen politischer Entscheidungsstrukturen. Trotz der permanenten Restrukturierung der PRE und dem Aufstieg neuer Elitensegmente ist in Algerien – und nicht nur in Algerien – zu beobachten, dass sich am bestehenden autoritären Charakter der Entscheidungsstrukturen oft nichts Wesentliches ändert. „Their [the elites] different factional components alternate in the priviledged ruling positions, as if they were riding a noria (Ferris wheel) of power, whose movements does not alter the essential part of the system." (Bustos/Mané 2013: 38).

In ihrer Analyse des Wandels der algerischen politisch relevanten Elite konzentriert sich Werenfels auf die von ihr so genannte dritte Generation. Die Mitglieder dieser dritten Generation des unabhängigen Algerien unterscheiden sich von einer ersten „revolutionären" Generation – also diejenigen, die aktiv am Befreiungskrieg gegen Frankreich beteiligt waren – und einer zweiten Generation des nationalen Aufbaus, deren Mitglieder erst nach dem Unabhängigkeitskrieg das Erwachsenenalter erreichten und vom sozialistischen Gründungsprojekt der 1960er und 1970er Jahre geprägt wurden. Die Mitglieder der dritten Generation wurden hingegen erst nach der Unabhängigkeit geboren und erreichten erst mit dem Ende des Einparteiensystems in Algerien das Erwachsenenalter. Werenfels weist darauf hin, dass innerhalb neuer aufstrebender Elitensegmente der dritten Generation durchaus ein erklärter Wille zu „Reformen", zu „Demokratie" und eine „awareness" über die Notwendigkeit existiert, dass die Bewältigung der großen sozialen und ökonomischen Probleme des Landes eine grundsätzliche Veränderung des politischen Systems erfordert: „Though the young elites tended to be recruited from a very limited pool of already priviledged social segments [...] a majority of the different elite types found among them appeared dissatisfied with the existing system and were strongly reform orientated in their discourse." (Werenfels 2007: 117)

Dennoch kann man eine auffällige Divergenz zwischen den geäußerten Ansichten neuer „junger" Elitensegmente und deren tatsächlichen Handlungen feststellen. Werenfels erklärt diese Diskrepanz mit dem von Merkel und Puhle erarbeiteten Konzept der „Handlungskorridore" (Merkel/Puhle 1999: 49), die das politische Handeln von Akteuren beeinflussen bzw. deren Handlungsmöglichkeiten begrenzen. Dabei geht es um die „embeddedness" von Eliten, die dazu führen kann, dass diese Akteure entgegen oder nur teilweise entsprechend ihrer eigenen Überzeugungen handeln. Diese Eingebundenheit kann unterschiedliche Formen annehmen. Dazu gehören bspw. die Verpflichtungen gegenüber familiären Netzwerken oder regionale und lokale Solidaritäten. Nicht zuletzt spielt bei der Auswahl der politischen Handlungsoptionen auch die Verflechtung in die Rentendistributionsnetzwerke eine wichtige Rolle. Bei einer Nichtbefolgung der Erwartungen, die sich aus der Eingebettetheit in diese unterschiedlichen Netzwerke ergibt, besteht die Gefahr, die eigene Position und die „Mitgliedschaft" im Club der Einflussreichen zu verlieren: „[.] the cumulative effect of the multiple embeddedness on elite corridors of action was that a majority of elites had every interest in working to preserve the political, social and economic status quo if they wanted to remain politically relevant." (Werenfels 2007: 152)

Zusammenfassend kann an dieser Stelle gesagt werden, dass die Dynamiken innerhalb der algerischen politisch relevanten Elite zwar tiefgreifende Veränderungsprozesse bezüglich der generational-demografischen Zusammensetzung hervorbrachten dies jedoch nicht automatisch auch zu einem Wandel des autoritären Charakters des algerischen Regimes führte. Neue aufstrebende Eliten, so Werenfels, „as they move in higher positions, became implicated in corruption like their predecessors, contributed to the continuation of clientelistic practices and shared responsibility for the ineffectiveness on all levels of administration and for completely inefficient state economy" (Werenfels 2007: 118).

Wie im vorherigen Abschnitt zur Relevanz der strukturellen Abhängigkeit von der extern generierten Rente soll auch an dieser Stelle ein Beispiel die angesprochenen Prozesse verdeutlichen. Wie im zweiten Kapitel dieser Untersuchung erläutert, spielten die Annahmen der Transitionsforschung in Bezug auf privatwirtschaftliche Eliten für die Ausrichtung der europäischen auswärtigen Politik stets eine wichtige Rolle. Grundsätzlich ging man davon aus, dass ökonomische Reformen neue junge Unternehmereliten hervorbringen würden, deren Forderungen nach freier Entfaltung ihrer wirtschaftlichen Aktivitäten politisch autoritäre Strukturen unterminieren würden. Dieses Elitensegment steht ebenfalls in der vorliegenden Untersuchung besonders im Mittelpunkt und wird im siebten Kapitel noch einmal zur Sprache kommen, wo es um die Auswirkungen der EMFHZ-Implementierung auf genau dieses Elitensegment geht.

An dieser Stelle soll nicht die gesamte Entwicklung des Privatsektors und seiner wichtigsten Akteure in Algerien nach der Unabhängigkeit wiedergegeben werden.[190] Dennoch ist es nützlich, einen kurzen Blick auf die Genese und heu-

---

[190]   Siehe für eine ausführliche Darstellung Dillman (2000).

tige Stellung des Privatsektors in Algerien zu werfen. Entgegen der ersten Vermutung mit Blick auf den stark sozialistisch geprägten Entstehungsprozess des Staates ab 1962 hat in Algerien neben dem dominanten öffentlichen Sektor immer auch ein privater Wirtschaftssektor existiert. Doch insbesondere unter Präsident Houari Boumédiène in den 1970er Jahren wurde der algerische Privatsektor stark vernachlässigt. Die Periode zwischen 1970 bis 1978 war gekennzeichnet durch eine Deinstitutionalisierung der Beziehungen zwischen Staat und Privatsektor. Die Kammern des Privatsektors verschwanden in der Bedeutungslosigkeit, Banken verliehen kein Geld mehr an private Unternehmen, der Privatsektor hatte keine organisierte Vertretung bei staatlichen Institutionen, die öffentliche Verwaltung war vor allem auf den Aufbau des Staatssektors konzentriert und die algerische Verfassung von 1976 gestand dem Privatsektor lediglich einen „komplementären" Charakter neben dem eigentlich wichtigen Staatssektor zu (Dillman 2000: 39).

Erst mit dem Amtsantritt von Präsident Chadli Benjedid 1979 änderte sich diese marginale Stellung des Privatsektors allmählich und im Fünfjahresplan der Regierung von 1985 sprach man sich klar für die Stärkung des Privatsektors aus. Mit der Krise in der Folge des Ölpreis-Zusammenbruchs von 1986 war der algerische Staat zunehmend gezwungen den Anteil privatwirtschaftlicher Investitionen zu erhöhen, um so die Ineffizienzen im staatlichen Sektor und den Rückgang der öffentlichen Investitionen aufzufangen. In einem neuen Investitionsgesetz von 1988 wurde die Beschränkung für private Investitionen gelockert. Weiterhin waren solche Investitionen aber nur in vom Staat definierten prioritären Wirtschaftssektoren möglich. Bereits ein Jahr zuvor hatte die algerische Regierung auch die Gründung neuer privater Wirtschaftsverbände legalisiert.[191] Kurz darauf entstanden zwei rivalisierende Wirtschaftsverbände in Algerien: Die „Confederation Algérienne du Patronat" (CAP) und die „Confederation Générale des Operateurs Écomiques Algeriens" (CGEA). Beide Organisationen waren mehr oder weniger mit dem Lager der "réformateurs" und der Regierung Hamrouche zwischen 1989 und 1991 verbunden (vgl. Kapitel 4) und forderten vor allem einen einfacheren Zugang zu staatlichen Krediten.

Zu Beginn der 1990er Jahre und vor allem mit Inkrafttreten des IMF-Restrukturierungsabkommens intensivierte das algerische Regime die Privatisierungsprogramme der staatlichen Unternehmen. Doch diese Reformpolitik trug nur bedingt dazu bei, den Privatsektor als eigenständigen wirtschaftlichen und auch politischen Akteur gegenüber dem algerischen Staat zu stärken. Verschiedene Autoren haben herausgearbeitet, dass der Privatisierungsprozess in den 1990er Jahren – insbesondere im Importsektor – zuerst der Regimeelite

---

[191] Zuvor wurde der Privatsektor in Algerien ausschließlich über die „Chambre National de Commerce" (CNC) vertreten, die allerdings vom Staat kontrolliert wurde (Dillman 2000: 48).

selbst bzw. dessen Klienten zugute kam: „Privatization emerged [...] as a potential new form of clientelism and rent distribution in an era of structural adjustment." (Dillman 2000: 82) Insbesondere die algerische Armee, bzw. einige Generäle profitierten von der Privatisierung vormals staatlicher Importunternehmen, indem sie bei rentenfinanzierten Lebensmittel- oder Medikamentenimporten große Gewinnmargen einstrichen. Im Jahr 2000 gründete sich das algerische „Forum des Chefs d'Éntreprises" (FCE), dessen Präsident Réda Hamiani zuvor die CAP geleitet hatte. Der Wirtschaftsverband FCA, der neben privaten Firmen auch öffentliche algerische Unternehmen zu seinen Mitgliedern zählt, ist heute das wichtigste Sprachrohr des Privatsektors in Algerien. Im Jahr 2011 hatte das FCE nach eigenen Angaben etwa 500 Mitglieder. Zu ihnen gehören auch die größten privaten Unternehmen des Landes wie etwa der agroindustrielle Konzern Cevital von Issab Rebrab.

Insgesamt ist es schwierig, die im algerischen Privatsektor tätigen Unternehmer als homogene Gruppe zu charakterisieren. Es besteht kein Zweifel, dass einige wenige der Großunternehmer einen relativ engen Kontakt zur Kernelite pflegen und deshalb selbst zumindest zu der von Werenfels identifizierten „third circle"-Elite gezählt werden können.[192] In dieser Position haben sie eine beratende Funktion zumindest in Bezug auf wirtschaftspolitische Fragen. Gleichzeitig äußern sich Teile der algerischen Unternehmerschaft immer wieder kritisch in Bezug auf ein fehlendes wirtschaftspolitisches Konzept der Regierung und die sklerotisch-korrupten Zustände in der algerischen Verwaltung. In diesem Zusammenhang könnte man durchaus von einem neuen Elitensegment sprechen, dessen Ansichten und Äußerungen dazu geeignet scheinen, sie als „change agents" innerhalb Algeriens zu charakterisieren.

Solchen Meinungsäußerungen sind allerdings enge Grenzen gesetzt. Betrachtet man die Beziehungen zwischen dem FCE und dem algerischen Regime, kann man genau die oben beschriebenen Handlungskorridore identifizieren, die oftmals dazu führen, dass politische Konzepte und Ansichten sich nicht unbedingt in entsprechendem Handeln der Akteure manifestieren bzw. deren Handeln durch ihre Eingebundenheit in existierende Netzwerke beschränkt wird. Denn auch die eher kritischen Stimmen aus dem algerischen Privatsektor sind sich darüber im Klaren, dass sie für ihren eigenen geschäftlichen Erfolg nach wie vor vom Regime abhängig sind. Dieser Umstand wurde von einigen Gesprächspartnern des Autors als ein „Gefangensein in einem Zwiespalt" beschrieben, zwischen der Abhängigkeit von der Regimeelite und dem aufrichti-

---

[192] Ein Gesprächspartner wies in einem Interview mit dem Autor darauf hin, dass viele algerische Privatunternehmen quasi unerschöpfliche Kredite von staatlichen Banken erhielten, ohne irgendeine Form von Garantie geben zu müssen, was auf eine enge Vernetzung innerhalb der Rentendistributionsnetzwerke des algerischen Regimes hinweist (vgl. Interview Nr.6 2011).

gen Bestreben fundamentale Reformen durchzusetzen (vgl. Interview Nr. 6 2011).

Die Beziehung zwischen dem FCE und dem Regime ist ein gutes Beispiel für die ambivalente Position eines Teils der algerischen Privatunternehmerschaft. Noch bei der Präsidentschaftswahl 2009 schien die Beziehung zwischen der Kernelite und dem FCE in bester Ordnung und der FCE-Vorsitzende Hamiani sprach sich öffentlich für die Unterstützung des Kandidaten Bouteflika aus. Doch nur ein Jahr später, im April 2010, wagte es Hamiani, den mangelnden Fortschritt bei den staatlichen Programmen zur Unterstützung algerischer Unternehmen zu kritisieren. Der FCE-Vorsitzende beklagte insbesondere die generelle Inkohärenz der Regierungsmaßnahmen und verurteilte einen Mangel klarer Visionen in Bezug auf die Industriepolitik der Regierung (FCE 2010). Nur zwei Wochen später zogen sich alle staatlichen Unternehmen aus dem FCE zurück, darunter Algeriens größtes Pharmaunternehmen Saidal und die staatliche Fluggesellschaft Air Algérie. Zwar äußerten sich weder das Wirtschafts- oder das Innenministerium noch die betreffenden Unternehmen zu diesem Vorgang, doch viele Beobachter interpretierten den Rückzug als Markierung einer klaren roten Linie, die nicht übertreten werden dürfe. In der Folge dieser Vorkommnisse wurden die öffentlichen Äußerungen des FCE sehr viel zurückhaltender. In einem Aufruf für mehr wirtschaftliche Reformen im Juni 2011 vergaß Hamiani nicht zu betonen, dass das FCE eine rein wirtschaftliche Organisation sei, deren Äußerungen in der Vergangenheit leider zu oft missverstanden worden seien, als „une contestation de la politique économique gouvernementale ou même comme une immixtion malvenue dans la sphère politique, de la part d'une association dont la vocation est, légalement, restreinte au seul champ économique" (Maghrebemergent 9.6.2011).

An dieser Stelle bleibt festzuhalten, dass der größere Raum, den das algerische Regime dem Privatsektor seit Mitte der 1980er Jahren vor dem Hintergrund der prekären wirtschaftlichen Situation überlassen hat, mit der Kooptation eines Teils der privatwirtschaftlichen Akteure und ihrer Einbindung in die Rentendistributionsnetzwerke einherging. Gleichzeitig sind diejenigen Teile des algerischen Privatsektors, die die Maßnahmen der Regierung im wirtschaftspolitischen Bereich kritisieren, an enge Grenzen gebunden, wollen sie nicht Gefahr laufen, ihre eigene Position zu gefährden.

Vor diesem Hintergrund waren die Bedingungen für die Entstehung eines vom Regime und der Administration unabhängigen privatwirtschaftlichen Sektors in Algerien, der auch als Reform-Akteur im politischen Raum in Frage kommen würde, sehr schlecht. Insgesamt wird also deutlich, dass die Mitglieder der algerischen Privatunternehmerelite weniger als genuine „change-agents" bezeichnet werden können denn vielmehr als pragmatische Akteure, die im

Zweifelsfall – aus Furcht um ihre eigene Position – für Regimestabilität und die Aufrechterhaltung des Status quo optieren.

6 Algerien in der EMP

Wie im dritten Kapitel dieser Untersuchung dargestellt wurde, handelt es sich bei der 1995 initiierten Euro-Mediterranen Partnerschaft (EMP) um ein multilaterales institutionelles Gefüge, dessen tragende Säulen die mit den einzelnen Partnerstaaten des Mittelmeerraums abgeschlossenen bilateralen Assoziierungsabkommen darstellen. Die multilaterale Dimension der EMP verschwand nach und nach in der Bedeutungslosigkeit – zumindest wenn man die hohen Erwartungen an diese Initiative bspw. in Bezug auf ihren Beitrag zur Lösung des Nahostkonfliktes betrachtet. Dieses Kapitel beschäftigt sich ausschließlich mit der bilateralen Dimension der EMP und dessen Institutionalisierung in Form des EU-algerischen Assoziierungsabkommens. Bevor genauer auf die Inhalte dieses Dokumentes und die zwischenzeitlichen Änderungen eingegangen wird, soll hier zunächst der historisch-politische Kontext der Entstehung des EU-algerischen Assoziierungsabkommens untersucht werden. Eine solche historisch-politische Einordnung ist von besonderer Bedeutung, weil sie die algerischen Motivationen für die Unterzeichnung eines Abkommens nachvollziehbar macht, dessen Vorteile für Algerien – wie später zu zeigen sein wird – mehr als fraglich erscheinen.

6.1 Historisch-politischer Kontext der Unterzeichnung des EU-algerischen Assoziierungsabkommens

Nachdem die algerische Armee den Wahlprozess im Januar 1992 ausgesetzt, Präsident Chadli abgesetzt und das so genannte „Haut Comité d'Etat" (HCE) etabliert hatte[193], das die Funktionen des Präsidenten übernehmen sollte, geriet das Regime schnell unter internationalen Druck. Viele Staaten missbilligten das abrupte Ende des hoffnungsvollen demokratischen Aufbruchs, den das Land seit der Beendigung des Einparteiensystems mit der neuen Verfassung von 1989 erlebt hatte. In den nächsten Jahren – während des algerischen Bürgerkriegs – geriet das Land immer mehr in eine internationale Isolation. Die Genese und die historisch-politischen Umstände der Unterzeichnung des EU-algerischen Asso-

---

[193] Das HCE bestand aus drei zivilen Vertretern (Ali Kafi, Ali Haroun und El-Tidjani Haddam) und dem damaligen Verteidigungsminister Khaled Nezzar, der es auch weitgehend kontrollierte (vgl. Hasel 2002).

ziierungsabkommens, das am 19. Dezember 2001 vom algerischen Präsidenten Abdelaziz Bouteflika in Brüssel paraphiert wurde[194], steht im engen Zusammenhang mit der Situation der Instabilität und den gewaltsamen Auseinandersetzungen in Algerien in den 1990er Jahren. Der algerische Bürgerkrieg prägte das Bild des Landes und hatte auch direkten Einfluss auf den Ablauf der Verhandlungen zwischen der EU-Kommission und den algerischen Vertretern.

Die algerische Seite hatte bereits 1993 um die Aufnahme von explorativen Gesprächen über ein Abkommen gebeten, doch im Laufe des Jahres 1994 verschlechterte sich die Sicherheitslage im Land zunehmend. Vor allem die Attentate auf europäische Bürger in Algerien ließen die EU von einer Aufnahme offizieller Gespräche abrücken und schließlich wurde im Sommer 1994 sogar das Büro der Kommission in Algier geschlossen (vgl. Morisse-Schilbach 1999: 162). Erst kurz vor der EMP-Gründungskonferenz in Barcelona im November 1995 bemühte sich die EU wieder um die Integration Algeriens, wohl wissend, dass das regionale „Partnerschafts-Projekt" der EMP ohne den wichtigen Akteur Algerien wenig Sinn machte. Im September 1995 wurden die Sondierungsgespräche über ein Abkommen zwischen Algerien und der EU wieder aufgenommen. Diese Wiederaufnahme war vor allem auf die durch Algerien unterzeichneten Abkommen mit dem IMF und dem Club of Rome zurückzuführen, wodurch Algier seine Bereitschaft zur internationalen Kooperation signalisierte. Wenig später, auf dem Europäischen Rat in Madrid im Dezember 1995, verständigten sich die EU-Staats- und Regierungschefs über die Aufnahme offizieller Verhandlungen mit Algerien und die Kommission wurde beauftragt, Verhandlungsdirektiven zu erstellen.

Die offiziellen Verhandlungen über das Assoziierungsabkommen wurden allerdings nicht lange fortgesetzt. Bereits Ende des Jahres 1997 wurden die Verhandlungen erneut unterbrochen. Offiziell begründete die EU diese Maßnahme mit dem Verweis auf die sich weiter verschlechternde Sicherheitslage in Algerien (vgl. Zoubir 2004: 176). Tatsächlich spielte auch die algerische Weigerung, einer gegenseitigen Liberalisierung seines Hydrocarbonsektors zuzustimmen, bei der Aussetzung der Verhandlungen eine Rolle (vgl. Youngs 2001: 102). Die algerische Seite war ihrerseits enttäuscht über die Weigerung der EU bei den ersten Verhandlungsrunden über das Assoziierungsabkommen größere Zugeständnisse im Bereich der Terrorismusbekämpfung zu machen (vgl. Darbouche 2009: 378). Die Folge war, dass die algerische Seite der EU vor allem deren Rigidität im Bereich der Handelsliberalisierung vorwarf und auf die „Besonderheit" der algerischen Wirtschaftsstruktur verwies. „[H]aving failed to obtain tangibly meaningful support for their counter-insurgency efforts after the first

---

[194] Die offizielle Unterzeichnung erfolgte im April 2002 auf dem EMP-Gipfel im spanischen Valencia.

few rounds of AA talks, Algerian negotiators remained resolutely attached to the 'specificity' argument." (ebd.).

Ab der zweiten Hälfte des Jahres 1997 kam es in Algerien vermehrt zu Massakern an der Zivilbevölkerung[195], durch die der Konflikt auch in den europäischen Medien mehr Aufmerksamkeit erhielt. Zudem verwiesen verschiedene Nichtregierungs- und Menschenrechtsorganisationen auf eine mögliche Beteiligung der staatlichen Sicherheitsorgane an diesen und anderen Menschenrechtsverletzungen.[196] Vor diesem Hintergrund stieg der Druck auf die europäischen Regierungen, im algerischen Konflikt stärker Position zu beziehen bzw. die Haltung gegenüber dem algerischen Regime zu verschärfen. Bis zu diesem Zeitpunkt hatte sich die EU gegenüber den Machthabern in Algier stark zurückgehalten und weitgehend die Position Frankreichs übernommen, das vor allem ein Interesse an der Stabilisierung seines südlichen Nachbarn hatte und dieses Ziel mit einer mehr oder weniger bedingungslosen Unterstützung des algerischen Regimes am besten zu erreichen glaubte.[197] Die Haltung vieler EU-Mitgliedsstaaten, Algerien als französische „domaine reservé" zu betrachten und sich nicht um eine eigenständige europäische Position zu bemühen[198], wichen in dieser Phase einem stärkeren Einsatz für mehr Druck auf das algerische Regime. Auf Initiative des deutschen Außenministers Klaus Kinkel reiste am 19. Januar 1998 eine EU-Troika auf Staatsminister-Ebene nach Algier, um den in Barcelona etablierten politischen Dialog auf die bilaterale Ebene auszudehnen und sich über die jüngsten Massaker bzw. den islamistischen Terrorismus auszutauschen. Dieser Troika-Mission folgte im Februar des gleichen Jahres eine Delegation des Europäischen Parlamentes (vgl. Jünemann 2000). Dennoch blieben diese Bemühungen von europäischer Seite, mehr Druck auf das algerische Regime aufzubauen, begrenzt. „By mid-1998, EU ministers had come to acknowledge that linking progress in the association agreement negociations to specific improvements in political rights was inpracticable." (Youngs 2001: 105)

---

[195] Zu den blutigsten Vorkommnissen dieser Art gehörten die Massaker in den Dörfern Rais und Benthala in der näheren Umgebung von Algier. Am 28. August bzw. am 22. September 1997 wurden dort jeweils mehrere Hundert Menschen ermordet.

[196] So z.B. Amnesty International in seinem Jahresbericht zu Algerien 1998. Siehe zur Diskussion um die Verantwortlichkeit für diese Massaker auch die Zeugenberichte von Souaidia (2001) und Yous (2000).

[197] Die französischen Interessen in Algerien bestanden vor allem in einer Eindämmung der Immigration aus dem Land und der Sicherstellung der Energieimporte aus Algerien. Dass die französische Position der Unterstützung des algerischen Regimes zum Schutz der eigenen Sicherheit nur bedingt geeignet war, zeigte sich bei den durch die „Groupe Islamique Armée" (GIA) durchgeführten Bombenattentaten in Paris 1995 und 1996.

[198] Youngs (2001: 99f) schreibt in diesem Zusammenhang: „France's emotive and complex historical relationship with Algeria cultivated some feeling in other European capitals that only Paris could fully appreciate the complexities of Algerian politics."

Die Phase des zögerlichen Drucks endete schließlich mit der Wiedereröffnung der EU-Delegation in Algier im Dezember 1998. Im November 1999 wurde dann bei einem Besuch der Troika und des EU-Außenbeauftragten Chris Patten in Algier die Wiederaufnahme der Verhandlungen über ein Assoziierungsabkommen verkündet (vgl. European Commission 2000a), die dann im Frühjahr 2000 tatsächlich neu starteten. Die Wiederannäherung zwischen der algerischen Regierung und der EU zeigte sich auch bei der Wahl Bouteflikas zum algerischen Präsidenten im April 1999. Trotz der großen Fragezeichen, die Bouteflikas Wahl begleitet hatten[199], begnügte sich die EU in ihrer Reaktion mit einer eher halbherzigen Kritik am Verlauf des Wahlprozesses und betonte ansonsten ihre Entschlossenheit zur Unterstützung des neuen Präsidenten und der von ihm angekündigten Reformmaßnahmen (vgl. EU 1999). Die Unterstützung von Seiten der EU für Bouteflika wurde wenig später nochmals durch die Initiative des Präsidenten für das erste Amnestiegesetz gestärkt, das auf einen „concorde civile" abzielte.[200]

Ab April 2000 wurde das EU-algerische Assoziierungsabkommen während insgesamt 16 Treffen zwischen der Kommission und der algerischen Delegation verhandelt und im Dezember 2001 schließlich in Brüssel von Präsident Bouteflika paraphiert, der dafür extra in die belgische Hauptstadt reiste. Von europäischer Seite war dieses vergleichsweise schnelle Voranschreiten nicht zuletzt auf die Ereignisse vom 11. September 2001 zurückzuführen. Die Terroranschläge von New York und Washington änderten auch in Europa die Sichtweise auf das Gefahrenpotential durch den internationalen Terrorismus und verhalfen der Darstellung des algerischen Regimes über die Bedrohung des islamistischen Terrorismus im eigenen Land zu einer neuen Akzeptanz. Nun erschien Algerien in der europäischen Wahrnehmung als ein wertvoller Partner im Kampf gegen den internationalen Terrorismus. Die algerische Forderung nach einer Inklusion des Themas Terrorismusbekämpfung in die Verhandlungen – die die europäische Seite bis dahin abgelehnt hatte – wurde nun akzeptiert und sogar mit einem eigenen Artikel in den Text des Abkommens integriert (Art. 90 „Fight against Terrorism"). Von den Bedenken der algerischen Seite in Bezug auf die Handelsliberalisierung war in den Verhandlungsrunden ab April 2000 nichts mehr zu spüren (vgl. Darbouche 2009: 379).

---

[199] Am Abend vor der Wahl am 15. April 1999 zogen alle sechs Gegenkandidaten ihre Kandidatur zurück und beschuldigten Verwaltung und Militär der massiven Wahlfälschung zugunsten des Kandidaten Bouteflika (vgl. Axtmann 2007: 174f).

[200] Dieses Gesetz, das den Kämpfern der bewaffneten Gruppen eine Rückkehr ins zivile Leben ermöglichen sollte, wurde am 16. September 1999 in einem Referendum angenommen. Über die Aussagekraft der Abstimmung gab es allerdings von Anfang an Diskussionen. Die Algerier wurden lediglich gefragt: „Êtez-vous d'accord avec la démarche générale du Président de la République visant à la réalisation de la paix et la concorde civil?" Genauere Details über das Amnestiegesetz wurden nicht gegeben (Roberts 2003: 236).

Für die algerische Seite war der Abschluss des Assoziierungsabkommens ein wichtiger Schritt, um die Isolation des Landes und seines Regimes, die im Laufe der 1990er Jahre immer weiter zugenommen hatte, zu beenden. Dabei muss der schnelle Abschluss des Assoziierungsabkommens mit der EU als Teil einer umfangreicheren diplomatischen Offensive gesehen werden, die Algerien nach der Wahl Bouteflikas im April 1999 lancierte, um das Land aus der internationalen Isolation herauszuführen. Diese Offensive beschränkte sich nicht allein auf die oben beschriebene Annäherung mit der EU. Ebenso bemühte sich Algerien um die Wiederbelebung seiner regionalen und innerafrikanischen Bedeutung sowie um eine Verbesserung der Beziehungen zur NATO und zu den USA. Im Juli 1999 – nur zwei Monate nach der Präsidentschaftswahl – fand in Algier ein Gipfeltreffen der Organisation Afrikanischer Einheit (OAU) statt. Dieses Treffen brachte dem algerischen Regime nicht nur neue internationale Legitimation – insgesamt nahmen 42 Staatschefs der OAU-Länder teil –, sondern signalisierte auch eine Rückkehr zur Normalität nach mehreren Jahren, in denen das Land vor allem als Pfuhl anarchischer Gewalt zweifelhafte Berühmtheit erlangt hatte (vgl. Zoubir 2004: 166).

Ebenso tat sich Algerien als Konflikt-Mediator im afrikanischen Kontext hervor: Im Juni 2000 unterzeichneten Äthiopien und Eritrea in Algier ein durch Algerien vermitteltes Friedensabkommen und legten damit ihren seit zwei Jahren dauernden Grenzkonflikt bei. Hinzu kam eine Annäherung Algeriens an die NATO. Im Jahr 2000 wurde Algerien Mitglied im „NATO-Mediterranean-Dialogue", einer 1994 gegründeten Initiative des Verteidigungsbündnisses mit verschiedenen nicht NATO-Mitgliedsstaaten des südlichen Mittelmeerraums.[201] Der damalige Generalstabschef Mohamed Lamari stattete sogar dem NATO-Stützpunkt in Stuttgart im Frühjahr 2000 einen Besuch ab. Während des Besuchs Bouteflikas zur Paraphierung des Assoziierungsabkommen mit der EU in Brüssel im Dezember 2001 traf sich der algerische Präsident auch mit dem damaligen NATO-Generalsekretär Lord Robertson. Die NATO-Partnerschaft ermöglichte nicht nur den Austausch von geheimdienstlichen Informationen und militärische Kooperation, sondern eröffnete Algerien auch den Zugang zu militärischer Ausrüstung zur Terrorismusbekämpfung. Zwar hatte das Regime in Algier schon während der 1990er Jahre unter der Hand von Frankreich unterstützende Waffenlieferungen erhalten, doch nun konnten diese Verbindungen auch offiziell gepflegt werden. Bei seinem Besuch im Dezember 2001 in Algier lobte der damalige französische Präsident Jacques Chirac die „Entschlossenheit" Bouteflikas im internationalen Kampf gegen den Terrorismus (vgl. AP 2.12.2001). Nicht überraschend trug diese Entwicklung massiv zur Re-

---

[201] Die Gründungsmitglieder waren Ägypten, Israel, Mauretanien, Marokko, Tunesien und Jordanien. Das Ziel dieser Initiative war es „new security challenges" zu begegnen, die vor allem an der Südflanke Europas gesehen wurden (vgl. Lesser u. a. 2000).

Etablierung Algeriens auf internationaler Ebene bei und war insbesondere für die algerische Generalität von Nutzen, die sich noch wenige Jahre zuvor drängenden Vorwürfen aufgrund ihrer Beteiligung an massiven Menschenrechtsverletzungen ausgesetzt sah.

Nach dem 11. September 2001 erhielten außerdem die Beziehungen Algeriens zu den USA einen Schub. Bereits im Juli 2001 war Präsident Bouteflika in die USA gereist und im Oktober, kurz nach den Anschlägen in New York und Washington, versicherte er den USA die volle Unterstützung Algeriens im Kampf gegen den internationalen Terrorismus (vgl. Hasel 2002: 265). Im November des gleichen Jahres flog Bouteflika erneut nach Washington, um deutlich zu machen, dass sich Algerien, ebenso wie die USA, als Opfer des islamistischen Terrors sehe. Der damalige stellvertretende US-Außenminister William Burns betonte bei einem Besuch in Algier im Dezember 2002, „Washington has much to learn from Algeria on ways to fight terrorism" (zitiert in Mortimer 2006: 163).

Die algerische Diplomatieoffensive ab 1999 muss jedoch auch im Zusammenhang mit der Person des Präsidenten Abdelaziz Bouteflika und dessen Vergangenheit gesehen werden. Zwischen 1963 und 1978 – also in Algeriens goldener Ära unter Präsident Boumediene – war Bouteflika Außenminister gewesen, bevor er nach dem Tod Boumedienes 1978 in Ungnade fiel und das Land für mehr als zehn Jahre verließ. In der Zeit seines Außenministeramtes spielte Algerien eine tragende Rolle in der Blockfreien-Bewegung und betrachtete sich selbst als globaler Vorreiter des antikolonialistischen Kampfes (vgl. Malley 1996: 115ff). Nach seinem Amtsantritt im April 1999 versuchte der erfahrene Diplomat Bouteflika an seine Erlebnisse aus der goldenen Ära der 1970er Jahre anzuschließen. In seiner ersten Amtszeit zwischen 1999 und 2004 unternahm er nicht weniger als 30 Auslandreisen. Bouteflika selbst beschrieb die Aufgabe, die er mit dieser Diplomatieoffensive verfolgte so:

„Mes voyages, je crois que c'est très important pour l'Algérie. Pour moi, vous le savez, je crois avoir fait le plein autrefois et je n'ai pas besoin de voyager davantage ni de recevoir davantage. Mais pour l'Algérie, vous vous souvenez qu'il y a six mois seulement c'était à peine un pays qui existait dans la mémoire du gens que sous forme de violence, de guerre civile, de massacres. Et il était grand temps que quelqu'un vienne dépoussiérer un petit peu la vitrine."
(zitiert in Benchicou 2004: 108f)

Es lässt sich kaum von der Hand weisen, dass es Bouteflika eine gewisse persönliche Genugtuung verschaffte, sich – nach Jahren des Exils – als neue Symbolfigur für die Rückkehr seines Landes auf die internationale Bühne feiern zu lassen. Auf dem EMP-Gipfeltreffen in Valencia im April 2002, auf dem das EU-algerische Assoziierungsabkommen offiziell unterzeichnet wurde, lobte der spanische Premierminister José Maria Aznar die „Vision" Bouteflikas, seinen „political will and his ability to lead" (zitiert in Gillespie 2002: 111). Ein ehemaliger Premierminister Algeriens, der während der Verhandlungen über das Assoziierungsabkommen im Amt gewesen war, betonte unter der Bedingung der Anonymität während eines Interviews mit dem Autor im April 2011 in Algier, dass das Interesse Bouteflikas bei der Unterzeichnung vor allem darin bestanden habe, „nach Brüssel zu fahren und im Blitzlichtgewitter ein paar Hände zu schütteln" (Interview Nr. 7 2011).

Bouteflikas Bemühungen um eine Re-Etablierung Algeriens auf der internationalen Bühne waren jedoch nicht allein das Ergebnis seiner eigenen Geltungssucht oder der Sorge um die Interessen des Landes. Die massiven Menschenrechtsverletzungen vor allem während der zweiten Hälfte der 1990er Jahre und die Vermutungen über eine Implikation der staatlichen Sicherheitsorgane hatten unter den algerischen Armeegenerälen die Sorge um ihre eigene persönliche Zukunft aufkommen lassen. In den Jahren 2000 bis 2001 hatten mehrere Publikationen vor allem in Frankreich für Aufsehen gesorgt, die eine Beteiligung der algerischen Armee an Massakern an der Zivilbevölkerung nachzuweisen versuchten.[202] Bereits im September 1999 hatte der französische Fernsehsender France 2 eine Reportage über das Massaker im unweit von Algier gelegenen Dorf Bentalha ausgestrahlt, in der viele Augenzeugen berichteten, die Mörder hätten unter dem Schutz des algerischen Geheimdienstes DRS gestanden.[203] Dass vor allen der algerische Geheimdienst DRS bestimmte islamistische bewaffnete Gruppen infiltriert und manipuliert hatte, um diese zu radikalisieren und damit das harte Durchgreifen der Sicherheitskräfte zu legitimieren, gilt mittlerweile bei vielen Wissenschaftlern als erwiesen (vgl. z.B. Schindler 2012; Wolf/Lefevre 2013). In diese Phase fallen auch die Verhaftung des ehemaligen chilenischen Diktators Pinochet im Oktober 1998 in London und die Anklageerhebung des UN-Kriegsverbrechertribunal in Den Haag gegen den ehemaligen jugoslawischen Präsidenten Slobodan Milošević im Mai 1999, der dann im Juni 2001 ausgeliefert wurde.

Verschiedene Beobachter haben daher betont, dass Bouteflikas diplomatische Offensive während seiner ersten Amtszeit vor allem auch dazu dienen sollte, die Gefahr einer internationalen Strafverfolgung hoher algerischer Militärs

---

[202] Siehe z.B. das Buch von Habib Souaïdia (2001), einem ehemaligen Mitglied einer Spezialtruppe der algerischen Armee. Gegen den General und ehemaligen Verteidigungsminister Khaled Nezzar wurde im Mai 2001 in Paris sogar Klage eingereicht wegen Folter und anderer Verbrechen gegen die Menschlichkeit. Dies führte dazu, dass Nazzar einen Besuch in Paris überstürzt abbrach. Später verklagte Nezzar den Autoren Souaïdia wegen „Diffamierung", weil dieser in seinem Buch behauptete, Nezzar sei für tausend zivile Tote verantwortlich.

[203] Die Reportage mit dem Titel „Bentalha, autopsie d'une masssacre" wurde zuerst am 8. April 1999 auf France 2 und dem Schweizer Sender TSR ausgestrahlt.

zumindest zu verringern. Aggoun und Rivoire schreiben in diesem Zusammenhang:

„[S]i le choix de Belkheir [vgl. Abschnitt 5.3.] et des hommes de son clan s'est porté sur Abdelaziz Bouteflika – fort de son aura diplomatique internationale acquise sous les années Boumediene – pour occuper le devant de la façade civile du régime, c'est d'abord pour lui confier une mission stratégique: leur éviter de se retrouver un jour devant la justice internationale [...].“
(Aggoun/Rivoire 2005: 564)

Auch Mortimer (2004: 162) betont, dass Bouteflika 1999 vor allem deswegen vom algerischen Regimekern und den Generälen ins Amt des Präsidenten gebracht worden sei, weil letztere davon ausgingen, dass Bouteflika am besten geeignet sei, das Image des Landes und des Regimes im Ausland wieder aufzubessern.[204]

Zudem verband die algerische Seite mit dem Abschluss des Assoziierungsabkommens auch eine Reihe von Erwartungen im wirtschaftlichen Bereich. Zu Präsident Bouteflikas neuen Initiativen gehörte insbesondere auch das Anschieben eines wirtschaftlichen Liberalisierungsprozesses. Die wirtschaftliche Situation war zu Beginn der Amtszeit Bouteflikas zwar nicht mehr so katastrophal wie Mitte der 1990er Jahre, doch man hatte immer noch mit den vom IMF vorgegebenen strukturellen Anpassungsmaßnahmen bzw. deren Folgen zu kämpfen. Die wirtschaftliche Außenöffnung nahm dabei in den Reformplänen Bouteflikas eine wichtige Rolle ein. Dadurch wurde auch der Abschluss eines Assoziierungsabkommens mit der EU wieder attraktiv. Mit einer solchen Annäherung an Europa erhoffte man sich auf algerischer Seite neben einem Zufluss von Expertise und Hilfe im Bereich der Umsetzung der IMF-Maßnahmen auch eine Erhöhung der ausländischen Direktinvestitionen im Land. Zudem wollte man mit der Bindung an die EU durch den Abschluss eines Assoziierungsabkommens nicht zuletzt auch ausländische Investoren davon überzeugen, dass es sich bei den algerischen Reformbemühungen nicht um ein Strohfeuer handelte, sondern um eine langfristige strategische Neuausrichtung (vgl. Aghrout 2005; Darbouche 2009).

Die Unterzeichnung des Assoziierungsabkommens zwischen Algerien und der EU muss im oben beschriebenen nationalen und internationalen politisch-historischen Kontext gesehen werden. Hier wird die These vertreten, dass die Motivation für die algerische Seite zur Unterzeichnung dieses Abkommens vor

---

[204] Ähnlich wurde auch das erste Amnestiegesetz in Algerien vom September 1999 interpretiert, das keinerlei Aufarbeitung des Geschehenen vorsah, sondern eine pauschale Straffreiheit durchsetzte, von der insbesondere die Angehörigen der staatlichen Sicherheitskräfte profitierten (vgl. Amnesty International 2000).

allem aus der damit verbundenen Hoffnung der Beendigung der internationalen Isolation des Landes zu erklären ist. Mit den konkreten wirtschaftlichen Implikationen, die dieses Abkommen mit sich bringen würde – und die für Algerien, wie zu zeigen sein wird, alles andere als positiv ausfallen sollten –, setzte sich die algerische Seite nur unzureichend auseinander (vgl. dazu auch Martin 2003: 53). Zudem lassen die Aussagen von Interviewpartnern in Algier zumindest die Vermutung zu, dass die algerische Delegation, welche die Verhandlungen über das Assoziierungsabkommen führte, gar nicht die technische Expertise besaß, die potentiellen Effekte des Abkommen hinreichend überprüfen zu können (vgl. Interview Nr. 10 2011; Interview Nr. 11 2011). So betonte ein ehemaliger Generaldirektor des algerischen Handelsministeriums, dass „il est permis de penser que les considérations politiques ont pris le pas sur les considérations purement économiques dans la signature de cet accord (Interview Nr.18 2011). Ein weiterer ehemaliger Mitarbeiter des algerischen Handelsministeriums betonte, dass „la négociation de l'accord [d'association] c'est faite dans des conditions ou on n'avait pas d'études d'impactes réelles [in Bezug auf die Effekte des Assoziierungsabkommen]" (vgl. Interview Nr. 17 2011). Zudem betonten weitere Gesprächspartner in Algier, dass die Verhandlungsdelegation von der Regimeführung gedrängt worden sei, die Verhandlungen so schnell wie möglich zum Abschluss zu bringen, um im Rahmen der angepeilten internationalen Re-Etablierung die Annäherung an Europa voranzutreiben: „Président Bouteflika voulait absolument être dans une posture favorable à l'Europe et il a précédé les négociateurs à aller vite. [...] Il fallait absolument un accord." (vgl. Interview Nr. 16 2011). Selbst der algerische Handelsminister Mustapha Benbada gab Ende August 2012 zu Protokoll, dass Algerien „weder die Zeit noch die Kompetenzen" besessen habe, um die Inhalte des Abkommens in gebührender Gründlichkeit nachzuvollziehen (El Watan 29.8.2012).

Vor diesem Hintergrund muss der Abschluss des Assoziierungsabkommens als Teil einer ab 1999 einsetzenden diplomatischen Offensive verstanden werden, die zum Ziel hatte, das beschädigte Bild des algerischen Regimes auf internationaler Ebene wieder zu verbessern. Einerseits diente der im April 1999 ins Amt gekommene algerische Präsident Bouteflika dem Regimekern dabei als ziviles Gesicht, das aufgrund seiner diplomatischen Erfahrung in der Lage war diese Mission durchzuführen. Andererseits kann auch die persönliche Motivation des neuen Präsidenten und dessen Genugtuung über die wiedergewonnene Position als erster Diplomat des Landes zumindest teilweise erklären, warum Algerien ein Abkommen unterzeichnete, dessen positive Effekte schon zum Zeitpunkt der Unterzeichnung hätten in Frage gestellt werden müssen. Die zu Beginn des Verhandlungsprozesses von der algerischen Seite geäußerten Sorgen in Bezug auf den ökonomischen Teil des Assoziierungsabkommens und insbesondere der Handelsliberalisierung traten letztlich in den Hintergrund zugunsten des Bemühens um die Unterstützung Europas für den Umgang mit der islamistischen Opposition und dem Kampf gegen den Terrorismus im eigenen Land.

War die Entscheidung der algerischen Seite zur Wiederaufnahme der Verhandlungen über und schließlich zur Unterzeichnung des Assoziierungsabkommens also allein das Produkt rationalen Kalküls des algerischen Regimes? Eine solche einseitige Analyse würde der in dieser Untersuchung vertretenen These von der Relevanz struktureller Machtasymmetrien widersprechen. Ergänzend muss deshalb an dieser Stelle hinzugefügt werden, dass die algerische Entscheidung zur Unterzeichnung des Assoziierungsabkommens ebenso beeinflusst war von der strukturellen Machtkonstellation in Bezug auf den nördlichen Nachbarn EU. Die strukturelle Machtkomponente auf Seiten der EU, wie sie im zweiten Kapitel dieser Untersuchung beschrieben wurde, manifestierte sich im Kontext des algerischen Beitritts zur bilateralen Komponente der EMP (durch die Unterzeichnung des Assoziierungsabkommens) vor allem in der Abhängigkeit Algeriens auf internationale Hilfe in einer wirtschaftlichen Krisensituation, die durch den kontinuierlichen Zerfall eines staatszentrierten Wirtschaftssystems vorbereitet und durch den Bürgerkrieg in den 1990er Jahren weiter verstärkt wurde. Die im Zuge der EMP durch die Europäische Union programmierten Finanzhilfen im Rahmen der MEDA-Programme, aber auch die von der algerischen Seite erwarteten steigenden Direktinvestitionen aus Europa waren für das algerische Regime ein zusätzlicher Anreiz in dieser Situation den Abschluss des Abkommens voranzutreiben (siehe dazu genauer Abschnitt 6.3)[205].

Die Befürchtungen der algerischen Seite in Bezug auf eine internationale Isolation waren ja gerade auch Ausdruck der Angewiesenheit des Landes auf seine Integration in das internationale Wirtschaftssystem. Die EU als der maßgebliche wirtschaftliche Akteur in unmittelbarer Nachbarschaft Algeriens konnte dadurch die Inhalte des Assoziierungsabkommens weitgehend bestimmen. „Il y avait [während der Verhandlungen für das Assoziierungsabkommen] des pressions très fortes de la part de l'Union Européenne et des états membres" (Interview Nr. 17 2011). Bereits Raymond Hinnebusch hat in diesem Zusammenhang darauf hingewiesen, dass die Unterzeichnung der bilateralen Assoziierungsabkommen im Rahmen der EMP von Seiten der nordafrikanischen Partnerstaaten auch die Folge einer strukturellen Machtasymmetrie zwischen dem nördlichen Vertragspartner und den einzelnen südlichen Mittelmeerstaaten gewesen sei: „That North African governments (but not the oil rich Gulf states) have signed seemingly inequitable partnership agreements is in part due to asymmetric power relations." (Hinnebusch 2012: 23) Den Ursprung dieser asymmetrischen Machtbeziehung sieht Hinnebusch insbesondere in den ungleichen Abhängig-

---

[205]   Die Finanzhilfen im Rahmen von MEDA waren zwar nicht an den Abschluss eines Assoziierungsabkommens gebunden, doch die Ergänzung der multilateralen durch die bilaterale Ebene erhöhte eindeutig die Chancen auf einen größeren Anteil an den MEDA-Geldern.

keiten in Bezug auf die Handelsbeziehungen, bei denen festzustellen ist, dass die nordafrikanischen Staaten die EU mehr brauchen als die EU sie (vgl. ebd.).

Zusammenfassend lassen sich an dieser Stelle drei Faktoren benennen, die für das Zustandekommen des EU-algerischen Assoziierungsabkommens besonders relevant waren:

1. Die Bemühung der algerischen Seite um eine Beendigung der internationalen Isolation: Durch den Abschluss des Assoziierungsabkommens mit der EU versprach man sich eine Besserung des internationalen Ansehens des Landes, was einerseits dazu beitragen sollte, die Verantwortlichen im algerischen Sicherheitsapparat vor internationaler strafrechtliche Verfolgung zu schützen, und andererseits den Zugang zur EU-Wirtschaftshilfe im Rahmen der EMP öffnen und das Vertrauen ausländischer Investoren stärken sollte.

2. Strukturelle Machtasymmetrie: Zum Zeitpunkt der Aufnahme der Verhandlungen über das Assoziierungsabkommen stand Algerien gewissermaßen mit dem Rücken zur Wand. Aufgrund der horrenden Auslandsverschuldung und der am Boden liegenden Wirtschaft war das Land auf ausländische Hilfe angewiesen. In dieser Situation hatte man keine andere Wahl, als sich auf die Verhandlungen mit dem mächtigen Handelsblock im Norden einzulassen. Diese Situation der strukturellen Machtasymmetrie sollte sich in den darauf folgenden Jahren insbesondere durch die neue Sichtweise auf Algerien als Partner bei der internationalen Terrorismusbekämpfung nach den Anschlägen vom 11. September 2001 zumindest teilweise verschieben. Die Entwicklungen des Arabischen Frühlings seit 2011 haben die Bedeutung Algeriens als Partner in diesem Bereich weiter verstärkt.

3. Mangelnde Kapazitäten der algerischen Seite, die Effekte des Assoziierungsabkommens realistisch einzuschätzen: Zum Zeitpunkt der Verhandlungen standen der algerischen Seite in Bezug auf die Folgen der Implementierung des Assoziierungsabkommens keinerlei Studien zur Verfügung. Dies unterscheidet die Verhandlungssituation beispielsweise von den Gesprächen zwischen Tunesien und der EU oder Marokko und der EU über den Abschluss eines Assoziierungsabkommen.

Nachdem im obigen Abschnitt der historisch-politische Kontext der Genese des Assoziierungsabkommens analysiert wurde, geht es im folgenden Abschnitt um die einzelnen Inhalte des Abkommens. Dabei liegt der Fokus der Darstellung auf den wirtschafts- und handelspolitischen Elementen des Abkommens, da diese den allergrößten Teil des Vertragstextes einnehmen und für die Fragestellung der vorliegenden Untersuchung von besonderer Relevanz sind.

6.2 Die Inhalte des Assoziierungsabkommens

Im Abschnitt 3.2.1.1 wurden die Grundzüge der im Rahmen der EMP zwischen der EU und den Partnerländern des südlichen Mittelmeerraums abgeschlossenen Euro-Mediterranen Assoziierungsabkommen (EMAAs) bereits grob dargestellt. Wie auch bspw. die EMAAs zwischen der EU und Tunesien oder zwischen der EU und Marokko entspricht der Aufbau des Assoziierungsabkommens mit Algerien der folgenden Struktur.

Titel I	Politischer Dialog
Titel II	Freier Warenverkehr
Titel III	Dienstleistungsverkehr (und Niederlassungsrecht)
Titel IV	Zahlungen, Kapitalverkehr, Wettbewerb und sonstige wirschaftliche Bestimmungen
Titel V	Wirtschaftliche Zusammenarbeit
Titel VI	Zusammenarbeit im sozialen und kulturellen Bereich
Titel VII	Finanzielle Zusammenarbeit
Titel VIII	Zusammenarbeit in den Bereichen Justiz und Inneres
Titel IX	Bestimmungen über die Organe, Allgemeine- und Schlussbestimmungen

Wie alle EMAAs spiegelt auch der Text des EU-algerischen Abkommens die in Kapitel 3 beschriebene Fokussierung der gesamten EMP auf den zweiten Korb der Partnerschaft, d.h. auf die wirtschaftlichen und finanziellen Kooperationsbereiche (Begga/Abid 2004: 83). Der erste Titel in Bezug auf den Politischen Dialog besteht lediglich aus drei Artikeln, die einen solchen politischen Dialog etablieren, der sich mit „all issues of common interest to the parties, in particular the conditions required to ensure peace, security and regional development through support for cooperation" (Artikel 4)[206] beschäftigen soll. Auch der Titel VI des Abkommens, der die Zusammenarbeit im sozialen und kulturellen Bereich beschreibt, enthält vergleichsweise wenige konkrete Maßnahmen. Hier geht es in einem ersten Kapitel um die Feststellung, dass sich die Vertragsparteien darum bemühen sollen, dass Angehörige der Staaten der Vertragsparteien als Arbeiter auf dem Territorium des jeweils anderen Vertragspartners keiner Diskriminierung unterliegen sollten (Artikel 67). Das zweite Kapitel dieses Ti-

---

[206] Alle Verweise auf Textstellen und Artikel beziehen sich auf den Vertragstext in Council (2002).

tels etabliert zudem einen „sozialen Dialog", der sich um alle relevanten sozialen Themen kümmern soll.[207]

Im Unterschied zu den EMAAs mit Tunesien und Marokko weist das EU-algerische Assoziierungsabkommen ein eigenes Kapitel zur Zusammenarbeit in den Bereichen Justiz und Inneres auf. Dieses Spezifikum ist ebenfalls auf die besonderen Umstände der Verhandlungen über das EMAA im Jahr 2000 und 2001 zurückzuführen. Die algerische Seite war nach der Wiederaufnahme der Verhandlungen im April 2000 besonders um eine Integration dieser Themen in das Assoziierungsabkommen bemüht, um der speziellen Situation Algeriens als „Opfer des islamistischen Terrors" Rechnung zu tragen. Zudem konnten die algerischen Verhandlungsführer durch die Integration des Titels VIII auf die „Einzigartigkeit" des Abkommens verweisen, damit den Unterschied zu den EMAAs mit Tunesien und Marokko betonen und das Ergebnis so als eigenen individuellen Verhandlungserfolg verbuchen (Darbouche 2009: 379).[208] Der Titel VIII des Abkommens beinhaltet insgesamt 9 Artikel, von denen vor allem die Artikel 83 („Movement of Persons") und 90 („Fight against Terrorism") für die algerische Seite wichtig waren. Im Artikel 90 wird die Zusammenarbeit zur Verhinderung und Bestrafung von terroristischen Akten festgelegt. Diese besteht im Informationsaustausch (Absatz 2) und „by pooling experience of means and practices for combating terrorism, including experience in the technical and training fields" (Absatz 3). Dieser Artikel spiegelt deutlich die Präferenz der europäischen Seite dem Sicherheitsaspekt Vorrang vor der Durchsetzung menschenrechtlicher Standards zu geben. Dass die algerischen Sicherheitskräfte im Verlauf der 1990er Jahre massive Menschenrechtsverletzungen begangen hatten, war zum Zeitpunkt des Abschlusses des EMAAs bereits bekannt. Die Präferenz der EU aus sicherheitspolitischen Überlegungen mit autokratischen Regimen – nicht nur in Algerien, sondern bspw. auch in Tunesien und Ägypten – zu kooperieren, zeigte sich darüber hinaus in der Tatsache, dass die in den E-MAAs festgelegte Sanktionsklauseln, die im Falle der Nichtbeachtung de-

---

[207] Interessanterweise werden auch genuin innen- und sicherheitspolitische Themen explizit als Bestandteil dieses sozialen Dialogs genannt, insbesondere Fragen der illegalen Migration und der Rückführung illegal Immigrierter (Artikel 72, Absatz 3c). Dieser Umstand macht deutlich, dass sicherheits- und innenpolitische Themen, vor allem Migrationsfragen, im Laufe der Entwicklung der EMP seit 1995 zunehmend in den dritten Korb eingebunden wurden (vgl. Gillespie 2004b: 23).

[208] Die Integration einer „Justice and Home Affairs"-Säule in den dritten Korb (soziale/kulturelle Partnerschaft) der EMP wurde auf dem EMP-Gipfel in Valencia beschlossen und sollte vor allem dem europäischen Interesse einer engeren Kooperation mit den MDL in Migrationsfragen dienen (vgl. Youngs/Menéndez 2006). Dies lässt die „Singularität" des algerischen EMAA in einem anderen Licht erscheinen, zumal das später ausgehandelte EMAA mit Syrien (bisher nicht ratifiziert) ebenfalls einen solchen Titel aufweist.

mokratischer und Menschenrechtsstandards zur Anwendung hätten kommen können, niemals angewendet wurden.[209]

6.2.1 Wirtschaftliche und finanzielle Bestimmungen

Im Gegensatz zu den eher knappen Ausführungen im Titel 1 (Politischer Dialog) des EMAA legt der zweite Titel („Free Movement of Goods") in drei Unterkapiteln und insgesamt 26 Artikeln im Detail die graduelle Implementierung einer Freihandelszone zwischen Algerien und den Mitgliedsstaaten der EU fest. Artikel 6 formuliert die Absicht, in einem Zeitraum von maximal 12 Jahren ab Inkrafttreten des Abkommens eine Freihandelszone zu etablieren, die den Bestimmungen des GATT-Abkommens von 1994 entspricht. Damit rekurriert das EMAA explizit auf Artikel 24 des GATT-Abkommens, in dem der Aufbau von regionalen Freihandelszonen beschrieben ist. Dieser Bezug auf die WTO und das GATT-Abkommen ist in sofern problematisch, als Algerien bis zum Zeitpunkt der Niederschrift noch kein WTO-Mitglied war. Zudem ergibt sich aus dem Bezug auf das GATT die Frage, inwieweit die komplexe Materie der WTO-Normen für Algerien durch die Unterzeichnung des Assoziierungsabkommens damit schon bindend ist (vgl. Hedir 2003: 357ff).

Das erste Kapitel dieses zweiten Titels legt den sukzessiven Abbau der Einfuhrzölle für Industriegüter aus der EU nach Algerien fest und bildet damit gewissermaßen den Kern der im Euro-Algerischen EMAA festgelegten Handelsliberalisierung. Von diesem Abbau betroffen sind Industriegüter entsprechend der Kapitel 25 bis 97 der Kombinierten Nomenklatur[210]. Algerische Industriegüter genießen bereits seit dem Kooperationsabkommen von 1976 einen zollfreien Zugang zum Markt der Europäischen Union.[211] Der Abbau der tarifä-

---

[209] Wie in allen Abkommen der dritten Generation sind auch im EMAA mit Algerien Klauseln festgelegt, die die Aussetzung der vertraglichen Beziehungen aufgrund von Verstößen gegen demokratische Prinzipien oder die Menschenrechte ermöglichen. In der so genannten „essential element clause" (Art.2) werden die Respektierung der UN- Menschenrechtsdeklaration und demokratischer Prinzipien als ein essentielles Element des Abkommens benannt. In der „non-execution clause" wird wiederum bestimmt, dass eine Vertragspartei, die der Meinung ist, dass die andere Seite ihren Verpflichtungen aus dem Abkommen nicht nachgekommen ist, „geeignete Maßnahmen" ergreifen kann. Diese können bis zur Aussetzung des gesamten Abkommens reichen (vgl. Partels 2004).

[210] Die „Kombinierte Nomenklatur" ist eine EG-einheitliche achtstellige Codierung von Warengruppen für den Außenhandel. Ein Beispiel: 6201 12 10 ist die Codierung für „Mäntel (einschließlich Kurzmäntel), Umhänge und ähnliche Waren mit einem Stückgewicht von 1 kg oder weniger."

[211] Weil, wie im Kapitel 7 beschrieben, die Ausfuhren Algeriens aber zu fast 100% aus Hydrokarbonprodukten bestehen (die nicht Gegenstand des EMAA sind), konnte Algerien von dieser Regelung so gut wie nicht profitieren.

ren Handelshemmnisse auf algerischer Seite soll sich in drei Phasen vollziehen: In einem ersten Abschnitt werden die Zölle für die in Annex 2 des Abkommens aufgelisteten Produkte (insgesamt 2027) sofort mit Inkrafttreten des Abkommens (1. September 2005) auf Null gesenkt. Dies sind vor allem Rohstoffe/Primärprodukte und Halbfertigprodukte für die Produktion in den industriellen Bereichen Chemie, Metallurgie, Textil, Baumaterialien, Pharmazeutik und Keramik (vgl. Kheladi 2009: 3). Die zweite Phase des Zollabbaus betrifft industrielle und landwirtschaftliche Investitionsgüter sowie pharmazeutische Erzeugnisse, Bauteile für Maschinen, Bauteile für elektrische und elektronische Geräte, Baumaterialien für die Eisenbahn, Nutzfahrzeuge und deren Ersatzteile sowie Mess- und Prüfinstrumente, welche im Annex 3 des Abkommens aufgelistet sind (insgesamt 1096 Produkte). Die Zolltarife für diese Produktgruppe werden ab dem dritten Jahr des Inkrafttretens des EMAA nach folgendem Schema sukzessive abgebaut (Artikel 9, Abs. 2):

Im 3. Jahr (1. September 2007) – 20%
Im 4. Jahr (1. September 2008) – 30%
Im 5. Jahr (1. September 2009) – 40%
Im 6. Jahr (1. September 2010) – 60%
Im 7. Jahr (1. September 2011) – 80%
Im 8. Jahr (1. September 2012) – 100%

Die Zolltarife für alle anderen Produktgruppen werden schließlich ab dem dritten Jahr nach Inkrafttreten des Abkommens in 8 Schritten abgebaut. Diese dritte Produktgruppe umfasst insgesamt 1845 Produktlinien. Dabei handelt es sich vor allem um Konsumgüter und Fertigprodukte. Die Zollsätze für diese Produkte werden in Jahresschritten vom 1. September 2007 bis zum 1. September 2015 um jeweils 10 gesenkt, und um 5 Prozentpunkte des Ausgangstarifs im elften und zwölften Jahr nach dem Inkrafttreten des Abkommens (Artikel 9, Abs. 3). Bis zum 1. September 2017 sollen also die tarifären Handelshemmnisse für alle Exportprodukte aus den Märkten der EU nach Algerien komplett aufgehoben werden.[212]

Von besonderer Wichtigkeit im Zusammenhang mit der Liberalisierung der Industriegüter im EU-algerischen Assoziierungabkommen ist Artikel 11 des Titels II. Dieser Artikel legt fest, dass Algerien in bestimmten Fällen von den Zollsenkungsbestimmungen des Artikels 9 abweichen und „exceptional measures of limited duration" in Form einer Erhöhung oder der Wiedereinführung eines Zollsatzes ergreifen kann. Solche Maßnahmen sind allerdings nur im Be-

---

[212] Als erstes Land gelang es Algerien allerdings den Fahrplan für die Absenkung der Zolllinien in Nachverhandlungen in den Jahren 2011 und 2012 abzuwandeln bzw. zu verlängern. Siehe dazu Abschnitt 8.3.2.

reich so genannter „infant industries"[213] zulässig bzw. in Wirtschaftssektoren, die einen Restrukturierungsprozess durchlaufen oder die mit „serious difficulties" und entsprechenden sozialen Folgen konfrontiert sind. Maßnahmen, die Algerien unter Berufung auf diesen Artikel 11 ergreifen kann, sind jedoch einigen Restriktionen unterworfen. So darf ein wieder eingeführter Zollsatz 25% nicht überschreiten und der Gesamtwert der Importe aus der Union, die diesen Maßnahmen unterliegen, darf 15% des Wertes der gesamten Importe aus der EU nach Algerien nicht übersteigen. Zudem darf eine solche Schutzmaßnahme den Zeitraum von fünf Jahren nicht überschreiten und muss spätestens zum Ende der 12-Jahres-Periode, die zur Implementierung des EU-algerischen Abkommens vorgesehen ist, wieder aufgelöst sein.[214] Theoretisch hat die algerische Seite also die Möglichkeit bestimmte Industrie-Bereiche seiner Wirtschaft mit protektionistischen Maßnahmen vor der Konkurrenz europäischer Produkte zu schützen. Inwieweit das Land von dieser Möglichkeit Gebrauch gemacht hat bzw. Gebrauch machen konnte, wird weiter unten im Abschnitt 6.4 näher behandelt.

Das zweite Kapitel von Titel II des EU-algerischen Abkommens regelt die Liberalisierung des Handels mit landwirtschaftlichen Erzeugnissen, Fischereierzeugnissen und Produkten aus der landwirtschaftlichen Verarbeitung. Diese entsprechen den Kapiteln 1 bis 24 der Kombinierten Nomenklatur und sind im Annex 1 des EU-algerischen EMAA aufgelistet. Der Abbau der Zollsätze in diesem Bereich wird allerdings nicht direkt durch den Text des Abkommens geregelt, sondern durch fünf unterschiedliche Protokolle im Anhang des EU-algerischen Abkommens festgeschrieben. Diese sehen in den genannten Bereichen nur in einzelnen Fällen einen kompletten Abbau der Zollsätze vor. Zudem ist die Reduktion der Zollsätze für landwirtschaftliche Produkte aus Algerien oft auf bestimmte saisonale Zeiträume beschränkt.[215] Artikel 15 des Abkommens legt außerdem fest, dass fünf Jahre nach Inkrafttreten des Abkommens die Vertragsparteien erneut über eine weitere Liberalisierung in diesem Bereich beraten und gegebenenfalls weitere Schritte einleiten sollen.[216]

Neben den Regelungen über den Abbau der Zollsätze legt der Titel II in seinem dritten Kapitel außerdem eine Reihe von „gemeinsamen Bestimmungen" („common provisions") bezüglich der Handelsliberalisierung fest. Diese Be-

---

[213] Unter „infant industries" werden solche Industriezweige verstanden, die sich noch im Aufbau befinden und dem Konkurrenzdruck auf dem Weltmarkt nicht gewachsen sind.

[214] Ausnahmsweise kann der Assoziierungsrat eine maximal dreijährige Überschreitung der Zwölf-Jahres-Periode genehmigen (Artikel 11, Abs. 2).

[215] So wird bspw. der Zollsatz für Erdbeeren zwar um 100% gesenkt, allerdings nur für den Zeitraum zwischen 1. November bis 31.März und innerhalb dieses Zeitraums nur für ein begrenztes Kontingent von 500 Tonnen (vgl. Annex 1, Protokoll Nr. 1 des EU-algerischen EMAA)

[216] 2010 wurden zwischen der EU und Algerien in dieser Richtung jedoch keine Maßnahmen beschlossen. Allerdings nahm Algerien die Zollerleichterung für 36 landwirtschaftliche Produkte aus der EU zurück (vgl. ETCN 22.12.2010).

184

stimmungen sind direkt angelehnt an die Regelungen der WTO und betreffen Antidumping-Maßnahmen, Bestimmungen über die Anwendung „geeigneter Maßnahmen" im Falle von Subventionierung und Bestimmungen zu protektionistischen Maßnahmen. Hedir (2003: 369) hat in diesem Zusammenhang problematisiert, dass Algerien weder die fachlichen noch personellen Kapazitäten habe, die Wirkung dieser Regelungen richtig einzuschätzen, da das Land bisher nicht Mitglied der WTO ist. Die Frage der Ursprungsregelung, d. h. das Verfahren und die Definitionen, nach denen festgestellt wird, ob ein Produkt tatsächlich ursprünglich aus Algerien bzw. dem Markt eines der EU-Länder kommt, wird in einem eigenen Zusatzprotokoll (Nr. 6) geregelt.[217]

Der Titel III des Assoziierungsabkommens beinhaltet Regelungen zum Dienstleistungsverkehr und zum Niederlassungsrecht. Die EU gewährt Algerien diesbezüglich die gleiche Behandlung, wie sie unter Artikel II.1 des GATTS-Abkommens verpflichtet ist sie WTO-Mitgliedern zu gewähren. Algerien seinerseits verpflichtet sich, die Anbieter von Dienstleistungen aus der EU auf seinem eigenen Territorium im Sinne des Meistbegünstigungsprinzips zu behandeln. D.h. kein Anbieter eines Drittstaates darf gegenüber den Anbietern aus der EU begünstigt werden (Artikel 31). Gleiches gilt für die Niederlassung von EU-Unternehmen oder deren Tochterfirmen auf algerischem Territorium. Ausgenommen davon sind der Luftfahrtverkehr, die Binnenschifffahrt und der Landtransport. In Bezug auf die Liberalisierung des Dienstleistungssektors herrscht bei vielen algerischen Beobachtern große Skepsis: „La clause la plus insupportable dans l'accord [d'association], c'est l'ouverture du secteur des services ici [en Algérie], alors que sur l'autre coté [Europe] ce n'est pas ouvert." (Interview Nr. 17 2011). Diese einseitigen Zugeständnisse der algerischen Seite werden nicht durch ähnliche Maßnahmen auf Seiten der EU ausbalanciert. Sie betreffen nur den Zugang zum algerischen Markt bzw. die Präsenz von EU-Unternehmen in Algerien (vgl. Hedir 2003: 370f). Im Bereich der Liberalisierung des Dienstleistungssektors lässt das EMAA also klar eine strukturelle Benachteiligung der algerischen Seite erkennen.

Schließlich werden im Titel IV des EU-algerischen Abkommens Regelungen zu Zahlungen, Kapitalverkehr, Wettbewerb und sonstigen wirtschaftlichen Bestimmungen getroffen. In diesem Titel geht das Abkommen weit über die Regelungen der Liberalisierung des Waren- oder Dienstleistungshandels hinaus. Bezüglich der Wettbewerbsrichtlinien wird hier festgehalten, dass bestimmte Sachverhalte „mit einem ordnungsgemäßen Funktionieren des EMAA unvereinbar" sind (Artikel 41), insoweit die Handelsbeziehungen davon betroffen sind. Dazu gehören erstens Absprachen zwischen Unternehmen oder Entschei-

---

[217] Dieses Zusatzprotokoll besteht selbst aus acht Titeln, 44 Artikeln und sieben Annexen, die hier nicht näher behandelt werden sollen.

dungen von Unternehmenszusammenschlüssen, die geeignet sind, die freie Konkurrenz zu stören oder zu verhindern, und zweitens ein Missbrauch von Monopolstellungen einzelner Unternehmen in der EU oder in Algerien. Wenn eine der beiden Vertragsparteien der Meinung ist, dass gegen diese Wettbewerbsrichtlinien verstoßen wird, kann sie nach Konsultation des Assoziierungsrates „geeignete Maßnahmen" ergreifen. Darüber hinaus verpflichten sich beide Vertragsparteien innerhalb von fünf Jahren nach Inkrafttreten des Abkommens alle staatlichen Handelsmonopole schrittweise so umzubauen, dass jede Diskriminierung in den Versorgungs- und Absatzbedingungen zwischen den Staatsangehörigen der EU-Mitgliedstaaten und Algeriens ausgeschlossen ist. In Bezug auf die staatlichen Unternehmen soll der Assoziierungsrat außerdem dafür sorgen, dass nach Ablauf der ersten fünf Jahre nach Inkrafttreten des Abkommens keine Maßnahmen erlassen oder aufrechterhalten werden, die den Handel zwischen der EU und Algerien beeinträchtigen. Die Liberalisierung des öffentlichen Auftragswesens wird im Artikel 46 des Abkommens als gemeinsames Ziel der Vertragsparteien deklariert.[218]

Ein gravierendes Problem in diesem Bereich sind die nach Meinung der EU mit dem EMAA nicht konformen Energiesubventionen in Algerien. Diese führten dazu, dass die Union bestimmte algerische Produkte teilweise mit Antidumping-Zöllen von über 10% belegte (vgl. dazu Abschnitt 6.4.2).

Neben den Titeln, die sich mit der Liberalisierung des Waren- und Dienstleistungsverkehrs und weiterer wirtschaftlichen Bestimmungen beschäftigen, enthält das EU-algerische Abkommen (wie auch alle anderen EMAAs) eigene Titel zur wirtschaftlichen und finanziellen Zusammenarbeit. Die Bestimmungen in diesen Bereichen zielen auf eine Unterstützung für die nachhaltige wirtschaftliche und soziale Entwicklung Algeriens ab und enthalten ebenso Maßnahmen, die die Umsetzung des Assoziierungsabkommens unterstützen bzw. begleiten sollen. Die wirtschaftliche Zusammenarbeit soll sich dabei vor allem auf diejenigen Wirtschaftszweige in Algerien beziehen, die durch die Liberalisierung der algerischen Wirtschaft im Allgemeinen und der Handelsliberalisierung mit der EU im Besonderen betroffen sind (Artikel 48). Als Maßnahmen sind hier unter anderem ein regelmäßiger wirtschaftspolitischer Dialog, Informationsaustausch, technische Beratung und Training und die Unterstützung für Partnerschaften und Direktinvestitionen im privatwirtschaftlichen Bereich vorgesehen. Diese Maßnahmen werden insbesondere im Artikel 53 weiter ausgeführt, in dem die

---

[218] Im Unterschied zu anderen EMAAs (z.B. mit Marokko und Tunesien) geht das EU-algerische Abkommen an dieser Stelle nicht auf Zertifizierungsstandards ein. Diese sind beim EU-algerischen Abkommen in den Artikel 60 verschoben. In den Abkommen mit Tunesien und Marokko ist die Angleichung an die EU-Standards vorgesehen (dort jeweils Artikel 40). Dieser Unterschied erklärt sich vor allem aus der Tatsache, dass Algerien, im Gegensatz zu Tunesien und Marokko, bisher noch keinen Aktionsplan im Rahmen der ENP unterzeichnet hat.

„industrielle Zusammenarbeit" genauer definiert wird. Die hier angestrebten Maßnahmen sind unter anderem: Unterstützung bei der Restrukturierung und Modernisierung des algerischen industriellen Sektors (staatlich und privat), Stärkung der kleinen und mittleren algerischen Unternehmen, Unterstützung bei der Diversifizierung der algerischen Binnen- und Exportwirtschaft und Maßnahmen zur Unterstützung der Konkurrenzfähigkeit algerischer Produkte mit Blick auf die Handelsliberalisierung (Art. 53).

Bemerkenswert ist in diesem Zusammenhang auch der Artikel 66 des Abkommens, der explizit die „Besonderheiten der algerischen Wirtschaft" betont und darauf verweist, dass „both parties shall establish the methods and procedures for implementing the economic cooperation activities [...] in order to support the process of modernising the Algerian economy and the creation of the free trade area". Ein solcher Verweis auf die „Besonderheiten" der wirtschaftlichen Struktur, was in Bezug auf Algerien eindeutig als Hinweis auf die Dominanz des Hydrocarbonsektors gelesen werden muss, findet sich in keinem anderen EMAA. Vor dem Hintergrund der Fragestellung dieser Untersuchung ist dies ein Hinweis darauf, dass sich die EU durchaus über die potentiellen Konsequenzen der Handelsliberalisierung in einem Rentierstaatskontext wie dem algerischen im Klaren war.

Der Titel VII des EU-algerischen Abkommens regelt schließlich die finanzielle Zusammenarbeit. Neben den in den Titeln V (Wirtschaftliche Zusammenarbeit) und VI (Zusammenarbeit im sozialen und kulturellen Bereich) festgelegten Kooperationsmaßnahmen soll Algerien für die folgenden Bereiche finanzielle Unterstützung erhalten (vgl. Artikel 79):

- facilitating reforms designed to modernise the economy, including rural development;
- upgrading economic infrastructure;
- promoting private investment and job-creating activities;
- offsetting the effects on the Algerian economy of the progressive introduction of a free trade area, in particular where the updating and restructuring of industry is concerned;
- accompanying measures for policies implemented in the social sectors.

Die konkrete Höhe der Hilfen sowie die einzelnen Förderprogramme sind allerdings nicht Teil des EU-algerischen Abkommens, sondern werden im Rahmen der verschiedenen EU-Hilfsinstrumente geregelt. Für den Zeitraum zwischen 1996 und 2006 war insbesondere das MEDA-Finanzierungsinstrument relevant, das durch eine Verordnung des Rates vom 23. Juli 1996 in Kraft trat (vgl.

MEDA-Verordnung).[219] Diese Verordnung regelt „finanzielle und technische Begleitmaßnahmen (MEDA) zur Reform der wirtschaftlichen und sozialen Strukturen im Rahmen der Partnerschaft Europa-Mittelmeer". Dieses Hilfsprogramm, das als komplementär zu dem für den östlichen Nachbarschaftsraum 1991 aufgelegten TACIS-Programm verstanden werden kann, ging 2007 im gemeinsamen Finanzierungsinstrument (ENPI) für die Europäische Nachbarschaftspolitik auf. Für die Vergabe der MEDA-Finanzmittel erarbeitete die Kommission unter Konsultierung der jeweiligen Regierung des Partnerlandes dreijährlich so genannte Nationale Richt- oder Indikativprogramme, welche die Grundlage für die im Rahmen von MEDA durchgeführten Projekte bilden. Diese Nationalen Richtprogramme orientieren sich an den ebenfalls durch die Kommission sechsjährlich für jedes Partnerland erstellten Länder-Strategie-Papieren.

Das EU-algerische Abkommen legt fest, dass alle Maßnahmen der finanziellen Zusammenarbeit im Einvernehmen beider Seiten verabschiedet werden müssen. Die einzelnen nationalen Richtprogramme über die konkrete projektbezogene Umsetzung müssen also von den jeweiligen Ziellandregierungen angenommen werden. Dies macht deutlich, dass die im EU-algerischen Abkommen festgelegte finanzielle Kooperation in der konkreten Umsetzung eher ein unilaterales Instrument ist. Zwar haben die jeweiligen Regierungen der Partnerstaaten (also auch Algerien) ein Vetorecht, doch über die konkrete Höhe der Hilfszahlungen und die konzeptionelle Ausgestaltung der Richtprogramme entscheidet einzig die Europäische Kommission. Diese Vorgehensweise wurde auch nach dem Inkrafttreten des Europäischen Nachbarschafts- und Partnerschaftsinstruments beibehalten (vgl. ENPI-Verordnung 2006).[220]

6.3 Technische und finanzielle Hilfen im Rahmen von MEDA I-II und ENPI

Die MEDA-Finanzinstrumente stellten im Rahmen der europäischen Mittelmeerpolitik insofern eine Neuerung dar, als diese Hilfszahlungen offiziell einem Konditionalisierungsmechanismus unterlagen. Diese Konditionalisierung besaß eine politische und eine wirtschaftliche Komponente. In der MEDA-Verordnung war festgelegt, dass die Vergabe von Mitteln an die Durchsetzung

---

[219] Das Akronym MEDA steht für „Mesures d'Accompagnement", also Begleitmaßnahmen bei der Implementierung der Euro-Mediterranen Assoziierungsabkommen. Dieses Hilfprogramm kann als komplementär zu dem für den östlichen Nachbarschaftsraum aufgelegten TACIS-Programm verstanden werden.

[220] Dies ist der Fall, obwohl Algerien erst im Dezember 2011 seine Bereitschaft erklärt hat, einen Aktionsplan innerhalb der Europäischen Nachbarschaftspolitik zu verhandeln. Diese Verhandlungen waren zum Zeitpunkt der Niederschrift dieser Untersuchung noch nicht abgeschlossen.

von politischen bzw. wirtschaftlichen Reformen geknüpft sein sollte (vgl. MEDA-Verordnung). Dabei wurde aber nie genauer festgelegt, welche konkreten Kriterien zur Überprüfung der Durchsetzung der geforderten Reformen angewendet werden sollten. Die politische Konditionalität spielte bei der Verteilung der MEDA-Gelder letztlich so gut wie keine Rolle. Vielmehr wurden vor allem diejenigen MDL gefördert, die nach Auffassung der EU besondere Bemühungen im Bereich struktureller wirtschaftlicher Reformen unternahmen (vgl. Natorski 2008: 26f).

Im Rahmen von MEDA I und MEDA II im Zeitraum 1996 bis 2006 waren für Algerien Finanzhilfen in Höhe von insgesamt 338,8 Millionen Euro programmiert. Davon wurden allerdings nur 194 Mio. Euro tatsächlich ausgezahlt (vgl. ENPI 2006).[221] Die unter MEDA I ausgezahlten Gelder fokussierten vor allem auf die Förderung des algerischen Privatsektors und Programme zur wirtschaftlichen Stabilisierung des Landes. Unter dem MEDA II-Programm zielten die Hilfen insbesondere auf die Vorbereitung der Implementierung des Assoziierungsabkommen ab. Der Großteil dieser Gelder floss in Programme zur Förderung wirtschaftlicher Reformen und Anpassungsmaßnahmen in Hinblick auf die Einrichtung der EMFHZ, womit die gesamte Ausrichtung der EMP primär auf den ökonomischen Bereich (vgl. Kapitel 3) sich auch auf der Ebene der finanziellen Zusammenarbeit spiegelte. Im Einzelnen wurden mit den EU-Finanzhilfen unter MEDA vor allem Programme finanziert wie strukturelle Anpassungsfazilitäten (direkte Budgethilfe), Förderprogramme für kleine und mittelständische Unternehmen des Privatsektors, Maßnahmen zur Restrukturierung der Industrie und Privatisierung sowie Hilfen für die Modernisierung des algerischen Bankensektors. Im Zeitraum zwischen 2000 und 2006 implizierten die Hilfen im Rahmen von MEDA zudem die Unterstützung bei der Modernisierung der Administration, Reformen des Bildungswesens, Hilfe bei der Durchführung von Infrastrukturprojekten, bei der Polizeimodernisierung und der Justizreform. Dabei können zumindest die letzten beiden Förderschwerpunkte als genuin politische Ziele interpretiert werden, die im Kontext der Bemühungen zur Demokratieförderung der EU gesehen werden müssen.

Ab Januar 2007 wurden die MEDA-Programme durch das Finanzinstrument der Europäischen Nachbarschaftspolitik (European Neighbourhood and Partnership Instrument, ENPI) abgelöst. Das ENPI-Strategiepapier der EU-Kommission für Algerien für den Zeitraum 2007-2013 legte acht prioritäre Ziele fest:

---

[221] Damit erhielt Algerien vergleichsweise wenig europäische Finanzhilfen. Die programmierten Zuwendungen für Marokko beliefen sich im gleichen Zeitraum auf 1,34 Mrd. Euro und die Hilfe für das deutlich kleinere Tunesien auf 756 Mio. Euro (European Commission 2005: 35). Zumindest unter MEDA I war der niedrige Ausschüttungsgrad der programmierten Gelder auf die schlechte Sicherheitslage zurückzuführen, was zu europäischer Zurückhaltung führte.

1. political reforms in the areas of democracy and human rights, the rule of law and good governance;
2. reforms in the justice system, the management of migratory flows plus the fight against organised crime, money laundering and terrorism while upholding human rights;
3. economic diversification and the development of conditions conducive to private investment, the development of competitive companies (SMEs), growth and lower unemployment;
4. the development of conditions favourable to the three planks of sustainable development (environmental, social and economic);
5. the development of education and training, youth, higher education and scientific research, which are essential to the building of a knowledge society and bringing down unemployment in a more open economy;
6. strengthening of social programmes while keeping the budget balanced;
7. facilitation of trade in goods and services, alignment of technical regulations, standards and conformity assessment procedures; trade facilitation using modern customs procedures (including security aspects of the international supply chain);
8. the development of safe and secure transport and the strengthening of national and regional infrastructure and its interconnection with the trans-European transport network; development of the energy and information society sectors.

(ENPI 2006: 15)

Auffallend ist bei dieser Prioritätenliste im Rahmen des ersten ENPI-Strategiepapiers, dass politische Reformen in den Bereichen Demokratisierung, Menschenrechte und Rechtsstaatlichkeit an erster Stelle genannt werden. Dies verdeutlicht zunächst den unilateralen Charakter des Dokumentes, denn die algerische Seite hätte einer solchen Formulierung niemals zugestimmt. Zudem muss festgestellt werden, dass die Prioritäten der EU im Rahmen ihrer Beziehungen zu Algerien mitnichten diese Prioritätenliste widerspiegeln.

Dies wurde schon in der so genannten „Feuille de Route" deutlich, die während eines Treffens des EU-algerischen Assoziierungsrates im September 2008 verabschiedet wurde und die die Prioritäten der Zusammenarbeit konkretisiert (vgl. Lattouf 2011: 247). Diese Feuille de Route identifiziert fünf konkrete Prioritäten „sur lesquels les parties devraient se concentrer en vue d'une mise en ouvre prioritaire" (ENPI 2010: 26). Diese sind: 1. Umsetzung wirtschaftlicher Reformen, 2. Handelspolitische Fragen, 3. Energiefragen, 4. Fragen betreffend der „circulation des personnes" (Migration) und 5. Kampf gegen den Terrorismus. In diesen fünf Prioritäten spiegeln sich klar die Bereiche, in denen die EU und Algerien entweder gemeinsame Interessen haben oder zumindest Bereiche, die für beide Seiten besonders relevant sind. Auffällig ist zudem, dass der erste Punkt aus dem Kommissions-Strategiepapier („political reforms in the areas of democracy and human rights, the rule of law and good governance") bei den durch die Feuille de Route festgelegten Prioritäten keine Erwähnung mehr findet. Diese Konzentration auf funktionale Bereiche der Kooperation spiegelt einerseits einen relativen Gewinn an Verhandlungsmacht der algerischen Seite, der sich vor allem aus der Relevanz des Landes als Partner im „Kampf gegen den internationalen Terrorismus" und seine bedeutende Position als Energielieferant für Europa erklärt, andererseits hat es die algerische Seite allerdings auch nicht geschafft, in den für sie besonders wichtigen Bereichen – vor allem im Punkt 5. „circulation des personnes" – signifikante Erfolge zu erzielen. Insgesamt bestätigt sich anhand der konkretisierten Prioritätenliste die Annahme, dass die EU Demokratieförderung nicht als Teil der „politischen" Zusammenarbeit betrachtet, sondern, insbesondere in der Zeit nach dem 11. September 2001, als „Nebenprodukt" der wirtschaftspolitischen Kooperation auffasst.

Zur Verwirklichung der im Strategiepapier genannten und durch die Feuille de Route konkretisierten Ziele stellte die EU im Rahmen der Finanzförderung durch das ENPI seit 2007 für den Zeitraum bis 2013 insgesamt 392 Mio. Euro zur Verfügung (Indikativprogramme 2007-2010: 220 Mio. und 2011-2013: 172 Mio. Euro). Im Folgenden sollen die Maßnahmen etwas detaillierter betrachtet werden, die unter den Punkten 3. und 7. des Strategiepapiers etabliert wurden, da sie im Kontext der vorliegenden Untersuchung von besonderer Bedeutung sind.

Besonders hervorzuheben sind dabei die durch das ENP-Instrument finanzierten Unterstützungsprogramme für kleine und mittlere Unternehmen (KMU) in Algerien, da sie sich mit dem zentralen Problem der mangelnden internationalen Konkurrenzfähigkeit der algerischen Unternehmen beschäftigen. Im Kern geht es dabei um ein „mise à niveau" (MaN) der algerischen Unternehmen mit Blick auf die außenwirtschaftliche Öffnung des Landes. Im Rahmen des Indikativprogramms für den Zeitraum 2007 bis 2010 nimmt das Unterstützungsprogramm für kleine und mittlere Unternehmen mit 40 Mio. Euro den größten Raum ein. Das PME II (petites et moyennes entreprises) genannte Programm ist ein Nachfolgeprojekt des ersten PME-Unterstützungsprogramms der EU in Algerien, das 2007 auslief.[222] In der Beschreibung des PME II-Programms wird

---

[222] Dieses erste Programm wurde zwischen Juli 2002 und Dezember 2007 durchgeführt und die EU stellte dafür 57 Mio. Euro zur Verfügung. Die Resultate dieses ersten mise-à-niveau Programms blieben jedoch weit hinter den Erwartungen zurück. Insgesamt erhielten bei diesem Programm 290 Unternehmen aus dem privaten und dem öffentlichen Sektor Unterstützungsleistungen in Form von Seminaren und technischer Hilfe. Ursprünglich angestrebt hatte das Programm die Zahl von 1000 (vgl. Ministère de la PME et de l'artisanat 2007).

der Hintergrund für dessen Notwendigkeit wie folgt skizziert: „The increasing integration into the world economy raises new challenges for the Algerian productive sector, particularly the industrial sector which must face increased competition and whose consolidation largely depends on greater business competitiveness" (ENPI 2006b: 28). Folgerichtig ist das erklärte Ziel des Programms „to sustainably improve the competitiveness of Algerian enterprises both on their domestic market and on regional and/or international markets" (ebd: 29). Damit nimmt dieses Programm konkret Bezug auf die durch das EU-algerische Assoziierungsabkommen implementierte Handelsliberalisierung und wird auch explizit als Begleitmaßnahme des Abkommens beschrieben (vgl. PME II 2011). Vor diesem Hintergrund wird deutlich, dass sich die EU potentieller negativer Folgen der Implementierung des EMAA bewusst war und im Rahmen von Unterstützungsprogrammen versucht hat, diese Effekte abzumildern. Im Folgenden wird allerdings deutlich, dass die von der EU unternommenen Maßnahmen in diesem Bereich bei weitem nicht ausreichten, um den bestehenden Bedarf zu decken.

Die PME II-Unterstützungsmaßnahme besteht aus drei unterschiedlichen Bereichen: der direkten Unterstützung ausgewählter Unternehmen, dem Aufbau eines Systems zur Qualitätssicherung (Zertifizierung und Normierung) und der Unterstützung des institutionellen Umfelds der kleinen und mittleren Unternehmen in Algerien (vor allem Unterstützung der zuständigen Ministerien und der Verbandsstruktur), um ein besseres Dienstleistungsangebot für die Unternehmen sicher zu stellen. Im Unterschied zum ersten mise-à-niveau Programm konzentriert sich das PME II-Programm im ersten Bereich auf die direkte technische Unterstützung von maximal 200 Unternehmen. Dementsprechend beschreiben die Verantwortlichen für das Programm bei der Kommissions-Delegation in Algier die Maßnahme als „programme pilote", durch das einzelne gezielt geförderte Unternehmen eine Leuchtturmwirkung für die gesamte Branche, in der sie tätig sind, entfalten sollen (Interview Nr. 14 2011).

Neben den maßgeblich durch die EU finanzierten und durchgeführten mise-à-niveau Programmen führt auch die algerische Regierung seit einiger Zeit Programme diese Art durch. Die ersten Ansätze in dieser Richtung gehen zurück bis zum Beginn der 1990er Jahre, also noch vor den ersten zwischen Algerien und dem IMF ausgehandelten Restrukturierungsmaßnahmen. Wirklich umgesetzt wurden die ersten MaN-Programme von algerischer Seite allerdings erst ab 2002 (Bennaceur u. a. 2007: 47).

Die Umsetzung der durch die algerische Regierung geplanten MaN-Programme war bisher jedoch eher dürftig. Die zwischen 2002 und 2006 durchgeführte Maßnahme des damaligen algerischen Ministeriums für Industrie und Restrukturierung (Ministère de l'Industrie et de la Réstructuration, MIR) sollte insgesamt 1000 kleine und mittlere Unternehmen unterstützen. Letztendlich erhielten im Rahmen des MIR-Programms aber nur 290 Unternehmen konkrete Hilfen. Ein weiteres Manko dieses Programms war, dass in seiner Konzeption keinerlei quantitative oder qualitative Evaluierung vorgesehen war, sodass die Wirksamkeit dieser Maßnahmen weitgehend unklar blieb (vgl. ebd.: 54). Insgesamt muss der Erfolg der in Algerien durchgeführten MaN-Programme als sehr begrenzt angesehen werden. Dies gilt für die durch die EU finanzierten oder kofinanzierten Programme ebenso wie für die allein durch den algerischen Staat initiierten Maßnahmen. Die von der EU durchgeführten Programme litten nach Angaben der Gesprächspartner im Sitz der EU-Delegation in Algier vor allem unter der schlechten Kooperation mit den zuständigen Stellen innerhalb der algerischen Ministerien. Aufgrund von zahlreichen und kurzfristigen Personalwechseln sowie einer von Seiten der Mitarbeiter der EU-Delegation wahrgenommenen chronischen Zurückhaltung der algerischen Partner bei anstehenden Entscheidungen gestaltete sich die Zusammenarbeit schwierig (vgl. Interview Nr. 14 2011). Allerdings muss hinzugefügt werden, dass die finanzielle Ausstattung der direkt von der EU durchgeführten Programme angesichts der großen Zahl von infrage kommenden algerischen Unternehmen mehr als gering ausfiel und sich damit so teilweise die mangelnden Ergebnisse erklären lassen.

Im Juli 2010 kündigte die algerische Regierung ein neues MaN-Programm an, das im Zeitraum 2010 bis 2014 insgesamt 20.000 kleine und mittlere Unternehmen fördern sollte. Für dieses „programme national de mise à niveau des PME" stellte der algerische Staat mehr als 380 Mrd. algerische Dinar zur Verfügung (etwa 4 Mrd. Euro) (vgl. APS 1.1.2011). Für die Koordination und Durchführung dieses riesigen Förderprogramms wurde eine eigene Agentur innerhalb des algerischen Ministeriums für Handwerk und kleine und mittlere Unternehmen gegründet, die „Agence Nationale de Développement de la PME" (ANDPME). Ähnlich wie die anderen Programme im Bereich der KMU-Förderung hatte auch dieses Programm Schwierigkeiten, die gesetzten Ziele zu erreichen. Im Juli 2012 musste der ANDPME-Generaldirektor Rachid Moussaoui einräumen, dass bis zu diesem Zeitpunkt nur etwa 600 Unternehmen eine Förderzusage erhalten hatten (vgl. Liberté 28.8.2012). Unabhängig von der Frage, welche konkreten Wirkungen dieses Programm tatsächlich hat, wäre das Ziel von 20.000 geförderten Unternehmen bei dieser Geschwindigkeit erst im Jahr 2062 erreicht.

Die EU finanziert neben den Programmen, die auf eine Unterstützung der kleinen und mittleren Unternehmen in Algerien abzielen, zudem auch Maßnahmen, die explizit auf die Implementierung der im EU-algerischen Abkommen festgelegten Regelungen abzielen. Im Vordergrund steht bei diesen „P3A" (Programme d'Appui à la Mise en Oeuvre de l'Accord d'Association) genannten Programmen allerdings nicht der eigentliche Abbau der Zolllinien, sondern die rechtliche und administrative Implementierung der in den Titeln III und IV des

Assoziierungsabkommens festgelegten Regelungen in Bezug auf das Niederlassungsrecht, den Kapitalverkehr, das Wettbewerbsrecht etc. Das P3A-Programm soll durch eine Unterstützung der für den administrativen und rechtlichen Rahmen in Algerien zuständigen Institutionen diese befähigen, die im Assoziierungsabkommen eingegangenen Verpflichtungen umzusetzen. Dabei kommen insbesondere zwei Instrumente zum Einsatz: TAIEX (Technical Assistance and Information Exchange Instrument) und die so genannte jumelage institutionel. Das TAIEX Instrument wurde durch die Generaldirektion Erweiterung im Rahmen der Europäischen Nachbarschaftspolitik eingeführt und zielt explizit auf die Harmonisierung und die Übernahme des Gemeinschaftsrechts der EU in den jeweiligen Nachbarschaftsstaaten. Die jumelage insitutionel war ursprünglich ein von der Kommission entwickeltes Instrument, um die Verwaltungsstruktur von Beitrittskandidaten an die der EU-Mitgliedsstaaten anzugleichen. Heute wird es allerdings auch für Staaten verwendet, für die keine Aufnahme in die EU infrage kommt. Im Falle Algeriens manifestiert sich die jumelage institutionel unter anderem in einer Unterstützung des algerischen Handelsministeriums bei der Umsetzung einer Modernisierung des algerischen Wettbewerbsrechts. Eine weiteres jumelage-Projekt bezweckt die Verbesserung des administrativ-institutionellen Umfeldes des traditionellen Handwerks in Algerien mit dem Ziel, in diesem Bereich ein Qualitätssicherungssystem mit einer entsprechenden Zertifizierung einzuführen (vgl. Nancy, Kreitem, und Picot 2009: 203f).

Das nationale Indikativprogramm der Kommission für Algerien für den Zeitraum 2011-2013 legt bereits das 3. P3A-Programm dieser Art auf. Insgesamt hat die EU für solche Programme seit 2009 (Start von P3A I) 64 Mio. Euro zur Verfügung gestellt. In beiden Fällen der Instrumentierung – beim TAIEX-Instrument und der jumelage – kann man davon sprechen, dass es hier um eine „Europeanization" geht, das heißt eine Angleichung von Teilen der administrativen und rechtlichen Rahmenbedingungen des Empfängerlandes an den *acquis communautaire* der EU. Der Begriff der Europeanization entstand im Kontext der EU-Integrationsforschung und bezeichnete ursprünglich den „Europäisierungsprozess" der EU-Mitgliedsstaaten.[223] Mittlerweile wird der Begriff allerdings auch in Bezug auf die Außenpolitik der EU – insbesondere im Nachbarschaftsraum – verwendet (vgl. Escribano 2006; Schimmelfennig 2012). Die oben genannten Programme als Begleitmaßnahmen zur Implementierung des EU-algerischen Assoziierungsabkommens gehen eindeutig über eine bloße Freihandelszone hinaus und beinhalten ebenso die Adaption administrativer und

---

[223] Als erstes verwendete Ladrech (1994) diesen Begriff systematisch, als er den Prozess der Europäisierung für Frankreich beschrieb. Ladrech definiert Europeanization als „incremental process reorienting the direction and shape of politics to the degree that EC political and economic dynamics become part of the logic of national politics and policy-making" (ebd: 69).

rechtlicher Rahmenbedingungen. Dabei spiegelt der Prozess der Europeanization, also die Ausweitung europäischer Standards, Normen und administrativer Prozesse, immer auch – so hier das Argument – eine strukturelle Machtasymmetrie. Insofern ist die Ausweitung des EU-Ordnungsrahmens auf nicht EU-Mitgliedsstaaten – und damit also die Veränderung von bestehenden Institutionen im Land selbst – exemplarisch für den Charakter der EU als „structural power", der im achten Kapitel der vorliegenden Untersuchung behandelt wird.

6.4 Algerische Reaktionen auf die Implementierung des Assoziierungsabkommens

In diesem Abschnitt wird die bisherige Implementierung des EU-algerischen Assoziierungsabkommens beleuchtet. Dabei liegt ein besonderer Fokus auf den algerischen Reaktionen, die diese Implementierung begleitet haben. Wie zu zeigen sein wird, waren die Reaktionen Algeriens auf die fortschreitende Implementierung des Assoziierungsabkommens vor allem defensiver Natur. Die jeweiligen algerischen Regierungen ergriffen seit dem Inkrafttreten des Abkommens – und insbesondere seit dem Jahr 2008 (auch aufgrund der weltweiten Finanzkrise) – eine Reihe von Maßnahmen, welche die im Assoziierungsabkommen festgelegten Regelungen entweder zu unterminieren oder diese zumindest teilweise rückgängig zu machen suchten. Dieser Abschnitt konzentriert sich in diesem Zusammenhang exemplarisch auf die Betrachtung von zwei Maßnahmen, die auf eine Kontrolle bzw. Abschwächung der internationalen Öffnung im Rahmen des Assoziierungsabkommens von algerischer Seite abzielten. Erstens das Nachtragshaushaltsgesetz von 2009 (loi de finances complémentaire, LFC) und zweitens die von Algerien erbetene Nachverhandlung einiger Bestimmungen des Assoziierungsabkommens in den Jahren 2011 und 2012.

Bis zum Zeitpunkt des LFC 2009 und den damit verbundenen Maßnahmen hatte Algerien die Vorgaben des am 1. September 2005 in Kraft getretenen Assoziierungsabkommens weitgehend erfüllt. Wie oben im Abschnitt 6.2.1. beschrieben, besteht der Kern des Abkommens in einem kontinuierlichen Abbau der Zölle für Industriegüter-Importe aus der EU. Diesen Abbau-Fahrplan verwirklichte die algerische Seite in den ersten Jahren nach Inkrafttreten des Abkommens ohne größere Hindernisse. Auch nach Inkrafttreten des LFC 2009 kam Algerien den formalen Erfordernissen des Zollabbaus weiter nach. Ab Ende des Jahres 2010 änderte sich jedoch der Kurs der algerischen Seite: Aufgrund der Sorge vor potentiellen negativen Effekten der Freihandelsimplementierung begann die algerische Regierung einige Zolllinien einzufrieren und forderte eine Nachverhandlung der Vereinbarungen des Assoziierungsabkommens (vgl. dazu Abschnitt 6.4.2).

6.4.1 Das LFC 2009 und Algeriens neuer Protektionismus

Das Nachtragshaushaltsgesetz für 2009, das am 22. Juli 2009 verabschiedet wurde (Ordonnance n°09-01), zielte nach offiziellen Angaben der algerischen Regierung vor allem auf die Schaffung von Arbeitsplätzen und die Stärkung von Investitionen im Bereich der algerischen kleinen und mittleren Unternehmen (vgl. APS 29.7.2009). Die zentrale Zielsetzung dieses Gesetzes, das auch die einzelnen Regelungen des algerischen Investitionsgesetzbuches änderte, war ohne Zweifel die Stärkung der algerischen Unternehmen gegenüber importierten Produkten aus dem Ausland angesichts des sich erhöhenden Drucks der ausländischen Konkurrenz.

Die Maßnahmen des Gesetzes gliedern sich in zwei für die Außenwirtschaft relevante Bereiche: einerseits ausländische Investitionen und andererseits Importe ausländischer Produkte. Im ersten Bereich legt das LFC von 2009 fest, dass ausländische Investitionen nur im Rahmen einer Partnerschaft getätigt werden können, bei denen die algerische Beteiligung mindestens 51% des Grundkapitals beträgt. Bei Importgesellschaften muss ein algerischer Partner mindestens 30% des Kapitals halten. Zudem sind ausländische Unternehmen im Bereich der Güterproduktion und bei Dienstleistungen dazu verpflichtet, ein joint-venture mit algerischen Unternehmen einzugehen. Die Mittel für ausländische Investitionen müssen außerdem auf dem algerischen Kapitalmarkt eingeworben werden. Jede geplante ausländische Investition muss zuvor dem nationalen Rat für Investitionen (Conseil National de l'Investissement, CNI) zur Prüfung vorgelegt werden. Im zweiten Bereich, der direkt die Regelungen beim Import von Gütern betrifft, legt das LFC 2009 fest, dass bei Maschinen und Ausrüstungsgütern nur noch neue Produkte eingeführt werden dürfen. Darüber hinaus können alle Importe einzig und ausschließlich mit dem so genannten Dokumentenakkreditiv bezahlt werden. Dies bedeutet, dass eine einfache Überweisung nicht mehr möglich ist, sondern die Bank des Importeurs sich verpflichtet, gegen die Vorlage der entsprechenden Formulare den Exporteur für die Lieferung seiner Güter zu bezahlen. Diese Regelung stieß auch bei algerischen Unternehmern auf lebhafte Kritik, da sie den Ablauf des Importgeschäfts stark verkompliziert und verlangsamt (vgl. El Watan 25.4.2010).

Das Interesse der algerischen Regierung bei diesen Maßnahmen bestand vor allem darin, die stetig wachsenden Importe zu drosseln und damit das Außenhandelsdefizit – lässt man die Hydrocarbonexporte unberücksichtigt, lag dies im Jahr 2010 bei etwa 38 Mrd. US-Dollar – unter Kontrolle zu bringen. Die Verabschiedung des LFC 2009 kann jedoch nicht monokausal als Reaktion allein auf die Implementierung des EU-algerischen Assoziierungsabkommens gesehen werden. Mezouaghi/Talahite (2009) haben darauf hingewiesen, dass bei der Erklärung der ergriffenen Maßnahmen auch andere Faktoren berücksichtigt werden müssen. So spielte beim Erlass des LFC 2009 auch die globale Finanz- und Wirtschaftskrise eine Rolle, die dafür sorgte, dass die algerischen Einnahmen aus dem Energieexport im ersten Halbjahr 2009 stark sanken. „Ces mesures [das LFC 2009] sont intervenues avec le durcissement de la crise internationale et son inscription dans la durée par les principaux analystes et institutions internationales. Prenant conscience des effets réels de la crise, les autorités algériennes anticipent alors un resserrement brutal de la contrainte externe." (Mezouaghi/Talahite 2009: 16)

Doch auch Mezouaghi/Talahite kommen zu dem Ergebnis, dass das Gesetz ohne Zweifel auch als Reaktion auf die Außenöffnung der algerischen Ökonomie angesehen werden muss. Manche Beobachter sehen es gar als einen Wendepunkt in der algerischen Liberalisierungspolitik im Bereich des Außenhandels und als eine Rückkehr zum alten Dirigismus in Bereich wirtschaftspolitischer Fragen (vgl. Belkaid 2009). Es liegt nahe, diese Maßnahmen als eine Mischung aus Angst um Kontrollverlust im wirtschaftspolitischen Bereich und einem Rückfall in alte dirigistische Muster zu interpretieren, die die einzige Form der Antwort darstellen, zu der das algerische Regime in der Lage ist. Dies ist wiederum ein Beispiel für die politische Überformung bzw. Instrumentalisierung wirtschaftlicher Reformen, wie sie im vierten Kapitel herausgearbeitet wurde: Vor dem Hintergrund wirtschaftlicher Entwicklungen werden als notwendig empfundene (liberale) Reformen im wirtschaftspolitischen Bereich durchgesetzt, doch gestoppt, wenn das Regime das Gefühl hat, die Kontrolle über die Vorgänge zu verlieren. Nicht eine apolitische ökonomische Logik setzt sich durch, sondern die wirtschaftlichen Reformmaßnahmen (und deren Rücknahme) sind eine Funktion politischer Überlegungen.

In Algerien selbst kreiste eine rege Diskussion im Kontext des LFC 2009 auch um die Frage, ob es sich bei den ergriffenen Maßnahmen um ein Bemühen der algerischen Autoritäten im Sinne des nationalen Interesses (klassischer Protektionismus) handelte oder um einen Beweis für die Wiederkehr der alten Ideologie der staatlichen Kontrolle in allen wirtschaftlichen Belangen. Mit Bezug auf die Maßnahmen des LFC 2009 kann man – so hier das Argument – durchaus von einem „souveränistischen Reflex" der algerischen Regierung sprechen, deren Ursache man nicht zuletzt in einer traditionell starken Betonung der Unabhängigkeit des Landes suchen muss. Die lange dauernde Weigerung Algeriens in den 1990er Jahren und der damaligen katastrophalen Haushaltslage des Landes auf einen Kredit des IMF zurückzugreifen, können ebenfalls als Beispiel für diesen souveränistischen Reflex dienen.[224] Für eine solche Interpretation spricht auch, dass die Maßnahmen des LFC in keiner Weise mit algerischen Wirtschaftsakteuren des öffentlichen oder privaten Sektors abgesprochen, sondern ohne jedwede Konsultation der in Algerien selbst Betroffenen durchgesetzt wurden.

Aber noch eine weitere Interpretation des LFC ist im Kontext dieser Untersuchung von besonderem Interesse. Diese sieht in den durch das LFC von 2009 eingesetzten Maßnahmen eine Art Versuchsballon, um die Reaktionen der EU auf solche protektionistischen Maßnahmen – die überdies teilweise gegen die im Assoziierungsabkommen festgelegten Regelungen verstoßen – zu prüfen und die eigene Position in Hinblick auf eine beabsichtigte Nachverhandlung des Assoziierungsabkommens zu bestimmen bzw. zu stärken (vgl. dazu auch Talahite 2010: 125). Die Reaktionen der EU auf die durch die algerische Regierung mit dem LFC 2009 durchgesetzten Maßnahmen waren ihrerseits durchweg kritisch. Bei einem Besuch des damaligen Direktors der Generaldirektion Mittlerer Osten und Nord-Afrika der EU-Kommission, Tomas Dupla del Moral, im Februar 2010 in Algier kritisierte dieser die Maßnahmen der algerischen Seite deutlich und betonte den Wunsch der EU, dass Algerien seine wirtschaftspolitischen Entscheidungen in Bezug auf das Assoziierungsabkommen ändere. Dabei kritisierte Dupla del Moral explizit die Regelungen des LFC 2009: „Il est essentiel que les dispositions qui en [das Assoziierungsabkommen, J.H] sont liées soient respectées. Cela n'a pas été le cas pour la LFC 2009." (Le Quotidien d'Oran 13.4.2010)

6.4.2 Die Nachverhandlung des Assoziierungsabkommens 2011-2012

Neben diesen unilateralen Maßnahmen, welche die Bestimmungen des Assoziierungsabkommens direkt betrafen, bemühte sich die algerische Seite auch auf bilateraler Ebene zumindest um eine teilweise Revision der Inhalte des Abkommens. Bereits zu Beginn des Jahres 2010 kündigte der damalige algerische Handelsminister Hachemi Djaâboub an, einige Regelungen des EU-algerischen Assoziierungsabkommens nachverhandeln zu wollen (El Watan 2.11.2010). Insbesondere die europäischen nicht-tarifären Handelshemmnisse waren Anlass zur Kritik von algerischer Seite. Dies betraf vor allem die oftmals auf saisonale Kontingente beschränkte Liberalisierung der algerischen Agrarexporte in die

---

[224] Ein weiteres Beispiel für die starke Betonung der eigenen Souveränität und Unabhängigkeit und die Verwahrung gegen jedwede Einmischung von außen zeigte sich auch während des Angriffs auf die Gasförderanlage Ain Amenas durch eine bewaffnete islamistische Gruppe im Januar 2013 und der darauf folgenden Intervention des algerischen Militärs, bei der die algerische Regierung jedwede Unterstützung von außen ablehnte (siehe auch FN 38).

EU. Aber auch die Düngemittelexporte des staatlichen algerischen Unternehmens Fertial boten der algerischen Seite Anlass zur Beschwerde. Die Union hatte die Fertial-Produkte mit einem Antidumping-Zoll von 13% belegt mit der Begründung, der niedrige Gaspreis in Algerien stelle eine nach den Regelungen des Assoziierungsabkommens unzulässige Subventionierung dar.[225]

Wenig später, während des fünften Treffens des EU-algerischen Assoziierungsrates im Juni 2010, beantragte Algerien eine Nachverhandlung bestimmter Inhalte des Assoziierungsabkommens und eine Neustrukturierung des Abbaus der Zolllinien insgesamt. Wie im Abschnitt 6.2.1 dargelegt, war im Kontext des im Assoziierungsabkommen festgelegten kontinuierlichen Abbaus der tarifären Handelshemmnisse die Senkung sämtlicher algerischer Zolllinien auf Null ursprünglich bis zum 1. September 2017 geplant.[226] Handelsminister Benbada, der im Mai 2010 seinen Vorgänger Djaâboub abgelöst hatte, gab an, die algerische Seite habe stattdessen eine Verschiebung der endgültigen Liberalisierung auf das Jahr 2020 vorgeschlagen (vgl. El Mudjahid 19.12.2010).[227] Als Begründung für den Antrag einer Verlängerung dieses Prozesses verwies die algerische Seite insbesondere auf zwei Sachverhalte. Zunächst wurde der bereits registrierte Rückgang der Zolleinnahmen im Zeitraum 2005 bis 2009 ins Feld geführt. Diese waren nach algerischen Angaben im genannten Zeitraum um 2,5 Mrd. Euro zurückgegangen. Der Leiter der Europa-Abteilung im algerischen Außenministerium, Smail Alloua, verwies zudem auf eine Studie des algerischen Ministeriums für Industrie und kleine und mittlere Unternehmen, nach der sich die absehbaren Verluste bei den Zolleinnahmen für den Zeitraum zwischen 2010 bis 2017 auf etwa 8,5 Mrd. US-Dollar belaufen würden (vgl. APS 28.8.2012). Weiter betonte die algerische Seite, man benötige noch mehr Zeit, um die algerischen Unternehmen auf die absehbar verschärfte Konkurrenz aufgrund der Zugangserleichterung für europäische Produkte vorzubereiten. So betonte der Handelsminister Benbada, eine Verlängerung der Transitionsphase würde den algerischen Unternehmen zusätzliche Zeit zur Vorbereitung auf die Außenöffnung der Wirtschaft verschaffen (vgl. Maghrebemergent 22.3.2011). Die algerische Seite betonte außerdem, dass die angestrebte Restrukturierung des Abbaus

---

[225] Das algerische Argument, Antidumping-Maßnahmen widersprächen ihrerseits den Regelungen des Assoziierungsabkommens, wurden lange Zeit ignoriert. Erst im Februar 2012 wurde der Antidumping-Zoll von der Europäischen Kommission zurückgenommen (vgl. El Watan 20.2.2012)

[226] Wie auch alle anderen EMAAs sah das Algerische Assoziierungsabkommen eine Periode von 12 Jahren (ab dem Inkrafttreten im September 2005) für den Abbau der algerischen Zolllinien vor.

[227] Dieser Vorschlag implizierte auch eine Verschiebung der vorher fälligen Liberalisierungsschritte von 2012 auf 2015 und von 2015 auf 2017.

der Zollinien rechtlich durchaus im Rahmen des Assoziierungsabkommen liege.[228]

Kurz nach der Bekanntgabe der algerischen Forderung nach einer Verlängerung des Zollabbaus fror Algerien im Dezember 2010 außerdem insgesamt 36 Tariflinien im Bereich der Agrarprodukte ein und nahm die im Assoziierungsabkommen festgelegte Reduzierungen nicht vor (vgl. TSA 13.9.2012). Diese Maßnahme sollte der Forderung nach einer Nachverhandlung des gesamten Zollabbau-Fahrplans Nachdruck verleihen. Darüber hinaus hatte die algerische Seite beim 5. Assoziierungsratstreffen im Juni 2010 eine so genannte Negativliste mit insgesamt 1740 Produkten vorgelegt, über deren Implementierung sie verhandeln wollte.[229]

Die nun folgenden Verhandlungen zogen sich über mehr als zwei Jahre hin. Im März 2011 verkündete zwar die damalige Leiterin der Delegation der Europäischen Delegation in Algier, Laura Baeza, die Verhandlungen seien auf einem guten Weg und man hoffe bis zum geplanten 6. Assoziierungsrat im Juni desselben Jahres zu einer Einigung zu gelangen. Doch die Kompromissfindung erwies sich als deutlich schwieriger. Dies lag insbesondere an der Enttäuschung der europäischen Seite, die sich vor allem durch die Vorlage der Negativliste durch die algerische Seite vor den Kopf gestoßen fühlte. Als Entgegenkommen der Algerier verlangten sie zumindest eine Aufhebung der im LFC von 2009 festgelegten 51/49 Regel bezüglich der ausländischen Direktinvestitionen, wozu jedoch die algerische Seite nicht bereit war (El Watan 22.3.2011).

Letztendlich kam es erst im August 2012 – nach insgesamt acht Verhandlungsrunden – zu einer Einigung. Die ausgehandelten Ergänzungen und Revisionen des EU-algerischen Assoziierungsabkommens stellen innerhalb der bilateralen Beziehungen, welche die EU mit den einzelnen südlichen Mittelmeer-Partnerländern im Rahmen der EMP aufgebaut hat, ein Novum dar. Bei keinem von der EU mit einem Mittelmeer-Partnerstaat ausgehandelten Assoziierungsabkommen hat es bisher eine vergleichbare Nachverhandlung der Kerninhalte des Abkommens gegeben. Die für Algerien zumindest teilweise erfolgreichen Nachverhandlungen des Assoziierungsabkommens lassen insbesondere zwei Schlüsse zu: Erstens wird deutlich, dass sich die algerische Seite nach ihrer anfänglichen Arglosigkeit und den klar auf eine internationale Re-Etablierung gelegten Präferenzen immer stärker der potentiellen negativen Effekte des Assoziierungsabkommens bewusst geworden ist und sich darum bemüht, die im

---

[228] Damit nahm die algerische Seite Bezug auf den im Abschnitt 8.1.1 beschriebenen Artikel 11 des Assoziierungsabkommens, der den Vertragsparteien in bestimmten Fällen die Ergreifung von zeitlich begrenzten „exceptional measures" erlaubt.

[229] Die auf einer Negativliste gesammelten Produkte unterliegen besonderen Restriktionen für den Import. Die algerische Liste beinhaltete vor allem industrielle Fertigprodukte (vgl. Indépendant 19.12.2010).

Rahmen des Abkommens vorgesehene Außenöffnung der algerischen Wirtschaft und die damit verbundenen Wirkungen zumindest zu drosseln bzw. stärker zu kontrollieren. Zweitens deutet die Nachverhandlung einzelner Bestandteile des Abkommens auf einen relativen Machtgewinn der algerischen Seite gegenüber der Europäischen Union hin. Betrachtet man im Folgenden die konkreten, in den Nachverhandlungen beschlossenen Veränderungen genauer, wird zwar deutlich, dass sich an der grundlegenden Ausrichtung der Inhalte des Abkommens nichts geändert hat. Jedoch hat es die algerische Seite immerhin geschafft, in bestimmten Bereichen einen zweijährigen Aufschub der Tarifsenkungen zu erreichen.

Bevor im Folgenden die durch die Nachverhandlungen beschlossenen Veränderungen beleuchtet werden, sollen an dieser Stelle knapp die wichtigsten Faktoren dargestellt werden, die als Ursache der relativen Stärkung der algerischen Verhandlungsposition gegenüber der EU erläutert werden können:

Erstens spielt Algerien nach wie vor eine wichtige Rolle in entscheidenden sicherheitspolitischen Fragen der EU. Insbesondere die Entwicklung der Lage in Nordafrika nach dem Arabischen Frühling hat in Europa dafür gesorgt, dass man Algerien noch stärker als zuvor als entscheidenden Verbündeten im Kampf gegen den „internationalen Terrorismus" ansieht. Dies hat insbesondere mit der Entwicklung in Mali, dem Vorfall im algerischen Ain Amenas[230] und den Auswirkungen der teils anarchischen Situation im Post-Gaddafi-Libyen auf die Sicherheitssituation in der gesamten Sahel-Region zu tun. Vor diesem Hintergrund will man gute Beziehungen zu Algerien aufrechterhalten. Eine Annäherung in diesem Bereich gefällt auch dem algerischen Regime. Bei einem Besuch von Kommissionspräsident Manuel Barroso in Algier im Juli 2013 betonte der algerische Premierminister Abdelmalek Sellal, der Besuch Barrosos finde statt in einem „contexte régional et international particulièrement difficile, porteur de menaces à la paix, à la stabilité et à la sécurité de notre espace commun" (El Watan 7.7.2013). Darin wird die Sichtweise des algerischen Regimes deutlich, welches Algerien als „Insel der Hoffnung und Stabilität" in einem Meer von Chaos und Gefahr ansieht. Europäische Kooperationsangebote im Sicherheitsbereich stützen diese Sichtweise implizit.

Zudem muss – zweitens – bei Überlegungen zur relativen Machtverschiebung im Kontext der Nachverhandlungen des Assoziierungsabkommens auch die Rolle Algeriens als wichtiger Energielieferant für Europa berücksichtigt werden. Algerien liefert bereits rund 15% des EU-Gasbedarfs und die EU hat ein Interesse daran, diesen Anteil auszuweiten, insbesondere um weniger von den russischen Lieferungen abhängig zu sein. Am 7. Juli 2013 unterzeichnete

---

[230] Im Januar 2013 überfiel ein bewaffnetes Kommando eine Gasförderanlage im algerischen Ain Amenas in der Nähe der Grenze zu Libyen und nahm über 100 internationale Mitarbeiter in Geiselhaft.

Algerien mit der EU ein „Memorandum of Understanding" über Energiefragen (vgl. APS 8.7.2013). Dessen genauer Inhalt ist geheim, doch lässt sich vermuten, dass für Algerien neben seinem Interesse an langfristigen Lieferverträgen und einer erweiterten Rolle des staatlichen Energiekonzerns Sonatrach auf dem europäischen Markt auch der erfolgreiche Abschluss der Nachverhandlungen des Assoziierungsabkommens eine Rolle gespielt hat.

Konkret betrifft die in den Nachverhandlungen festgelegte Neustrukturierung des Abbaus der Zolllinien ausschließlich die zweite und die dritte Phase des Zollabbaus für Industriegüter und die entsprechenden Güterlisten (vgl. Abschnitt 6.2.1.). Dies ist auch darauf zurückzuführen, dass die Zolllinien für die Produkte auf der ersten Liste bereits mit Inkrafttreten des Abkommens im September 2005 auf Null gesenkt und das Assoziierungsabkommen eine Neubearbeitung von Zolllinien, die bereits länger als drei Jahre auf Null gesenkt, ausschließt (vgl. APS 28.8.2012). Die zweite Liste führt insgesamt 1058 EU-Produkte auf, deren tarifäre Einfuhrbeschränkungen zum 1. September 2012 komplett aufgehoben werden sollten. Die algerische Seite identifizierte insgesamt 287 Produkte auf dieser Liste, die sie als besonders sensibel einstufte. Für 82 dieser Produkte erwirkte die algerische Delegation eine Wiedereinführung des Zollschutzes und einen Aufschub des kompletten Zollabbaus von vier Jahren bis September 2016. Davon betroffen waren vor allem elektronische Bauteile wie Elektromotoren und Kabel. Für die restlichen 185 Produkte einigten sich die beiden Parteien auf das Einfrieren der Zolllinien für zwei Jahre – d.h. sie werden zunächst nicht weiter gesenkt – und die Verschiebung des kompletten Abbaus auf Null um 4 Jahre bis 2016. Diese Zolllinien betrafen insbesondere elektronische Geräte wie Küchenmaschinen, Kühlschränke und Ähnliches (vgl. Ministère du Commerce 2012).

In Bezug auf die dritte Liste (insgesamt 1860 Produkte), deren Zolllinien ursprünglich bis September 2017 auf Null gesenkt werden sollten, einigte man sich auf eine teilweise Wiedereinführung des Zollschutzes für 174 Produkte und eine Verlängerung des Zollabbaus für diese Produkte um drei Jahre bis September 2020. Für weitere 617 Produktlinien werden die Zolllinien für den Zeitraum zwischen 2012 und 2015 eingefroren und ebenfalls erst im Jahr 2020 (anstatt 2017) auf Null gesenkt (vgl. ebd.) Bei den betroffenen Produkten dieser dritten Liste handelt es sich vor allem um Konsumgüter wie Kosmetika, Kleidung, Schuhe und Halbfertigprodukte bspw. aus dem Textilsektor, den die algerische Seite als besonders anfällig für ausländische Konkurrenz erachtet. Zusammen genommen betrifft die Revision des Zollabbaus also 1057 von insgesamt 4968 Zolllinien. Die folgende Tabelle verdeutlicht den ursprünglich vorgesehenen Zollabbau und die durch die Nachverhandlungen in den Jahren 2011 und 2012 vorgenommenen Änderungen.

Tabelle 9: **Revision des Zollabbaus in Algerien im Rahmen der Nachverhandlungen des Assoziierungsabkommens**

Liste	Zolllinien insg.	Betroffene Zolllinien	Ursprünglich vorgesehener Abbau	Änderungen	2012	2013	2014	2015	2016	2017	2018	2019	2020
1 (Annex2 des AA)	2034	2034	Senkung auf 0% am 1.9.2012	Unverändert									
2 (Annex3 des AA)	1058	185	Senkung auf von 5 auf 0% am 1.9.2012	Senkung auf:	3%	3%	2%	1%	0%				
		82	Senkung von 30 auf 0% am 1.9.2012	Zeitweise Wiedereinführung, dann Senkung auf:	23%	18%	12%	6%	0%				
3 (Annex4 des AA)	1860	174	Senkung von 30/15 auf 0% am 1.9.2017	Zeitw. Wiedereinführung, dann Senkung auf:	23/12 %	23/12 %	23/12 %	21/11 %	19,2/ 10,4%	14,4/ 7,8%	9,6/ 5,2%	4,8/ 2,6%	0%
		617	Senkung von 30/15/5 auf 0% am 1.9.2017	Einfrierung für 4 Jahre dann Senkung auf:	21/10,5 /3,5%	21/10,5 /3,5%	21/10,5 /3,5%	21/10,5 /3,5%	16,8/8,4 /2,8%	12,6/6,3 /2,1%	8,4/4,2 /1,4%	4,2/2,1 /0,7%	0%

Durch die Nachverhandlungen des Fahrplans zum Zollabbau erhielt Algerien also einen Aufschub bei der Öffnung seiner Wirtschaft gegenüber den Importen aus der EU. Allerdings ist es wichtig an dieser Stelle zu betonen, dass sich an der grundsätzlichen Ausrichtung des Assoziierungsabkommens mit seinem Schwerpunkt auf der Liberalisierung des Außenhandels nichts ändert. Darüber hinaus zeigen die oben dargestellten Einzelheiten der Revision, dass zwar die endgültige Senkung der Zolllinien auf null Prozent um ein paar Jahre verschoben wurde, die Importe aus der EU sich aufgrund des sukzessiven Charakters des Abbaus aber bereits vorher verbilligen.

Wie die obigen Ausführungen gezeigt haben, nahm und nimmt Algerien innerhalb der EMP insbesondere im Bereich der wirtschaftspolitischen Zusammenarbeit eine Sonderrolle ein. Dies zeigte sich vor allem in Bezug auf den Umgang der algerischen Seite mit dem 2002 unterzeichneten Assoziierungsabkommen. Vergleichbare bi- oder unilaterale Maßnahmen als Reaktion auf die Implementierung eines EMAA wurden von keinem anderen südlichen EMP-Partnerland ergriffen. Die Beharrung der algerischen Seite auf einer „specificité" der Struktur seiner eigenen Volkswirtschaft (die auch nicht von der Hand gewiesen werden kann), die Bemühungen um eine Nachverhandlung der Inhalte des Assoziierungsabkommens auf bilateraler Ebene und die unilateral ergriffenen Maßnahmen der algerischen Regierung (wie das LFC 2009) zeigen, dass sich die algerische Seite im Laufe der Implementierung des Assoziierungsabkommens den problematischen wirtschaftlichen Folgen dieses Abkommens immer stärker bewusst wurde. Stand die Aushandlung und Unterzeichnung des Assoziierungsabkommens zu Beginn der 2000er Jahre noch im Zeichen der algerischen Bemühungen die Re-Etablierung des Landes auf internationaler Bühne voranzutreiben, so entwickelte sich etwa ab 2010 auch in Algerien ein Bewusstsein für die potentiell problematischen Folgen des Assoziierungsabkommens.

Zudem darf bei diesen Überlegungen auch die strukturelle Machtasymmetrie der beiden Verhandlungspartner nicht außer Acht gelassen werden. Das Zustandekommen des EU-algerischen Abkommens kann also nicht allein auf algerisches Kalkül zurückgeführt werden, sondern muss im Kontext der regionalpolitischen Konstellation auch als Durchsetzung genuiner Interessen der EU gesehen werden. Wie oben erläutert wurde, deutet die Nachverhandlung bestimmter Inhalte des Assoziierungsabkommens auf eine relative Machtverschiebung innerhalb dieser Konstellation hin. Allerdings muss an dieser Stelle einschränkend hinzugefügt werden, dass sich diese Verschiebung einzig auf die „capacity"-Seite innerhalb des strukturellen Machtgefüges zwischen der EU und Algerien beschränkt. Dieser Zusammenhang wird im achten Kapitel im Rahmen der eingehenden Beschäftigung mit der Frage der strukturellen Macht der EU in Algerien noch genauer erörtert.

Im nun folgenden siebten Kapitel stehen zunächst die potentiellen Auswirkungen der im Assoziierungsabkommen festgelegten Regelungen auf die Elemente autoritärer Herrschaft unter Berücksichtigung des Rentierstaatscharakters in Algerien im Fokus. Wie zu zeigen sein wird, stehen diese Wirkungen den im Rahmen der EMP angestrebten Zielsetzungen der Demokratisierung durch wirtschaftliche Modernisierung teilweise entgegen.

7 Auswirkungen der Implementierung des Assoziierungsabkommen auf die Mechanismen autoritärer Herrschaft in Algerien

Dieses Kapitel geht der Frage nach den Effekten der Implementierung des EU-algerischen Assoziierungsabkommens in Algerien nach. Gemäß der zentralen Fragestellung dieser Untersuchung steht dabei die Analyse der potentiellen Auswirkungen des Abkommens auf die im fünften Kapitel beschriebenen Mechanismen autoritärer Herrschaft in Algerien im Vordergrund. Wie im zweiten Kapitel dieser Untersuchung erläutert, besteht an dieser Stelle das analytische Problem, wie man die wirtschaftlichen Folgen der AA-Implementierung in den politischen Bereich „übersetzt", d.h. die spill-over Effekte eines genuin ökonomischen Prozesses auf den politischen Bereich konzeptionalisiert. Im fünften Kapitel dieser Untersuchung wurden dafür Vorschläge erarbeitet.

Die analytische Schrittfolge dieses Kapitels gliedert sich in zwei Abschnitte: Zunächst werden anhand bereits existierender Studien die ökonomischen Auswirkungen des EU-algerischen Abkommens analysiert. Unter den bestehenden Arbeiten zu diesem Thema muss noch einmal unterschieden werden zwischen denjenigen Analysen, die sich mit den wirtschaftlichen und sozialen Folgen der im Rahmen der EMP initiierten Euro-Mediterranen Freihandelszone insgesamt beschäftigen, und solchen Arbeiten, die speziell den algerischen Fall behandeln. Erstere werden in diesem Kapitel nur knapp behandelt.

Im zweiten Unterabschnitt beschäftigt sich dieses Kapitel sodann mit dem Zusammenhang zwischen diesen ökonomischen Auswirkungen und den Effekten für die Elemente autoritärer Herrschaft in Algerien. Für den ersten Teil greife ich auf bereits durchgeführte (quantitative und qualitative) Studien zurück. Für die Analyse im zweiten Teil stütze ich mich einerseits auf die während eines Forschungsaufenthaltes in Algier durchgeführten Interviews und andererseits auf die algerische Medienberichterstattung sowie Studien und Analysen aus dem algerischen akademischen Bereich.

7.1 Die wirtschaftlichen Auswirkungen des Assoziierungsabkommens in Algerien

Zunächst muss an dieser Stelle festgehalten werden, dass es vergleichsweise wenige Arbeiten gibt, die sich im Rahmen der EMP mit der Implementierung des Assoziierungsabkommens zwischen Algerien und der EU und dessen Effekten im wirtschaftlichen Bereich beschäftigen. Vor allem solche Studien, die mit ökonometrischen Gleichgewichtsmodellen versuchen die statischen Effekte auf die Handelsflüsse abzuschätzen, wurden für andere Maghreb-Staaten wie Tunesien und Marokko weit häufiger erstellt (vgl. z.B. Marouani 2004). Dies liegt einerseits daran, dass Algerien sein Assoziierungsabkommen mit der EU im Vergleich zu seinen Nachbarstaaten relativ spät unterzeichnet hat. Andererseits standen Marokko und Tunesien im Rahmen der EMP von Anfang an den europäischen Initiativen aufgeschlossener gegenüber, was wiederum dazu führte, dass diese beiden Staaten für europäische Investitionen attraktiver wirkten als das relativ abgeschottete und auf seine nationalstaatliche Souveränität bedachte Algerien. Ein weiterer Grund für die kleine Zahl an Studien über die Effekte des Assoziierungsabkommen in Algerien mag auch darin liegen, dass verlässliche Daten für dieses Land weit schwerer zu beschaffen sind als für die kleineren Nachbarstaaten.

Im Folgenden werden die bestehenden Studien zu den wirtschaftlichen Auswirkungen des EU-algerischen Assoziierungsabkommens in chronologischer Reihenfolge vorgestellt. Dabei erhebt diese Untersuchung keinen Anspruch auf Vollständigkeit. Vor allem im algerischen Kontext war die Literaturbeschaffung nicht immer einfach, da der Zugang zu algerischen Veröffentlichungen mit Bezug auf dieses Thema sich oft schwierig gestaltete.[231] Allerdings kann davon ausgegangen werden, dass die wichtigsten Punkte in den hier behandelten Studien berücksichtigt sind.

Eine der ersten Untersuchungen zu den wirtschaftlichen, aber auch den sozialen Auswirkungen des Assoziierungsabkommens zwischen Algerien und der EU veröffentlichte der US-amerikanische Ökonom Alan Deardorff bereits 1999, also drei Jahre vor Unterzeichnung des Abkommens und sechs Jahre vor dessen Inkrafttreten im September 2005 (Deardorff 1999). Dementsprechend betont Deardorff, dass man zu den konkreten Auswirkungen im Bereich der Handelsströme noch nichts sagen könne, da dies letztendlich eine empirische Frage sei (Deardorff 1999: 13).

---

[231] Während eines Forschungsaufenthaltes in Algerien im Frühjahr 2011 hat sich der Autor bemüht, Zugang zu allen relevanten Veröffentlichungen zum Thema zu bekommen. Allerdings sind insbesondere ältere Veröffentlichungen bei algerischen Verlagen teilweise nur schwer zu erhalten.

Zunächst beschäftigt sich Deardorff mit den zu erwartenden Effekten des Abkommens auf die Handelsströme zwischen der EU und Algerien, also auf die statischen Effekte des Abkommens. Dabei geht es – wie auch in vielen anderen Untersuchungen – vor allem um die Frage des Verhältnisses zwischen den zu erwartenden Effekten der „trade creation" und „trade diversion". In der neoklassischen Handelstheorie werden unter den handelsumlenkenden Effekten (trade diversion) solche Effekte verstanden, bei denen ein Land der Freihandelszone bestimmte Importe, die es zuvor von einem dritten Land bezogen hat, nun von einem anderen Land der Freihandelszone bezieht, da diese durch die wegfallenden Zölle billiger werden. Daraus kann die Situation entstehen, dass ein Land nach Inkrafttreten der Freihandelszone ein Produkt aus einem anderen Mitgliedsstaat dieser Zone bezieht, obwohl das Land, von dem dieses Produkt zuvor bezogen wurde, dieses eigentlich billiger produziert und nur aufgrund der gefallenen Zölle innerhalb der Freihandelszone nun nicht mehr konkurrieren kann. Gemäß der neoklassischen Handelstheorie bestehen die schädlichen Folgen für das importierende Land darin, dass es die zuvor erzielten Zolleinnahmen verliert, die wiederum in öffentliche Infrastruktur etc. investiert werden konnten. Im Gegensatz zu diesem Effekt der „trade diversion" bezeichnet man mit dem Begriff der „trade creation" den Effekt des zusätzlichen Handels, der aus der Schaffung einer Freihandelszone entstehen kann. Damit ist gemeint, dass ein Land durch die Zollsenkungen nun Produkte importiert, die es zuvor selbst produziert hat. Nach Inkrafttreten der Freihandelszone sind diese Produkte nun aber nicht mehr konkurrenzfähig, da die importierten Produkte aufgrund von komparativen Vorteilen eines anderen Mitgliedsstaates der Freihandelszone dort billiger produziert werden. Auch in der Kalkulation der neoklassischen Handelstheorie gibt es bei diesem Prozess natürlich Verlierer, nämlich die einheimischen Produzenten, die nicht mit den ausländischen Herstellern konkurrieren können und deren Unternehmen deswegen aus dem Markt fallen. Doch insgesamt, so das Argument der Theorie, profitiert ein Land von diesen handelsschaffenden Effekten.

In der Theorie tritt der Effekt der „trade creation" bei der Installierung einer Freihandelszone normalerweise für alle Mitglieder dieser Zone ein. Das heißt, alle Mitglieder importieren billigere Produkte auf Kosten der einheimischen Produzenten, exportieren jedoch auch gleichzeitig mehr und dies wiederum auf Kosten der Produzenten in den anderen Mitgliedsstaaten. Für Algerien – so wie auch für alle anderen EMP-Mitgliedsstaaten, die mit der EU ein Assoziierungsabkommen geschlossen haben –, so argumentiert Deardorff richtig, trete der zweite Aspekt nicht ein. Und zwar aus dem einfachen Grund, dass die Zollbeschränkungen für Importe aus südlichen Mittelmeerstaaten in die EU bereits in den 1970er Jahren auf Null gesenkt wurden. „This source of benefit from an EU-Algeria FTA is therefore absent" (Deardorff 1999: 13).

Diese Erkenntnis wird auch von einem Femise-Bericht bestätigt, der sich mit den Auswirkungen der Implementierung der EMAAs in der gesamten Region beschäftigt (Femise 2012). Dort heißt es mit Blick auf die Außenöffnung der südlichen MDL im Rahmen der EMFHZ-Implementierung: „[...] openness has not contributed to higher exports from MPs [mediterranean partnercountries, JH]. This comes as no surprise since [...], the opening-up process was asymmetrical: only the MPs have lowered their customs duties on industrial goods imported from the EU" (ebd.: 63). Darüber hinaus betont dieser umfassende Bericht, dass bisher keine signifikant positiven Effekte der EMFHZ auf die Produktivität der Firmen in den südlichen MDL zu erkennen seien (vgl. ebd.: 64).

Innerhalb seiner algerienspezifischen Untersuchung verweist Deardorff noch auf einen anderen, überaus wichtigen Punkt:

> „There is one important characteristic that seems clearly to be unique to Algeria: its exports consist almost entirely of oil and natural gas, both controlled by the government and both presumably sold on the world market for a price in U.S. dollars that does not depend on the quantity that Algeria itself sells."
> (ebd: 15)

Damit geht Deardorff explizit auf den Rentierstaatscharakter Algeriens ein, der sich – wie im Kapitel 4 gezeigt wurde – ebenfalls in der Exportstruktur des Landes niederschlägt. Daraus ergeben sich für Deardorff in Bezug auf die Auswirkungen des EU-algerischen Abkommens auf die bilateralen Handelsströme zwei Konsequenzen: Erstens weist er darauf hin, dass die Exportstruktur Algeriens sich durch ein Freihandelsabkommen mit der EU nicht wesentlich ändern würde, da der Anteil der Hydrocarbon-Produkte weiterhin dominant wäre. Einen Nutzen der „trade creation" für Algerien sieht Deardorff also nur dann, wenn ein nennenswerter Anteil der algerischen Exporte aus verarbeiteten Industrieprodukten bestehen würde. Wäre dies der Fall, würden diese Produkte durch ein Freihandelsabkommen jedoch immer noch nicht profitieren, da die Zölle für solche Produkte bereits in den 1970 Jahren aufgehoben wurden. Zweitens, so Deardorff, sei im Falle Algeriens keine Währungsangleichung aufgrund von steigenden Importen zu erwarten. Normalerweise wäre durch die steigenden Importe nach Algerien aufgrund der gefallenen Zollsätze eine Abwertung des algerischen Dinars zu erwarten, der in der Folge zu erhöhter Konkurrenzfähigkeit der dort produzierten Produkte führen würde. Da sich die algerischen Exporte und die Hydrocarbon-Produktion aber am internationalen Ölpreis orientieren, falle dieser Effekt aus. Zusammenfassend beschreibt Deardorff das Resultat seiner Analyse wie folgt:

> „To conclude this discussion of the trade effects of an FTA, there is good reason to be skeptical that these effects will be more than marginally positive for Algeria in

the short run, and there is a good chance that they will instead be negative. Unless there are other positive effects that one has confidence in, either from the FTA itself or from other policies that might accompany it, it is not at all clear that an EU-Algeria FTA would be a good idea."
(Deardorff 1999: 16)

Neben den beschriebenen Effekten für die bilateralen Handelsströme (statische Effekte) beschäftigt sich Deardorff auch mit den zu erwartenden dynamischen Effekten des EU-algerischen Freihandelsabkommens. Also solchen Effekten, die nicht direkt die eigentlichen Handelsströme betreffen, sondern von diesen initiierte sekundäre Effekte wie Wirtschaftswachstum, Produktivität, Beschäftigung etc. Solche Effekte werden im Vergleich zu den statischen Effekten in der Freihandelstheorie eher selten untersucht. Dies hängt auch damit zusammen, dass sie meist schwerer abzuschätzen sind, zumindest im Zusammenhang mit einer traditionellen Gleichgewichts-Modellrechnung. Diese dynamischen Effekte sind jedoch letztlich für eine Volkswirtschaft viel bedeutender als die bloßen Effekte auf die Handelsströme (vgl. De Melo et al. 1993: 32).

In Bezug auf das EU-algerische Abkommen beschäftigt sich Deardorff mit der Frage nach den dynamischen Effekten im Bereich des Wirtschaftswachstums, der Produktivität, der Beschäftigung und der ausländischen Direktinvestitionen (FDI). Insgesamt hält sich Deardorff mit konkreten Aussagen weitgehend zurück. Bei der Frage der Beschäftigung verweist er auf eine Studie aus dem Jahr 1997, die sich mit den Wachstums- und Beschäftigungseffekten des Assoziierungsabkommens zwischen der EU und Tunesien beschäftigt hat und für einige Branchen, wie z.B. die Schuhproduktion oder im Bereich der Lederprodukte, große Zuwächse von über 10% schätzte, während für andere Branchen (Gummi- und Papierproduktion) Rückgänge in vergleichbarem Ausmaß erwartet wurden (vgl. Brown et al. 1997). Allerdings räumt Deardorff ein, dass diese Zahlen für Tunesien natürlich keine genauen Aussagen über den algerischen Fall zuließen. Deardorff betont richtig, dass Algerien im Vergleich zu Tunesien „really does not have any meaningful export sectors, except oil and gas" (Deardorff 1999: 19).

In Bezug auf die Effekte des EU-algerischen Assoziierungsabkommens auf ausländische Direktinvestitionen kommt Deardorff zu einem ambivalenten Ergebnis. Einerseits sei ein erhöhtes Aufkommen von auf den Export orientierten FDI durch die AA-Implementierung unwahrscheinlich, da die Zugangsbeschränkungen zum europäischen Markt bereits in den 1970er Jahren gefallen seien. Zudem verschwinde mit der EMFHZ für Investoren auch der Anreiz direkt in den Ländern des südlichen Mittelmeers zu produzieren, um die dortigen Märkte zu bedienen. Denn nach einer Implementierung der EMFHZ würden die Kostenvorteile dort produzierter Güter im Vergleich zu europäischen Gütern entfallen. Andererseits weist Deardorff darauf hin, dass die billigen Arbeitskosten in den südlichen Mittelmeerländern (und auch in Algerien) einen Anreiz für Produktionsverlagerungen in diese Länder bieten könnten, vorausgesetzt auch die anderen Faktorkosten würden den Anforderungen internationaler Investoren genügen, was mit geringeren Importkosten von Halbfertigprodukten aus der EU gegeben sein könnte. Wie weiter unten gezeigt werden wird, haben sich die Hoffnungen auf steigende FDI im Rahmen des EU-algerischen Abkommens sowie auch in Abkommen mit anderen MENA-Staaten bislang allerdings nicht erfüllt. Dies ist vor allem darauf zurückzuführen, dass die Anreizstruktur für ausländische Investitionen von weit mehr Faktoren abhängig ist als allein von den Arbeitskosten im entsprechenden Land und den Importkosten der Faktorgüter. So zeigt beispielsweise die Studie von Costa-Font und Borrell Porta, dass auch der Mangel an gut ausgebildeten Arbeitskräften und Know-how ein entscheidender Faktor beim Ausbleiben von FDI ist (vgl. Costa-Font/Borrell Porta 2012: 11).

Im letzten Teil seiner Analyse geht Deardorff auf die Frage der „deep integration" ein und hält fest, dass der Einbezug solcher Elemente, mutmaßlich große Vorteile für Algerien bringen würde. „Deep integration" bezeichnet im weitesten Sinne den bereits im vorherigen Kapitel beschriebenen Prozess der „Europeanization", also eine Dynamik, bei der nicht nur die tarifären Handelshemmnisse abgebaut werden, sondern ebenso Standards, Normen und administrative Prozesse angeglichen werden (vgl. dazu z.B. Ghoneim 2011). Dies hätte für Algerien den Vorteil, so Deardorff, dass sich die Wettbewerbssituation der algerischen Wirtschaft insgesamt verbessern würde, weil sich die staatlich administrativen Rahmenbedingungen im Land den europäischen angleichen würden.

Letztendlich kommt Deardorff in seiner Analyse zu einem ambivalenten Ergebnis. Die ökonomischen Vor- und Nachteile, die sich aus dem Abschluss eines Freihandelsabkommens mit der EU für Algerien ergeben könnten, seien noch nicht wirklich abzuschätzen. Jedoch betont Deardorff, dass ein positiver wirtschaftlicher Effekt für Algerien voraussetze, dass das Land auch weitere Schritte in Richtung einer „deep integration" unternehme. Wenn dies nicht der Fall sei, sei zu erwarten, dass die wirtschaftlichen Effekte der Freihandelszone mit der EU weitgehend negativ ausfallen würden (vgl. Deardorff 1999: 30f).

Im Jahr 2005, kurz vor Inkrafttreten des Abkommens im September des gleichen Jahres, legten die beiden algerischen Wissenschaftler Yousef Benabdallah und Mohammed Boumghar im Auftrag des Forum Euroméditerranéen des Instituts de Science Économique (Femise) eine Studie vor, die sich mit den Auswirkungen des EU-algerischen Assoziierungsabkommens auf die Produktionsfaktoren und Konsumgüterpreise in Algerien beschäftigt (Benabdallah und Boumghar 2005). Diese Untersuchung ist die zweite umfangreichere Arbeit, die sich mit den wirtschaftlichen Auswirkungen des Abkommens auseinandersetzte.

Im Gegensatz zur Studie von Deardorff konzentriert sich die Arbeit von Benabdallah und Boumghar nicht auf die statischen Effekte der reinen Handelsströme, sondern auf die sekundären (dynamischen) Effekte, nämlich auf die Produktionskosten und die Konsumgüterpreise in Algerien.

Benabdallah/Boumghar stellen zunächst ausführlich die Außenhandelsstruktur Algeriens vor und gehen dann auf die im Kontext der Außenhandelsöffnung ergriffenen Maßnahmen ein (die Bemühungen um eine „mise-à-niveau" der algerischen Unternehmen, Restrukturierung, Privatisierung). Dabei beschränken sich die Autoren auf eine Schätzung der Auswirkungen der Zollsenkungen im Rahmen des Assoziierungsabkommens bis zum Jahr 2008 und lassen damit den letztendlich geplanten Rückgang auf 0% bis zum Jahr 2012 außer Acht. Im Ergebnis kommen die beiden Autoren zu dem Schluss, dass die Senkung der Produktionskosten als Resultat des EU-algerischen Abkommens in den verschiedenen Wirtschaftsbranchen Algeriens sehr unterschiedlich ausfallen werde. Insgesamt rechnen Benabdallah und Boumghar aufgrund der sinkenden Kosten für importierte Faktorgüter mit einer durchschnittlichen Senkung der Produktionskosten von 7% (Benabdallah/Boumghar 2005: 28). Am stärksten werden die Produktionskosten laut der Berechnungen der Autoren im Bereich der verarbeitenden Industrie fallen (26% in der Textilindustrie und 23% in der Leder verarbeitenden Industrie). Aufgrund dieser Zahlen könnte man annehmen, dass sich die Wettbewerbssituation der betroffenen Industrien stark verbessert, aber an dieser Stelle fügen Benabdallah und Boumghar einschränkend hinzu: „Cela [eine Verbesserung der Wettbewerbssituation, J.H] est fort douteux quand on examine l'état actuel de ces secteurs." (Benabdallah/Boumghar 2005: 28). Damit beziehen sich Benabdallah und Boumghar auf den in Kapitel 4 beschriebenen Zustand des verarbeitenden Industriesektors in Algerien, der zum Zeitpunkt ihrer Studie (2005) noch 7% des BIP darstellte und in einem massiven Schrumpfungsprozess begriffen war.

Wie bereits Deardorff schrecken Benabdallah und Boumghar davor zurück, eine eindeutige Einschätzung in Bezug auf die konkreten Effekte des EUalgerischen Assoziierungsabkommen zu geben. Insgesamt sehen sie den wirtschaftlichen Einfluss der Handelsliberalisierung in ihrer Studie aber durchaus kritisch und bewerten die Chancen für algerische Unternehmen, der europäischen Konkurrenz zu trotzen, sehr skeptisch:

„La baisse des prix de production et l'amélioration du salaire réel, à travers la baisse de l'IPC [indice des prix à la consommation] seront-ils suffisants à l'économie algérienne pour résister à la concurrence ? Il est naturellement difficile de répondre à cette question. Il n'est pas sûr qu'en signant bien plus tard que ses voisins l'accord d'association avec l'union Européenne que l'Algérie s'y soit mieux préparé. Le rétablissement des équilibres interne et externe grâce à la rente pétrolière occulte les problèmes du terrain qui ont attrait à la concurrence que les entreprises, de moins en moins protégées, devront livrer à leurs homologues européennes." (Benabdallah/Boumghar 2005: 32).

Auch in einer von Benabdallah veröffentlichten Analyse ein Jahr später werden die Auswirkungen des EU-algerischen Assoziierungsabkommen kritisiert (vgl. Benabdallah 2006). Vor allem die algerische verarbeitende Industrie sei aufgrund einer langjährigen Misswirtschaft des Staates auf eine Öffnung des algerischen Marktes für die Konkurrenz der europäischen Importprodukte nicht gewappnet (ebd.: 227).

Eine weitere Studie, die der algerischstämmigen Wissenschaftler Ahmed Aghrout im Jahr 2007 veröffentlichte (Aghrout 2007), beschäftigt sich einerseits mit der Frage, wie sich der im Assoziierungsabkommen geplante Zollabbau auf die Einnahmen des algerischen Staates auswirken wird. Andererseits geht es Aghrout auch um die allgemeineren wirtschaftlichen Folgen der Implementierung des Abkommens und insbesondere um die Konkurrenzfähigkeit der algerischen verarbeitenden Industrie. Die Einnahmeverluste für den algerischen Staat aufgrund der sinkenden Zolleinnahmen sind in verschiedenen algerischen und europäischen Publikationen immer wieder als eine der problematischen Konsequenzen des Assoziierungsabkommens thematisiert worden (vgl. z.B. Kheladi 2009). Von verschiedenen algerischen Ökonomen werden diese Konsequenzen letztlich aber eher als wenig gravierend angesehen (vgl. Interview Nr. 10 2011). Angesichts der enormen Devisenreserven des algerischen Staates könne dieser einen Rückgang seiner Einnahmen in diesem Bereich durchaus verkraften. Als viel problematischer müssten die strukturellen Veränderungen durch die Marktöffnung in Algerien gesehen werden. Auch Aghrout schätzt die Effekte in diesem zweiten Bereich als sehr problematisch ein:

„The exposure to EU competition will have an impact on the country's industrial fabric. Going through a complex phase of restructuring, this sector has, for a longer period of time, been kept under high levels of tariff protection. The process of adapting to this competitive environment would inevitably drive out a number of industries, especially those condemned to fail whatever the type and degree of support they may be provided with. [...] [I]t is quite clear that sectors such as textiles and clothing, leather, food-processing, steel, mechanical and electrical industries will bear the brunt of this trade liberalisation."
(Aghrout 2007: 101)

Allerdings bietet auch Aghrout keine konkreten Zahlen, die eine genaue Aussage dazu ermöglichen würden, zu welchen Teilen die Implementierung des EU-algerischen Abkommens den Deindustrialisierungsprozess in Algerien weiter verschärft.

Wiederum Youcef Benabdallah analysierte 2008 im Auftrag der Friedrich-Ebert-Stiftung in Algier die Auswirkungen der Integration Algeriens in die Weltwirtschaft. In seiner Analyse nimmt die Untersuchung der wirtschaftlichen Effekte des EU-algerischen Assoziierungsabkommens großen Raum ein (vgl. Benabdallah 2008: 39ff). Benabdallah konzentriert sich in dieser Untersuchung auf die spezifische Struktur der algerischen Volkswirtschaft und stellt die Frage, welche Auswirkungen die stufenweise Absenkung der Zölle im Rahmen des EU-algerischen Assoziierungsabkommen in diesem spezifischen Kontext haben werden. Besonders beschäftigt Benabdallah dabei die Dominanz des Hydrocarbonsektors innerhalb der algerischen Wirtschaft und der zu beobachtende Deindustrialisierungsprozess, den er als unmittelbare Folge der Dominanz des Energiesektors und der daraus folgenden Vernachlässigung der verarbeitenden Industrie identifiziert. In dieser Analyse stehen also auch die sekundären dynamischen Effekte der Zollsenkung im Vordergrund. Insgesamt wird die Implementierung des EU-algerischen Assoziierungsabkommens, so Benabdallah, den Deindustrialisierungsprozess und die Dominanz des Hydrocarbonsektors sehr wahrscheinlich weiter verstärken (ebd.: 42).

Zusammenfassend kommt Benabdallah in dieser Untersuchung von 2008 – unter Berücksichtigung der strukturellen Probleme der algerischen Wirtschaft – zu einem sehr negativen Ergebnis:

> „Les données sur la structure de la sectorielle du PIB et la structure des exportations mettent en evidence une fragilité structurelle de l'economie algerienne que le resultats macroeconomiques ne peuvent dissimuler. L'accord de l'association et l'adhesion future a l'OMC accroissent cette fragilité. Le risque pour l'économie algérienne de se voire confinée dans un role de pourvoyeur des hydrocarbures est bien réelle. Accepter cette posture est une condamnation pur et simple dans le très long terme."
> (ebd.: 50)

Alle bis hierhin vorgestellten Untersuchungen zu den wirtschaftlichen Auswirkungen des EU-algerischen Assoziierungsabkommens sind im akademischen Bereich zu verorten und haben (bis auf die Untersuchung von Deardorff) ihren Ursprung im betroffenen Land selbst. Die Europäische Union hat ihrerseits einen Bericht zur „Evaluation de l'état de l'exécution de l'Accord d'Association Algérie-UE" in Auftrag gegeben. Dieser Bericht (Nancy et al. 2009) wurde vom Schweizer Wirtschaftsberatungsunternehmen CPCI (Compagnie Privée de Conseils et d'Investissement S.A.) erstellt und im November 2009 dem algerischen Handelsministerium übergeben. Er stellt die erste und bisher einzige umfassende von der EU-Kommission finanzierte Studie zur Implementierung und den Auswirkungen des EU-algerischen Assoziierungsabkommen dar. Darüber hinaus ist dieser Bericht zusammen mit dem weiter unten besprochenen Algex-Bericht das bisher einzige Dokument, das ex post – unter Berücksichtigung der tatsächlichen Entwicklung der Handelsflüsse zwischen Algerien und der EU – versucht den Einfluss des Assoziierungsabkommens zu messen. Dabei muss hinzugefügt werden, dass die Aussagekraft des Berichts insofern eingeschränkt werden kann, als dieser sich auf die Entwicklungen bis in das Jahr 2008 bezieht und die darauf folgenden Jahre nicht berücksichtigt.

Die knapp 200 Seiten umfassende Untersuchung befasst sich ausführlich mit verschiedenen Aspekten der Implementierung des EU-algerischen Assoziierungsabkommens. Neben den institutionellen Aspekten des Abkommens und den von der algerischen Seite in diesem Rahmen aufgenommenen Reformprojekten beschäftigen sich Nancy et al. auch mit den wirtschaftlichen Effekten der Implementierung des Abkommens. Auch in dieser Untersuchung wird nach statischen und dynamischen Effekten der Zollsenkung unterschieden.

Im Bereich der statischen Effekte der Implementierung des EU-algerischen Assoziierungsabkommens stellt der Bericht zunächst fest, dass die Implementierung bis zum Zeitpunkt der Analyse (2008) weder handelsumlenkende („trade diversion") noch handelsschaffende Effekte („trade creation") gehabt habe (ebd.: 74). Bezüglich der Entwicklung des bilateralen Handels zwischen Algerien und der EU unterscheiden die Autoren nach den drei Produktgruppen, deren Zolllinien gemäß des in Kapitel 5 beschriebenen Fahrplans unterschiedlich schnell gesenkt werden sollen. Auf diese Weise soll deutlich werden, ob das Assoziierungsabkommen einen direkten Einfluss auf die Importe Algeriens aus der EU hat.[232] Dabei wird zunächst festgestellt, dass die Importe des Annex 2 des Assoziierungsabkommens seit Inkrafttreten des Abkommens im Jahr 2005 stark angestiegen sind[233], während die Importe der gleichen Produktgruppe aus der restlichen Welt leicht zurückgingen (vgl. ebd: 59). Ebenso beschreibt der Bericht, dass auch die Importe der im Annex 3 des Assoziierungsabkommens aufgeführten Produkte[234] aus der EU nach Algerien angestiegen sind (ebd.: 73).

---

[232] Bezüglich der algerischen Exporte in die EU stellt der Bericht zutreffend fest, dass diese nicht von der Implementierung des Assoziierungsabkommens betroffen seien, da die Zollbeschränkungen für algerische Exporte bereits im Kooperationsabkommen von 1976 aufgehoben wurden (Nancy et al. 2009: 78).

[233] Wie in Kapitel 8 dargestellt, sind in diesem Annex 2 des Assoziierungsabkommens vor allem Rohstoffe/Primärprodukte und Halbfertigprodukte für die Produktion in den industriellen Bereichen Chemie, Metallurgie, Textil, Baumaterialien, Pharmazeutik und Keramik aufgelistet.

[234] Hierbei handelt es sich vor allem um industrielle und landwirtschaftliche Investitionsgüter sowie pharmazeutische Erzeugnisse, Bauteile für Maschinen, Bauteile für elektrische und

Zwischen 2007 und 2008 stiegen die Importe dieser Produktgruppe um 62%. Allerdings kommen Nancy et al. zu dem Ergebnis, dass der Anstieg der in den Annexen 2 und 3 aufgeführten Produkte nicht auf die Senkung der Zölle zurückgeführt werden könne. Vielmehr sei die Erklärung für den Anstieg der Importe in diesem Bereich durch einen Anstieg der algerischen Nachfrage zu erklären, welche vor allem durch die höheren Einnahmen aus dem Energieexport befördert worden seien (ebd.: 87).[235]

Insgesamt betont der von der EU-Kommission in Auftrag gegebene Bericht, die Sorgen der algerischen Seite vor einem negativen Einfluss der Implementierung des Assoziierungsabkommens und eine „Überschwemmung" des algerischen Marktes mit EU-Importprodukten sei unbegründet. In der Zusammenfassung zum Abschnitt der Analyse der Entwicklung des bilateralen Handels zwischen der EU und Algerien kommen Nancy et al. zu dem Schluss:

„Le déséquilibre des échanges commerciaux entre l'Algérie et l'UE est une préoccupation des autoritées Algériennes. Le démantèlement tarifaire est souvent perçu comme responsable des déséquilibres commerciaux de l'Algérie. En réalité, aucun impact sur les flux d'échanges n'a pu être mis en évidence. Le tarif douanier moyen appliqué aux importations de l'Algérie a diminué progressivement depuis 2002 à l'égard des produits importés de l'UE mais également vis-à-vis des produits importés des autres pays. Le tarif moyen en 2008 était de 6,3% et se décomposait en 4,7% sur les produits originaires de l'UE et 7,1% pour les produits non originaires de l'UE."
(ebd.: 93)

Mit diesem Urteil suggeriert der Bericht, dass das EU-algerische Assoziierungsabkommen keinen signifikanten Einfluss auf den bilateralen Handel zwischen Algerien und der EU habe. Diese Sichtweise relativiert der Bericht allerdings selbst, wenn man sich die Aussagen zu den dynamischen Effekten der Implementierung des Abkommens – das heißt, denjenigen Effekten, die über eine bloße Veränderung der Handelsströme hinausgehen – vor Augen führt.

Zunächst stellen Nancy et al. hier fest, dass „à court terme" negative Effekte für diejenigen Unternehmen zu erwarten seien, die bisher besonders durch erhöhte Zollschranken geschützt gewesen seien (ebd: 39). Jedoch stünden den kurzfristigen negativen Effekten die zu erwartenden positiven Effekte in mittel- und langfristiger Perspektive gegenüber. Diese Einschätzung über die positiven

---

elektronische Geräte, Baumaterialien für die Eisenbahn, Nutzfahrzeuge und deren Ersatzteile sowie Mess- und Prüfinstrumente. Ursprünglich war der vollständige Abbau der diese Produkte betreffenden Zolllinien bis zum 1. September 2012 vorgesehen. Wie in Kapitel 8 beschrieben, wurde der Abbau für einige Zolllinien dieses Annexes aber bis 2016 verlängert.

[235] Darüber hinaus sollen die gestiegenen Importe aus der EU in Bezug auf die Produkte im Annex 2 für die algerische Industrie de facto eine Verbesserung der Protektionsbedingungen darstellen, weil sich dadurch die Produktionsfaktoren verbilligen.

mittel- und langfristigen Effekte des Assoziierungsabkommens stellt der Bericht jedoch unter die Bedingung, dass „les partenaires s'approprient le projet de manière à compenser les déséquilibres provoqués par le choc de la libéralisation des échanges" (ebd.). Auch bei weiteren angenommenen positiven dynamischen Effekten, die Nancy et al. anführen, wird einschränkend hinzugefügt, dass diese nur dann zu erwarten seien, wenn von staatlicher Seite eine entsprechende Reformpolitik – insbesondere in Bezug auf das „mise-à-niveau" der betroffenen Unternehmen – implementiert werde. So heißt es beispielsweise zu den erwarteten positiven dynamischen Effekten für die Produktivität der algerischen Wirtschaft:

> „Toutefois dans le cas de l'Algérie compte tenue de la part du secteur public dans la valeur ajoutée de secteurs clés, le rôle de l'Etat pour promouvoir les réformes conduisant à la mise à niveau de l'économie est essentiel."
> (ebd.: 42)

In Anbetracht der zweifelhaften Wirkung der in Kapitel 6 dargestellten Maßnahmen in diesem Bereich (mise-à-niveau Programme der EU und der algerischen Regierung) wirken diese Einschätzungen sehr optimistisch.

Hinzu kommt, dass Nancy et al. in ihren Empfehlungen am Ende des Berichts selbst dazu raten, Kapital und Investitionen innerhalb der algerischen Wirtschaft in solchen Branchen zu konzentrieren, die komparative Vorteile gegenüber europäischen Unternehmen aufweisen (ebd.: 72). Bei der Auflistung der algerischen Industriebranchen mit komparativem Vorteil fällt indes auf, dass es sich dabei fast ausschließlich um Branchen handelt, die auf dem Hydrocarbonsektor oder anderen Primärgütern basieren, wie z.B. Erdgas, Phosphate, Rohöl, Ammoniak, Ölderivat-Produkte etc. (vgl. ebd.: 63). Eine solche Empfehlung enthält einen immanenten Widerspruch zu den oben beschriebenen, von den Autoren angenommenen positiven dynamischen Effekten, für deren Zustandekommen eine aktivierende staatliche mise-à-niveau Politik vorausgesetzt wird. Einerseits werden positive wirtschaftliche Effekte auch in Sektoren angenommen, die bisher noch keine komparativen Vorteile aufweisen, unter der Voraussetzung, dass der algerische Staat in diesen Bereichen umfangreiche mise-à-niveau Maßnahmen erfolgreich implementiert. Andererseits wird empfohlen, die Investitionen gerade in denjenigen Bereichen zu konzentrieren, die bereits einen komparativen Vorteil aufweisen. Diese Ausrichtung steht darüber hinaus auch dem erklärten Ziel der algerischen Regierung und der Unumgänglichkeit entgegen, auf eine Diversifizierung der algerischen Wirtschaft hinzuarbeiten (vgl. Ministère de l'Industrie, de la Petite et Moyenne Entreprise et de la Promotion de l'Investissement 2011).

Der Kommissionsbericht verweist zudem darauf, dass die algerische Regierung insbesondere aufgrund der reichlich vorhandenen finanziellen Mittel aus dem Energie-Export – also dem Rentenreichtum – in der Lage sei, den zu erwartenden negativen Effekten des Assoziierungsabkommens entgegen zu wirken:

> „Si les coûts à court terme de l'AA qui recouvrent l'impact sur les recettes fiscales, le creusement du déficit commercial hors hydrocarbures, les difficultés face à l'ouverture des entreprises domestiques en termes de compétitivité sont incontestables, la situation financière très saine de l'Algérie malgré la crise économique, autorise les réformes économiques pour accompagner l'économie de transition vers une économie compétitive et atténuer les couts de l'ouverture."
> (Nancy et al. 2009: 12)

Fast alle Gesprächspartner in Algier, sowohl aus dem akademischen als auch aus dem wirtschaftlichen Bereich, äußerten sich zu dieser Einschätzung überaus skeptisch (vgl. Interview Nr. 10 2011; Interview Nr. 3 2011; Interview Nr. 6 2011). Das Grundproblem bei dieser Annahme bestehe darin, dass der vermeintliche Reichtum[236] Algeriens als Garant für den Erfolg eines wirtschaftlichen Reformprozesses angesehen werde. Diese Annahme eines Zusammenhangs zwischen finanziellem Reichtum und wirtschaftlicher Prosperität gehöre zu den längst überholten Ansichten der merkantilistischen Theorie (vgl. Interview Nr. 10 2011).

Ein weiteres Problem der Analyse des durch die EU-Kommission in Auftrag gegebenen Berichts besteht in der unreflektierten Übernahme bestimmter Theoreme der neoklassischen Handelstheorie. Dies betrifft z.B. die Annahme, dass die so genannten trade-creation effects automatisch als positive Effekte gewertet werden, weil man ihnen eine insgesamt wohlfahrtssteigernde Wirkung zuschreibt. Mehr Handel bedeute automatisch eine optimierte Nutzung der komparativen Vorteile und somit eine Kostenreduzierung für alle Beteiligten. Dieser Ansatz ist formal gesehen nicht falsch. Das Problem besteht beim spezifischen algerischen Kontext allerdings darin, dass die handelsschaffenden Effekte sich fast ausschließlich auf wachsende algerische Importe aus der EU beziehen bzw. die algerische Seite, wie gezeigt, komparative Vorteile nur in dem Sektor besitzt, der auf einer endlichen fossilen Ressource basiert. Unter diesen Umständen, die angesprochenen handelsschaffenden Effekte als positiv zu bezeichnen, bedeutet, die Festigung und Perpetuierung der strukturell asymmetrischen Situation im EU-algerischen Handelsverhältnis als positiv zu bezeichnen.

Zudem haben Haussman/Klinger und Lopez-Calix (2010) in ihrer Arbeit überzeugend dargelegt, dass eine nachhaltige auf Export-Diversifizierung basierende Entwicklungsstrategie sich auf diejenigen Sektoren konzentrieren sollte,

---

[236] Im Jahr 2012 beliefen sich die Devisenreserven Algeriens auf 182 Mrd. US-Dollar (vgl. EIU 2012).

die innerhalb des so genannten „product space" enge Verbindungen mit anderen Sektoren aufweisen (ebd.: 75). Wie bereits im Abschnitt 4.6 erläutert, fußt die Konzeption des „product space" auf der Überlegung, dass die Herstellung jedes einzelnen Produktes bestimmte Kapazitäten und Fähigkeiten wie eine bestimmte Infrastruktur, spezifisches Expertenwissen, bestimmte Input-Güter etc. erfordert. Um neue verarbeitende Industrien zu erschließen, ist es einfacher auf die Herstellung von Produkten zu fokussieren, die innerhalb des product space relativ nah an bereits etablierten Sektoren liegen, da man so auf die dort gebrauchten Kapazitäten und Fähigkeiten zurückgreifen kann (vgl. Hausmann/Klinger/Calix-Lopez 2010: 75f). Bei der Analyse des algerischen product space stellen die Autoren fest, dass die Sektoren, in denen das Land über einen komparativen Vorteil verfügt, innerhalb des product space sehr weit von anderen Sektoren entfernt liegen: „Unlike other oil exporters with higher connectedness for their non-oil exports, Algeria does not have a comparative advantage in any other export sectors located in a more connected part of the product space that could fuel export diversification" (ebd.: 78). Vor diesem Hintergrund wird deutlich, dass die Herausforderung für Algerien nicht darin besteht, existierende komparative Vorteile zu nutzen – und also ausschließlich auf die handelsschaffenden Effekte zu fokussieren –, sondern darin, neue verarbeitende Industrie-Sektoren überhaupt erst zu etablieren, die auf längere Sicht in der Lage sind, einen komparativen Vorteil zu entwickeln.

Ein weiterer Bericht zur Einschätzung der wirtschaftlichen Effekte des Assoziierungsabkommens erschien im August 2010 und wurde von der dem algerischen Handelsministerium unterstehenden Agentur zur Förderung des Außenhandels Algex (Agence Algérienne de Promotion du Commerce Extérieur) erarbeitet (Algex 2010). Dieser Bericht konzentriert sich wiederum weitgehend auf eine Einschätzung der Entwicklung der bilateralen Handelsflüsse zwischen Algerien und der EU, also vor allem auf die statischen Effekte des Abkommens. Ebenso wie die von der EU-Kommission finanzierte Untersuchung zieht der Algex-Bericht ex post Zahlen heran, um die tatsächlichen Handelsströme zu messen.

Dabei kommt der Algex-Bericht zu dem Ergebnis, dass die Importe der europäischen Produkte, die seit dem Inkrafttreten des EU-algerischen Assoziierungsabkommens 2005 von der Zollsenkung betroffen waren, stark zugenommen haben (vgl. ebd.: 8). Die folgende Tabelle zeigt die Veränderungen im Import einiger Produktgruppen, die zu den Annexen 2 und 3 des Assoziierungsabkommens gehören und damit von der Zollsenkung seit dem Zeitpunkt des Inkrafttretens des Abkommens im September 2005 betroffen waren.

Tabelle 10: **Wachstum der Importe (nach Wert) einiger von der Zollsenkung im Kontext des Assoziierungsabkommens betroffenen Produktgruppen im Zeitraum zwischen 2005 und 2009.**

Eisenträger	+1644%
Medikamente	+48%
Gasturbinen	+706,6%
Rohre (Eisen oder Stahl)	+170,7%
Armaturen	+198%
Holz (gesägt)	+102,5%

Quelle: Algex (2010: 8)

Der Algex-Bericht betont zwar, dass der Anstieg der Importe dieser Produktgruppen vor allem auf die gestiegene Nachfrage im Rahmen der Investitionen des algerischen Staates und von diesem finanzierten Infrastrukturprojekte zurückzuführen ist, er folgt damit weitgehend der Argumentation von Nancy et al. Die Tendenz der stark steigenden Importe aus der EU ist jedoch ein eindeutiges Indiz dafür, dass dieser steigende Bedarf nicht durch die algerische Produktion gedeckt werden kann, sondern fast ausschließlich importiert werden muss.

Die Asymmetrie zwischen den algerischen Importen aus der EU und den algerischen Industrie-Exporten in die EU (außer Hydrocarbonsektor) besteht also auch nach den ersten Jahren der Implementierung des Assoziierungsabkommens fort. Wie der Algex-Bericht dokumentiert, betrugen die algerischen Industrie-Exporte in die EU im Jahr 2009 etwa 550 Millionen US-Dollar und verzeichneten sogar einen Anstieg seit Inkrafttreten des Assoziierungsabkommens 2005. Allerdings blieb der Anteil der auf dem Hydrocarbonsektor basierenden Produkte an den gesamten Industrie-Exporten mit über 80% unverändert hoch. Dagegen war der Anteil der verarbeiteten Produkte an den gesamten Industrie-Exporten (außer Hydrocarbon) mit 3,3% verschwindend gering und zeigte eine weiter fallende Tendenz (ebd.: 14). Im Jahr 2012 sind die algerischen Exporte außerhalb des Hydrocarbonsektors auf 3% der Gesamtexporte weiter gesunken.[237]

---

[237] 83% dieser Exporte entfielen auf nur 4 Unternehmen. Das Staatsunternehmen Sonatrach exportierte Ölderivat-Produkte im Wert von 935 Millionen US-Dollar und der staatliche Düngemittelproduzent Fertial Ammoniak exportierte Produkte im Wert von 481 Millionen. Hinzu kam außerdem ein großer Anteil von Phosphat-Produkten. Zieht man den Anteil von Sonatrach und Fertial ab, so beliefen sich die Nicht-Hydrokarbon-Exporte auf nur noch 1,1 % (vgl. Maghrebemergent 28.3.2013).

Die folgenden Abbildungen 6 und 7 zeigen die Entwicklung der EU-Exporte nach Algerien und die algerischen Exporte in die EU (außer Hydrocarbon) in der Periode 1996 bis 2011.

Abbildung 6:   Wachstum der EU-Exporte nach Algerien 1996-2011
(Veränderungen im Vergleich zum Vorjahr in %)

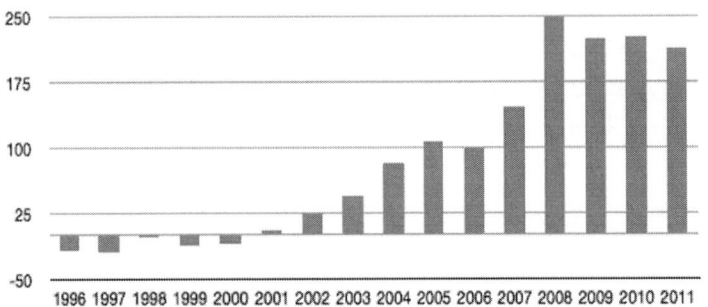

Quelle: Eigene Darstellung nach Daten von Femise (2012)

Abbildung 7:   Entwicklung der algerischen Exporte in die EU (außer
Hydrocarbon, Veränderungen im Vergleich zum Vorjahr in %)

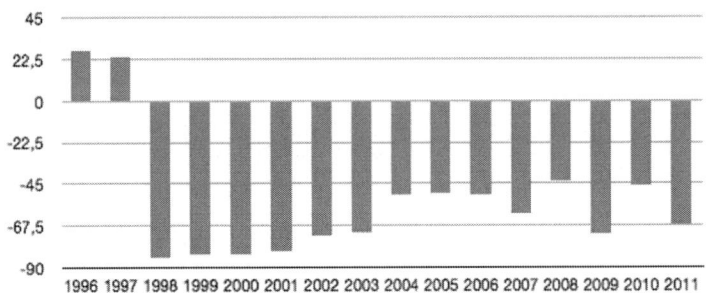

Quelle: Eigene Darstellung nach Daten von Femise (2012)

Es fällt auf, dass insbesondere die Exporte der EU nach Algerien nach der Unterzeichnung des Assoziierungsabkommen 2002 stark gestiegen sind. Im Gegensatz dazu sind die algerischen Exporte in die EU (außer Hydrocarbon) bereits seit 1998 in einem stetigen Rückgang begriffen. Seit 2002 sind die EU-Exporte nach Algerien um durchschnittlich knapp 159% im Jahr angestiegen, während die algerischen Exporte (außer Hydrocarbon) in die EU um durchschnittlich 65% pro Jahr zurückgegangen sind. Diese Entwicklung macht deutlich, dass die für die algerische Entwicklung so wichtige verarbeitende Industrie (vgl. dazu auch Djoufelkit 2008), zumindest im Bereich der Exporte, bisher nicht von der Implementierung des Assoziierungsabkommens profitieren kann. Die gestiegenen Importe aus der EU im Bereich der Annexe 2 und 3 des Assoziierungsabkommens scheinen nicht dazu beigetragen zu haben, dass sich die Produktionskosten (durch verbilligte Faktorgüter) und damit die Konkurrenzfähigkeit der algerischen verarbeitenden Industrie verbessert hat. Die im Zusammenhang mit dieser Untersuchung zentrale Problematik der Deindustrialisierung und die mangelnde Diversifizierung der algerischen Wirtschaft scheint somit nicht von einem positiven Einfluss im Kontext der Implementierung des Assoziierungsabkommens profitieren zu können.

Weil die Implementierung des Abkommens noch nicht abgeschlossen ist, soll an dieser Stelle jedoch kein endgültiges Urteil zum letztendlichen wirtschaftlichen Einfluss abgegeben werden. Nach einer Betrachtung der relevanten bisher veröffentlichen Studien zu den wirtschaftlichen Auswirkungen des EU-algerischen Assoziierungsabkommens, können jedoch folgende Punkte festgehalten werden:

- Der Anteil der algerischen Industriegüter-Exporte (außer Hydrocarbon) an den Gesamtexporten ist nach wie vor verschwindend gering. Das heißt, die verarbeitende algerische Industrie konnte bislang nicht maßgeblich von verbilligten EU-Importen aufgrund des Assoziierungsabkommens profitieren.
- Die Importe von industriellen Primär- und Halbfertiggütern haben seit dem Inkrafttreten des Assoziierungsabkommens stark zugenommen.
- In Bezug auf die statischen Effekte des Assoziierungsabkommens liefert keine der betrachteten Untersuchungen Hinweise darauf, dass die Implementierung des EU-algerischen Assoziierungsabkommens die Asymmetrie innerhalb des bilateralen Handels zwischen der EU und Algerien verändern könnte.
- In Bezug auf die dynamischen Effekte des Abkommens gibt es keine Hinweise darauf, dass der algerische Industriesektor (außer Hydrocarbon) von den Zollsenkungen des Assoziierungsabkommens profitieren konnte. Auch in anderen Bereichen potentieller dynamischer Effekte, wie der Beschäftigung oder der Konsumgüterpreise, gibt es bislang keine Hinweise auf positive Effekte.

Von besonderer Bedeutung für die diese Untersuchung leitende Fragestellung ist die Tatsache, dass keine der oben vorgestellten Analysen zu den wirtschaftlichen Effekten des Assoziierungsabkommens davon ausgeht, dass das Abkommen einen Einfluss auf die algerische Wirtschaftsstruktur insgesamt und die Dominanz des Hydrocarbonsektors haben wird. Im Gegenteil gehen einige Ar-

beiten davon aus, dass die Zollsenkungen im Rahmen des Assoziierungsabkommens die Möglichkeiten für den Aufbau einer funktionierenden und konkurrenzfähigen algerischen verarbeitenden Industrie eher erschweren werden.
Diese Feststellung ist im Kontext dieser Untersuchung von besonderem Belang,
da sie eine unmittelbare Relevanz hat für die Frage nach dem Einfluss des Assoziierungsabkommens auf die zentralen Elemente autoritärer Herrschaft in Algerien.

7.2 Die Effekte des Assoziierungsabkommens auf die Mechanismen autoritärer Herrschaft in Algerien

Nachdem im vorangegangenen Abschnitt die wirtschaftlichen Effekte der Implementierung des Assoziierungsabkommens analysiert wurden, geht es in diesem Abschnitt um die durch diese wirtschaftlichen Effekte vermittelten Auswirkungen auf die in Kapitel 5 dieser Untersuchung beschriebenen Mechanismen
autoritärer Herrschaft in Algerien. In Kapitel 5 wurde herausgearbeitet, welche
Bedeutung der Rentierstaatscharakter für die Stabilisierung und Perpetuierung
dieser Mechanismen autoritärer Herrschaft hat. Dieser Abschnitt thematisiert
nun die Verbindung zwischen dem Rentierstaatscharakter des Landes, der wiederum die Mechanismen autoritärer Herrschaft perpetuiert, und der wirtschaftlichen Außenöffnung im Kontext des EU-algerischen Assoziierungsabkommens.

7.2.1 Auswirkungen des Assoziierungsabkommens auf die strukturellen politischen Effekte der Rente

Wie in Kapitel 5 gezeigt wurde, nimmt der Rentierstaatscharakter Algeriens bei
der Frage der Stabilität und der Perpetuierung der Mechanismen autoritärer
Herrschaft eine wichtige Rolle ein. Diese besteht einerseits darin, dass der Staat
auf die Besteuerung der Bevölkerung verzichten kann, dadurch ein gewisses
Maß an Unabhängigkeit gewinnt und sich weniger durch die Berücksichtigung
gesellschaftlicher Forderungen legitimieren muss, andererseits in der Möglichkeit des Staates durch den gezielten Einsatz der materiellen Ressourcen aus dem
Rentenaufkommen politisch oppositionelle Bewegungen zu kooptieren und damit kritische Bewegungen bereits im Keim zu ersticken.

Aus diesem Zusammenhang ergibt sich die in diesem Abschnitt zentrale
Frage: Inwiefern trägt die Außenhandelsöffnung im Rahmen des EU-
algerischen Assoziierungsabkommen zu einer Stabilisierung des Rentierstaatscharakters Algeriens bei, der dann wiederum die beschriebenen Mechanismen
autoritärer Herrschaft perpetuieren hilft?

Wie in Kapitel 5 beschrieben, generiert der algerische Staat etwa 75% (2011) seiner Einnahmen aus dem Hydrocarbonsektor. Nur etwa 12% der Staatseinnahmen kommen aus der direkten oder indirekten Besteuerung. Diese Abhängigkeit von der Hydrocarbon-Rente bzw. die Auswirkungen, die diese Abhängigkeit zeitigt, kann als das größte strukturelle Problem Algeriens heute und auch in naher Zukunft bezeichnet werden. Den Ursprung dieser Konstellation kann man, wie in Kapitel 4 nachgezeichnet wurde, bis in die 1960er und 1970er Jahre zurückverfolgen, als der Grundstein für die politische Ökonomie des Landes nach der Unabhängigkeit gelegt wurde.

Zunächst kann man nach der Analyse der bisher vorliegenden Untersuchungen zu den wirtschaftlichen Auswirkungen konstatieren, dass die Implementierung des EU-algerischen Assoziierungsabkommen die dringend benötigte Diversifizierung der algerischen Wirtschaftsstruktur ebenso wie der Exporte erschwert. Die Möglichkeit des Aufbaus eines produktiven algerischen Industriesektors wird durch die in Zukunft noch steigende Konkurrenz der EU-Produkte schwieriger. Interview-Partner in Algerien teilen die Einschätzung, dass der in Algerien zu beobachtende Deindustrialisierungsprozess durch die Liberalisierung des Außenhandels im Rahmen des EU-algerischen Assoziierungsabkommens weiter verschärft wird (vgl. Interview Nr. 10 2011; Interview Nr. 17 2011). Als Konsequenz aus diesem Prozess wird es für den algerischen Staat in Zukunft noch schwieriger werden, seine Einnahmen stärker auf eine Besteuerung des produktiven industriellen Sektors zu verlagern und damit seine Abhängigkeit von der extern generierten Rente aus dem Hydrocarbonsektor abzubauen.

Mit Bezug auf die im fünften Kapitel erläuterten Mechanismen autoritärer Herrschaft in Algerien – insbesondere die strukturellen Wirkungen der Rente – kann man also davon sprechen, dass die Implementierung des Assoziierungsabkommens zur Manifestierung dieser strukturellen Wirkungen der Rente beiträgt.

An dieser Stelle muss betont werden, dass die vorliegende Untersuchung im EU-algerischen Assoziierungsabkommen natürlich nicht den einzigen Faktor sieht, der eine solche Perpetuierung der Rentenabhängigkeit und der damit verbundenen Mechanismen autoritärer Herrschaft determiniert. Die strukturelle Dominanz der Rente innerhalb der algerischen Volkswirtschaft und die politische Relevanz der Rente in Algerien ist eine Konstellation, die sich über mehrere Jahrzehnte seit der Industrialisierungspolitik der 1970er Jahre unter Präsident Boumediene entwickelt hat. Neben dem gescheiterten staatszentrierten Entwicklungsmodell, das zu einer Stärkung der Dominanz des Rentensektors beigetragen hat, wohnt dem Phänomen der Rente darüber hinaus auch ein Element der Selbstverstärkung inne. Dieses zeigt sich vor allem darin, dass der algerische Staat über Jahrzehnte vor allem den Hydrocarbonsektor ausgebaut hat, d.h. denjenigen Sektor, von dessen Entwicklung die größten Profite zu erwarten waren, der aber gleichzeitig – in der Langzeit-Perspektive – nur wenig zu einem zukünftigen funktionierenden und produktiven Wirtschaftssystem beitragen kann. Zudem spielt das Phänomen des rent-seeking bei der Perpetuierung des Rentierstaatscharakters eine wichtige Rolle. Diejenigen ökonomischen und politischen Akteure, die von den durch die Hydrocarbon-Exporte generierten Renten profitieren, haben selbst wenig Interesse daran, konstruktive Tätigkeiten im produktiven Bereich der Wirtschaft aufzunehmen (vgl. Baland/Francois 2000).

Die Außenöffnung der algerischen Wirtschaft im Kontext des Assoziierungsabkommens mit der EU geschah zu einer Zeit, als der Rentierstaatscharakter des Landes bereits ausgeprägt war. Sie kann also nicht als Ursache für die Ausbildung des Rentierstaatscharakters angesehen werden. Eindeutig ist jedoch, dass das Assoziierungsabkommen dazu beiträgt, die Chancen Algeriens auf einen Ausweg aus der strukturellen Rentenabhängigkeit und auf einen Weg weg vom „allokativen" hin zu einem „produktiven" Staat (vgl. Luciani 1990) verkleinert. Diesen Zusammenhang brachte ein algerischer Gesprächspartner auf den Punkt: „Ce que nous risquons de perdre [durch die Außenöffnung der algerischen Wirtschaft im Zuge des AA, JH], c'est la capacité de devenir un jour une économie viable" (Interview Nr. 10 2011).

Dieser Zusammenhang zwischen der Außenhandelsöffnung der algerischen Wirtschaft im Rahmen des Assoziierungsabkommens und der Rentenabhängigkeit des algerischen Staates (und den damit verbundenen Mechanismen autoritärer Herrschaft) lässt sich als eine grundsätzliche strukturelle Wirkung des Assoziierungsabkommens beschreiben. Die zweite Ebene, für die sich die vorliegende Untersuchung interessiert, ist, wie in Kapitel 5 beschrieben, die Rolle der algerischen Unternehmerklasse als potentielle „change agents" und deren Möglichkeiten, gegenüber dem algerischen Regime politisch oppositionelle Aktivitäten zu entfalten. An dieser Stelle soll nun untersucht werden, welche potentiellen Wirkungen das EU-algerische Assoziierungsabkommen auf diese Position der algerischen Unternehmer hat.

7.2.2 Akteursebene: Außenhandelsöffnung und die Eliten-Frage in Algerien

Mit Blick auf die Akteursebene stellt sich hier nun die Frage, ob die Implementierung des EU-algerischen Assoziierungsabkommens einen Einfluss auf die Eliten-Konstellation in Algerien hat bzw. ob es der Emergenz einer als „change agents" in Frage kommenden neuen Unternehmer-Schicht förderlich ist, wie es in der Konzeption der EMP dargestellt wurde.

In Kapitel 5 wurde deutlich, dass die Rolle der algerischen Unternehmerschaft als „change agents" sehr skeptisch beurteilt werden muss. Grundsätzlich ist diese Akteursgruppe eher bereit das herrschende Regime zu stützen als eine unsichere Situation mit politischer Instabilität und einem unklaren Ausgang in Kauf zu nehmen (vgl. Maghrebemergent 9.6.2011). Zudem wurde im fünften Kapitel herausgearbeitet, dass es schwierig ist, von „der" algerischen Privatunternehmerschicht zu sprechen. Es handelt sich bei dieser Gruppe von Akteuren mitnichten um eine homogene soziale Schicht, deren Interessen und Standpunkte kongruent sind.

Es geht an dieser Stelle also vor allem darum zu eruieren, ob und inwieweit die Implementierung des Assoziierungsabkommens etwas an dieser strukturellen Abhängigkeit des algerischen Privatsektors ändern kann und damit zur Entwicklung einer genuin autonomen Unternehmerschaft beizutragen geeignet ist, die gemäß der Konzeption und den Annahmen der EU-Politik auf eine Restrukturierung der algerischen politisch relevanten Elite hinauslaufen würde.

In Anlehnung an die Arbeit von Boubekeur (2010) argumentiert die vorliegende Untersuchung an dieser Stelle, dass es bei der Betrachtung der algerischen privaten Unternehmerschaft nicht um die Frage geht, inwiefern diese liberal-demokratische Vorstellungen hegt und transportiert, sondern darum, welches Interesse die betreffenden Akteure innerhalb der strukturellen Situation, in der sie sich befinden, an einer solchen politischen Liberalisierung haben kann.[238]

Zur Beantwortung dieser Frage soll an dieser Stelle zunächst ein Blick auf die Rezeption des Assoziierungsabkommens innerhalb der algerischen privaten Unternehmerschaft geworfen werden. Dabei stützt sich die vorliegende Untersuchung auf die Aussagen relevanter privatwirtschaftlicher Vertreter und deren Einschätzung zu den Wirkungen des EU-algerischen Assoziierungsabkommens. Diese Aussagen wurden einerseits der französischsprachigen algerischen Presse entnommen und andererseits in Interviews des Autors während eines Forschungsaufenthaltes in Algier im Frühjahr 2011 erhoben.

Insgesamt kann man sagen, dass das algerische Patronat der Implementierung des Assoziierungsabkommens allgemein skeptisch gegenüber stand. Zum Zeitpunkt der Aushandlung und Paraphierung des Abkommens zu Beginn des neuen Jahrtausends waren die Produktionskapazitäten des algerischen Privatsektors nicht allein durch die Jahrzehnte dauernde Vernachlässigung von Seiten des Staates beeinträchtigt. Zu dieser Zeit wirkten insbesondere die während des Bürgerkriegs in den 1990er Jahren erlebten Zerstörungen unmittelbar nach. Produktionsanlagen waren zerstört, Arbeitsabläufe konnten nicht mehr ihren normalen Fortgang nehmen, viel Expertise hatte aufgrund der schlechten Sicher-

---

[238] Boubekeur weist darauf hin, dass „the case of Algerian private sector networks and their relationships with the political elite suggests that in the context of restructuring authoritarianism, it is not so much the change of players but the change of practices that makes a difference" (2010: 45f). Diese Sichtweise entspricht auch den Beobachtungen von Werenfels (2007), die auf das Missverhältnis zwischen liberal-demokratischen „Ansichten" und den tatsächlichen Handlungsmaximen von Akteuren innerhalb der algerischen politisch relevanten Elite aufmerksam gemacht hat.

heitslage das Land verlassen (vgl. Interview Nr. 16 2011). In diesem zusätzlich geschwächten Zustand sah sich die algerische Unternehmerschaft nicht in der Lage, den Anforderungen einer internationalen Öffnung des algerischen Marktes gerecht zu werden. Neben den europäischen Importen spielte bei den Ängsten um die eigene Konkurrenzfähigkeit auch die Furcht aufgrund der stark steigenden asiatischen Importe eine Rolle (vgl. Interview Nr. 15 2011). Vor diesem Hintergrund initiierte beispielsweise der größte algerische Unternehmerverband FCE (Forum des Chefs d'Entreprises) schon relativ früh Kampagnen, die dazu aufriefen, ausschließlich algerische Produkte zu konsumieren und so die einheimische Produktion zu stärken.[239]

An dieser grundsätzlich skeptischen Sichtweise in Bezug auf die Außenöffnung der algerischen Wirtschaft im Allgemeinen und die Implementierung des Assoziierungsabkommens im Besonderen änderte sich auch in den folgenden Jahren nichts. Viele innerhalb der Gruppe der algerischen Privatunternehmer sind nach wie vor davon überzeugt, dass die Regierung ein für sie nachteiliges Abkommen ausgehandelt habe. So sagte beispielsweise Benslim Zouhir, der damalige Präsident der algerischen Export-Unternehmer Vereinigung (Anexal): „Le démantèlement tarifaire va profiter à l'Europe. Il ne faut pas se leurrer. Nos exportations hors hydrocarbures sont insignifiantes" (Quotidien d'Oran 9.2.2007). Sein Nachfolger Ali Nasri sieht die algerischen Privatunternehmen aufgrund des EU-algerischen Assoziierungsabkommens gefangen in einer „position défensive" (Maghrebemergent 28.3.2013). Aber nicht nur die exportorientierten Unternehmen sahen und sehen in der Implementierung des Assoziierungsabkommens nur wenig bis keine Vorteile. Der FCE ging soweit in Aussicht zu stellen, dass das Assoziierungsabkommen ohne eine massive Unterstützung von Seiten des Staates das Ende der nationalen algerischen Industrie bedeuten würde (vgl. Aghrout 2007: 102).

Auch die Rolle und die Absichten der Europäischen Union werden in weiten Teilen der algerischen Privatunternehmerschaft sehr kritisch beurteilt. Ein Vertreter des FCE sprach gegenüber dem Autor in Bezug auf das Assoziierungsabkommen von einem „accord léonain" („Knebelvertrag"), der ein Hindernis für die Entwicklung einer ganzen Reihe von Sektoren in Algerien darstelle. „Il n'y pas un seul secteur dans lequel on [Algerien] a une chance [gegenüber der europäischen Konkurrenz]" (Interview Nr. 17 2011).

Die Reaktionen des algerischen Privatsektors auf die Implementierung des Assoziierungsabkommens fielen und fallen also größtenteils negativ aus. Dabei muss allerdings festgehalten werden, dass diese öffentlichen Äußerungen nur einen Teil der algerischen Unternehmerschaft abbilden. Es sind vor allem die

---

[239] So trug eine FCE-Broschüre vom Dezember 2002 den Titel: „Pour l'avenir de nos enfants, consommons algérien".

Vertreter der größeren privaten Unternehmen in Algerien – beispielhaft steht dafür das FCE –, die überhaupt in der Lage sind, sich in den öffentlichen Diskurs einzubringen und auch bei der Regierung Gehör zu finden. Die große Mehrheit der algerischen privatwirtschaftlichen Unternehmen, insbesondere die kleinen und mittleren Betriebe, die über 90% der algerischen Privatbetriebe ausmachen, haben wenig Chancen ihre Anliegen durchzusetzen.

Bei den Diskussionen, die in der algerischen Öffentlichkeit über die Implementierung des Assoziierungsabkommens geführt werden, fällt zudem auf, dass viele Stimmen aus dem Privatsektor neben den eigentlichen Inhalten des Abkommens vor allem auch die Art und Weise der Implementierung durch die algerische Regierung kritisieren und eine mangelnde Einbindung des algerischen Privatsektors bei der Aushandlung und Konzeption des Assoziierungsabkommens beklagen. So kritisierte Slim Othmani, FCE-Mitglied und ehemaliger Chef des algerischen Rouiba-Konzerns:

> „Les entreprises ont été marginalisées lors de la conclusion de l'accord de 2005 et l'Etat a failli dans ce domaine. Le montant alloué à la mise à niveau était absolument insuffisant et l'application du programme destiné aux entreprises très laborieuse."
> (El Watan 16.5.2010)

Die algerische Regierung habe es versäumt Maßnahmen zu ergreifen, die dazu geeignet seien, die algerischen Unternehmen auf die durch die Handelsliberalisierung wachsende europäische Konkurrenz vorzubereiten (vgl. Interview Nr. 17 2011). Als Ursache für diese mangelnde Kooperation mit den algerischen Wirtschaftsakteuren gaben viele Gesprächspartner in Algier an, dass die politischen Entscheidungsträger in Algerien nicht über die nötige Kompetenz verfügten, um eine stringente, vorausschauende Wirtschaftspolitik zu konzipieren und zu implementieren. Andererseits spiele dabei aber auch eine Rolle, dass das Regime kein Interesse daran habe, die Entwicklung eines vom Staat unabhängigen privatwirtschaftlichen Sektors zuzulassen.

> „Le problème c'est qu'ils [das Regime] ne font pas confiance au capital national. Le pouvoir politique, le clan Bouteflika, et ceux qui sont autour de lui, ils ne vont pas encourager l'émergence d'un pol du capital, qui n'est pas directement sous leur contrôle. [...] A partir d'une certaine taille du capital il considère que c'est des forces de l'argent qui peuvent créer des alternatives a l'intérieur du pouvoir. [...] Il n'accepte pas l'autonomisation d'une classe d'affaire."
> (Interview Nr. 16 2011)

An dieser Stelle drängt sich die Frage auf, welche Rolle die Implementierung des Assoziierungsabkommens im Vergleich zur restriktiven Politik des algerischen Regimes in Bezug auf die Schwierigkeiten der Entwicklung einer autonomen staatsunabhängigen Unternehmerschaft in Algerien spielt. Sind die Probleme, die für den algerischen Privatsektor aus der Freihandelsimplementierung resultieren, nicht weit weniger relevant als die systematische Unterminierung des Aufbaus einer staatsunabhängigen Unternehmerschaft durch das algerische Regime? Diese Fragen sind durchaus berechtigt und weisen darauf hin, dass auch hier die Auswirkungen des EU-algerischen Assoziierungsabkommens richtig eingeordnet und kontextualisiert werden müssen.

Ähnlich wie bei der Auseinandersetzung mit den strukturellen Wirkungen des Assoziierungsabkommens im vorherigen Abschnitt muss an dieser Stelle einschränkend hinzugefügt werden, dass die Freihandelsimplementierung ein Faktor unter mehreren ist, der für den hier behandelten Bereich der Reproduktion bzw. der Restrukturierung der algerischen politisch relevanten Elite bedeutsam ist. Mit anderen Worten: Die restriktive Politik des algerischen Regimes hat einen vergleichsweise größeren Anteil daran, dass sich die Emergenz einer autonomen Unternehmerschicht als schwierig erweist (vgl. hierzu auch Hausmann/Klinger/Lopez-Calix 2010: 79ff).

Mit Blick auf die Aussagen aus dem Bereich der algerischen Privatunternehmerschaft muss allerdings auch festgestellt werden, dass das EU-algerische Assoziierungsabkommen im Rahmen der EMP der Formierung einer neuen Unternehmerschicht nicht förderlich ist. Eher muss man im Gegenteil annehmen, dass die Position weiter Teile der privaten Unternehmerschaft – und dies betrifft vor allem die kleineren und mittleren Unternehmen – durch das Abkommen eher geschwächt wird. Der Großteil der algerischen Privatunternehmer wird vom Assoziierungsabkommen nicht profitieren. Einzig die im Importsektor tätigen Unternehmen könnten aus den sinkenden nominalen Handelsbarrieren Vorteile erzielen. Wie im fünften Kapitel dargestellt, wird dieser Sektor aber größtenteils von den dem algerischen Regime nahestehenden „rent-seekern" dominiert, die kein Interesse daran haben, den politischen status quo zu unterminieren. Die Außenhandelsliberalisierung im Rahmen des Assoziierungsabkommens ist zudem nicht in der Lage, die strukturelle Abhängigkeit des Privatsektors vom algerischen Staat aufzubrechen, noch etwas am teilweise symbiotischen Verhältnis zwischen der algerischen Kernelite und einzelnen Akteuren des Privatsektors, die der „third circle"-Elite zugerechnet werden können, zu ändern.

Insgesamt, so hier das Argument, hat die Implementierung des Assoziierungsabkommens keinen relevanten Einfluss auf die Mechanismen der Kooptation und Reproduktion innerhalb der algerischen politisch relevanten Elite, zumindest nicht im Sinne einer Verbesserung der Möglichkeiten für die Entwicklung einer staatsunabhängigen Unternehmerklasse. Vielmehr muss man mit Blick auf die Implementierung des Assoziierungsabkommens und der Außenhandelsliberalisierung insgesamt – so das Argument der vorliegenden Untersuchung – davon sprechen, dass diese Teil eines „process of reregulation" des algerischen Rentiersystems im Sinne Heydemanns (2004) sind. Der durch das algerische Regime seit dem Beginn des neuen Jahrtausends unter Präsident Bouteflika in Angriff genommene „Liberalisierungsprozess" im wirtschaftlichen Bereich, der in Kapitel 6 beschrieben wurde und in den sich die Unterzeichnung und Implementierung des Assoziierungsabkommens mit der Europäischen Union einfügt, kann mitnichten als eine umfassende Umstellung der Praktiken des Regimes und relevanter wirtschaftlicher Akteure von einer politischen auf eine rational-ökonomische Logik verstanden werden. Vor dem Hintergrund der verstärkten wirtschaftlichen Probleme des Landes nach dem Bürgerkrieg in den 1990er Jahren sah sich das algerische Regime gezwungen, beim Versuch der wirtschaftlichen Wiederbelebung auch den Privatsektor einzubeziehen. Dies geschah allerdings nicht durch eine wirkliche Öffnung und Unterstützung des privatwirtschaftlichen Sektors, sondern eher durch die partielle Einbindung von Teilen der privatwirtschaftlichen Akteure in die Rentendistributionsnetzwerke des Regimes.

Vor dem Hintergrund der in den vorherigen Abschnitten dargestellten Ergebnisse müssen auch die in Kapitel 3 vorgestellten Annahmen der EMP in Bezug auf den Zusammenhang zwischen wirtschaftlicher Liberalisierung, Modernisierung und politischer Liberalisierung neu bewertet werden. Die vorliegende Untersuchung hat gezeigt, dass dieser angenommene Zusammenhang im algerischen Fall von unterschiedlichen Faktoren verhindert wird. Unabhängig von der Frage, ob dieser Zusammenhang grundsätzlich richtig ist, hat die Analyse des algerischen Falls aufgezeigt, dass das zentrale Instrument, das die Europäische Union zur Durchsetzung dieser Zielsetzung eingesetzt hat, bislang und mit hoher Wahrscheinlichkeit auch in Zukunft eher den gegenteiligen Effekt erzeugen wird. Weder auf der strukturellen Ebene, auf der das Assoziierungsabkommen, wie gezeigt wurde, eher die Perpetuierung des algerischen Rentierstaatscharakters unterstützt, noch auf der Akteursebene, auf der nichts darauf hinweist, dass das Abkommen eine neue privatwirtschaftliche Elite in Algerien gefördert hat, kann somit konstatiert werden, dass die im Rahmen der EMP konzipierte Politik den angenommenen Zusammenhang zwischen wirtschaftlicher Liberalisierung, Modernisierung und politischer Liberalisierung wirklich umsetzt.

Die Gründe für diese Misskalkulation von europäischer Seite werden nun im abschließenden Kapitel unter dem Blickwinkel der Theorie zur strukturellen Macht beleuchtet.

8 Die EU als strukturelle Macht in Algerien

In diesem Kapitel kommt die vorliegende Untersuchung auf das im zweiten Kapitel vorgestellte Konzept der strukturellen Macht von Susan Strange zurück. Das Ziel dieses Kapitels ist es, einerseits eine theoretische Einordnung der EU-Politik in Algerien vorzunehmen und herauszuarbeiten, warum sich das erläuterte Konzept der strukturellen Macht für eine solche Einordnung besonders eignet. Darüber hinaus soll im Kontext dieser theoretischen Einordnung auch eine Antwort auf die am Ende des vorherigen Kapitels aufgeworfene Frage formuliert werden, wie die spezifische Ausrichtung der EU-Politik zu erklären ist, obwohl in Bezug auf den algerischen Kontext gesagt werden muss, dass diese Politik den erklärten Zielsetzungen der europäischen Seite entgegen steht. Wie zu zeigen sein wird, spielen in diesem Zusammenhang die von Susan Strange beschriebenen nicht-intendierten Effekte struktureller Macht eine besondere Rolle. Am Schluss dieses Kapitels wird dann die Frage aufgeworfen, ob zu erwarten ist, dass sich die Position Algeriens innerhalb des regionalen strukturellen Machtgefüges verändert und sich damit auch die Grundlagen der bilateralen Beziehung zur EU wandeln.

Wie im zweiten Kapitel beschrieben, bietet das theoretische Konzept der strukturellen Macht einige Vorteile gegenüber den beiden klassischen Ansätzen, die in Bezug auf die Konzeption der internationalen Beziehungen und auch in Bezug auf die EU Anwendung gefunden haben. Das Konzept der strukturellen Macht bewegt sich zwischen rein interessenbasierten „realistischen" Ansätzen innerhalb der IB-Forschung und dem Konzept der EU als „normativer Macht". Mit Blick auf die Konzeptualisierung der europäischen Mittelmeerpolitik ist weder die eine noch die andere theoretische Ausrichtung hinreichend stringent. Weder kann die Ausrichtung und die Implementierung der EU-Politik in Bezug auf den Mittelmeerraum im Allgemeinen und in Bezug auf Algerien im Besonderen allein als Durchsetzung konkreter materieller (Wirtschafts-)Interessen interpretiert, noch als eine allein durch normative Überlegungen gesteuerte Politik verstanden werden. Wie im zweiten Kapitel dieser Untersuchung beschrieben, spiegelt sich in der Konzeption der EU-Mittelmeerpolitik, in Form der EMP, die Vorstellung der europäischen Entscheidungsträger, mit einem primär auf wirtschaftliche Liberalisierung abzielenden Politikansatz – mit den bilateralen Assoziierungsabkommen als zentralem Instrument – auf eine Modernisierung und letztendlich auch auf politische spill-over Effekte hinzuwirken. Gleichzeitig ermöglichte dieser Politikansatz, der europäischen Seite konkrete eigene Interessen zu verfolgen, wie beispielsweise die Öffnung der Märkte der südlichen Mittelmeerländer für Exporte aus dem europäischen Binnenmarkt. Diese zwei Seiten der europäischen Mittelmeerpolitik, also sowohl die Durchsetzung „realistischer" Interessen als auch die normativen Elemente der EU-Politik, können innerhalb des Konzeptes der strukturellen Macht erfasst werden. Diese zwei Seiten des europäischen Politikansatzes lassen sich darüber hinaus mit der analytischen Unterscheidung der unterschiedlichen Formen von Macht im Strangeschen Konzept der structural power fassen. Susan Strange argumentierte zunächst vor allem in Abgrenzung zu klassischen Konzepten der relationalen Macht, wie sie in den meisten Arbeiten der internationalen politischen Ökonomie Anwendung gefunden haben. Im relationalen Machtverständnis der realistischen Theorieschule der internationalen Beziehungen und der internationalen politischen Ökonomie, so Strange, wurde Macht vor allem als ein Nullsummenspiel angesehen, als die Ressource eines Akteurs A, der durch die Anwendung dieser Ressource einen anderen Akteur B dazu bringen kann, etwas zu tun, das dem Willen und dem Interesse dieses Akteurs B entgegen steht (Strange 1988: 24). Strukturelle Macht hingegen zeichne sich durch eine indirekte Wirkung aus. Sie werde weniger durch einen bestimmten Akteur besessen, sondern entwickle sich aus dem strukturellen Kontext, innerhalb dessen zwei Akteure agieren.

> „Power is still seen primarily as capabilities, as a property of persons, or of nation-states as organized societies, not as a feature of relationships, nor as a social process affecting outcomes – the way the system operates to the advantage of some and the disadvantage of others, and to give greater priority to some social values over others."
> (Strange 1996: 23, siehe dazu auch May 1996)

Gleichzeitig erliegt das Konzept von Susan Strange aber nicht einem einfachen strukturellen Determinismus, in dem die intentionalen Handlungen einzelner Akteure keine Rolle mehr spielen. Auch strukturelle Macht, so Strange, kann von einem Akteur in gewisser Weise besessen, genutzt und eingesetzt werden, im Sinne einer Ressource oder eines Druckmittels im Kontext sozialer Interaktion. Dies erscheint zunächst widersprüchlich. Ein entscheidender Unterschied zwischen dem klassischen relationalen Machtbegriff und dem Konzept Stranges wird jedoch dann deutlich, wenn man das Element der Unkontrollierbarkeit struktureller Macht berücksichtigt, welches Strange betont. D.h., strukturelle Macht unterscheidet sich auf der akteursfokussierten Seite von einem relationalen Machtkonzept dadurch, dass die Kontrolle über die „outcomes" beim Konzept der strukturellen Macht nicht vollständig gewährleistet ist. Bei einem traditionellen relationalen Machtkonzept wird der Einsatz der Ressource hingegen immer mehr oder weniger gedacht als ein Mittel zur Durchsetzung klar definierter Ziele, die kalkuliert werden können. Kapazitäten werden hier gleichgesetzt mit Kontrolle über die Effekte oder outcomes.

> „The important difference [zwischen dem Konzept Stranges und traditionellen Machtanalysen in der IB] is that those approaches posited a direct link between the *control* of outcomes and capacities [...]. Strange's structural power looks at power from the point of view of the diffused power effects and stresses the uncontrolled consequences of power actions."
> (Guzzini 1993: 461)

Für die erste Zielsetzung dieses Kapitels – also die theoretische Einordnung der Algerienpolitik der EU – ist es wichtig, diese zwei Seiten des Strangeschen Konzepts struktureller Macht zu berücksichtigen. Im Folgenden soll zunächst verdeutlicht werden, wie diese beiden Seiten – die akteursfokussierte Seite (als „capacity") und die strukturelle Seite der strukturellen Macht – innerhalb der Beziehungen der EU zu Algerien zum Tragen kommen.

In Bezug auf die Verhandlungen der EU mit Algerien um die bilaterale[240] Eingliederung des Landes in die EMP liegt es nahe von der strukturellen Machtposition der EU als einer „Kapazität" zu sprechen. D.h. hier erscheint die strukturelle Machtposition der EU als „Ressource" im Kontext bilateraler[241] Verhandlungen, bei denen es um die Aushandlung eines konkreten Abkommens ging. Wie im Kapitel 6 dieser Untersuchung ausführlich dargelegt wurde, war Algerien in der historisch-politischen Situation während der 1990er Jahre – vor allem durch den seit 1992 wütenden Bürgerkrieg im Land – weitgehend isoliert und um eine erneute Integration in die Staatengemeinschaft bemüht. Hinzu kam, dass sich Algerien zum Zeitpunkt der Verhandlungen in einer wirtschaftlichen und finanziellen Notsituation befand.[242] Bereits eineinhalb Jahre vor der Konferenz von Barcelona, im April 1994, musste die Regierung in Algier die Konditionen eines Abkommens mit dem Internationalen Währungsfonds akzeptieren, um die drohende Zahlungsunfähigkeit abzuwenden. Neben den Bemühungen um eine Wiederherstellung der politischen Integrität auf internationaler Ebene sprachen für Algerien zu diesem Zeitpunkt auch die Anreize einer finanziellen

---

[240] Durch die Beteiligung Algeriens an der Konferenz von Barcelona im November 1995 und die Billigung der Barcelona-Deklaration war das Land bereits an der multilateralen Ebene der EMP beteiligt.

[241] Zwar verhandelt die EU in ihrer Eigenschaft als Vertreterin der Interessen aller ihrer Migliedsstaaten, tritt aber als ein Akteur auf.

[242] Zwar betonte die damalige EU Repräsentantin in Algerien Laura Baeza im Februar 2010 in einem Interview mit der Zeitung El Watan, dass die Verhandlungen über das Assoziierungsabkommen zwischen Algerien und der EU „auf Augenhöhe" stattgefunden hätten (vgl. El Watan 27.2.2010). Angesichts der politischen und finanziellen Notlage Algeriens in den 1990er Jahren kann davon allerdings keine Rede sein.

Unterstützung durch die EU im Rahmen des bilateralen Abkommens für die Aufnahme von Verhandlungen über ein Assoziierungsabkommen. Die asymmetrische strukturelle Machtverteilung zwischen den beiden Verhandlungspartnern trat zu diesem Zeitpunkt noch deutlicher hervor, als es zuvor oder danach der Fall gewesen war. „The links between Algeria and the EU fit within what can be termed an asymmetrical form of relations" (Begga/Abid 2004: 73). Diese Asymmetrie muss vor allem als ein Unterschied in den ökonomischen Kapazitäten und der wirtschaftlichen Stärke gesehen werden. Im Lichte der oben beschriebenen analytischen Unterscheidung zwischen einer akteursfokussierten „capacity"-Seite der strukturellen Macht und ihrer Eigenschaft als einer akteursunabhängigen „property of social relations", trat die strukturelle Machtposition der EU, so hier das Argument, im Kontext der Verhandlungen über das Assoziierungsabkommen in ihrer ersten Form in Erscheinung, und zwar als eine Kapazität und Ressource innerhalb einer bilateralen Verhandlung um ein internationales Abkommen.

Allerdings darf dieses relationale Element struktureller Macht nicht mit dem traditionellen Machtbegriff im Sinne einer Kontrolle über die Effekte einer sozialen Interaktion (hier die Aushandlung des Assoziierungsabkommens) gleichgesetzt werden. Denn berücksichtigt man die Kontrolle über die outcomes[243] oder Effekte, was Strange immer als eigentliche Bedeutung von Macht beschrieben hat (vgl. Strange 1996: 17), muss man die Machtposition der EU relativieren. Zwar konnte sich die EU bei den Verhandlungen – was die konkreten Inhalte des Abkommens betrifft – weitgehend durchsetzen und das verhandelte Assoziierungsabkommen entspricht in weiten Teilen den europäischen Wirtschaftsinteressen. Jedoch muss in Hinblick auf die Kontrolle über die mittel- und langfristigen Effekte dieses Abkommens die Machtposition der EU relativiert werden. Wenn es nämlich um die weitergehenden, von der EU formulierten Zielsetzungen geht, um den angenommenen und anvisierten Zusammenhang zwischen wirtschaftlicher Liberalisierung, Modernisierung und Demokratisierung, so stößt diese Kontrolle über die outcomes schnell an ihre Grenzen.

In diesem Sinne kann argumentiert werden, dass sich die Wirkmächtigkeit der „capacity"-Seite der strukturellen Macht allein auf den Bereich ihrer Anwendung beschränkt, nämlich auf die Kontrolle über die outcomes der konkreten bilateralen Verhandlungen, d.h. die Inhalte des Assoziierungsabkommens. Auf dieser „capacity"-Seite der strukturellen Macht lässt sich also die Wirkung der strukturellen Machtposition der EU als intentionale Veränderung des konkreten institutionellen Settings bestimmen, in dessen Rahmen politökonomische Prozesse ablaufen.

---

[243] Auch die Definition von Dahl (1961) hebt bereits auf die Kontrolle über „outcomes" ab, im Gegensatz zu einer Verfügbarkeit einer bestimmten Quantität von Ressourcen.

Auch die im Abschnitt 6.4.2. beschriebene relative Machtverschiebung zwischen der EU und Algerien, die sich auch in der Nachverhandlung bestimmter Teile des EU-algerischen Assoziierungsabkommens ausdrückte, bezieht sich einzig auf die hier beschriebene „capacity"-Seite struktureller Macht. D.h. Algerien war zwar aufgrund der im Abschnitt 6.4.2. beschriebenen Entwicklungen in der Lage, innerhalb der bilateralen Verhandlungsarena das konkrete institutionelle Gefüge des Assoziierungsabkommens teilweise abzuändern. Dies ändert jedoch nicht grundsätzlich etwas an der bestehenden strukturellen Machtasymmetrie zwischen der EU und Algerien.

Diese konkrete Seite der strukturellen Machtposition der EU lässt sich ebenso bei den Transferphänomenen beobachten, die innerhalb der Forschung zu den EU-Außenbeziehungen unter dem Schlagwort der „Europeanization" verhandelt werden (vgl. Escribano 2006; Lavenex/Schimmelfennig 2009). Ursprünglich als Konzept zur Beschreibung von innereuropäischen Prozessen entwickelt (vgl. Ladrech 1994), wird dieser Begriff nun auch für Angleichungsprozesse im EU-Nachbarschaftsraum verwendet. Wie im sechsten Kapitel dieser Untersuchung dargelegt wurde, gehen die im EU-algerischen Assoziierungsabkommen festgelegten Maßnahmen über die reine Handelsliberalisierung und den Zollabbau hinaus und betreffen auch die Angleichung administrativer und rechtlicher Rahmenbedingungen wie beispielsweise im Bereich des Wettbewerbsrechts (vgl. Abschnitt 6.3.). Diese Bemühungen um die Durchsetzung einer „deep integration" können ebenso zu den Auswirkungen der „capacity"-Seite der strukturellen Machtposition der EU gerechnet werden, die das institutionelle Setting bestimmen, innerhalb dessen polit-ökonomische Prozesse ablaufen.[244]

In Bezug auf die Eigenschaft struktureller Macht als eine „property of social relations" stellt sich die Kontrolle über die outcomes einer Beziehung zwischen zwei Akteuren (in diesem Fall die EU und Algerien) hingegen anders da. Wie im siebten Kapitel dieser Untersuchung gezeigt wurde, produziert das Assoziierungsabkommen zwischen der EU und Algerien Effekte, die den formulierten Zielsetzungen der Europäischen Union entgegenstehen: Die Implementierung des Assoziierungsabkommens – insbesondere die dominierenden Regelungen hinsichtlich der Liberalisierung des bilateralen Handels – trägt zu einer Verfestigung der strukturellen polit-ökonomischen Konstellation in Algerien bei, die sich insbesondere durch eine fast uneingeschränkte Dominanz des Hy-

---

[244] Einschränkend muss hier angefügt werden, dass dieses Element der „deep integration" innerhalb der EMP vergleichsweise schwach ausgeprägt ist. Im Zuge der Implementierung der ENP hat es stärker an Bedeutung gewonnen. Da Algerien aber bis jetzt nicht an der ENP teilnimmt, spielt dieses Element in Algerien eine weniger große Rolle als beispielsweise in Marokko. Vgl. für eine genauere Analyse des marokkanischen Falles: Holden (2009: 88ff); Maggi (in Ersch.)

drokarbonsektors ausdrückt, inklusive der stabilisierenden Effekte für die Mechanismen autoritärer Herrschaft, wie sie in Kapitel 5 dieser Untersuchung dargestellt wurden. Es muss also festgehalten werden, dass die strukturelle Machtposition der EU in Bezug auf Algerien auch noch andere Wirkungen zeitigt, die nicht durch die intentionale Anwendung der strukturellen Machtposition auf der „capacity"-Seite analytisch abgedeckt werden können.

An dieser Stelle kommen wir auf die am Ende des vorherigen Kapitels gestellte Frage zurück, wie zu erklären ist, dass die EU in Algerien eine Politik verfolgt, die in ihren mittel- und langfristigen Konsequenzen den eigenen Zielformulierungen widersprechen? Für die Beantwortung dieser Frage liefert das theoretische Konzept der strukturellen Macht wichtige Hinweise. Wie bereits im zweiten Kapitel dieser Untersuchung beschrieben, hat Susan Strange in ihren Arbeiten zur strukturellen Macht darauf hingewiesen, dass diese sich insbesondere dadurch auszeichne, dass sich ihre Effekte nicht von einzelnen Akteuren steuern lassen. Die Tatsache, dass strukturelle Macht nach Strange Effekte erzeugen kann, die nicht von einem handelnden Akteur oder Staat gesteuert werden können und die dieser unter Umständen nicht einmal registriert, beinhaltet, dass eine strukturelle Machtposition Effekte erzeugen kann, die den Intentionen des handelnden Akteurs oder Staates entgegenstehen. Eine analytische Abgrenzung zwischen intendierten und nicht-intendierten Wirkungen struktureller Macht ist in Bezug auf den hier interessierenden Gegenstand der EU-algerischen Beziehungen insofern sinnvoll, als er eine theoretische Einordnung der nicht-intendierten Effekte des EU-algerischen Assoziierungsabkommens ermöglicht.

Konkret bedeutet dies, dass die normativen Zielsetzungen, welche die EU bei der Konzeption ihrer Mittelmeerpolitik in den 1990er Jahren so prominent platzierte, durch unintendierte Effekte ihrer strukturellen Machtposition unterminiert worden sind. Die im siebten Kapitel beschriebene stabilisierende Wirkung der Handelsliberalisierung im Rahmen des EU-algerischen Assoziierungsabkommen auf die Struktur der algerischen Volkswirtschaft, und damit auf die Persistenz der beschriebenen Mechanismen autoritärer Herrschaft, lassen sich als nicht-intendierte Effekte struktureller Macht im Sinne Stranges konzeptualisieren. Konkret bedeutet dies: Die Öffnung des algerischen Marktes im Rahmen des EU-algerischen Assoziierungsabkommen für Industriegüterimporte aus dem EU-Binnenmarkt haben Effekte erzeugt, die in dieser Form nicht von der EU bei der Konzeption ihrer Mittelmeerpolitik intendiert waren.

Die folgende Tabelle verdeutlicht die beiden Seiten der strukturellen Machtposition der EU in Bezug auf das bilaterale Verhältnis mit Algerien.

Tabelle 11: **Ebenen der strukturellen Macht der EU in Algerien**

Ebene der strukturellen Macht	Bedeutung bei Susan Strange	Entsprechung Wirkungsebene innerhalb der EU-algerischen Beziehungen
Akteursbasiert („capacity"-Seite), intendiert /kontrollierbar	„The capacity of an actor to change the underlying structures of socio-economic and political life in line with its interests."	Konkrete Inhalte des Assoziierungsabkommens, welches die Grundlagen des bilateralen Handelsregimes festlegt.
„Purely structural; a property of social relations", Nicht intendiert/ unkontrollierbar	„When a structure implicitly empowers certain forces or entities independent of contemporary agency."	Unintendierte Effekte der AA-Implementierung, die zu einer Stabilisierung der algerischen Rentierstaatsstruktur und der damit zusammenhängenden Perpetuierung der Mechanismen autoritärer Herrschaft beitragen.

Quelle: Eigene Zusammenstellung auf der Grundlage von Holden (2009: 13).

Gegen die obige Argumentation ließen sich insbesondere zwei Überlegungen ins Feld führen: Erstens könnte man in Zweifel ziehen, dass die hier angenommenen normativen Zielsetzungen der EU-Politik im südlichen Mittelmeerraum insgesamt und in Algerien im Besonderen tatsächlich zu den von der EU beabsichtigten Wirkungen zählen (vgl. zum Beispiel Hinne-busch 2012: 22). Schließlich gibt es zahlreiche Beispiele, bei denen auf eine Differenz zwischen der angewendeten Rhetorik der politischen Verantwortlichen und den tatsächlichen Zielen einer politischen Initiative hingewiesen werden kann. Diesem Argument soll hier mit zwei Überlegungen begegnet werden.

Erstens wurde das Ziel der wirtschaftlichen Liberalisierung/Modernisierung und einer dadurch vermittelten politischen Liberalisierung im Kontext der europäischen Mittelmeerpolitik immer als eine den europäischen Stabilitätsinteressen dienende Entwicklung dargestellt (vgl. Jacobs 2003: 72). Die nachhaltige Stabilisierung des südlichen Nachbarschaftsraumes durch wirtschaftliche Entwicklung und Demokratisierung wurde nie als ein Ziel verstanden, dessen Förderung man gegen die Verfolgung eigener wirtschaftlicher oder politischer Interessen abwägen müsse.[245] Vielmehr sah man in Europa in der wirtschaftlichen Entwicklung und einer schrittweisen politischen Liberalisierung der Länder des südlichen Mittelmeers einen geeigneten Schutz gegen potentielle Bedrohungen, wie etwa Flüchtlingswellen im Zuge gewaltsamer Konflikte oder einer politischen Radikalisierung von Teilen der Bevölkerung aufgrund wirtschaftlicher Perspektivlosigkeit und der Abwesenheit politischer Teilhabemöglichkeiten (vgl. Rhein 1996). Die Unterstützung der Länder des südlichen Mittelmeerraumes bei Reformprozessen, von denen man annahm, sie führten über kurz oder lang zu nachhaltiger Stabilität, entsprach also durchaus dem europäischen Interessenkalkül.

Richtig ist allerdings auch, dass die EU, insbesondere nach den Terroranschlägen von 2001 in den USA, verstärkt auf eine kurzfristigere Stabilisierungsstrategie umschwenkte, Demokratisierung als Ziel von der Prioritätenliste der EU weitgehend verschwand und die Unterstützung autoritärer Regime, wie zum Beispiel dem von Präsident Zine el-Abidine Ben Ali in Tunesien, an Bedeutung gewann (vgl. Jünemann 2010). Nichtsdestotrotz war die EMP ursprünglich ohne Zweifel dazu konzipiert, wirtschaftliche Modernisierungs- und politische Liberalisierungsprozesse zu fördern, wenn nicht sogar zu initiieren.

Neben einer solchen Diskussion über die „eigentlichen" Politikziele der EU lässt sich zudem eine erkenntnistheoretische Überlegung gegen den oben formulierten Einwand vorbringen. Was die eigentlichen intrinsischen Motivationen und Zielvorstellungen von politischen Entscheidungsträgern sind, kann grundsätzlich schwer festgestellt werden. Im Zusammenhang mit der theoretischen Auseinandersetzung über die Grundlagen außenpolitischer Entscheidungsprozesse haben die verschiedensten Annahmen eine Rolle gespielt: von der liberalen Schule eines Andrew Moravcsik, der argumentierte, außenpolitische Entscheidungen fielen vor allem auf Grundlage staatlicher Präferenzen, die wiederum über eine Rückkopplungsschleife innerhalb der Gesellschaft hergestellt würden (vgl. Moravcsik 1997: 518f), über den Institutionalismus, der annimmt, dass gewachsene Institutionen auch auf internationaler Ebene Entscheidungsstrukturen prägen (vgl. Keohane 1986: 196), bis zur realistischen Denktradition, in der staatliche Präferenzen als relativ festgeschrieben erscheinen und somit auch die außenpolitischen Präferenzen und Entscheidungen festlegen (vgl. Waltz 1979: 91).

Vor diesem Hintergrund argumentiert die vorliegende Untersuchung, dass die konzeptionelle Prägung der EMP mit ihrem Fokus auf wirtschaftlicher Modernisierung und politischer Liberalisierung nicht als reine Rhetorik abgetan werden kann, sondern als außenpolitische Zielsetzung der EU und seiner Mit-

---

[245] Ob diese Vorstellung einer „win-win Situation" tatsächlich zutrifft, wird weiter unten thematisiert.

gliedsstaaten im politisch-historischen Kontext der 1990er Jahre ernst genommen werden muss. Folgerichtig müssen auch die konkreten Ergebnisse und Effekte dieser Politik an diesen Zielsetzungen gemessen werden.

Setzt man also voraus, dass die in der EMP formulierten Zielsetzungen bezüglich der wirtschaftlichen Modernisierung und der politischen Liberalisierung keine bloße Rhetorik waren und sind und gleichzeitig festgestellt werden muss, dass diese Zielsetzungen aufgrund der beschriebenen nicht-intendierten Effekte der strukturellen Machtposition der EU bislang (zumindest in Algerien) nicht erreicht worden sind, drängt sich die Frage auf, ob die Ausrichtung der EU-Politik im südlichen Mittelmeer (bzw. speziell in Algerien) so verändert werden kann, dass diese nicht-intendierten Effekte ausbleiben.

Eine durch den theoretischen Ansatz Susan Stranges informierte Herangehensweise muss diese Frage verneinen. Denn es ist ja gerade ein entscheidendes Moment struktureller Macht, dass die durch sie hervorgerufenen Effekte nicht von einzelnen Akteuren kontrolliert werden können. In Bezug auf den Politikansatz der EU in Algerien bedeutet dies allerdings nicht, dass die EU ihren Ansatz nicht adaptieren und die konkreten Inhalte des Assoziierungsabkommens nicht den gegebenen Umständen versuchen kann, anzugleichen. Dies ist ja teilweise im Zuge der Nachverhandlungen des Abkommens in den Jahren 2011 und 2012 geschehen, wie im sechsten Kapitel dieser Untersuchung beschrieben wurde. Dies ändert allerdings nichts an der Tatsache, dass der Politikansatz der EU im Rahmen der EMP, mit seinem Fokus auf der Liberalisierung der bilateralen Handelsbeziehungen, die südlichen Mittelmeerstaaten (und auch Algerien) der strukturellen Machtposition der EU als mächtigstem Handelsblock der Welt (vgl. Meunier/Nicolaidis 2006) aussetzt und damit Effekte produziert, die von der EU als außenpolitischem Akteur nur sehr bedingt kontrolliert werden können.

Zudem könnte eine grundsätzliche Neuausrichtung des EU-Ansatzes, etwa durch eine Beschränkung des Zollabbaus und der Öffnung des algerischen Marktes auf einzelne gezielte Bereiche, um der Notwendigkeit der Entwicklung eines eigenständigen algerischen Industriesektors Rechnung zu tragen, Gefahr laufen, in einen EU-internen Interessenkonflikt zu münden. Eine solche grundsätzliche Neuausrichtung, bei der das bilaterale Handelsregime stärker an den Bedürfnissen einer südlichen Volkswirtschaft ausgerichtet wird, könnte primäre Wirtschaftsinteressen der EU konterkarieren, die vor allem in der Öffnung neuer Absatzmärkte für europäische Produkte bestehen. Darüber hinaus würde eine solche potentielle Neuausrichtung der bilateralen Handelsbeziehungen auf Seiten der EU, vor allem innerhalb der EU-Kommission, als protektionistisches Handelsregime interpretiert werden und damit dem immer wieder betonten Primat des Freihandels und der ihm zugeschriebenen Wirkung wohlstandssteigernder Effekte widersprechen.

Diese Feststellung führt zu einem weiteren Punkt, der bei der Erklärung der Beibehaltung der EU-Politik trotz ihrer zweifelhaften Effekte berücksichtigt werden muss. Dabei geht es um die Frage der Pfadabhängigkeit in der EU-Außenpolitik im Allgemeinen und in der EU-Mittelmeerpolitik im Besonderen. Diese Pfadabhängigkeiten spielen innerhalb der EU-Außenbeziehungen eine wichtige Rolle. Lavenex hat in diesem Zusammenhang die Bedeutung der EU-eigenen „role conceptions" als Zivilmacht betont (Lavenex 2004: 686), die als feststehendes, Identität stiftendes Selbstbild die außenpolitischen Entscheidungen und Prioritäten der EU beeinflusse. In diesem Lichte erscheinen außenpolitische Entscheidungen und Prioritäten nicht mehr nur als Ausdruck rationaler Kalküle. „Awareness about role conceptions allows us to look at external governance not only as a strategic undertaking but also as a process shaped by existing patterns of foreign policy [...]." (ebd.)

Die Ausrichtung der EU-Mittelmeerpolitik mit ihrem starken Akzent auf der Liberalisierung des bilateralen Handels erscheint aus diesem Blickwinkel als beeinflusst durch in der Vergangenheit gefällte Entscheidungen, deren Richtungsvorgaben nur schwer oder gar nicht rückgängig zu machen sind. So hat beispielsweise Federica Bicchi (2006: 294) argumentiert, dass „[p]ath dependency is certainly a strong factor in contemporary Euro–Mediterranean relations." Bicchi bezieht sich in ihrer Argumentation auf das „region-building project" innerhalb der EMP insgesamt und die Selbstreferenz der EU als „normativer" Akteur innerhalb der internationalen Beziehungen. Dabei betont Bicchi, dass der „our size fits all"-Ansatz der EU in Bezug auf die südlichen Mittelmeerstaaten – d.h. die Vorstellung, dass die eigene politisch-historische Entwicklung auch als Vorbild für andere Regionen der Welt gelten könne (und sollte) – notwendig mit einem bestimmten Maß an Unreflektiertheit des internationalen Akteurs EU einhergeht (ebd.). In diesem Sinne exportiere die EU ihre eigenen normativen Vorstellungen und institutionellen Mechanismen, weitgehend ohne auf diese Praxis selbst zu reflektieren.

Diese Sichtweise lässt sich durchaus auf die hier untersuchte Problematik des EU-algerischen Assoziierungsabkommens übertragen. Betrachtet man den Freihandel bzw. die Etablierung eines gemeinsamen Binnenmarktes als ein Kernbestandteil der durch den wirtschaftlichen und politischen Integrationsprozess geprägten Identität der EU, wird nachvollziehbar, dass Entwicklungen, die diesem Selbstbild und der eigenen Erfahrung widersprechen, (unreflektiert) ignoriert, deren Tragweite herunter gespielt oder als vorübergehende Probleme einer „Transitionsphase" begriffen werden.

Der Rekurs auf die Pfadabhängigkeit, verstanden im Sinne einer Entscheidungsprägung durch in der Vergangenheit gewachsene (ideologische) Selbstwahrnehmungen und die Analyse der EU-algerischen Beziehungen unter dem Blickwinkel struktureller Macht, zeigen also eine spezifische Kongruenz. Beide analytischen Sichtweisen weisen darauf hin, dass das außenpolitische Handeln der EU in entscheidenden Bereichen durch die Abwesenheit von Reflexivität geprägt, d.h. für die potentiellen nicht-intendierten Effekte der eigenen Politik blind ist.[246]

Zum Schluss dieses Kapitels soll nun die Frage behandelt werden, ob innerhalb des strukturellen Machtgefüges zwischen der EU und Algerien Veränderungen abzusehen sind und damit evtl. auch die nicht-intendierten Effekte des EU-Politikansatzes in Algerien einer Wandlung unterliegen könnten.

Wie bereits im vorherigen Kapitel beschrieben wurde, zeigt die Entwicklung der Struktur der algerischen Exporte in die EU in den letzten Jahren keine großen Veränderungen. Im Jahr 2012 gingen knapp 55% der gesamten algerischen Exporte in die EU und über 50% der algerischen Importe kamen von dort. Die EU ist also nach wie vor der mit Abstand wichtigste Handelspartner Algeriens (vgl. Ministère de Finance 2013). Für die EU machte der Handel mit Algerien im Jahr 2012 hingegen gerade einmal 1,5% des Gasamthandelsvolumens aus (vgl. European Commission 2013a). Gleichzeitig hat sich auch an der Dominanz des Hydrocarbonsektors im algerischen Außenhandel insgesamt und im bilateralen Handel mit der EU nichts geändert. Im Jahr 2012 kamen 97,8% der algerischen Exporte in die EU aus diesem Sektor. Der Anteil der Industriegüter aus der verarbeitenden Industrie betrug 0,2% der Gesamtexporte Algeriens in die EU (ebd.).

Trotz der Unterzeichnung eines neuen Energieabkommens zwischen der EU und Algerien[247] besteht für Algerien zudem ein besonderes Risiko weiterhin in der Abhängigkeit seiner Volkswirtschaft vom internationalen Ölpreis und der damit unmittelbar zusammenhängenden Höhe der Exporterlöse. Im Zusammenhang der wirtschaftlichen Krise vor allem der südeuropäischen Staaten wie Frankreich, Spanien und Italien, welche die Hauptabnehmer für algerisches Gas sind, droht Algerien ein Absatzproblem seines einzigen Exportproduktes. Zu Beginn des Jahres 2013 sorgte außerdem die Geiselnahme in einer Erdgasförderanlage im algerischen Ain Amenas unter den europäischen Abnehmern für große Besorgnis um die Liefersicherheit (vgl. Maghrebemergent 4.2.2013). Darüber hinaus lassen die verstärkten Bemühungen der USA um eine Förderung der eigenen unkonventionellen Vorkommen in den kommenden Jahren einen Preisrückgang für Gas und Öl auf dem Weltmarkt befürchten (vgl. IEA 2013).

---

[246] Was diese Erkenntnis für die generelle Frage der Politikwissenschaft nach den Möglichkeiten externer Interventionen mit dem Ziel gesellschaftliche Veränderungen herbeizuführen bedeutet, wird im Schlussteil dieser Untersuchung behandelt.

[247] Anfang Juli 2013 unterzeichneten der EU-Kommissionspräsident José Manuel Barroso und der algerische Premierminister Abdekmalek Sellal in Algier ein Energie-Memorandum (vgl. APS 8.7.2013). Über die genauen Inhalte dieser Übereinkunft war bis zur Niederschrift dieser Arbeit noch nichts Näheres bekannt.

Eine Veränderung der Handelsasymmetrie zwischen der EU und Algerien ist in den nächsten Jahren und auch mittelfristig nicht zu erwarten. Dies hängt vor allem damit zusammen, dass die Entwicklung konkurrenzfähiger verarbeitender Industrien in Algerien in den kommenden Jahren – nicht zuletzt aufgrund der zunehmenden Implementierung der Maßnahmen aus dem Assoziierungsabkommen – nicht realistisch ist. Im Mai 2012 schrieb die algerische Tageszeitung El Watan: „Ce qui ne fait pas de doute [...] est qu'en cette année 2012, l'Algérie ne dispose plus d'aucun avantage comparatif au sein de l'espace euro-méditerranéen parmi les pays de l'Est et du Sud de cette region [...]." (El Watan 5.10.2012) Die strukturelle Machtposition der EU aufgrund ihrer wirtschaftlichen Stärke und der daraus resultierenden Handelsasymmetrien gegenüber Algerien werden mithin sehr wahrscheinlich in den kommenden Jahren, wenn nicht sogar Jahrzehnten, stabil bleiben.

9 Zusammenfassung und Ausblick

Im Mittelpunkt dieser Arbeit stand die Beschäftigung mit der Frage der Auswirkungen des Assoziierungsabkommens der EU mit Algerien auf bestehende Mechanismen autoritärer Herrschaft und deren polit-ökonomische Grundlagen in diesem nordafrikanischen Land. Damit liefert die vorliegende Untersuchung einen ersten Beitrag zur Schließung einer Forschungslücke. Diese besteht innerhalb der politikwissenschaftlichen Forschung zum EU-Außenhandeln darin, dass sich bisherige Studien mit Blick auf die externe Demokratieförderung vorwiegend auf politische und sicherheitspolitische Aspekte und weniger auf wirtschaftliche Dynamiken konzentriert haben, obwohl gerade dieser Bereich im Rahmen der EMP besonders betont wurde.

In ihrer theoretischen Ausrichtung baute die Untersuchung auf die Arbeiten von Susan Strange auf und konzeptionalisierte die EU als strukturelle Macht. Damit grenzte sie sich von den zwei dominierenden theoretischen Ansätzen in Bezug auf den internationalen Akteursstatus der EU ab: Zum einen von einem Verständnis der EU als „normativer Macht", welches der Interessenbasiertheit der EU-Politik zu wenig Bedeutung beimisst. Und zum anderen von realistischen Theorieansätzen, bei denen die normative Dimension des EU-Außenhandelns – insbesondere innerhalb der EMP – zu wenig Berücksichtigung findet. Von besonderer Bedeutung für die Zielsetzung dieser Arbeit war dabei die von Susan Strange betonte Eigenschaft der Unkontrollierbakeit/Nicht-Intendiertheit struktureller Macht, die in Bezug auf die empirische Analyse des EU-Außenhandelns in Algerien fruchtbar gemacht wurde.

Um die Effekte der im Rahmen der EMP durchgesetzten Maßnahmen auf die Mechanismen autoritärer Herrschaft in Algerien beschreiben zu können, wurde zunächst ein analytischer Zugang erarbeitet, der dazu diente, die polit-ökonomischen Zusammenhänge der autoritären Herrschaftsmechanismen in Algerien zu beschreiben. Dazu griff die Arbeit einerseits auf den Rentierstaatsansatz zurück und andererseits auf Erkenntnisse der Elitenforschung, welche eine kritische Betrachtung der in der Konzeption der EMP prominenten Vorstellung ermöglichen sollte, dass liberale Wirtschaftsreformen gewissermaßen automatisch neue Elitensegmente schaffen, die als genuin demokratische „change agents" betrachtet werden könnten.

Zu Beginn des daran anschließenden empirischen Teils stand zunächst die Rolle der EU als internationaler Akteur im Mittelmeerraum im Vordergrund. Es wurden die Entstehungsbedingungen und die Implementierung der Euro-

Mediterranen Partnerschaft seit Beginn der 1990er Jahre nachgezeichnet. Durch die Analyse des historisch-politischen Kontextes der EMP konnte gezeigt werden, wie und warum sich die liberale Vorstellung eines Zusammenhangs zwischen Handelsliberalisierung, wirtschaftlicher Modernisierung und politischer Liberalisierung innerhalb der Konzeption der EMP entwickelte.

Im Rahmen einer detaillierten Analyse der Genese der politischen Ökonomie Algeriens wurden sodann die Hintergründe der heute bestehenden massiven Strukturprobleme der algerischen Volkswirtschaft analysiert und insbesondere die strukturelle Abhängigkeit vom Hydrocarbonsektor und der damit zusammenhängende Rentierstaatscharakter Algeriens herausgearbeitet. Vor dem Hintergrund dieser wirtschaftsstrukturellen Besonderheiten Algeriens untersuchte die Arbeit die eng mit dem Rentierstaatscharakter verknüpften Mechanismen autoritärer Herrschaft. Dabei konnten die unterschiedlichen Formen der regimestabilisierenden Wirkungen der Rente identifiziert werden: Einerseits der strukturelle politische Effekt, der seine legitimationssubstituierende Wirkung durch fest installierte Rentendistributionskanäle entfaltet und andererseits der situative politische Effekt, der beim gezielten situationsbedingten Einsatz der Rente zur Kooptation politischer und sozialer Protestbewegungen deutlich wird. Unter Bezug auf den elitentheoretischen Ansatz der Autoritarismusforschung konnte zudem dargelegt werden, dass die Rolle der algerischen Privatunternehmer als genuine „change agents" sehr skeptisch eingeschätzt werden muss.

Die Ergebnisse der detaillierten Analyse der algerischen Binnendynamiken dienten als Hintergrundfolie für die Beschäftigung mit der Position des Landes innerhalb der Euro-Mediterranen Partnerschaft. Dabei wurde zuerst der historisch-politische Kontext der Aushandlung und Unterzeichnung des Assoziierungsabkommens analysiert und herausgearbeitet, welche Faktoren dazu geführt haben, dass Algerien ein für sich im Endeffekt nachteiliges Abkommen unterzeichnet hat. Hier identifizierte die Arbeit insbesondere drei Faktoren, die den Abschluss des Abkommens trotz der für Algerien nachteiligen Inhalte erklären können: Das Bemühen des algerischen Regimes um ein Ende seiner internationalen Isolation, die strukturelle Machtasymmetrie zwischen den Verhandlungspartnern und die mangelnden Kapazitäten auf algerischer Seite, die zu erwartenden Effekte des Abkommens realistisch einzuschätzen.

Bei der darauf folgenden Analyse der Inhalte des Abkommens und der algerischen Reaktionen auf deren Implementierung wurde deutlich, dass sich die algerische Seite zunehmend der für sie nachteiligen Effekte des Abkommens gewahr wurde. Dies führte zu einer Reihe von unilateralen Maßnahmen der algerischen Seite und schließlich zu einer Nachverhandlung der Inhalte des Abkommens, in dessen Rahmen Algerien in der Lage war, den Abbau der Zolllinien zumindest zu verzögern. Dieser partielle Erfolg der algerischen Seite kann durch einen relativen Machtgewinn Algeriens aufgrund der ihm zugeschriebenen Rolle bei der Bekämpfung des internationalen Terrorismus und der Wichtigkeit des Landes als Energielieferant für Europa erklärt werden. Deutlich wurde jedoch auch, dass sich dieser partielle Machtzugewinn der algerischen Seite einzig auf die „capacity"-Seite – d.h. innerhalb des unmittelbaren Verhandlungskontextes – ausdrückte und nicht auf eine Veränderung der strukturellen Machtasymmetrie zwischen Algerien und der EU hindeutet.

Im Anschluss an die Analyse der Inhalte des Assoziierungsabkommens und der algerischen Reaktionen auf dessen Implementierung stand im siebten Kapitel die Beantwortung der zentralen Fragestellung dieser Untersuchung im Mittelpunkt: Hier wurden die Effekte des EU-algerischen Assoziierungsabkommens auf die zuvor beschriebenen Mechanismen autoritärer Herrschaft analysiert. Durch die Fokussierung auf die handelspolitischen Maßnahmen der EU im Mittelmeerraum konnte gezeigt werden, dass das im Rahmen der EMP implementierte Instrument der EMFHZ im Fall Algerien die polit-ökonomischen Grundlagen der autoritären Herrschaftsmechanismen eher stützt als diese zu unterminieren. Der im Rahmen des EU-algerischen Abkommens festgelegte Zollabbau und die damit zusammenhängende einseitige Öffnung des algerischen Marktes für europäische Importprodukte trägt dazu bei, den Aufbau eines eigenständigen algerischen industriellen Sektors zu erschweren, verfestigt den Rentierstatscharakter Algeriens und wirkt so auf eine Perpetuierung der polit-ökonomischen Grundlagen autoritärer Herrschaftsmechanismen in diesem Land. Die in der Einleitung formulierte These konnte somit bestätigt werden.

Ausgehend von dieser Diagnose ergab sich die Frage, wie die Diskrepanz zwischen der offiziellen Zielsetzung der EU – durch die Initiierung und Unterstützung eines wirtschaftlichen Reform- und Modernisierungsprozesses auch die politische Liberalisierung in den südlichen EMP-Partnerländern zu stützen – und den tatsächlich im Partnerland Algerien zu konstatierenden Effekten zu erklären ist. Durch die Konzeptionalisierung der EU als strukturelle Macht öffnete die Arbeit in diesem Zusammenhang den Blick für die nicht-intendierten Effekte dieser strukturellen Machtposition, was die Diskrepanz zwischen der außenpolitischen Zielsetzung der EU und den zu konstatierenden Effekten im Zielland erklären kann. Durch die Öffnung des algerischen Marktes für Industriegüterimporte aus dem EU-Markt wird der Aufbau eines eigenständigen lebensfähigen Industriesektors erschwert, damit der Rentierstaatscharakter des Landes gestärkt und die daran geknüpften autoritären Herrschaftsmechanismen perpetuiert.

Im Folgenden soll dieser letzte Abschnitt der Arbeit dazu genutzt werden, einige Anschlussfragen zu formulieren, die sich aus den Ergebnissen der vorliegenden Einzelfallstudie ergeben.

Wie in der Einleitung dieser Untersuchung bereits angedeutet, können mit Blick auf die Ausrichtung dieser Arbeit als within-case-Vergleich einige Fragen zur Generalisierbarkeit der erarbeiteten Ergebnisse gestellt werden. Sind die in dieser Untersuchung identifizierten Auswirkungen des EU-Ansatzes in Algerien auf andere landesspezifische Kontexte übertragbar? Welche Faktoren müssen gegeben sein, damit ähnliche wie die beschriebenen Wirkungen des EU-Ansatzes auch in anderen Ländern zu erwarten sind?

In der vorliegenden Arbeit wurde deutlich, dass im Fall Algerien der Rentierstaatscharakter des Landes mit Blick auf die bestehenden Mechanismen autoritärer Herrschaft eine entscheidende Rolle spielt. Die damit zusammenhängenden strukturellen wirtschaftlichen Probleme – der beschriebene Deindustrialisierungsprozess, der marginale Anteil des verarbeitenden industriellen Sektors am BIP, die geringe Exportdiversifizierung etc. – können mithin als ein wichtiges Merkmal des algerischen Falles identifiziert werden, das für die in dieser Untersuchung identifizierten Effekte der EMFHZ von großer Bedeutung ist. Für die Frage nach der Generalisierbarkeit der Erkenntnisse dieser Arbeit ergibt sich damit ein erster Anhaltspunkt: Eine Übertragbarkeit auf andere Länder setzt voraus, dass in den betreffenden Staaten mit dem algerischen Fall vergleichbare wirtschaftsstrukturelle Merkmale zu finden sind, insbesondere ein mit Algerien vergleichbarer Rentierstaatscharakter und die damit zusammenhängenden polit-ökonomischen Grundlagen autoritärer Herrschaftsmechanismen.

Begibt man sich auf die Suche nach Ländern, die Algerien in Bezug auf ihre polit-ökonomischen Dynamiken und die wirtschaftsstrukturellen Gegebenheiten ähneln, so fallen bspw. der Irak und Libyen ins Auge. Beide Staaten beziehen ihre Einnahmen wie Algerien primär aus den Exporterlösen fossiler Ressourcen wie Öl und Gas und weisen mithin eine mit Algerien vergleichbare Rentierstaatsstruktur auf.[248] Folgerichtig ist auch der verarbeitende industrielle Sektor in diesen beiden Staaten unterentwickelt und die Diversifizierung der Exporte ähnlich eingeschränkt wie in Algerien. In beiden Ländern machen die Exporte aus dem HC-Sektor jeweils etwa 99% der Gesamtexporte aus (vgl. IMF 2013a; IMF 2013b).

Bisher sind beide Länder noch nicht in mit Algerien vergleichbarer Weise in den institutionalisierten außenpolitischen Rahmen der EU eingebunden. Libyen, das aufgrund seiner geographischen Lage als Kandidat für die Mittelmeerpolitik der EU in Frage kommen würde, ist bisher weder Teil der EMP – in der es lediglich einen Beobachterstatus inne hat – noch der ENP. Folgerichtig existiert auch kein Assoziierungsabkommen zwischen der EU und Libyen. Auch der Irak ist nicht Mitglied der EMP und kommt aufgrund seiner Lage im mittleren Osten auch nicht für die Nachbarschaftspolitik der EU in Frage. Vor dem Hintergrund der in dieser Untersuchung erarbeiteten Ergebnisse lässt sich ver-

---

[248] Beide Staaten übertreffen Algerien in dieser Hinsicht sogar noch: Der irakische Staat generierte im Jahr 2012 fast 100% seiner Einnahmen aus dem Export von Produkten des HK-Sektors, Libyen rund 99% (vgl. IMF 2013a; IMF 2013b).

muten, dass ein in Zukunft ähnlich wie in Algerien ausgerichteter EU-Ansatz in diesen beiden Staaten zu vergleichbaren Effekten führen würde, wie sie die vorliegende Untersuchung herausgearbeitet hat. Einen konkreten Hinweis darauf, dass sich das Engagement der EU in diese Richtung bewegt, gibt es zumindest für den Irak. Das Land hat im Mai 2012 ein Partnerschafts- und Kooperationsabkommen mit der EU unterzeichnet, das in seiner inhaltlichen Ausrichtung als Vorform eines Assoziierungsabkommens angesehen werden kann. Zwar sieht dieses Abkommen nicht konkret der Abbau von Zöllen und die Etablierung einer Freihandelszone vor, jedoch wird festgelegt, dass die Vertragspartner den GATT-Bestimmungen über die Meistbegünstigung folgen.[249] Bei der Unterzeichnung des Abkommens in Brüssel betonte dazu die EU-Außenbeauftragte Catherine Ashton: „For me this agreement is above all a symbol of the EU's wish to be a positive partner for Iraq in its democratic efforts" (EU 2012b). Die Vorstellung einer engen Verknüpfung zwischen Handelsliberalisierung, wirtschaftlicher Modernisierung und politischer Liberalisierung scheint innerhalb der Konzeption des EU-Außenhandels also weiterhin zu bestehen. Die spezifischen Probleme rentenbasierter Volkswirtschaften und die damit zusammenhängenden Mechanismen autoritärer Herrschaft werden dabei von der EU nicht hinreichend reflektiert.

Mit Blick auf die in dieser Untersuchung herausgearbeitete negative Bilanz bezüglich der Wirkungen des EU-Instrumentariums in Algerien stellt sich darüber hinaus die Frage nach den Adaptationsmöglichkeiten der EU-Politik. Welche Maßnahmen kann und sollte die EU ergreifen, um den nicht-intendierten Effekten ihres eigenen Politikansatzes zu begegnen? Ist sie überhaupt in der Lage und Willens, Änderungen vorzunehmen, oder ist die Fokussierung der EMP auf die Durchsetzung der Handelsliberalisierung gewissermaßen in einer Pfadabhängigkeit gefangen? Welche Bedingungen müssten gegeben sein, damit die Effekte der strukturellen Machtposition der EU in Bezug auf Algerien kontrollierbarer werden? Dieser Problemkomplex verweist auch auf die übergeordnete Frage nach der Wirksamkeit externer Interventionen im internationalen Kontext überhaupt. In welchem Licht erscheint mit Blick auf die Erkenntnisse dieser Arbeit der – meist nicht offen formulierte, aber doch existente – Anspruch, vor allem der westlichen Staatenwelt, die sozialen, wirtschaftlichen und politischen Geschicke so genannter unterentwickelter oder Schwellenländer zu beeinflussen bzw. zu steuern?

---

[249] Der Irak ist, genauso wie Algerien, bisher allerdings kein WTO-Mitglied. Von der Meistbegünstigung sind laut dem Abkommen im Übrigen Mitglieder einer Freihandelszone explizit ausgenommen (vgl. EU 2012a)

Die vorliegende Untersuchung hat vor allem in Bezug auf die Intentionalität und Kontrollierbarkeit externer Interventionen[250] einen Beitrag zu diesen Fragen geleistet. Die oft mangelnde Wirksamkeit externer Interventionen (insbesondere militärischer Natur) ist in den vergangenen gut 20 Jahren immer stärker in den Fokus der politikwissenschaftlichen Forschung gerückt (vgl. z.B. Bliesemann de Guevara/Kühn 2010). Häufig wurde und wird dabei zur Erklärung bestehender Diskrepanzen zwischen Zielsetzungen und tatsächlichen Effekten auf Interesseninkongruenzen der intervenierenden Akteure verwiesen. In Bezug auf die EU als internationaler Akteur im Mittelmeerraum wurde bspw. argumentiert, dass die unbefriedigenden Ergebnisse der außenpolitischen Initiativen insbesondere auf eine Unvereinbarkeit zwischen den eher kurzfristigen Handels- und Stabilisierungsinteressen der EU (bzw. ihrer Mitgliedsstaaten) und den längerfristigen Sicherheitsinteressen besteht, die innerhalb der EMP durch die Unterstützung eines wirtschaftlichen Modernisierungsprozesses realisiert werden sollten. Bei einer solchen Argumentation erscheinen die nicht-intendierten Effekte eher als Auswirkungen, die von der EU zwar durchaus registriert, aber billigend in Kauf genommen werden.

Diese Arbeit argumentierte hingegen, dass gerade die tendenzielle Unkontrollierbarkeit der Effekte struktureller Macht ein wichtiger Erklärungsfaktor für die Diskrepanz zwischen offiziell erklärten Zielen und tatsächlichen Effekten darstellt. Diese Zugangsweise impliziert eine insgesamt bescheidenere Erwartungshaltung bezüglich der Gestaltungsmöglichkeiten externer Akteure auf komplexe Binnendynamiken, die sich von Land zu Land unterscheiden. Durch den in dieser Arbeit gewählten Ansatz der strukturellen Macht wurden so die innerhalb der politikwissenschaftlichen Forschung lang gehegten Annahmen über die Kontrollierbarkeit und Intentionalität von Macht und die kausale Verknüpfung von Kapazitäten und Effekten problematisiert. Bei der Beschäftigung mit dem Einzelfall Algerien wurde deutlich, dass sich die Effekte der strukturellen Machtposition der EU gerade durch ihre Nicht-Intentionalität und tendenzielle Unkontrollierbarkeit auszeichnen. Mit Blick auf die übergeordnete Frage nach den Möglichkeiten der Einflussnahme durch externe Interventionen (auch und gerade nicht-militärischer Art) ergibt sich dadurch ein skeptisches Bild. Dabei geht es nicht allein um die Diagnose von „conversion failures" (Guzzini 2000: 56), also der Feststellung, dass bestehende Kapazitäten aufgrund von mangelndem politischen Willen, defizitärer Koordination oder anderen Hindernissen nicht abgerufen und aus diesem Grund die formulierten Ziele nicht erreicht werden. Vielmehr muss vor dem Hintergrund der Ergebnisse dieser Ar-

---

[250] Im allgemeinen Sprachgebrauch werden mit diesem Begriff oft ausschließlich militärische Interventionen bezeichnet. Hier ist der Begriff allgemeiner zu verstehen und umfasst auch nicht militärische Einflussbemühungen.

beit konstatiert werden, dass die Kontrolle des internationalen Akteurs EU über die Auswirkungen seiner eigenen strukturellen Macht begrenzt ist.

An diesem Punkt stellt sich zwangsläufig die Frage, ob die EU also in Bezug auf die Effekte ihres eigenen Politikansatzes im Mittelmeer insgesamt und ihrer Rolle in Algerien im Besonderen gewissermaßen Opfer ihrer eigenen Machtposition ist und gar keine Steuerungsmöglichkeit bezüglich der Effekte ihrer eigenen Politik hat? Bildlich gesprochen: Ist die EU ein Elefant im Porzellanladen?

Wie bereits im vorherigen Kapitel angedeutet wurde, wäre eine uneingeschränkte Bejahung dieser Frage zweifellos zu fatalistisch. Es steht nicht zu erwarten, dass die EU ihre eigene strukturelle Machtposition einschränkt, denn das hieße, die eigene Position im internationalen Umfeld freiwillig zu schwächen. Aus diesem Grund muss es bei der Frage der Adaptation vor allem darum gehen, sich der potentiellen Effekte einer strukturellen Machtposition bewusst zu sein und mit ihr verantwortlich umzugehen. Die strukturelle Machtasymmetrie zwischen der EU und den südlichen Mittelmeerstaaten insgesamt und damit auch gegenüber Algerien wird auf absehbare Zeit bestehen bleiben. Deswegen liegt die einzige Möglichkeit eines produktiven und verantwortungsvollen Umgangs der EU mit ihrer eigenen Machtposition darin, die Effekte dieser strukturellen Stärke einzuhegen. Dazu müsste vor allem der institutionelle Rahmen verändert werden, in dem diese strukturelle Machtposition der EU wirksam ist. Insbesondere die Assoziierungsabkommen mit den EMP-Partnerstaaten müssten dabei auf den Prüfstand gestellt werden, da sie den institutionellen Rahmen für die wirtschaftlichen Beziehungen zwischen der EU und den südlichen EMP-Partnerländern bilden. Neben einer gezielten Anpassung der im Assoziierungsabkommen vorgesehen handelspolitischen Maßnahmen an die Bedürfnisse des Empfängerlandes sollten ebenso Mechanismen erarbeitet werden, die bereits im Vorfeld solcher Abkommen den Blick für potentielle nicht-intendierte Effekte schärfen können. Hier könnte man sich bspw. vorstellen, dass die EU unabhängige wissenschaftliche Expertenkommissionen beauftragt, die sich eingehend mit den zu erwartenden Auswirkungen des angestrebten Abkommens beschäftigen, dabei die im Zusammenhang des Abkommens formulierten Ziele berücksichtigen und daran anschließend Einschätzungen formulieren, ob die angedachte Konzeption geeignet ist, die angestrebten Ziele zu erreichen.

Darüber hinaus setzt eine Neuausrichtung des EU-Politikansatzes voraus, dass die konzeptionelle Grundausrichtung der EMP, vor allem bezüglich ihrer wirtschaftlichen Dimension „entideologisiert" wird.[251] Wie in dieser Arbeit

---

[251] In Bezug auf den Faktor „Ideologie" im Zusammenhang der Konzeption und Ausgestaltung des EU-Außenhandels insgesamt und der EU-Mittelmeerpolitik bestehen nach Ansicht des Autors darüber hinaus zahlreiche Möglichkeiten für weitergehende Forschungsansätze.

deutlich wurde, krankt das Konzept der EMP insbesondere an seinen unhinterfragten modernisierungstheoretischen Prämissen. Die Annahme, dass Freihandel in jedem erdenklichen Kontext eine gute Sache ist, wurde durch zahlreiche Arbeiten hinlänglich widerlegt. Geht es um die Öffnung der Märkte von zwei oder mehreren vergleichbar starken Partnern, ist der positive wohlfahrtssteigernde Effekt der Handelsliberalisierung unbestritten. Handelt es sich jedoch um einen Staat, der in keinem einzigen zukunftsfähigen Wirtschaftssektor einen komparativen Vorteil besitzt, sondern diese im Rahmen des Aufbaus einer lebensfähigen produktiven Industrie überhaupt erst noch etablieren muss (wie im Falle Algeriens), dann ist die bedingungslose Öffnung mit starken negativen Effekten verbunden.

Natürlich ist die EU nicht für alle negativen Entwicklungen im südlichen Partnerstaat Algerien verantwortlich zu machen. Es steht außer Frage, dass der größte Teil der Verantwortung für die wirtschaftlichen und sozio-ökonomischen Probleme im Land die politischen Entscheidungsträger in Algerien selbst tragen. Es steht jedoch ebenso außer Zweifel, dass die von der EU im Rahmen des Assoziierungsabkommens implementierten handelspolitischen Maßnahmen einen nachhaltigen Reformprozess nicht unterstützen, sondern, wie dargelegt, erschweren.

Algerien steht gut 50 Jahre nach seiner Unabhängigkeit von Frankreich an einem entscheidenden Punkt seiner Geschichte. Das Land ist bisher nicht auf die absehbare Erschöpfung seiner Energieressourcen vorbereitet. Bei gleich bleibender Produktion werden die algerischen Ölreserven in etwa 18 Jahren aufgebraucht sein. Ändert sich bis zu diesem Zeitpunkt nicht grundsätzlich etwas an der staatlichen und gesamtgesellschaftlichen Abhängigkeit vom HC-Sektor und werden die strukturellen wirtschaftlichen Probleme nicht behoben, steht zu befürchten, dass das Land kollabiert. Will die EU einem solchen Szenario im Rahmen ihrer Möglichkeiten entgegenwirken, sollte sie die konzeptionelle Ausrichtung ihrer Mittelmeerpolitik (und zwar nicht nur in Algerien) grundsätzlich überdenken. Auch und gerade mit Blick auf ihre eigenen langfristigen Sicherheitsinteressen muss es darum gehen, die modernisierungstheoretischen Grundannahmen der eigenen Politik unter Berücksichtigung der konkreten Erfordernisse in den einzelnen südlichen Partnerstaaten in Frage zu stellen. Die EU hat ein genuines Eigeninteresse, sich mit den nicht-intendierten Effekten ihrer eigenen strukturellen Machtposition auseinanderzusetzen, um ihre langfristigen Stabilitäts- und Sicherheitsinteressen zu wahren.

10 Literatur- und Quellenverzeichnis

Monographien und Aufsätze

Achy, Lahcen. 2012. „Algeria Avoids the Arab Spring?" Q&A. Carnegie Endowment for International Peace, 31.5.2012.

———. 2013. „The Price of Stability in Algeria." Carnegie Paper. Carnegie Endowment for International Peace, 25.4.2013.

Adamson, Kay. 2004. „Political Contexts and Economic Policy in Algeria: Some Theoretical Considerations and Problems." In: Ahmed Aghrout (Hrsg.): *Algeria in Transition. Reforms and Development Prospects.* London/New York: Routledge, 9–34.

Addi, Lahouari. 2006. „En Algérie, Du Conflit Armé à La Violence Sociale." In: *Le Monde diplomatique.* April 2006.

Adouse, Haytham. 2008. *Die Euro-Mediterrane Partnerschaft: Europäische Ambitionen und nahöstliche Realitäten.* Berlin: Schiler Verlag.

Aggoun, Lounis, und Jean-Baptiste Rivoire. 2005. *Francalgérie, crimes et mensonges d'Etats: Histoire secrète, de la guerre d'indépendance à la "troisième guerre d'Algérie.* Paris: La Découverte.

Aghrout, Ahmed. 2005. „The EU–Algeria Partnership Agreement: a Preliminary Assessment". Working Paper Nr. 31. European Studies Research Institute.

Ainas, Yanis. 2012. "Les Hydrocarbures : Atout ou frein pour le développement de l'Algérie ?" *Revue Tiers-Monde* 210(2): 69–88.

Aissaoui, Ali. 2001. *Algeria: The Political Economy of Oil and Gas.* Oxford: Oxford University Press.

Albrecht, Holger, und Rolf Frankenberger. 2010. „Autoritarismus Reloaded: Konzeptionelle Anmerkungen Zur Vergleichenden Analyse Politischer Systeme." In: Dies. (Hrsg): *Autoritarismus Reloaded. Neuere Ansätze und Erkenntnisse der Autokratieforschung.* Baden- Baden: Nomos, 37–60.

Algieri, Franco. 2008. *Die Gemeinsame Außen- und Sicherheitspolitik der EU.* Stuttgart: UTB Verlag.

Aliboni, Roberto, und Fuad Ammor. 2009. „Under the Shadow of 'Barcelona': From the EMP to the Union for the Mediterranean." EuroMeSCo Paper Nr. 77.

Allen, David, und Michael Smith. 1990. „Western Europe's Presence in the Contemporary International Arena." *Review of International Studies.* 16(1): 19–37.

Amarouche, Ahcène. 2004. *Libéralisation Économique et Problèmes de La Transition En Algérie.* Lyon: Université Lumière Lyon II.

Amnestie International. 2000. *Algérie. La Vérité et La Justice Occultées Par L'impunité.* Bericht Nr. MDE 28/011/00. London.

Asseburg, Muriel. 2005. „Demokratieförderung in der Arabischen Welt. Hat Der partnerschaftliche Ansatz der Europäer Versagt?" *Orient* 46(2): 272–90.

———. 2011. „Der Arabische Frühling. Herausforderung und Chance fü r die deutsche und europä ische Politik". SWP-Studie. Berlin: Stiftung Wissenschaft und Politik.

Augier, Patricia, und Michael Gasiorek. 2003. „The Welfare Implications of Trade Liberalization Between the Southern Mediterranean and the EU." *Applied Economics* 35(10): 1171–90.

Auty, Richard M. 1993. Sustaining Development in Mineral Economies: The Resource Curse Thesis. Oxford/New York: Psychology Press.

———. 2001. *Resource Abundance and Economic Development*. Oxford: Oxford University Press.

Axtmann, Dirk. 2007. *Reform Autoritärer Herrschaft in Nordafrika*. Wiesbaden: Deutscher Universitätsverlag.

Baland, Jean-Marie, und Patrick Francois. 2000. „Rent-seeking and Resource Booms." *Journal of Development Economics* 61(2): 527–42.

Bank, André. 2009. „Die Renaissance Des Autoritarismus." *Hamburg Review of Social Science* 4(1): 10–41.

———. 2010. „Die Neue Authoritarismusforschung: Ansätze, Erkenntnisse Und Konzeptionelle Fallstricke." In: Holger Albrecht und Rolf Frankenberger (Hrsg.) *Autoritarimus Reloaded*. Baden-Baden: Nomos, 21–36.

Banque d'Algérie. 2011. *Rapport Annuel 2011. Chapitre V, Finances Publiques.*

Barbé, Esther, und Anna Herranz Surrallés. 2010. „Dynamics of Convergence and Differentiation in Euro-Mediterranean Relations: Towards Flexible Region- Building or Fragmentation?" *Mediterranean Politics* 15(2): 129–47.

Barnett, Michael, und Raymond Duvall. 2005. „Power in Global Governance." In: Dies. (Hrsg): *Power in global governance*. Cambridge: Cambridge University Press, 1–32.

Beach, Derek und Rasmus Brun Pederson. 2013. *Process Tracing Methods. Foundations and Guidelines*. Chicago: University of Michigan Press.

Beblawi, Hazem. 1987. „The Rentier State in the Arab World." In: Hazem Beblawi und Giacomo Luciani (Hrsg.): *The Rentier State*. London: Croom Helm, 49–62.

Beblawi, Hazem und Giacomo Luciani. 1987. *The Rentier State*. London: Croom Helm.

Beck, Martin. 2002. *Friedensprozess im Nahen Osten: Rationalität, Kooperation und politische Rente im Vorderen Orient*. Wiesbaden: Westdeutscher Verlag.

———. 2009. „Rente Und Rentierstaat Im Nahen Osten." In: Annette Jünemann, Cilja Harders, Martin Beck und Stephan Stetter (Hrsg.): *Der Nahe Osten im Umbruch: Zwischen Transformation und Autoritarismus*. Wiesbaden: VS Verlag, 25–49.

Beetham, David. 1999. „Market Economy and Democratic Polity." In: David Beetham (Hrsg.): *Democracy and human rights*. Oxford: Blackwell Publishers, 50–66.

Begga, Cherif, und Kamel Abid. 2004. „The Euro-Algerian Relationship: A Review of Its Development." In: Ahmed Aghrout und Mohamed Redha Bougherira (Hrsg.): *Algeria in Transition. Reforms and Development Prospects*. London/New York: Routledge, 73–101.

Belkaid, Akram. 2009. „Une Dynamique D'alliances au nom de la souveraineté nationale." *Confluences Méditerranée* (71): 167–78.

Bellal, Samir. 2011. „Une approche régulationniste de la dédindustrialisation En Algérie." *Les Cahiers du CREAD* (95): 27–52.

Bellin, Eva. 2004. „The Robustness of Authoritarianism in the Middle East: Exceptionalism in Comparative Perspective." *Comparative Politics* 36(2): 139–57.

Benabdallah, Youcef. 2008. „L'Algérie Face à La Mondialisation". Algier: Friedrich Ebert Stiftung.

———. 2009a. „L'économie Algérienne Entre Réformes et Ouverture: Quelle Priorité?" In: Lahsen Abdelmalki, Mustapha Sadni-Jallab, and Karima Bounemra Ben Soltane

(Hrsg.)*: Le Maghreb face aux défis de l'ouverture en Méditerranée*. Paris: L'Harmattan, 305–31.

———. 2009b. „Rente et Désindustrialisation." *Confluences Méditerranée* (71): 85–100.

Benachenchou, Abdelatiff. 1980. „L'économie algérienne entre l'autonomie et la dépendance." *Revue d'économie industrielle* 14(1): 212–18.

Benchicou, Mohamed. 2004. *Bouteflika: Une Imposture Algérienne*. Algier: Editions Le Matin.

Benderra, Omar. 2002. „Economie algérienne 1986-1998. Les réseaux au commande de l'état." In: Jocelyne Cesari (Hrsg.): *La Méditerranée des réseaux, Marchands, entrepreneurs et migrants entre l'Europe et le Maghreb*. Paris: Maisoneuve et Larose, 231–66.

Benissad, Hocine. 1997. „Le plan s'ajustement structurel." *Confluences Méditerranée* (23): 107–18.

Benkheira, Hocine. 1990. „Un Désir Absolu: Les émeutes d'octobre 1988 en Algérie." *Peuples méditerranéens* (52-53): 7–18.

Bennaceur, Sami, Adel Ben Youssef, Samir Ghazouani und Hatem M'Henni. 2007. *Evaluation Des Politiques de Mise à Niveau Des Entreprises de La Rive Sud de La Méditerranée: Les Cas de l'Algérie, l'Egypte, Le Maroc et La Tunisie*. Femise.

Bennoune, Mahfoud. 1988. *The Making of Contemporary Algeria, 1830 - 1987: Colonial Upheavals and Post-independence Development*. Cambridge: Cambridge University Press.

———. 1990. „Algeria's Faç ade of Democracy, Interview with Mahfoud Bennoune." *Middle East Report* 163(March-April): 9–13.

Bicchi, Federica. 2006. „'Our Size Fits All': Normative Power Europe and the Mediterranean." *Journal of European Public Policy* 13(2): 286–303.

———. 2007. *European Foreign Policy Making Toward the Mediterranean*. Basingstoke: Palgrave Macmillan.

———. 2009. "Democracy Assistance in the Mediterranean. An Overview." *Mediterranean Politics* 14(1): 61–78.

Bliesemann de Guevara und Florian P. Kühn. 2010. *Illusion Statebuilding. Warum sich der westliche Staat so schwer exportieren lässt*. Hamburg: Edition Körber-Stiftung.

Botha, Anneli. 2008. „Terrorism in the Maghreb. The Transnationalisation of Domestic Terrorism". ISS Monographic Series Nr. 144. Institute for Security Studies, Pretoria.

Boubekeur, Amel. 2013. „Rolling Either Way? Algerian Entrepreneurs as Both Agents of Change and Means of Preservation of the System." *Journal of North African Studies* 18(3): 469–81.

Boudjenah, Yasmine. 2002. *Algérie, Décomposition d'une Industrie: La Restructuration des entreprises publiques (1980-200)*. Paris: L'Harmattan.

Bouyacoub, Ahmed. 1997. „L'économie Algérienne et le programme d'ajustement structurel." *Confluences Méditerranée* (21): 77–85.

Brach, Juliane. 2006. „Ten Years after: Achievements and Challenges of the Euro-Mediterranean Economic and Financial Partnership." Giga Working Paper Nr. 36. Hamburg: German Institute of Global and Area Studies.

Brahimi, Abdelhamid. 1991. *Stratégies de développement pour L'Algérie*. Paris: Economica.

Bremberg Heijl, Niklas, Ahmed Driss, Jakob Horst, Eduard Soler i Lecha und Isabelle Werenfels. 2009. „Flexible Multilateralism: Unlimited Opportunities? The Case of Civil Protection in the Mediterranean." EuroMesCo Paper Nr. 80.

Bretherton, Charlotte. und John. Vogler. 1999. *European Union as a Global Actor*. London/New York: Routledge.

Brumberg, Daniel. 2002. „The Trap of Liberalized Autocracy." *Journal of Democracy* 13(4): 56–68.

Buchan, David. 1993. *Europe: The Strange Superpower*. Sadbury: Dartmouth Publishing.

Bull, Hedley. 1982. „Civilian Power Europe: A Contradiction in Terms?" *Journal of Common Market Studies* 21(2): 149–70.

Burnell, Peter. 2005. „Political Strategies of External Support for Democratization." *Foreign Policy Analysis* (5): 361–84.

Bustos, Rafael und Aurélia Mané. 2013. „Algeria: Post-Colonial Power Structure and Reproduction of Elites Without Renewal." In: Ferran Izquierdo Brichs (Hrsg.): *Political Regimes in the Arab World: Society and the Exercise of Power*. London/New York: Routledge, 38–64.

Buzan, Barry, Ole Wæver und Jaap de Wilde. 1998. *Security: a New Framework for Analysis*. Boulder: Lynne Rienner Publishers.

Byman, Daniel. 2005. „The Implications of Leadership Change in the Arab World." *Political Science Quarterly* 120(1): 59–83.

Calleya, Stephen. 2000. *Is the Barcelona Process Working?: EU Policy in the Mediterranean*. Bonn: Center for European Integration Studies.

Calleya, Stephen und Eberhard Rhein. 2004. „The Euro-Med Partnership Needs a Strong Push." In: Andreas Jacobs (Hrsg.): *Euro-Mediterranean co-operation: enlarging and widening the perspective*. Discussion Paper C131. Bonn: Center for European Integration Studies, 16–35.

Cameron, Fraser und Eberhard Rhein. 2005. „Promoting Political and Economic Reform in the Mediterranean and the Middle East." EPC Issue Paper No. 33. Brüssel: European Policy Center.

Cardwell, Paul James. 2011. „EuroMed, European Neighbourhood Policy and the Union for the Mediterranean: Overlapping Policy Frames in the EU's Governance of the Mediterranean." *Journal of Common Market Studies* 49(2): 219–41.

Carlier, Omar. 1989. „Gestuelle du pouvoir et modèle de souveraineté: Figures présidentielles de l'autorité dans l'Algérie indépendante 1962-1988." *Annuaire de l'Afrique du Nord* (XXWI): 107–30.

Carothers, Thomas. 2002. „The End of the Transition Paradigm." *Journal of Democracy* 13(1): 5–21.

———. 2009. „Democracy Assistance: Political vs. Developmental." *Journal of Democracy* 20(1): 5–19.

Catusse, Myriam. 2008. *Le Temps Des Entrepreneurs? Politique et Transformation Du Capitalisme Au Maroc*. Paris: Maisonneuve & Larose.

Celenk, Ayse. 2009. „Promoting Democracy in Algeria. the EU Factor and the Preferences of the Political Elite." *Democratization* 16(1): 176–92.

Collier, David und Steven Levitsky. 1997. „Democracy with Adjectives: Conceptual Innovation in Comparative Research." *World Politics* 49(3): 430–51.

Collier, David. 2011. „Understanding Process Tracing." *Political Science and Politics* 44(4): 823–30.

Collier, Paul und Anke Hoeffler. 1998. *On Economic Causes of Civil War.* Oxford Economic Papers 50(4): 563-573.

Connelly, Matthew. 2002. *A Diplomatic Revolution: Algeria's Fight for Independence and the Origins of the Post-Cold War Era.* Oxford: Oxford University Press.

Corden, Max und Peter Neary. 1982. „Booming Sector and De-Industrialisation in a Small Open Economy." *The Economic Journal* (92): 825–48.

Corm, Georges. 1993. „La réforme économique algérienne: Une réforme mal aimée." *Monde Arabe Maghreb Machrek* 139(Janvier-Mars): 9–27.

Costa-Font, Joan und Mireia Borrell Porta. 2012. *Foreign Direct Investment (FDI) and the Liberalization of Trade in Services: An Evaluation of the Euro-Mediterranean Partnership (EMP) Influence.* Femise Research Nr. FEM34-19.

Cox, Robert W. 1987. *Production, Power, and World Order: Social Forces in the Making of History.* New York: Columbia University Press.

Dahl, Robert A. 1961. *Who Governs?: Democracy and Power in an American City.* New Haven: Yale University Press.

Dahmani, Ahmed. 1999. *L'Algérie à l'épreuve - économie politique des réformes 1980-1997.* Algier: Casbah.

Darbouche, Hakim. 2009. „EU–Algeria Trade and Energy Interests in the Framework of the EMP: The Politics of 'Specificity' in an Interdependent Relationship." *Journal of Contemporary European Studies* 17(3): 369–86.

Demmelhuber, Thomas. 2009. *EU-Mittelmeerpolitik und der Reformprozess in Ägypten: Von der Partnerschaft zur Nachbarschaft.* Baden-Baden: Nomos.

Destanne de Bernis, Gérard. 1963. „L'industrialisation en Algérie." In: François Perroux (Hrsg.): *Problèmes de l'Algérie indépendante.* Paris: Presse Universitaire de France, 125–38.

―――. 1971. „Industries Industrialisantes et Les Options Algériennes." *Revue Tiers-Monde* (Julliet-Septembre): 545–63.

Deudney, Daniel und John Ikenberry. 1993. „The Logic of the West." *World Policy Journal* 10(4): 17– 25.

Diedrichs, Udo. 2012. *Die Gemeinsame Sicherheits- und Verteidigungspolitik Der EU.* Wien: UTB.

Diez, Thomas. 2005. „Constructing Self and Changing Others: Reconsidering 'Normative Power Europe'" *Millennium – Journal of International Studies* 33(3): 613-636

Dillman, Bradford. 2000. *State and the Private Sector in Algeria - The Politics of Rent Seeking and Failed Development.* Boulder: Westview Press.

―――. 2002. „International Markets and Partial Reforms in North Africa: What Impact on Democratization?" *Democratization* 9(1): 63–86.

Dris Ait Hamadouche, Luisa und Chérif Driss. 2012. „De la résilience des régimes autoritaires: La complexité Algérienne." *L'Année du Maghreb* (VIII): 279–311.

Duchêne, Francois. 1972. „Europe's Role in World Peace." In: Richard Mayne (Hrsg.): *Europe Tomorrow: Sixteen Europeans Look Ahead,* London: Fontana, 31–47.

————. 1973. „The European Community and the Uncertainties of Interdependence." In: Max Kohnstamm und Wolfgang Hager (Hrsg.): *A Nation Writ Large? Foreign-Policy Problems before the European Community.* London: Macmillan, 32-47.

Dunne, Michele und Tarek Radwan. 2013. „Egypt: Why Liberalism Still Matters." *Journal of Democracy* 24(1): 86–100.

Dunning, Thad. 2008. *Crude Democracy: Natural Resource Wealth and Political Regimes.* Cambridge: Cambridge University Press.

Edwards, Geoffrey und Eric Philippart. 1997. „The Euro-Mediterranean Partnership: Fragmentation and Reconstruction." *European Foreign Affairs Review* 2(4): 465–89.

Eisenberg, Laura Zittrain und Neil Caplan. 2010. *Negotiating Arab-Israeli Peace: Patterns, Problems, Possibilities.* Bloomington: Indiana University Press.

EIU. 2012. *Special Report Algeria.* Economic Intelligence Unit.

El Kenz, Ali. 1989. „La société Algérienne aujourd'hui: Esquisse d'une phénoménologie de la conscience nationale." In: Ders. (Hrsg.): *L'Algérie et la Modernité.* Dakar: Codesria, 1–31.

Elsenhans, Hartmut. 1984. *Abhängiger Kapitalismus oder bürokratische Entwicklungsgesellschaft. Versuch über den Staat in der Dritten Welt.* Frankfurt a.M.: Campus.

————. 1989. „Algeria: The contradiction of rent-financed development." *The Maghreb Review* 14(3/4): 226–48.

Emerson, Michael und Gergana Noutcheva. 2005. „From Barcelona Process to Neighbourhood Policy." *CEPS Working Document* No. 220.

Entelis, John P. 2011. „Algeria: Democracy denied, and revived?" *Journal of North African Studies* 16(4): 653–78.

Escribano, Gonzalo. 2006. „Europeanisation without Europe? The Mediterranean and the Neighbourhood Policy." *EUI Working Paper* Nr. RSCAS 2006/19. European University Institute.

Ethier, W.J. 1982. „National and International Returns to Scale in the Modern Theory of International Trade." *American Economic Review* 72(3): 389–409.

Farsoun, Karen. 1975. „State Capitalism in Algeria." MERIP Report Nr. 35. Middle East Research & Information Project.

Femise. 2012. „The Season of Choices." Femise Report on the Euro-Mediterranean Partnership.

Fischer, Stanley, Ratna Sahay und Carlos A. Vegh. 1996. „Economies in Transition: The Beginnings of Growth." *The American Economic Review* 86(2): 229–33.

Foucault, Michel. 1994. *Überwachen Und Strafen.* Frankfurt a.M.: Suhrkamp.

Frémeaux, Jacques. 2002. *La France et l'Algérie en guerre: 1830-1870, 1954-1962.* Paris: Commision française d'histoire militaire.

Friedman, Milton. 1962. *Capitalism and Freedom.* Chicago: University of Chicago Press.

Fukuyama, Francis. 1989. „The End of History?" *The National Interest* (16).

————. 1992. *The End of History and the Last Man.* New York: Free Press.

Galtung, Johan. 1973. *The European Community: a Superpower in the Making.* Oslo/London: Universitetsforlaget.

Garcon, José. 1999. „Le Mystère Bouteflika." *Politique Internationale* (85): 393–414.

Gerken, Lüder. 2004. *The Constitution of Liberty in the Open Economy*. London/New York: Routledge.

Gèze, François und Jeanne Kervyn. 2004. „L'organisation des forces de répression." Dossier Nr. 16. Paris: Comité Justice pour l'Algérie.

Gillespie, Richard. 1997. „Spanish Protagonismo and the Euro-Med Partnership Initiative." *Mediterranean Politics* 2(1): 33–48.

————. 2002. „The Valencia Conference: Reinvigorating the Barcelona Process?" *Mediterranean Politics* 7(2): 105–14.

————. 2004a. „A Political Agenda for Region-building? The EMP and Democracy Promotion in North Africa.", IES-Paper Nr. 040530. Brüssel: Institute of European Studies.

————. 2004b. „Reshaping the Agenda? The Internal Politics of the Barcelona Process in the Aftermath of September 11." In: Annette Jünemann (Hrsg.): *Euro-Med Relations After September 11*. London: Frank Cass, 21–36.

Gilpin, Robert. 1987. *The Political Economy of International Relations*. Princeton: Princeton University Press.

Gomez, Ricardo. 2003. *Negotiating the Euro-Mediterranean Partnership: Strategic Action in EU Foreign Policy?* Farnham: Ashgate Publishing.

Goumeziane, Smaïl. 1994. *Le Mal Algérien*. Paris: Fayard.

Grimaud, Nicole und Jean Léca. 1986. „L'Algérie Face Au Contre-choc Pétrolier." *Monde Arabe Maghreb Machrek* (112): 94–100.

Guzzini, Stefano. 1993. „Structural Power - The Limits of Neorealist Power Analysis." *International Organization* 47(3): 443–78.

————. 2000. „The Use and Misuse of Power Analysis in International Theory." In: Ronan Palan (Hrsg.): *Global Political Economy. Contemporary Theories*. London/New York: Routledge, 53– 66.

Hadj-Nacer, Abderrahmane Roustoumi. 1989. *Les cahiers de la reforme*. Algier: Enag.

Hadjadj, Djillali. 1999. *Corruption et Democratie en Algerie*. Paris: La Dispute.

Hagemejer, Jan und Andrzej Cieslik. 2009. „Assessing the Impact of the EU-sponsored Trade Liberalization in the MENA Countries." *Journal of Economic Integration* 24(2): 343–68.

Haklai, Oded. 2009. „Authoritarianism and Islamic Movements in the Middle East: Research and Theorybuilding in the Twenty-first Century." *International Studies Review* (11): 27–45.

Hamrouche, Mouloud. 1989. „Discours de Mouloud Hamrouche à l'Assemblée Populaire Nationale." Oktober 1989.

Hasel, Thomas. 2002. *Machtkonflikt in Algerien*. Berlin: Verlag Hans Schiler.

Hausmann, Ricardo, Bailey Klinger und Jose R. Lopez-Calix. 2010. „Export Diversification in Algeria." In: Jose R. Lopez-Calix, Peter Walkenhorst und Ndiame Diop (Hrsg.): *Trade Competitiveness of the Middle East and North Africa: Policies for Export Diversification*. Washington: World Bank, 63–104.

Hayek, Friedrich August. 1944. *The Road to Serfdom*. Chicago: University of Chicago Press.

Hedir, Mouloud. 2003. *L'économie Algérienne à L'épreuve de l'OMC*. Algier: Edition Anep.

Held, David. 1993. „Liberalism, Marxism and Democracy." *Theory and Society* 22(2): 249–81.

Heydemann, Steven. 2004. „Introduction." In: Ders. (Hrsg.): *Networks of privilege: rethinking the politics of economic reform in the middle east.* Basingstoke/New York: Palgrave Macmillan, 1– 34.

———. 2007. „Upgrading Authoritarianism in the Arab World." Policy Analysis Paper Nr. 13. Saban Center for Middle East..

Hill, Christopher. 1990. „European Foreign Policy: Power Bloc, Civilian Model – or Flop?" In Reinhardt Rummel (Hrsg.): *The Evolution of an International Actor.* Boulder: Westview Press, 31-55.

———. 1993. „The Capability-Expectations Gap, or Conceptualizing Europe's International Role." *Journal of Common Market Studies* 31(3): 305–28.

Hinnebusch, Raymond. 2006. „Autoritarian Persistence: Democratization Theory and the Middle East – an Overview and Critique." *Democratization* 13(3): 373–95.

———. 2012. „Europe and the Middle East: From Imperialism to Liberal Peace?" *Review of European Studies* 4(3): p18.

Holden, Patrick. 2008. „Development through Integration? EU Aid Reform and the Evolution of Mediterranean Aid Policy." *Journal of international Development* 20(2): 230–44.

———. 2009. *In Search of Structural Power: EU Aid Policy as a Global Political Instrument.* Farnham: Ashgate.

———. 2011. „A New Beginning? Does the Union for the Mediterranean Herald a New Functionalist Approach to Co-operation in the Region?" *Mediterranean Politics* 16(1): 155– 69.

Horne, Alistair. 2006. *A Savage War of Peace: Algeria 1954-1962.* New York: NYRoB Classics.

Howorth, Jolyon. 2011. „The EU's Security and Defence Policy: Towards a Strategic Approach." In: Christopher Hill und Michael Smith (Hrsg.): *International Relations and the European Union.* Oxford/New York: Oxford University Press, 198–225.

Hunt, Diana. 2005. „Implications of the Free Trade Agreements Between the EU and the Maghrib Economies for Employment in the Latter, Given Current Trends in the North African Exports: Cline's Fallacy of Composition Revisited." *Journal of North African Studies* 10(2): 201–21.

Huntington, Samuel P. 1991. „Democracy's Third Wave." *Journal of Democracy* 2(2): 12–34.

———. 1996. „The Clash of Civilizations and the Remaking of World Order." New York: Simon & Schuster.

Hyde-Price, Adrian. 2006. „'Normative' Power Europe: a Realist Critique." *Journal of European Public Policy* 13(2): 217–34.

Jacobs, Andreas. 2000. „Sicherheit Durch Kooperation? Die Euro-Mediterrane Partnerschaft." In Andreas Jacobs und Carlo Masala (Hrsg.): *Hannibal ante portas?: Analysen zur Sicherheit an der Südflanke EUropas,* Baden-Baden: Nomos, 178–200.

———. 2003. *Problematische Partner: europäisch-arabische Zusammenarbeit 1970-1998.* Köln: SH- Verlag.

Joffé, George. 2011. „The Arab Spring in North Africa: Origins and Prospects." *Journal of North African Studies* 16(4): 507–32.

Johannsen, Margret. 2009. *Der Nahost-Konflikt*. Wiesbaden: VS Verlag.

Jovanovic, Miroslav N. 2005. *The Economics of European Integration: Limits and Prospects*. Cheltenham: Edward Elgar Publishing.

Jünemann, Annette. 1999a. „Deutsche Mittelmeerpolitik im europäischen Rahmen. Defizite im Nahen Osten und in der Türkei." *Aus Politik und Zeitgeschichte* (17): 11–19.

―――. 1999b. „Europas Mittelmeerpolitik im regionalen und globalen Wandel: Interessen und Zielkonflikte." In: Wulfdiether Zippel (Hrsg.): *Die Mittelmeerpolitik der EU*. Baden-Baden: Nomos, 29–64.

―――. 2000. „Support for Democracy or Fear of Islamism? Europe and Algeria." In: Kai Hafez (Hrsg.): *The Islamic World and the West: An Introduction to Political Cultures and International Relations*. London: Brill Academic Publishers, 103–26.

―――. 2002. „Six Yeras After: Reinvigorating the Euro-Mediterranean Partnership." In: Christian Peter Hanelt (Hrsg.): *Europe's Emerging Foreign Policy and the Middle Eastern Challenge*. München/Gütersloh: Bertelsmann Foundation, 59–77.

―――. 2005a. „10 Jahre Barcelona-Prozess: Eine Gemischte Bilanz." *Aus Politik und Zeitgeschichte* (45): 7–14.

―――. 2005b. „Ein Raum Des Friedens, der Stabilität und des gemeinsamen Wohlstands: Die Euro-Mediterrane Partnerschaft zwischen Anspruch und Wirklichkeit." *Orient* 46(3): 360– 79.

―――. 2010. „Externe Demokratiefö rderung im sü dlichen Mittelmeerraum: Ein rollentheoretischer Erklä rungsansatz fü r die Kluft zwischen Anspruch und Wirklichkeit in den EU-Außenbeziehungen." In: Martin Beck, Cilja Harders, Annette Jünemann und Stephan Stetter (Hrsg.): *Der Nahe Osten im Umbruch: Zwischen Transformation und Autoritarismus*. Wiesbaden: VS Verlag, 151–74.

Jünemann, Annette und Michele Knodt. 2006. „Externe Demokratieförderung durch die Europäische Union." *Zeitschrift für Internationale Beziehungen* 13(1): 113–22.

Jünemann, Annette und Niklas Schörnig. 2002. *Die Sicherheits- und Verteidigungspolitik der „Zivilmacht Europa"*. *Ein Widerspruch in Sich?* HSFK-Report 13/2002. Frankfurt: Hessische Stiftung für Friedens- und Konfliktforschung.

Kagan, Robert. 2003. *Of Paradise and Power. America and Europe in the New World Order*. New York: Knopf.

Kaiser, Friederike. 2009. *Gemischte Abkommen im Lichte bundesstaatlicher Erfahrungen*. Tübingen: Mohr Siebeck.

Karl, Terry Lynn. 1997. *The Paradox of Plenty: Oil Booms and Petro-States*. Berkeley: University of California Press.

Kellner, Anna Maria. 2012. *Stillstand in Algerien. Zeitgewinn für ein marodes Regime*. Algier: Friedrich-Ebert-Stiftung.

Kelly, Robert E. 2007. „Security Theory in the 'New Regionalism'." *International Studies Review* (9): 197–229.

Keohane, Robert Owen. 1984. *After Hegemony: Cooperation and Discord in the World Political Economy*. Princeton: Princeton University Press.

―――. 1986. „Theory of world politics: Structural Realism and Beyond." In: Ders. (Hrsg.): *Neorealism and its Critics*. New York: Columbia University Press, 158–203.

Kernic, Franz. 2007. *Die Außenbeziehungen Der Europäischen Union.* Frankfurt a.M.: Peter Lang.

Kheladi, Mokhtar. 2009. „L'Accord d'association Algérie-UE: Un bilan-critique." Université de Béjaia.

Kienle, Eberhard. 2005. „Political reform through economic reform? The Southern Mediterranean states ten years after Barcelona." In: Haizam Amira Fernandéz und Richard Youngs (Hrsg.): *The Euro-Mediterranean partnership: assessing the first decade.* Madrid: Fundación para las Relaciones Internationales y el Diálogo Exterior (Fride), 23–34.

Kneuer, Marianne. 2009. „Externe Faktoren Der Demokratisierung - Zum Stand Der Forschung." In: Gero Erdmann und Marianne Kneuer (Hrsg.): *Externe Faktoren der Demokratisierung.* Baden- Baden: Nomos, 9–35.

Köllner, Patrick. 2008. „Autoritäre Regime - Ein Überblick Über Die Jüngere Literatur." *Zeitschrift für vergleichende Politikwissenschaft* (2): 351–66.

Krasner, Stephen D. 1982. „Structural Causes and Regime Consequences: Regimes as Intervening Variables." *International Organization* 36(2): 185–205.

———. 1985. *Structural Conflict: The Third World Against Global Liberalism.* Cambridge: University of California Press.

Ladrech, Robert. 1994. „Europeanization of Domestic Politics and Institutions: The Case of France." *Journal of Common Market Studies* 32(1): 69–88.

Lang, Franz Peter und Astrid Martina Stange. 1994. „Integrationstheorie. Eine Kritische Übersicht." *Jahrbuch für Sozialwissenschaft* (45): 141–70.

Lattouf, Zaid. 2011. *La Mise En Œuvre de l'accord d'association Algérie-Union Européenne dans les perspectives du respect des droits de l'homme.* Lyon: Université Lyon 3.

Lavenex, Sandra. 2004. „EU external governance in ‚wider Europe'." *Journal of European Public Policy* 11(4): 680–700.

Lavenex, Sandra, und Frank Schimmelfennig. 2009. „EU rules beyond EU borders: theorizing external governance in European politics". *Journal of European Public Policy* 16(6): 791–812.

Lawless, Richard. 1984. „Algeria: The Contradictions of Rapid Indutrialisation." In: Richard Lawless und Allan Findlay (Hrsg.): *North Africa. Contemporary Politics and Economic Development.* New York: Croom Helm, 153–90.

Layachi, Azzedine. 2001. „The Private Sector in the Algerian Economy: Obstacles and Potentials for a Productive Role." *Mediterranean Politics* 6(2): 29–50.

Lespès, René. 1930. *Alger: étude de géographie et d'histoire urbaines.* Paris: F. Alcan.

Lesser, Ian O., Jerrold D. Green, F. S. Larrabee und Michele Zanini. 2000. *The Future of NATO's Mediterranean Initiative: Evolution and Next Steps.* Santa Monica: Rand Corporation.

Leveau, Rémy. 1995. „Les Entrepreneurs au Proche-Orient: Mise en Perspective Historique." In: Louis Blin und Philippe Fargues (Hrsg.): *L'Économie de la Paix au Proche-Orient.* Paris: Maisoneuve et Larose, 239–49.

Levitsky, Steven und Lucan Way. 2010. *Competitive Authoritarianism: Hybrid Regimes After the Cold War.* Cambridge: Cambridge University Press.

Lewis, Bernard. 1994. „Islam and Liberal Democracy: A Historical Overview." *Journal of Democracy* 7(2): 52–63.

Lia, Brynjar. 1999. „Security Challenges in Europe's Mediterranean Periphery – Perspectives and Policy Dilemmas." *European Security* 8(4): 27–56.

Liabès, Djilali. 1989. *Entrepreneurs, Entreprises et Bourgeoisie d'industrie en Algérie.* Paris: Univ. Diss. Paris 7. (Microf.)

Linz, Juan José. 2000. *Totalitarian and Authoritarian Regimes.* Boulder: Lynne Rienner Publishers.

Lipset, Seymor Martin. 1959. „Some Social Requisits of Democracy: Economic Development and Political Legitimacy." *American Political Science Review* (53): 69–105.

Lloyd, Cathie. 2003. „Multi-causal Conflict in Algeria: National Identity, Inequality and Political Islam." QEH Working Paper Nr. 104. Oxford: Queen Elizabeth House, University of Oxford.

Lowi, Miriam R. 2003. „Algérie 1992-2002: Une Nouvelle Économie Politique de la Violence." *Maghreb Machrek* 175(Printemps): 53–72.

――. 2009. *Oil Wealth and the Poverty of Politics. Algeria Compared.* Cambridge: Cambridge University Press.

Luciani, Giacomo. 1990. „Allocation Vs. Production States." In: Ders. (Hrsg.): *The Arab state.* Berkeley/Los Angeles: University of California Press, 65–84.

Lucke, Bernd und Roby Nathanson. 2007. „Assessing the Macro Economic Effects of the Barcelona Initiative's Liberalization Process." Femise Research Nr. FEM31-10.

Machin Alvarez, Alejandra. 2010. „Rentierism in the Algerian Economy Based on Oil and Natural Gas." *Energy Policy* 38(10): 6338–6348.

Mackow, Jerzy. 2000. „Autoritarismen oder 'Demokratien Mit Adjektiven'? Ü berlegungen Zu Systemen der gescheiterten Demokratisierung." *Zeitschrift für Politikwissenschaft* (10): 1471–1499.

Maggi, Eva. (im Ersch.). „Change to stay the same. The European Union and the logics of insitutional reform in Morocco." In: Jakob Horst, Annette Jünemann und Delf Rothe (Hrsg.): *Euro-Mediterranean Relations After the Arab Spring – Persistence in Times of Change.* Farnham: Ashgate (in Ersch.)

Mahdavy, Hossein. 1970. „The Patterns and Problems of Economic Development in Rentier States: The Case of Iran." In: Michael A. Cook (Hrsg.): *Studies in the Economic History of the Middle East from the Rise of Islam to the Present Day.* Oxford: Oxford University Press, 428–67.

Malley, Robert. 1996. *The Call From Algeria: Third Worldism, Revolution, and the Turn to Islam.* Los Angeles/London: University of California Press.

Malti, Djallal. 1999. *La Nouvelle Guerre d'Algérie: Dix clés pour comprendre.* Paris: La Decouverte.

Maneschi, Andrea. 1998. *Comparative Advantage in International Trade: a Historical Perspective.* Cheltenham: Edward Elgar Publishing.

Manners, Ian. 2002. „Normative Power Europe: A Contradiction in Terms?" *Journal of Common Market Studies* 40(2): 235–58.

Marchetti, Andreas. 2007. „La Politique Européenne de Voisinage: L'impact de la présidence Allemande sur l'élaboration d'une politique stratégique." Note Du Cerfa Nr. 45. Paris: Institut français des études internationals.

Martin, Ivan. 2003. „Algeria's Political Economy (1999-2002): An Economic Solution to the Crisis?" *Journal of North African Studies* 8(2): 34–74.

―――. 2004. „The Social Impact of Euro-Mediterranean Free Trade Areas: A First Approach with Special Reference to the Case of Morocco." *Mediterranean Politics* 9(3): 422–58.

Martinez, Luis. 1995. *Les groupes islamistes entre guérilla et négoce: vers une consolidation du régime algérien?* Les Études du CERI Nr. 3. Paris: Centre d'études et de recherches internationales.

―――. 1998. *La guerre civile en Algérie.* Paris: Karthala Editions.

―――. 2010. *Violence de La Rente Pétrolière. Algérie – Irak- Libye.* Paris: Presses Fondation Sciences Politiques.

May, Christopher. 1996. „Strange Fruit: Susan Strange's Theory of Structural Power in the International Political Economy." *Global Society* 10(2): 167–89.

McKay, John. 2008. „Reassessing Development Theory: Modernization and Beyond." In: Damien Kingsbury, John McKay, Janet Hunt, Marc McGillivray und Mathew Clarke (Hrsg.): *International Development: Issues and Challenges.* Basingstoke/New York: Palgrave Macmillan, 47–66.

Merkel, Wolfgang, Hans-Jürgen Puhle, Aurel Croissant, Claudia Eicher und Peter Thiery. 2003. *Defekte Demokratie Band I.* Wiesbaden: VS Verlag.

Merkel, Wolfgang und Hans-Jürgen Puhle. 1999. *Von Der Diktatur Zur Demokratie.* Wiesbaden: VS Verlag.

Meunier, Sophie, und Kalypso Nicolaidis. 2006. „The European Union as a Conflicted Trade Power." *Journal of European Public Policy* 13(6): 906–25.

Meynier, Gilbert. 2002. *Histoire intérieure du FLN.* Paris: Fayard.

Mezouaghi, Mihoub und Talahite, Fatiha. 2009. „Les Paradoxes de la Souveraineté Économique en Algérie." *Confluences Méditerranée* (71): 9–26.

Mold, Andrew. 2002. *Regional Trading Blocks as a Response to Global Policy.* Madrid: Instituto Complutense de Estudios Internacionales.

―――. 2007. *EU Development Policy in a Changing World: Challenges for the 21st Century.* Amsterdam: Amsterdam University Press.

Monar, Jörg. 1998. „Institutional Constraints of the European Union's Mediterranean Policy." *Mediterranean Politics* 3(2): 39–60.

―――. 1999. „Die interne Dimension der Mittelmeerpolitik der Europäischen Union: Institutionelle und verfahrensmäßige Probleme." In: Wulfdiether Zippel (Hrsg.): *Die Mittelmeerpolitik der EU.* Baden-Baden: Nomos, 65–90.

Moore, Mick. 1996. „Is Democracy Rooted in Material Prosperity?" In: Robin Luckham und Gordon White: *Democratization in South: The Jagged Wave.* Manchester: Manchester University Press, 37–68.

Moravcsik, Andrew. 1997. „Taking Preferences seriously: A Liberal Theory of International Politics." *International Organization* 51(4): 513–54.

Morisse-Schilbach, Mélanie. 1999. *L'Europe et la question algérienne: vers une européanisation de la politique algérienne de la France.* Paris: Presses universitaires de France.

Mortimer, Robert. 2006. „State and Army in Algeria: The 'Bouteflika Effect'." *The Journal of North African Studies* 11(2): 155–71.

Muno, Wolfgang. 2001. „Demokratie und Entwicklung". Mainz: Institut für Politikwissenschaft, Johannes Gutenberg-Universität.

Murray, Donette. 2009. *Multipolarity in the 21st Century: A New World Order*. London: Taylor and Francis.

Nancy, G., B. Kreitem und B. Picot. 2009. „Evaluation de l'état d'exécution de l'Accord d'Association Algérie-UE, Rapport Final." Algier: Délégation de la Commission Européenne en Algérie für das Ministère du Commerce Algérien.

Natorski, Michal. 2008. *The Meda Programme in Morocco 12 Years on: Results, Experiences and Trends*. Barcelona: Cidob.

Neisser, Heinrich und Bea Verschraegen. 2001. *Die Europäische Union. Anspruch und Wirklichkeit*. Wien/New York: Springer.

Nye, Joseph S. 2004. *Soft Power: The Means to Success in World Politics*. Ne York: Public Affairs Press.

Omet, Ghassan und Ibrahim Saif. 2006. „Foreign Direct Investment in the MENA Region and Jordan: Regional Experience and Causality Analysis." Go-EuroMed Working Paper Nr. 0607.

Ottaway, Marina. 2003. *Democracy Challenged: The Rise of Semi-Authoritarianism*. *Washington:* Carnegie Endowment for International Peace.

Ouaissa, Rachid. 2005. *Staatsklasse als Entscheidungsakteur in den Ländern der Dritten Welt. Struktur Entwicklung und Aufbau der Staatsklasse am Beispiel Algerien*. Münster: LIT Verlag.

———. 2009. „Die Dynamik Der Staatsklasse Zwischen Konsolidierung Und Segmentierung Am Beispiel Algerien." In: Martin Beck, Cilja Harders, Annette Jünemann und Stephan Stetter (Hrsg.): *Der Nahe Osten im Umbruch: Zwischen Transformation und Autoritarismus*. Wiesbaden: VS Verlag, 78–99.

Pace, Michelle. 2007. *The Politics of Regional Identity: Meddling with the Mediterranean*. London/New York: Routledge.

Partels, Lorand. 2004. „A Legal Analysis of Human Rights Clauses in the European Union's Euro- mediterranean Association Agreements." *Mediterranean Politics* 9(3): 368–95.

Peers, Steve. 2011. *EU Justice and Home Affairs Law*. Oxford: Oxford University Press.

Pelletreau, Robert. 2011. „Transformation in the Middle East. Comparing the Uprisings in Tunisia, Egypt, and Bahrain." *Foreign Affairs*. Februar 2011.

Perdikis, Nicholas und William Alexander Kerr. 1998. *Trade Theories and Empirical Evidence*. Manchester: Manchester University Press.

Perthes, Volker. 1994. „The Private Sector, Economic Liberalization and the Prospects of Democratization: The Case of Syria and Some Other Arab Countries." In: Ghassan Salamé (Hrsg.): *Democracy without Democrats. The Renewal of Politics in the Muslim World*. New York: I.B. Tauris, 243–69.

———. 1999. „Der Mittelmeerraum, der nahöstliche Friedensprozeß und die Europäische Union: Die Suche nach einer politischen Rolle." In Wulfdiether Zippel (Hrsg.): *Die Mittelmeerpolitik der EU*. Baden-Baden: Nomos, 173–84.

———. 2002. „Making the Barcelona Process More Flexible." In *Managing asymmetric interdependencies within the Euro-Medi- terranean Partnership*, ed. Felix Meier. München/Gütersloh: Bertelsmann Foundation, 33–42.

———. 2004. *Arab Elites: Negotiating the Politics of Change*. Boulder: Lynne Rienner.

Philippart, Eric. 2003. „The Euro-Mediterranean Partnership: Unique Features, First Results and Future Challenges." Working Paper Nr. 10. Brüssel: Centre for European Policy Studies.

Picard, Élizabeth. 1990. „Arab Military in Politics." In: Giacomo Luciani (Hrsg.): *The Arab State*. Berkeley/Los Angeles: University of California Press, 189-219.

Pripstein, Marsha. 2004. „Enduring Authoritarianism Middle East Lessons for Comparative Theory." *Comparative Politics* 34(2): 127–38.

Puga, Diego und Anthony J. Venables. 1997. „Preferential Trading Arrangements and Industrial Location." *Journal of International Economics* 43(3-4): 347–68.

Quandt, William B. 2001. *Peace Process: American Diplomacy and the Arab-Israeli Conflict Since 1967*. Berkeley/Los Angeles: University of California Press.

Raffinot, Marc und Pierre Jacquemot. 1977. *Le Capitalisme d'État Algérien*. Paris: Maspero.

Rapley, John. 2007. *Understanding Development: Theory and Practice in the Third World*. Boulder: Lynne Rienner Publishers.

Rhein, Eberhard. 1996. „Europe and the Mediterranean: A Newly Emerging Geopolitical Area?". *European Foreign Affairs Review* 1(1): 79–86.

———. 1998. „The New Euro-Mediterranean Partnership." In: Jens van Scherpenberg und Elke Thiel (Hrsg.): *Towards Rival Regionalism? US and EU Regional Regulatory Regime Building*. Baden-Baden: Nomos, 164–82.

Ricardo, David. 1821. *On the Principles of Political Economy, and Taxation*. London: John Murray.

Richter, Thomas. 2010. „Rente, Rentierstaat und die Distribution materieller Ressourcen in Autokratien." In: Holger Albrecht und Rolf Frankenberger (Hrsg.): *Autoritarismus Reloaded. Neuere Ansätze und Erkenntnisse der Autokratieforschung*. Baden-Baden: Nomos, 157–76.

Roberts, Hugh. 2002. „Moral Economy or Moral Polity? The Political Anthropology of Algerian Riots." Working Paper No. 17. London: Development Research Center, London School of Economics

———. 2003. *The Battlefield Algeria, 1988-2002: Studies in a Broken Polity*. London/New York: Verso.

———. 2005. „Bouteflika's Presidency and the Problem of Political Reform in Algeria", Rede auf dem Forum über den Mittleren Osten und Nord Afrika, 3.2.2005 in Der Fondacion Para Las Relaciones Internationales y El Dialogo Exterior (Fride). Madrid.

———. 2007. „Demilitarizing Algeria." Carnegie Paper Nr. 86. Carnegie Endowment for International Peace.

Rolnik, Raquel. 2011. „Rapport Présenté Par Raquel Rolnik, Rapporteuse Spéciale sur le logement convenable en tant qu'élément du droit à un niveau de vie suffisant ainsi que sur le droit à la non-discrimination à cet égard, Mission En Algérie." New York: United Nations.

Ross, Michael L. 1999. „The Political Economy of the Resource Curse." *World Politics* 51(2): 297–322.

———. 2001. „Does Oil Hinder Democracy?" *World Politics* 53(3): 325–61.

Rostow, Walt Whitman. 1960. *The Stages of Economic Growth: a Non Communist Manifesto*. Cambridge: Cambridge University Press.

Rouadjia, Ahmed. 1994. *Grandeur et Décadence de l'État Algérien*. Paris: Karthala.

Rudloff, Bettina. 2011. „Agrarzölle Runter - Alles Gut?" SWP-Aktuell. Berlin: Stiftung Wissenschaft und Politik.

Ruedy, John Douglas. 1992. *Modern Algeria: The Origins and Development of a Nation*. Bloomington: Indiana University Press.

Rueschemeyer, Dietrich, Evelyne Huber Stephens und John D. Stephens. 1992. *Capitalist Development and Democracy*. Chicago: University of Chicago Press.

Said, Edward W. 1978. *Orientalism*. New York: Vintage.

Schamis, Hector. 2005. *Re-forming the State. The Politics of Privatization in Latin America and Europe*. Michigan: University of Michigan Press.

Schimmelfennig, Frank. 2012. "Europeanization Beyond Europe." *Living Reviews in European Governance* 7(1): 5–24.

Schindler, John. 2012. „The Ugly Truth About Algeria." *The National Interest*. 10.7.2012

Schlumberger, Oliver. 2004. *Patrimonial Capitalism - Economic Reform and Economic Order in the Arab World*. Tübingen: Univ. Diss. Eberhard Karls Universität.

———— (Hrsg.). 2007. *Debating Arab Authoritarianism: Dynamics and Durability in Nondemocratic Regimes*. Stanford: Stanford University Press.

————. 2008. *Autoritarismus in der arabischen Welt: Ursachen, Trends und internationale Demokratieförderung*. Baden-Baden: Nomos.

Schmid, Dorothée. 2003. „Interlinkages within the Euro-Mediterranean Partnership". EuroMeSco Paper Nr. 27.

Schumacher, Tobias. 2005. *Die Europäische Union als internationaler Akteur im südlichen Mittelmeerraum*. Baden-Baden: Nomos.

Schwarz, Rolf. 2008. „The Political Economy of State-formation in the Arab Middle East: Rentier States, Economic Reform, and Democratization." *Review of International Political Economy* 15(4): 599–621.

Seeberg, Peter. 2009. „The EU as a Realist Actor in Normative Clothes: EU Democracy Promotion in Lebanon and the ENP." *Democratization* 16(1): 81–99.

Shaikh, Anwar. 2007. *Globalization and the Myths of Free Trade: History, Theory, and Empirical Evidence*. New York: Routledge.

Sjursen, Helene. 2006. „What Kind of Power?" *Journal of European Public Policy* 13(2): 169–81.

Smith, Adam. 2009. *An Inquiry into the Nature and Causes of the Wealth of Nations*. Online: Library of Economics and Liberty.

Smith, Benjamin. 2004. „Oil Wealth and Regime Survival in the Developing World, 1960-1999." *American Journal of Political Science* 48(2): 232–46.

Smith, Karen E. 2005. „Beyond the Civilian Power EU Debate." *Politique européenne* 17(3): 63–82.

Smith, Michael. 1998. „Does the Flag Follow Trade? 'Politicisation' and the Emergence of a European Foreign Policy." In: John Peterson und Helene Sjursen (Hrsg.): *A common foreign policy for Europe? Competing visions of the CFSP*. London/New York: Routledge, 77–94.

————. 2004. „Toward a Theory of EU Foreign Policy-making: Multi-level Governance, Domestic Politics, and National Adaptation to Europe's Common Foreign and Security Policy." *Journal of European Public Policy* 11(4): 740–58.

267

————. 2009. „Between 'soft Power' and a Hard Place: European Union Foreign and Security Policy Between the Islamic World and the United States." *International Politics* 46(5): 596–615.

Souaïdia, Habib. 2001. *La Salle Guerre – Le Témoignage d'un ancien officier des forces spéciales de l'armée Algérienne.* Paris: La Découverte.

Stepan, Alfred C. und Graeme B. Robertson. 2004. „Arab, Not Muslim, Exceptionalism." *Journal of Democracy* 15(4): 140–46.

Stora, Benjamin. 2004. *Histoire de l'Algérie depuis l'indépendance.* Paris: La Découverte.

Storm, Lise. 2009. „The Persistence of Authoritarianism as a Source of Radicalization in North Africa." *International Affairs* 85(5): 997–1013.

Strange, Susan. 1988. *States and Markets.* London/New York: Continuum.

————. 1996. *The Retreat of the State. The Diffusion of Power in World Economy.* Cambridge: Cambridge University Press.

Sueur, James D. Le. 2010. *Algeria Since 1989: Between Terror and Democracy.* Black Point: Fernwood Publications.

Talahite, Fatiha. 2010. *Réformes et Transformations Économiques En Algérie.* Habilitationsschrift. Paris: Université Paris 13.

————. 2012. „La Rente et l'état rentier recouvrent-ils toute la réalité de l'Algérie d'aujourd'hui?" *Revue Tiers-Monde* 2(210): 143–60.

Taylor, Lance und Rüdiger von Arnim. 2006. „Modelling the Impact of Trade Liberalisation. A Critique of Computable General Equilibrium Models." Oxfam Research Report. Oxford: Oxfam International.

Testas, Abdelaziz. 2002. „Algerias's Economic Decline, Civil Conflict and the Implications for European Security." *Contemporary Security Policy* 23(3): 83–105.

Teti, Andrea und Gennaro Gervasio. 2011. „The Unbearable Lightness of Authoritarianism: Lessons from the Arab Uprisings." *Mediterranean Politics* 16(2): 321–27.

Thiéry, Simon Pierre. 1982. „La crise du système productif algérien." Univ. Diss. Grenoble: Institut de recherche économique et de planification du développement, Université des sciences sociales de Grenoble.

Thomas, Darryl C. 2001. *The Theory and Practice of Third World Solidarity.* Westport: Praeger Publishers.

Tovias, Alfred. 1996. „The EU's Mediterranean Policies Under Pressure." *Mediterranean Politics* 2(1): 9–25.

————. 2006. „Economic Liberalism Between Theory and Practice." In: Emanuel Adler (Hrsg.): *The Convergence of Civilizations: Constructing a Mediterranean Region.* Toronto: University of Toronto Press, 191–211.

————. 2010. „A Deeper Free Trade Area and Its Potential Economic Impact." IEMed-Papers for Barcelona 2010. Barcelona: European Institute of the Mediterranean.

Ulfelder, Jay. 2007. „Natural-Resource Wealth and the Survival of Autocracy." *Comparative Political Studies* 40(8): 995–1018.

Vandewalle, Dirk. 1992. „Breaking with Socialism: Economic Liberalization and Privatization in Algeria." In: Iliya F. Harik und Denis Joseph Sullivan (Hrsg.): *Privatization and Liberalization in the Middle East.* Bloomington: Indiana University Press, 189–209.

Vanhoonacker, Sophie. 2011. „The Institutional Framework." In: Christopher Hill und Michael Smith (Hrsg.): *International Relations and the European Union.* Oxford/New York: Oxford University Press, 76–100.

Vatin, Jean Claude. 1975. *Culture et société au Maghreb.* Paris: Éditions du Centre national de la recherche scientifique.

Viner, Jacob. 1950. *The Customs Union Issue.* London: Stevens and Son.

Waltz, Kenneth N. 1979. *Theory of International Politics.* New York: McGraw-Hill.

Weidenfeld, Werner und Franco Aglieri. 1999. „Europas Neue Rolle in Der Welt." In: Werner Weidenfeld (Hrsg.): *Europa-Handbuch.* Bonn: Schriftenreihe der Bundeszentrale für politische Bildung, 884–97.

Weiss, Dieter. 2002. "Europa Und Die Arabischen Länder Krisenpotenziale Im Südlichen Mittelmeerraum." *Aus Politik und Zeitgeschichte* 19-20.

Werenfels, Isabelle. 2007. *Managing Instability in Algeria: Elites and Political Change Since 1995.* London: Routledge.

Wessels, Wolfgang. 1992. „EC-Europe: An Actor Sui Generis in the International System." In: Brian Nelson, David Roberts und Walter Veit (Hrsg.): The *European Community in the 1990s. Economics, Politics, Defence.* Oxford: Berg Publishers, 161–73.

Wheatcroft, Stephen. 2011. „The Arab Spring and the Soviet Parallel." *OpenDemocracy.* 2.5.2011.

White, Gregory. 2007. „The Maghreb's Subordinate Position in the World's Political Economy." *Middle East Policy* 14(4): 42–54.

Whitehead, Laurence. 1996. „Three International Dimensions of Democratization." In: Ders. (Hrsg.): *The International Dimensions of Democratization. Europe and the Americas.* Oxford: Oxford University Press, 3–26.

Whitman, Richard. 1998. *From Civilian Power to Superpower?: The International Identity of the European Union.* Basingstoke: Palgrave Macmillan.

Willis, Michael. 1996. „Algeria's Troubled Road Toward Political and Economic Liberalization, 1988-1995." In: Gerd Nonneman (Hrsg.): *Political and Economic Liberalization: Dynamics and Linkages in Comparative Perspective.* Boulder: Lynne Rienner Publishers, 199–225.

Wolf, Anne und Raphael Lefevre. 2013. „Algeria: No Easy Times for the Generals." *Journal of North African Studies* 18(3): 509–13.

Wonnacott, Ronald J. 1996. „Trade and Investment in a Hub-and-Spoke System Versus a Free Trade Area." *The World Economy* 19(3): 237–52.

Yefsah, Abdelkader. 1992. „L'armée et Le Pouvoir en Algérie de 1962 à 1992." *Revue du monde musulman et de la Méditerranée* 65(1): 77–95.

Youngs, Richard. 1999. „The Barcelona Process after the UK Presidency." *Mediterranean Politics* 4(1): 1–21.

———. 2001. *The EU and the Promotion of Democracy.* Oxford: Oxford University Press.

———. 2002. „The EU and Democracy Promotion in the Mediterranean: A New Disingenuous Strategy?" *Democratization* 9(1): 40–62.

———. 2004. „Normative Dynamics and Strategic Interests in the EU's External Identity." *Journal of Common Market Studies* 42(2): 415–35.

Youngs, Richard und Haizam Amira Fernandéz (Hrsg.). 2005. *The Euro-Mediterranean Partnership: Assessing the First Decade.* Madrid: Fundación para las Relaciones Internationales y el Diálogo Exterior (Fride).

Youngs, Richard und Irene Menéndez. 2006. „The Euro-Mediterranean Partnership Turns Ten: Democracy's Halting Advance?" *Relaçoes Internacionais* (9). März 2006.

Yous, Nesroulah. 2000. *Qui a Tué Bentalha? Chronique d'un massacre annoncé.* Paris: La Découverte.

Zartman, Ira William (Hrsg.) 1982. *Political Elites in Arab North Africa: Morocco, Algeria, Tunisia, Libya, and Egypt.* London: Longman.

———. 1986. „Algeria Today and Tomorrow: An Assessment." CSIS Africa Notes Nr.65.

Zitoun, Madani Safar. 2011. *Les politiques d'habitat et d'aménagement urbain en Algérie ou l'urbanisation de la rente pétrolière.* Beirut: Unesco.

———. 2012. „État providence et politique du logement en Algérie." *Tiers-Monde* (210): 89–106.

Zorob, Anja. 2006. *Syrien im Spannungsfeld zwischen der Euro-Mediterranen Partnerschaft und der Großen Arabischen Freihandelszone.* Saarbrücken: Verlag für Entwicklungspolitik.

Zoubir, Yahia. 2004. „The Dialectics of Algeria's Foreign Relations from 1990 to the Present." In: Ahmed Aghrout und Redha Bougherira (Hrsg.): *Algeria in Transition. Reforms and Development Prospects.* London: Routledge, 151–82.

———. 2011. „The Arab Spring: Is Algeria the Exception?" EuroMeSCo Policy Brief Nr. 17.

Offizielle Dokumente und Berichte

Barcelona-Deklaration. 1995. „Barcelona Declaration". Schlusserklärung der Europa-Mittelmeer Konferenz von Barcelona, 27. und 28. November 1995.

BP. 2012. „Statistical Review of World Energy." London: BP Statistical Review of World Energy.

Council. 2002. „Council Decision on the Signing, on Behalf of the European Community, of the Euro-Mediterranean Agreement Establishing an Association Between the European Community and its Member States, of the One Part, and the People's Democratic Republic of Algeria, of the Other Part". 6786/02. Brüssel, 12. April 2002.

———. 2006. „The European Union's Strategic Partnership with the Mediterranean and the Middle East – Interim Report December 2006". 16572/06. Brüssel, 11. Dezember 2006.

CSFP. 1994. „Council Decision of 19 April 1994 on a Joint Action Adopted by the Council on the Basis of Article J (3) of the Treaty on European Union, in Support of the Middle East Peace Process". 94/276/CSFP.

———. 2000. „Common Strategy of the European Council of 19 June on the Mediterranean Region". 2000/458/CSFP.

EG. 1991. „Erklärung des Europäischen Rates". Bulletin der EG 6-1991. 29. November 1991.

ENPI. 2006a. „Country Strategy Paper Algeria 2007 - 2013."

————. 2006b. „National Indicative Programme Algeria 2007-2010."

————. 2010. „Algérie – Programme Indicatif National 2011 - 2013."

ENPI-Verordnung. 2006. „Verordnung (EG) des Europäischen Parlaments und des Rates vom 24. Oktober 2006 zur Festlegung Allgemeiner Bestimmungen zur Schaffung eines Europä ischen Nachbarschafts-und Partnerschaftsinstruments". 1638/2006.

EU(1999). 1999. „Erklä rung Des Vorsitzes im Namen der Europä ischen Union zu den Wahlen in Algerien". 21. April 1999.

————. 2012a. „Partnership and Cooparation Agreement between the European Union and its Member States, of the one part, and the Republic of Iraq, of the other part". *Official Journal of the European Union.* L 204/20. 31. Juli 2012.

————. 2012b. „Remarks by High Representative Catherine Ashton following the signature of EU- Iraq Partnership & Cooperation Agreement". A 218/12. Brüssel, 11. Mai 2012.

European Commission. 1992. „From the Single Act to Maastricht and Beyond: The Means to Match Our Ambitions". COM(92)2000.

————. 1993a. „Future Relations and Cooperation Between the Community and the Middle East". COM(93)375.

————. 1993b. „EC Support to the Middle East Peace Process. Communication from the Commission to the Council and the European Parliament." COM(93)458.

————. 1994. „Communication of the Commission to the Council and the European Parliament: Strenghtening the Mediterranean Policy of the European Union: Establishing a Euro- Mediterranean Partnership". COM(94)427.

————. 1995. „Communication from the Commission to the Council and the European Parliament, Strengthening the Mediterranean Policy of the European Union: Proposals for Implementing a Euro-Mediterranean Partnership." COM(95)72.

————.2000a. „Bericht über die Durchfü hrung des MEDA-Programms 1999". COM(2000)479.

————.2000b. „Communication from the Commission to the Council and the European Parliament to prepare the fourth meeting of Euro-Mediterranean Foreign Ministers, 'Reinvigorating the Barcelona Process'". COM(2000)497.

————. 2005. „Mid-term Evaluation of the MEDA II Programme – Final Report."

————. 2013a. „Algeria. EU bilateral trade and trade with the EU". *European Commission, DG Trade statistics.*

————. 2013b. „Iraq. EU bilateral trade and trade with the EU." *European Commission, DG Trade statistics.*

————. 2013c. „Libya. EU bilateral trade and trade with the EU". *European Commission, DG Trade statistics.*

ICG. 2001. „Algeria's Economy: The Vicious Circle of Oil and Violence." ICG Africa Report Nr. 36. Brüssel: International Crisis Group.

————. 2004. „Islamism, Violence and Reform in Algeria: Turning the Page". ICG Middle East Report Nr. 29. Kairo/Brüssel: International Crisis Group.

IEA. 2013. „Medium Term Oil Market Report 2013". London: International Energy Agency.

IMF. 1998. „Algeria: Selected Issues and Statistical Appendix". Country Report No. 98/87." Washington, D.C.: International Monetary Fund.

―――. 2000. „Algeria: Recent Economic Developments, Country Report No. 00/105". Washington, D.C.: International Monetary Fund.

―――. 2003. „Country Report No. 03/69. Algeria: Statistical Appendix". Washington, D.C.: International Monetary Fund.

―――. 2004. „Country Report No. 04/31. Algeria: Statistical Appendix". Washington, D.C.: International Monetary Fund.

―――. 2005. „Country Report No. 05/51. Algeria: Statistical Appendix". Washington, D.C.: International Monetary Fund.

―――. 2006. „Country Report No. 06/102. Algeria: Statistical Appendix". Washington, D.C.: International Monetary Fund.

―――. 2007. „Country Report No. 07/95. Algeria: Statistical Appendix". Washington, D.C.: International Monetary Fund.

―――. 2008. „Country Report No. 08/102. Algeria: Statistical Appendix". Washington, D.C.: International Monetary Fund.

―――. 2009. „Country Report No. 09/111. Algeria: Statistical Appendix". Washington, D.C.: International Monetary Fund.

―――. 2011. „Country Report No. 11/40. Algeria: Statistical Appendix". Washington, D.C.: International Monetary Fund.

―――. 2012a. „Country Report No. 12/21. Algeria: Statistical Appendix". Washington, D.C.: International Monetary Fund.

―――. 2012b. „Country Report No. 12/20, Algeria: 2011 Article IV Consultation— Staff Report". Washington, D.C.: International Monetary Fund.

―――. 2013a. „Country Report No. 13/217, Iraq: 2013 Article IV Consultation. Washington, D.C.: International Monetary Fund.

―――. 2013b. Country Report No. 13/150. Libya: 2013 Article IV Consultation. Washington, D.C.: International Monetary Fund.

MEDA-Verordnung. 1996. „„Verordnung (EG) des Rates vom 23. Juli 1996 über finanzielle und technische Begleitmaßnahmen (MEDA) zur Reform der wirtschaftlichen und sozialen Strukturen im Rahmen der Partnerschaft Europa-Mittelmeer". 1488/96.

Ministère de la PME et de l'Artisanat. 2007. „Programme d'Appui aux PME/PMI. Des Resultats et une Expérience à transmettre". Algier: Ministère Algérien de la PME et de l'Artisanat.

Ministère du Commerce. 2012. „Nouveau Schéma Du Démantèlement Tarifaire Des Produits Industriels et Les Pproduits Agricoles et Agro-alimentaires." Algier: Ministère Algérien du Commerce.

Ministère de Finance. 2013. „Statistiques du Commerce Extérieur de l'Algérie (Période: Année 2012). Rapport du Ministère des Finances Algérien, Direction Générale des Douanes". Algier: Ministère de Finance Algérien.

OPEC. 2012. „Annual Statistical Bulletin, 2012". Wien: Organization of the Petroleum Exporting Countries.

PME II. 2011. „Programme d'Appui Aux PME/PMI et la Maitrise des Technologies d'Information et de Communication (PME II)". Programmbeschreibung der EU-Delegation in Algier.

WTO. 2013. „World Trade Report 2013. Factors Shaping the Future of World Trade". Genf: World Trade Organization.

Presse- und Internetquellen

Algérie Focus. 26.12.2012. „Le Budget de l'Etat Pour 2013 rattrapé par la crise de l'investissement". *Algérie Focus*. www.algerie-focus.com (eingesehen am 12.6.2013).
Al Jazeera. 2010. „General Toufik: 'God of Algeria'." *Al Jazeera*. 29.9.2010 www.aljazeera.com/indepth/briefings/2010/09/201092582648347537.html (einge-sehen am 14.4.2013).
AP. 2.12.2001. „On N. Africa tour, Chirac condemns terrorism, praises Islam". *Associated Press*.
APS. 29.7.2009. „Loi de finances complémentaire: des mesures pour la création d'emploi et l'encouragement des PME". *Algérie Presse Service*.
———. 1.1.2011. „Large consensus autour du nouveau programme de mise à niveau des PME". *Algérie Presse Service*.
———. 9.1.2011. „Les mesures prises pour faire face à la hausse des certains produit alimentaires de base". *Algérie Presse Service*.
———. 28.8.2012. „Le nouveau schéma du démantèlement tarifaire Algérie-UE". *Algérie Presse Service*.
———. 14.5.2013. „European Council approves strategic energy agreement with Algeria". *Algeria Press Service*.
———. 8.7.2013. „L'Algérie et l'UE ont signé un Mémorandum d'entente pour un partenariat énergétique stratégique". *Algérie Presse Service*.
Le Monde. 28.8.2005. „En Algérie, Le Général Larbi Belkheir, Pilier Du Régime, Quitte La Présidence". *Le Monde*.
El Mudjahid. 19.12.2010. „Accord d'association avec l'UE: L'Algérie a demandé une révision du rythme de démantèlement tarifaire". *El Mudjahid*.
El Watan. 11.4.2005. „Surliquidités, réformes en panne... Quel cap pour l'économie?". *El Watan*.
———. 27.2.2010. „Entretien avec Laura Baeza". *El Watan*.
———. 2.11.2010. „Accord D'association avec l'UE : L'Algérie veut revoir certaines dispositions". *El Watan*.
———. 25.4.2010. „Les importations désormais soumises au visa de franchise doua-nière". *El Watan*.
———. 16.5.2010. „Les patrons tirent les choses au clair". *El Watan*.
———. 5.10.2011. „Octobre, ce qu'il en disent (maintenant)". *El Watan*.
———.7.6.2011. „Distribution de logements sociaux: Les listes de la discorde". *El Watan*.
———. 22.3.2011. „Signature d'une convention de 30 millions d'euros". *El Watan*.

————. 29.8.2012. „Accord d'association Algérie-UE. Un répit et des remises en question". *El Watan*.

————. 20.2.2012. „Levée de la taxe antidumping imposée aux pays exportateurs. Les engrais Algériens à la conquête du marché mondial?". *El Watan*.

————. 13.7.2012. „Plan Quinquennal 2010-2014: 3700 Milliards de Dinars pour le logement". *El Watan*.

————. 10.7.2012. „Revendications de Gardes Communaux: de nombreux résultats obtenus selon le Ministère". *El Watan*.

————. 10.7.2012. „L'aveu d'impuissance de l'exécutif devant la gravité des problèmes du pays". *El Watan*.

————. 16.10.2012. „Sellal: Le logement priorité du gouvernement car il représente 'un danger pour la stabilité du pays'". *El Watan*.

————. 7.7.2013. „L'Algérie et l'UE signent un mémorandum d'entente dans le domaine de l'énergie". *El Watan*.

ETCN. 22.12.2010. „Algeria to Cancel Tariff Preference on 36 Kinds of Agricultural Products from EU." *ETCN*. *www.e-to-china.com/tariff_changes/global_tariff_changes/2010/1222/89689.html* (eingesehen am 20.2.2013)

FAZ. 28.5.2013. „Außenministerkonferenz EU Lässt Waffenembargo Gegen Syrien Auslaufen". *Frankfurter Allgemeine Zeitung*.

FCE. 2010. „Allocution de Monsieur Reda Hamiani, President Du Forum Des Chefs d'Entreprises". Redemanuskript des FCE. 13.4.2010, Algier.

Frenz, Alexander. 2006. „The European Commissions TACIS Program. A Success Story". *www.enpi-info.eu/mainmed.php?id=91&id_type=9* (eingesehen am 12.1.2013).

Indépendant. 19.12.2010. „Accord d'association avec l'UE. L'Algérie veut un démantèlement tarifaire en 2020". *Indépendant*.

Le Figaro. 1.4.2013. „L'entourage de Bouteflika éclaboussé par les affaires". *Le Figaro*.

Liberté. 28.8.2012. „Le démantèlement tarifaire reporté à 2020. Une période à mettre à profit pour la mise à niveau des entreprises." *Liberté*.

Maghrebemergent. 9.6.2011. „Algérie – Le FCE veut 'Des réformes structurelles réfléchies' pour éviter la révolution." www.maghrebemergent.com (eingesehen am 22.11.2012)

————. 22.3.2011. „Algérie-UE: Les négociations pour le report du démantèlement tarifaire à mi parcours." *Maghrebemergent*. *www.maghrebemergent.com*. (eingesehen am 2.6.2013)

————. 4.2.2013. „La question d'Ain Amenas ou le dilemme des compagnies pétrolières". *Maghrebemergent*. www.maghrebemergent.com. (eingesehen am 22.7.2013)

————. 28.3.2013. „Les chiffres crus des exportations algériennes hors hydrocarbure". *Maghrebemergent*. www.maghrebemergent.com. (eingesehen am 4.7.2013)

Mediapart. 13.2.2013. „Hocine Malti: Lettre Ouverte Au Général de Corps D'armée Mohamed 'Tewfik' Médiène, Rab Dzayer." *Mediapart*. http://blogs.mediapart.fr (eingesehen am 24.7.2013).

Oumma. 1.10.2005. „Algérie: Quelle Paix, Quelle Réconciliation?" *Oumma.com*. http://oumma.com/Algerie-quelle-paix-quelle (eingesehen am 13.4.2013).

Quotidien d'Oran. 9.2.2007. „Algérie - Union Européenne : A qui profite le démantèlement tarifaire?". *Le Quotidien d'Oran.*

———. *13.4.2010. „La révision de l'accord d'association Algérie-UE sera ardue". Le Quotidien d'Oran.*

The Nation. 4.10.2001. „Edward Said: The Clash of Ignorance." *The Nation.* www.thenation.com/article/clash-ignorance (eingesehen am 26.3.2012).

TSA. 13.9.2012. „L'Algérie rétablit les préférences tarifaires sur plusieurs produits agricoles et agroalimentaires européens." www.tsa-algerie.com (eingesehen am 30.6.2013).

Interviews

Interview Nr. 01. 2011. Alexander Knipperts. Leiter Friedrich Naumann-Stiftung, Algier. 12.3.2011, Algier.

Interview Nr. 02. 2011. Nasser Eddine Bouchicha. Soziologe am Centre de Recherche d'Économie Appliqué (CREAD), 13.3.2011, Algier.

Interview Nr. 03. 2011. Mourad Sadou. Leiter KMU-Förderung GIZ Algerien. 14.3.2011, Algier.

Interview Nr. 04. 2011. Sonja Weichert. AHK-Algerien. 15.3.2011, Algier.

Interview Nr. 05. 2011. Hocine Bellag. ehemaliger Mitarbeiter im Algerischen Arbeitsministerium. 16.3.2011, Algier.

Interview Nr. 06. 2011. Nordine Grim. Wirtschaftsjournalist. 17.3.2011, Algier.

Interview Nr. 07. 2011. Ehemaliger algerischer Regierungschef (anonymisiert). 21.3.2011, Algier.

Interview Nr. 08. 2011. Adlène Meddi. Journalist. 22.3.2011, Algier.

Interview Nr. 09. 2011.Youcef Yousfi, Directeur National d'Économie, Rassemblement pour la Culture et la Démocratie (RCD). 22.3.2011, Algier.

Interview Nr. 10. 2011. Youcef Benabdallah, Wirtschaftswissenschaftler am Centre de Recherche d'Économie Appliqué (CREAD). 23.3.2011, Algier."

Interview Nr. 11. 2011. Ahcene Amarouche, Wirtschaftshistoriker am Institut National de la Planification et La Statistique (INPS). 23.3.2013, Algier.

Interview Nr. 12. 2011. Nachida Bouzidi. Wirtschaftsprofessorin ENA, Algier. 27.3.2011, Algier

Interview Nr. 13. 2011. Parlamentsabgeordnete (Partie des Travailleurs, PT), Präsidentin des permanenten Ausschusses für Wirtschaft, Industrie und Entwicklung. 27.3.2011, Algier.

Interview Nr. 14. 2011. Sylvia Favret, Chargée de Programme de PME, Delegation de la Commission Européenne en Algérie. 29.3.2011, Algier.

Interview Nr. 16. 2011. Kadi Ihsane, Wirtschaftsjournalist, Rédacteur en Chef, Maghrebemergant. 3.4.2011, Algier.

Interview Nr. 17. 2011. Mouloud Hedir, Forum des Chefs d'Entreprises (FCE) und ehemaliger Directeur Général im algerischen Handelsministerium. 6.4.2011, Algier.

Interview Nr. 18. 2011. Kamel Chelgham, Berater, Ehemaliger Directeur Général im algerischen Handelsministerium. 7.4.2011, Algier.

Druck: KN Digital Printforce GmbH · Schockenriedstraße 37 · 70565 Stuttgart